U0478917

『活力语文』新探

高 玉◎著

海峡出版发行集团
THE STRAITS PUBLISHING & DISTRIBUTING GROUP
福建教育出版社

图书在版编目（CIP）数据

“活力语文”新探/高玉著．—福州：福建教育出版社，2024.6
ISBN 978-7-5334-9969-3

Ⅰ.①活…　Ⅱ.①高…　Ⅲ.①小学语文课—教学研究
Ⅳ.①G623.202

中国国家版本馆CIP数据核字（2024）第100128号

“Huoli Yuwen” Xintan

“活力语文”新探

高　玉　著

出版发行　福建教育出版社
（福州市梦山路27号　邮编：350025　网址：www.fep.com.cn
编辑部电话：0591-83726908
发行部电话：0591-83721876　87115073　010-62024258）
出 版 人　江金辉
印　　刷　福州印团网印刷有限公司
（福州市仓山区建新镇十字亭路4号）
开　　本　710毫米×1000毫米　1/16
印　　张　23.25
字　　数　343千字
插　　页　2
版　　次　2024年6月第1版　　2024年6月第1次印刷
书　　号　ISBN 978-7-5334-9969-3
定　　价　59.00元

前　言

“活力语文”是我的教学主张，也是我的教学追求。围绕学生主体、生活主线、生命主旨的原则，从阅读、口语表达、习作入手，提高学生的共情能力和思维质量，从而破除语文教学的传统固化、僵化做法，有效提升学生的核心素养，让语文学习焕发生命光彩，实现学科育人。

导师余文森教授说过，教学主张是每位老师教学思想的凝练表达，是个人独有的品牌智造，是老师的教学名片。它的诞生不是一蹴而就，而是在教学实践中孕育产生的。回顾我三十五年的语文教学历程，“活力”伴随我成长，也验证了这个说法。

1989 年 8 月入职，开学第三天，校长说要来听我的课，无知者无畏，我高高兴兴地答应了。第二天，不仅有校长，还有好几位老师搬了凳子坐在教室后边听课。我清楚地记得那天上的是四年级的《观潮》一课，为了让学生感受潮水来时的样子和声音，我运用简笔画，从远处的一条直线逐渐变粗、拉长，到近处的浪涛奔腾，辅之由小渐大的字体，寥寥数笔既生动又形象。学生在我的引导下，学得很投入，课堂教学效果很好。在注重知识技能训练的“双基”时代，这节课让听课者耳目一新。老师们评价说：“你课上得很活！有前途!”后来学校经常给我机会，培训、锻炼，很快从年轻教师成长为福州市第一届骨干教师。“活的教学”是什么？是唤醒，是激活，是运用恰当的方式使“教材情”“教师情”“学生情”融为一体。从那时开始，“活的语文”就像一颗破土而生的种子，在我的教学生涯中灼灼生长！

1995 年 5 月，我代表学校（当时在一附小）参加福州市语文课堂教学艺术观摩赛，执教《五彩池》一课。为了读好文中的长句子，我把音乐领域中的"指挥"迁移到朗读教学中，指导学生朗读"无数的水池在阳光下，闪耀着各种不同颜色的光辉，好像是铺展着的巨幅地毯上的宝石"。学生在我的手势引领下，在富有节奏韵味的"指挥"中欣赏、朗读、品味，体会汉语的声韵之美、形象之美和意境之美。听课教师都被"指挥朗读"吸引了，眼前仿佛出现五彩池那神奇美丽的景象。这一课获得了福州市课堂教学艺术优胜奖。我也先后被二附小、群众路小学、鳌峰中心小学邀请作课；应福建教育电视台之邀在《教育之窗》栏目作教学示范。"活的教学"是什么？是浸润——让学生浸润在语言文字里，受到熏陶和感染；是濡化——让学生在满是情感充溢的情境中，吮吸、消化、沉淀；是体验、表达——在各种表述中发现意义，体验情感。也就是从这时开始，"活的语文"让我尝到了甜头，开始了有意识的课程改革与课堂创新，有了"活力语文"的初步愿景。

2016 年开始我着重探索"问学课堂"。我在实验班开展课堂教学改革，重点实施"主动预学""引疑启思""导问促学"等策略，学生自主预学、质疑等能力大大提升，课堂主人翁意识增强，参与度提高。有一天，我班上来了一个实习老师，她听我随堂课《四季之美》，那节课我只提了一个核心问题：你从哪些文字中体会到四季之美？让学生自读、提问、分享、朗读，我适时引导，师生互动、生生互动，课堂成了师生对话交流场，班上学生自信大方，思维活跃，见解独到，实习老师听完课，惊讶地说："原来语文课还可以这样上！"后来，她经过努力也成为一名教师，她说，是高老师这节课激发了"我要当一名老师的梦想"！在学生何昱萱眼中："我最喜欢上高老师的课，可以提问，可以充分发表自己的观点。"让学生站在课堂中央，让每一个学生能意识到，每个人都是独立的"人"，与众不同的人，都能让自身的潜能迸发出光芒，让不同的思想绽放生命的活力光彩！这应该是"活力语文"从"活的教学"走向"活的学习"的标志吧！也就是在同行教师的勉励和一些语文学界前辈的鼓励之下，我在这个期间梳理了"活力语文"的价值目标和内涵架构，形成了比较鲜明的教学主张。

2020 年开始，我以"融阅读、善表达、真写作"为实施路径，构建多样态课堂教学模式。根据不同文体采用“问题驱动式”“活动探究式”“浸润品读式”等教学方法；在语言实践中培养感知力、联想力、想象力，彰显语言文字的张力和魅力；首创“鳌峰亭”读书会，形成家、校、社、网多维度阅读圈；开发《鳌峰经典诵读》校本课程，实现了儿童语文素养提升与精神成长并举的价值目标。“共读悦读，厚学厚德”经验获教育部阅读典型案例表彰，被《中国教育报》等中央媒体多次报道。

2022年我开始探索“真实情境”的学习场景，有了三个方面的突破：一是开发“儿童日常生活情境多元表达”校本课程，让语文拥抱生活，在真实的生活情境中运用语文；以“语文＋”延学链接日常教学与儿童生活，以“活力语文”促进学生精神成长。二是构建“融阅读”谱系，创造性提出“整本书阅读”“专题性研读”“全学科阅读”“全时空阅读”“全素养阅读”的五阶阅读方式，厚植人文情操，提升语文素养。三是开展项目化学习，增强育人效度。持续开展基于学科—跨学科—超学科—融学科的项目化学习研究，引导学生读书、读人、读世界，让学生运用语文能力解决生活中的问题，培养高阶思维、综合素养，培育新时代的“三有”少年，把“活力语文”带到一个更有张力的境界。

回溯“活力语文”的一路实践与探索，其“活力”内涵聚焦于三个维度：其一，汉语言本身的活力，语言的活力在充满意趣的古老汉字中，在张扬个性的活性语言中，在深含底蕴的诗性文学中。其二，教师用“活教学”引领学生与语言“欢聚”“体验”“实践”，感受语言文字的情味、质地、音色以及蕴含的情感，通过语文学习促进学生核心素养的发展，正确价值观的形成，以文化人，文以载道。其三，在学生主体“活学习”“活应用”中，建构属于语文实践的意义，赋予文本新的解释，塑造了精彩的观念，师生共同创造语文，活化生命光彩。

本书为我多年语文教学探索的结晶。分为七章。第一章，是寻根溯源，沿着语文史、教育史的长河，追寻“活语言”奥妙和古往圣贤“活教学”的宝典。基于语言本身的活性以及对语文教学现状的思考，提出“活力语文”的教学主张，阐述理论背景以及主要特征。第二章，梳理语文教学实践演变，从“双基”到“三维目标”，再到“核心素养”时代，“新课标”落地实施，将语文的教学内容、教学观念、教学方法在每个历史时期展开横向比较，从关注教师的“教”到关注学生的“学”，更加注重“人”的存在与发展。第三章至第五章，是“活力语文”的内涵，从“融阅读”“善表达”“真写作”三个维度，阐述活力语文的实践路径。第六章，是介绍“活力语文”在教学中的具体做法，总结出“四学五步六法”的实施策略。第七章，围绕新课标中语文课程最大的变化——“任务群教学”展开，这一章是我带领工作室的伙伴们以省级课题“素养导向的大单元整体设计”为引领，理论联系实践研究的成果。从任务群的目标定位、“活力语文”在任务群教学中的策略展开阐述，并以大单元整体设计为抓手落实任务群教学，体现整体性、情境性、实践性特点，给学生完整的语文生活，促进语文核心素养的培养。

本书的最后成型，让我在语文教学上实现了一个台阶式跃升，“活力语文”具有鲜明的学术探索价值：第一，作为语文学科，从源头梳理了语言文字的特征、语言文字的发展、语文教学的实践演变，研究了古往今来教育家在语文教育方面的“活教学”，让“活力语文”有了扎实的母语文化根基。第二，以维特根斯坦的语言哲学为理论支撑，研究了语言与思维的关系，思维对语言的反作用，以及思维表达在实际教学中的应用。对语言的本质特征和学科发展脉落提出了明确的主张。第三，从教学实践角度阐述了“融阅读、善表达、真写作”教学体系的理论价值和实施路径。尤其大单元教学是当下的学术热点、难点，应帮助一线老师进行单元整体设计的指导，促进任务群教学的落实。

本书的最后出版，得益于三十多年的语文教学实践，自然又要回到教学实践，它的实践应用价值也是显而易见的。第一，“活力语文”为语文界同行提供了一个新的样式，也就是如何富有创意、富有张力、富有追求地从事语文教学，让语文教学与时代同步。第二，“活力语文”为学生掌握语文学习的方法方式提供了经验借鉴。让语文拥抱生活，把课堂还给学生，以未来引领当下，让生命在语文学习中焕彩！第三，“活力语文”为语文教研提供了一条思路，例如“融阅读”如何从“整本书阅读”到“专题性研读”“全时空阅读”“全学科阅读”“全素养阅读”，在不断升级迭代中培育学生核心素养。第四，“活力语文”为新教师奔赴语文一线教学提供了有所借鉴的系列案例。如何以大单元为抓手落实任务群教学等，都能给予一线教师推进语文教学的探究启迪和借鉴。

序　一

百年之大变局时代正在到来，我国社会以惊人的速度向前发展。科学技术的日新月异以及信息交流的广泛深入，使得阅读力、思考力、表达力等语文素养和能力在人们的日常生活和工作中变得尤为重要。互联网+、云计算、大数据等新一代信息技术的广泛应用，不仅极大地便利了语文教学，更为学生提供了前所未有的学习资源和平台。正如苏步青所言："语文是成才的第一要素。"在新的时代背景下，语文教育的地位和价值愈发凸显。

面对新的时代挑战和教育改革的需求，语文教育界呈现出百花齐放的繁荣景象。各种教学主张如"组块教学""生命语文""情智语文""语用教学""童化作文"等层出不穷，它们从不同角度揭示了语文学科的本质属性和独特的教育追求。这些教学主张的共同点在于，都强调语文教育应以学生为中心，关注学生的全面发展，这与当前核心素养指向的教育理念不谋而合。

在这样的背景下，福州教育学院附属第二小学的高玉老师提出了"活力语文"的教学主张。她以多样态的课堂教学方式和创新的教学改革手段，力求改变教学固化、学习被动、学用脱节的现状，让语文教学更加贴近生活，更加符合学生的实际需求。高玉老师的这一教学主张，不仅顺应了时代发展的潮流，也符合未来教育的发展趋势。

"活力语文"的核心在于激发学生的生命力和创造力，让语文学习成为活化生命光彩的过程。为了实现这一目标，高玉老师在《"活力语文"新探》一书中进行了深入的理论探讨和实践探索。她梳理了语文教学在不同历史时期的"活力"表现，并提炼出"活力语文"的目标、概念、策略、方法和路径。

这些理论和实践成果，不仅丰富了语文教育的理论体系，也为一线教师提供了宝贵的参考和借鉴。

作为高玉老师在市骨干教师、省学科带头人以及省教学名师培训班的导师，从1993年至今历时三十载，我有幸见证了她的成长和"活力语文"的诞生与发展。高玉老师对语文教学的热情和执着令人感动，她始终保持着对学生的关爱和对教育实践的深入探索。她的课堂充满活力，她的学生充满创造力，这正是"活力语文"所追求的理想境界。

"活力语文"教学主张具有三个显著特点：一是强调教师的活力。高玉老师认为，教师的活力是激发学生活力的关键。她不仅在课堂上充满激情和生动表达，还积极参与语文热点话题和学术前沿的研究。二是注重课程教学的活力。高玉老师通过潜心研究"融阅读"，带领全体语文教师在阅读之路上不断迭代升级，充分体现了教学改革的时代性和创新性。三是落实学生主体的学习活力。高玉老师提出了实施学生主动学习的四个策略，并总结出大单元教学的"四学五步六法"，这些实践成果为一线教师提供了可操作的教学流程和案例借鉴。

高玉老师的《"活力语文"新探》一书，是她多年教学研究和实践经验的结晶。这本书视野开阔、体系合理、理论与实践相结合，对当前落实核心素养下的语文教学具有一定的学术价值和实践指导意义。我相信，这本书的出版将为语文教育领域带来新的活力和启示。

最后，我要对高玉老师表示衷心的祝贺！她的"活力语文"教学主张不仅具有活力，更具有魅力。我期待着"活力语文"在未来的教育实践中绽放出更加绚丽的光彩！

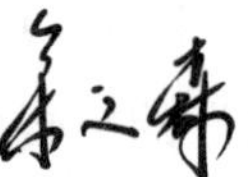

福建师范大学教育学院教授、博士生导师

2024年4月22日

序　二

春秋时，孔子曾经说过一句名言："言之无文，行之不远。"

唐代，韩愈也说过一句话，叫做"文以载道"，强调文章的教化作用和社会价值。

与韩愈同处唐代的柳宗元，也强调"以文明道"，"文道合一"，其文笔极具优美、凝炼、精悍，尤以山水游记传神。

宋代，欧阳修则主张"道胜文至"，他的散文能引人入胜，极具感染力和说服力。

……

在中国的历史上，从西周初年《诗经》的民歌风雅颂一类的"比兴"手法，到春秋时代屈原《离骚》等辞赋的"寄情于物""托物以讽"；从先秦诸子百家的传记散文到两汉的辞赋乐府诗歌；再从建安七子的四言诗、五言诗到东晋的玄言之风；从南北朝的骈文流行到唐宋八大家的散文倡导；又从唐代盛大气象的绝句律诗到宋代或婉约或豪放的诗词；还有元代的戏曲文艺到明清小说杂文……中国的文学史就是一部迭荡起伏、风起云涌的变革史，其浩荡进程不断地推陈出新，显示出语言与文字的强大生命力。以至于现代中国著名思想家胡适曾说："一部中国文学史只是一部文字形式（工具）新陈代谢的历史，只是'活文字'随时起来替代'死文字'的历史。"

以简驭繁、立新破旧，不断抛弃过时的"死"形式，代之以充满生机活力的新语态文风，这是中国语文历史演变的主旋律。

在中国语言表达的漫长历史中，有几个关键的节点呈现了语文变革的云舒云卷之势。主要特点为：第一，语言表达的多样性。历史上汉语文体有歌、经、文、言、赋、诗、词、戏曲、小说等，每一种文体都有不同的演进脉线，或前后交错，或相辅相成，或各领风骚，或顾此失彼，很少出现单一文体垄断的现象，多元并存应是语言表达的常态。第二，语言表达的社会性。王朝的更替、制度的变迁、疆域的拓展、宗教的交融、民心的向背、风气的迭变，等等，都会影响着语言的表达方式。汉代之所以流行"大赋"，与帝王的好大喜功、铺张扬厉风尚息息相关；明清之所以流行戏曲小说，又是与市民阶层的扩大有关，讲唱、评弹、演奏等形式直接回馈了底层民众的精神需求；而儒道释在中国历史上占据主导地位，其中的儒家注重语言文字表达的社会功能，道家注重审美价值，释家重视心性静修，都影响着语言文字表达的价值取向，所谓"诗言态""法自然""思无邪"，都成为"文道""文性""文风"的存续灵魂。第三，语言表达的自然性。《诗》三百篇，多以言情抒志，亦是和乐歌唱，满足了先民劳动时刻载歌载舞的"比兴"需求，也成为古代祭祀的仪式匹配；魏晋之所以出现诗化的骈文，文赋又向诗靠拢而流行骈赋，又和这一时代文人雅士的唯美唯真唯空的心性相适应；直至唐宋八大家相继出现，让语言表达回归生活，回归自然表达，使得通俗而自然的表达成为文体的主导形式。第四，语言表达的艺术性。严谨和浪漫、厚重和空灵、张扬和含蓄、节奏和平实、韵味和素朴……所有这些矛盾与冲突经常出现在同一时期的不同文体、不同流派之间，而历史的推移又将不同语言表达形式的时间维度与空间分布相交融，呈现了多姿多彩的艺术风格和表现手法，那些历史上的名篇巨著所表现的经典风格，譬如春秋笔健、史记传神、汉赋沉雄、唐诗壮美、宋词放旷、元曲激荡、明清小说的争奇竞美，都让人读后难以抑制神往逸飞，深深动情。第五，语言表达的文道性。汉语历经千年演化，终究还是要体现文性、文胆、文情、文风。"文以载道""言为心声"，说明文字背后的思想境界和价值取向是十分重要的。当然，在先秦的诸子百家的争鸣中，"道"的本质和表达形式可以有多种理解和践行；而到了汉武时代，董仲舒倡导"罢黜百家""独尊儒术（道）"，文字表达就更多围绕着儒家的伦理道德而展开；直至唐代韩愈发出"破骈为散"的倡导，"文道"才趋于平实自然；

此后的宋明两代理学家虽然还着力于把“文道”引向儒家教化，无奈随着市民社会的萌生，语言表达市井生活的作用角色受到强化，“文道”朴实成了历史大趋势。

所以，以汉语为代表的中国语言文字表达在漫长的演进过程中，向我们展示了其波澜壮阔的内生动力和海纳百川的外部引力。在这个过程中，古和新、雅和俗、道与本、理与情都互为因果、深度碰撞，让我们领略了语言表达的深邃魅力——充满生机又充满张力，这才是语言生命力的集中表现。

基于语言表达的这种生命特征，我们可以驭繁取简地找到语言表达的一项价值目标——语言的活力表现是语言传播的核心功能体现。然而在中国的汉语言经过千年变迁之后，今天的语言表达生态有了很大改变，虽然汉语的疆界不断扩大，使用频率提升，并且更加通俗、易于掌握，但是，存在着阻碍语言多元发展、弱化语言深度学习能力、扭曲语言表达方式、压抑语言传导机制的诸多问题。特别在中小学语文教学中，长期流行着多种偏颇的认识和做法，如语文重工具性、轻人文性，更多时间和精力用于文本解读和语句词知识的理解与掌握，情感态度和价值观传导只是草草带过，语文变得功利性，缺少了灵魂跳动和人文共情；此外，语文教学着力于知识性、轻能力培养，有些教师甚至在语文教学中实施填鸭式的灌输，侧重于知识点讲解，缺乏学生自主合作的言语表达训练，即使这些教师给出的示范性作文、读物和多媒体影像也存在严重的脱离现实甚至虚假成分，难以培养学生真实的阅读、写作、演讲能力，无法满足语文核心素养与关键能力提供的需求；还有，语文教学的方式方法比较单调、闭塞、僵硬，降低了学生学习语文的兴趣，特别是学生的课堂主体地位难以实现，教师的语文教学不能调动众多的语言文字资源，众多脍炙人口的经典名作不能伴随着学生成长，甚至连图书馆阅读、跨学科阅读、场景式阅读都不能有效使用，更惶论通过各种探究式、互动式、浸润式学习方式来提高语文学科的育人品质。所以，语文学科面临着更新教学观念，开阔教学视野，树立创新意识，转变教学方式的迫切需要。

正是从历史角度重新审视语文教学的责任感和使命感，从现实角度努力开掘语文教学的驱动力和激活力，福州教育学院附属第二小学的高玉老师推出了专著《"活力语文"新探》，给了我们推进语文教学的新理念、新策略、新方式的价值目标，让我们看到了语文教学方式变革的不同路径，也对落实新课标、培养学生的语文核心素养与关键能力提出了应对之策。确实，《"活力语文"新探》是一本探究语文教学的重大理论问题，从思维方式到学习方法上统整语文之道的学术研究专著；同时也是应对语文教学变革之法，破解语文学科建设、课程改革、课堂创新的应用策略大全，既有研究深度也接地气，值得一读。

《"活力语文"新探》一书的最大价值是立意高远，视野开阔，抓住了语言表达和语文教学的最核心问题：如何让语言表达充满生命智慧和生活气息？如何让语言表达富有思维哲理和艺趣情愫？如何让语言表达体现核心素养和关键能力？这三大问题是"活力"的本质所在。也是"活力"呈现的主要维度，更是我们落实新课标，从知识与技能、过程与方法、情感态度与价值观诸方面满足学生立德树人、全面发展的新要求。所以，"活力语文"这个教学主张有深厚的价值内涵和宽广的应用维度，也就不足为奇了。

《"活力语文"新探》呈现了作者扎实的理论研究功底和厚实的语文探索功力，是小学语文界所不多见的。作者自学成才，研读了中国语言史、文字史、文法史的众多典籍，同时浏览哲学、美学、诗歌、书法、教育学、社会学、传播学、心理学等诸多学科的专著，尤其难能可贵的是对语言学大师维特根斯坦的语用哲学进行了深入探讨，对当代教育出现的跨界学习、学科融合、场景阅读等现象给予积极的鉴别和吸收，即使是对鱼龙混杂、良莠不齐的网络语言现象也给予深入浅出的评析，使得这本书涉猎广泛，引证充足，把"活力语文"真正研透探深、厘清辨明，有效地突出了"活"之源头衍变，"力"之根本生发，让人读后获益良多、可信可达。所以，"活力语文"这个主题的深度探索有理有据，大开大合，是理论联系实际，论证支撑论点的一本语文界的研究力作。

《"活力语文"新探》还展示了作者深耕课堂、厚植学科、重构课程的作为和愿景。作者从事"活力语文"研究达二十余年，来自实践但又高于实践，总是不忘将理论研究成果应用于实践，让"活力语文"多姿多彩，可盐可甜。

为此，作者致力于“活力语文”的应用策略梳理、整合和推广，在创作中采用了夹叙夹议、亦介亦评的体例，甚至引用了众多一线教师的先进案例、数据和资料，使得许多理论研究不再艰深晦涩，更多实践应用策略也变得清晰可行。更重要的是，作者在长期的教学实践中，且行且思，边教边想，总结出了“融阅读”“善表达”“真写作”这三大核心板块，辅之以“教学实施”和“教学设计”的应用策略指导，使整本书更适合语文学科教学一线的教师需要，不仅语文教学名师、学科带头人可以从中受益，即使是语文教学新手也可以开卷领教，少走弯路，得到许多方式方法方面的解惑与启发。

总之，“活力语文”是一项语文教学的理论探索与实践应用的显著创新，它不仅给我们带来语言表达的观念变革、思维转换、目标重构和方式创新，而且对于语文学科随着新课标实施而确立学生的主体地位、激发学生的语文学习兴趣，提高语文课堂的效率与质量，从而实现语文育人方式的较大提高，都是一个全新视角的启迪，值得推荐。

黄家骅教授

教育部中小学校长、幼儿园园长培训专家

2024年4月28日

目 录

第一章　“活力语文”的理论价值

“语文”作为一门学科，几十年来一直备受社会各界的关注。不仅因为它是基础学科中的基础，更因为它本身无论性质还是内容，都具有相当的复杂性。语文学科的建设与发展，是一个动态的、不断完善的过程，是一个适应社会发展与人的发展的过程，是一个需要不断扬弃固有观念、注入新活力的过程。学科课程的建设与发展，既需要微观的教法研究，更需要宏观的理论建设，既需要实践的不断探索，更需要理念的更新引领。

第一节　“活力语文”的主张溯源

语文在每个人的生命中都不可或缺。语文就是人生，伴随人的一辈子。我们的学科语文，不是泛指一般的语言文字，而是中华民族的母语。母语是中华民族之根，蕴含着民族情结、民族睿智、民族精神。① 我们从母语的本质、特性出发，在文学史、教育史中一路追光而行，探寻活力语文的根基文脉。

---

① 贾桂强：《生长式语文课堂》，北京：中国人民大学出版社，2019 年 3 月版，序。

一、语言·活性

语文，从远古走来，从蛮荒走来，从我们祖先浪漫的心灵中走来。

远古时期，我们的祖先就开始在劳动中创造着人类的语言文化。汉语起源于人类文明的深处，随人类智慧的发展应运而生。汉字作为汉语的载体，凝聚着千年的文化精粹。那些刻在甲骨、青铜器上的文字，仿佛历史的丰碑，深蕴着丰富多样的人类信息与语义密码。时光流转，汉语言文字历经了无数岁月的洗礼与沉淀，展现出活力四射的魅力：声调高低长短的奇妙组合，碰撞出汉语的韵律之美；语词有序灵活的排列编制，凸显了汉语的意合之妙；构词方式的灵活多变，讲述着汉语的创新之趣；汉字古今笔势和字形的变迁更替，增添了语言文化的神秘之意。

语音是语言的物质外壳。人们对语言魅力的感受往往首先源自对其语音声响效果的体验。正如法国著名作家福楼拜在他的小说《包法利夫人》里写道，他在写作时，经常是左手写作，右手弹钢琴并高声吟诵，抑或写完一段话后大声朗诵出来，寻找最佳的音韵节奏、语调格律，使之表达的意思变得更加和谐。汉语亦如此。汉语音节界限分明，乐音较多、噪音少，加上声调高低变化和语调的抑扬顿挫，因而具有音乐性强的特点。汉语通过不同声韵调的组成，构成数量有限的音节。然而，有限的音节并不妨碍其与不同语义和情感体验产生关联，甚至激发了更多仁人志士不断对其进行多方位的价值挖掘和利用。古往今来，大部分的文学家、演说家、政治家都非常重视汉语的韵律美。经过有意编制或语感筛选的音节组合犹如音乐，具有悦耳和谐的美感。这不仅能让特定的语言片段在诉诸唇齿时朗朗上口，还能提升文学作品的艺术价值。在清朝，桐城派文学家姚鼐道：“文章之精妙不出字句声色之间，舍此便无可窥寻。”近代语言艺术大师老舍对文学的语言进行谈论时说：“我写文章，不但要考虑每一个字的意义，还要考虑到每个字的声音。不但写文章是这样，写报告也是这样。”语气赋予了句子感情，使得语言达到最佳的表达效果。一篇好文章、一部好作品都是语言的声情并茂和绘声绘色表现出来的，一位优秀作家在创作时，总是将语言的音韵美发挥到极致，使得抒发的感情更加动人。

词汇方面，汉语词形简短，古汉语单音词多，发展到现代，占优势的也仅是双音节词。当我们用有限的音节总量和极短的音节组合来表达开放的、无限的词汇时，一音多义、一音多字、同音异形异义、同字异音异义、同字同音异义等现象成了汉语使用过程中的“标配”。言简意丰、灵活跳脱、富于想象、便于主观联想等特点，让汉语词汇库成了人们取之不尽用之不竭的创作养料，不仅耐人玩味，还能常用常新。成语、歇后语、典故等等包含着海量的文化信息和时代烙印，引人入胜。

语法方面，有丰富的量词和语气词是汉语相当突出的特点之一，它们的使用让汉语的表达处处彰显着细腻多姿的风采。例如“一滴水、一朵云、一棵草、一片森林、一匹马、一叶轻舟、一辆车”等中的“水、云、草、森林、马、轻舟、车”，因为分别有了“滴、朵、棵、片、匹、叶、辆”等量词的修饰，各自的形态、质感、数量、体量、动貌等变得形象、鲜活，画面感油然而生，使人宛如身临其境。语气词常常出现在句末，能表现语气的细微差别。以“嘛”为例，“来嘛，来嘛，大家都很熟悉了，一起来唱歌嘛!”一个“嘛”，就成功地将说话者在说话时那种带着一点撒娇意味的情感色彩充分地表达出来。语序和虚词是汉语的主要语法手段。例如，“在沙发上睡”“睡在沙发上”这两个用词完全一样，仅仅是语序有别的短语，虽然基本语义相当，但还是能感觉到前者重在突出“睡”这一动作，后者重在突出“沙发上”这一处所。“我爸爸”和“我的爸爸”看似没什么区别。试比较“我爸爸不是我的爸爸”和“我的爸爸不是我爸爸”，母语者的语感告诉我们前者是可能存在的表达，后者却是不行，由此可见，一个虚词“的”的隐现背后可能还暗藏着不少奥秘，是不是很神奇？

值得注意的是，汉语句法的显性形式标志较少，而且使用中缺少强制性，许多范畴不得不借助语义语用来建立。换言之，我们经常会碰到这样的情况：在同一语法形式下，语法与语义、语用紧密结合，语义关系可能不尽相同。如“雪花”与“梅花”，均为偏正结构，但“雪花”的语义主体是“雪”，

“花”是形容雪片形状特征的语词，“梅花”的主体是“花”，“梅”为限定花类别属性的成分。在同一语法结构的框架下，古诗文中有内涵丰富、意境多样的各类表达。例如汉语对于“月亮”特征摹状的多维与细致：“圆月、满月、纤月”修饰成分在于点明月亮的形状特征；“明月、朗月、素月、胧月、微月、暗月”修饰成分针对月亮的明暗特点而发；“凉月、冷月、孤月”则是将人类情感投射到月亮之上，且与月亮自身特性紧密结合，是古诗文情景交融的典型体现。“名词＋月”的表达则充分体现出古人摹状月亮的审美意趣。蒋绍愚先生将这类由两种相关物象组构而成的表达视为唐宋诗词中最具特色的复合意象。“弦月、弓月、蛾月”将月亮的喻体直接纳入词汇系统之中；“山月、竹月、松月”构造出了一幅含义隽永、意境幽远的画面。

汉语表达不仅对句子内部语音、词汇、语法、语义的精准表达和美感传递有所追求，对句子与句子之间、篇章与篇章之间的衔接顺畅和美感贯彻也有追求。以古代汉语言文学来说，古汉语语言精练，有很多脍炙人口的诗词歌赋作品，讲究韵脚、对偶、互文等多种修辞手法。“不以物喜，不以己悲”“秦时明月汉时关”“犹抱琵琶半遮面”“悔教夫婿觅封侯”等等，这些诗词内容都很短，却表达着深刻的情感与思想内涵。辛弃疾《青玉案》中有“东风夜放花千树。更吹落，星如雨”；王勃《滕王阁序》中有“落霞与孤鹜齐飞，秋水共长天一色”；杜牧《秋夕》中有“银烛秋光冷画屏，轻罗小扇扑流萤”。这些词句或展现古代元宵节的热闹场景，或生动形象地描写秋日盛景，抑或通过描写古代深宫的生活场景，体现深宫生活的孤独和凄凉。再比如王维的《莲花坞》：“日日采莲去，洲长多暮归，弄篙莫溅水，畏湿红莲衣。”短短四句说明了采莲的时间、频率、采莲的地点、归来时间晚及原因，弄篙时的心理、神态等，读完以后，令人心领神会，遐思连篇。诗词的意境正是以最简短的汉字来表现深刻的思想内涵与情感，真是“意有尽而韵无穷”！

汉语有着充满想象力的意境。通过意象的描写和意境的塑造，会让作者与读者产生感情的共鸣，让文学作品的影响力能够突破时空限制，而更具普适性和感染力。这就是汉语追求神韵的美学风格。例如李白《忆秦娥》：“箫声咽，秦娥梦断秦楼月。秦楼月，年年柳色，灞陵伤别。”折柳赠别的习俗在唐时最盛，唐代西安的灞陵桥，是当时人们到全国各地去时离别长安的必经之地，而灞陵桥两边又是杨柳掩映，这儿就成了古人折柳送别的著名的地方。后世就把“灞桥折柳”作为送别典故的出处。故温庭筠有“绿杨陌上多别离”的诗句。柳永在《雨霖铃》中以“今宵酒醒何处，杨柳岸，晓风残月”来表达别离的伤感之情。自灞桥折柳的故事产生以后，柳和离别已似乎有了某种必然的联系。意象使人类感情产生了共鸣，使汉语言文学充满独特的艺术魅力。

汉语有着深厚的内在意蕴，它把人们带入文学的深远想象创作空间。诗，辞、赋、词、曲、小说等表现形式，不仅满足了人们文学创作的需求，而且抚慰了人们的心灵，在汉语漫长的发展演变和生动运用映照下折射出人们内心的真实情感体验和审美评析。例如“举头望明月，低头思故乡”“宝剑锋从磨砺出，梅花香自苦寒来”“两岸猿声啼不住，轻舟已过万重山”“忽如一夜春风来，千树万树梨花开”“独上高楼，望尽天涯路”等。这些中国文学创作作品无不以自身内在的深远意蕴开拓着人们的思维，并拉动人们随灵动和美好的韵味进入一个无限情感抒发和体验的想象空间，进而激起人们的审美价值评析，这样就赋予了人们无限的生活乐趣。

此外，汉语的特点还体现在其所使用的文字方面。汉语是世界上唯一的几千年来一直使用表意文字的语言。汉字之所以能长期适用于汉语，离不开汉字的表意性特点，让其具有在书面上区别汉语众多同音词和同音语素的重要作用，也即汉字的使用能有效地化解了汉语同音语素多可能造成交际障碍的隐患。与此同时，汉字还具有超时空性，它能记录语音差别极大的古今四方汉语，乃至不同语系的外族语言，这也进一步提升了汉字的不可替代性。汉语和汉字相伴而行，相得益彰，让中华文化得以一脉相承，悠久绵长。汉字是有生命的。汉字从诞生之时，就是先人“依自然万物之类（所）象形”，是我们的祖辈先人们对于生命的感悟与哲学的形而上思考、探索。每一个汉字就是一幅鲜活灵动的图画表达，每一个汉字都有属于它的故事，每一个汉字都蕴含着中华民族博大精深的传统文化，每一个汉字都有着深刻的内在意蕴。翻阅《说文解字》，我们了解了中国文字的历史，感悟到了中华汉字的博大精深。例如“聽”，从耳德，壬声。意思是将说话者当成宝贝，用十足的精神看着对方，并一心一意地用耳去听，用心去记。多么形象、多么有意蕴啊！从远古时期的象形文字变为象征文字，从圆润转笔到横平竖直，从笔画复杂变为简单，古今汉字的象形意味不可否认已有不少耗损，如从正楷字形的“及”，我们已经很难看出其上为“人”，其下为“又（手）”，以一只手抓住上方之人来整合出“追上”“赶上”之义，但这依然掩盖不了汉字骨子里自带的深厚意蕴。

综而言之，这就是语文，是炫目的先秦繁星，是皎洁的汉宫秋月；是珠落玉盘的琵琶，是高山流水的琴瑟；是庄子的逍遥云游，是孔子的颠沛流离；是魏王的老骥伏枥，是诸葛的锦囊妙计；是君子好逑的《诗经》，是魂兮归来的《楚辞》；是李太白的杯中酒，是曹雪芹的梦中泪；是千古绝唱的诗词曲赋，是功垂青史的《四库全书》。[①] 中国语言文化博大精深、源远流长，富含强烈的人文气息，也饱含着浓厚的文学内涵，中华民族优秀的文化精髓都在汉语言文学中得以彰显。

融媒体时代汉语呈现了新奇的景象。在语言方面，网民创造出了很多新的词汇，比如一个男青年讲述自己因失恋而“难受想哭”，不想因自己 n/l 不分、平卷舌不分等母语干扰，发音不准，被生生地写成了风靡一时的网络用语“蓝瘦香菇”。再如“刷夜”这个词是说人不睡觉，夜里打游戏或者工作，等等。这个词表达的内容与“熬夜”相似，但在感情色彩上却大不一样。“熬夜”内含痛苦且不情愿的情绪，“刷夜”则透露出一种自愿自由的畅快淋漓之感。信息化时代，网络用语层出不穷、此起彼伏，让人眼花缭乱。不少网络用语为求异而异，并无太多新增价值，有些网络用语甚至是有意矮化，确实有破坏汉语自身的严谨性，有损汉语文化内涵的危险。对此，我们一方面要筑牢祖国主流语言文字这个文化根基，做到语言和思想的统一，彰显祖国语言文字的独特魅力，另一方面也不必过于悲观，毕竟网络用语使用时间和空间往往有限。

---

① 袁卫星：《让生命在语文中诗意地栖居》，《生命语文》，桂林：漓江出版社，2017 年 7 月版，第 7 页。

二、寻根·溯源

在几千年的漫长历程中，汉语和汉字都表现出其强大的生命力和活力，每一份传世文献好似其发展进程中被定格的一个个美好瞬间。从先秦时期叠韵连绵、四言一顿的《诗经》，长句磅礴、辞藻瑰丽的浪漫《楚辞》，严谨究理的《说文解字》，骈韵相融、诗理兼备的《文心雕龙》、建立后世散文之格局的韩愈散体文，或浪漫不羁，或沉郁顿挫，或风雅美刺，或婉约蕴藉的唐诗宋词，活脱明快、不避俗情的元曲杂剧，明清小说的经典名著……呈现了“一代又一代之文学”的繁荣。随着社会的不断变革，汉语言又赓续它与时俱进的生机，民国白话文运动借由现代白话文的推广和普及改变了“文言分离”的局面；新中国成立后的汉字简化方案的制定与实施，减轻汉字识记和书写的任务，特别有利于中小学语文教学和扫盲工作；改革开放的浪潮，互联网的普及，裹挟着外来语的舶入，网络语言的兴起……语言的活力还将面向未来，代有所盛，生生不息。因此语文肩负着通过丰富的个性化的语言实践，实现语言积累、语意传释、语言运用和传播的使命，以语言文字的生机繁衍来推动文化的发展，文明的递嬗。

胡适说“国语文既是一种活的文字，就应当用活的语言作活的教授法”。两千多年前，教育的圣贤先师孔子以游学教弟子，所谓从游于夫子之门者也。他的弟子虽多，但未有固定的讲坛，他的学生多半随从他四方游历，一面游历，一面讲学，这是一种流动式的讲坛制教学。这种教学法，因人因时随处不同。[①] 可以说，那时语文教育并没有独立。然而，夫子闲暇时常与几个高足弟子谈论社会、政治和个人生活情志。夫子问弟子：“人生当如何?”他最赞许的回答是：“暮春者，春服既成，冠者五六人，童子六七人，浴乎沂，风乎舞雩，咏而归。”这是怎样的情怀：阳春三月，脱掉厚棉服，穿上春衣，轻装盈步；约上五六个成人、六七个小孩，在沂水里洗澡，在舞雩台上吹吹风，

① 陈青之：《中国教育史（上）》，北京：东方出版社，民国大学丛书，2012 年 5 月版，第 46 页。

一路唱着歌回家。天地间，一群知时节的人，一群纯真无忧的人，一群生命在起舞。它呈现给我们生命的充实和欢乐：阳光下，春风里，人们沐浴、唱歌、远眺，无忧无虑，身心自由，令人向往。我们似乎从中感受到了春的和煦、歌的嘹亮、诗的馥郁。阅读的是自然，沐浴的是身心，俯仰的是天地，表达的是生活美学和人文情怀。这不就是语文吗？语文是天生浪漫的文化载体，睿智的思想，高尚的情感，灵动的才智，无不栖于根深叶茂的语文之树，它生生不息地传承着人类文明。① 浪漫的语文孕育了“活的教学”。那么在语文教育的历史时空，不同时代不同教育家对于“活的语言”都有哪些“活教学”的方法呢？让我们在中国教育思想的海洋中巡航游历，直面往圣前贤，向大师请益，与他们对话，寻“活教学”之宝典。

（一）从“平推均力”到“深挖潜能”

教育从来不是结果，而是生命展开的过程。联合国教科文组织的《萨拉曼卡宣言》指出：“每个儿童都有其独特的特性、兴趣、能力和学习需要；教育制度的设计和教育计划的实施应该考虑到这些特性和需要的广泛差异。”要给每个孩子提供适合的教育，而不是模具化的培养，教师必须要着眼于学生的整体性与个性化发展，将学生的个体差异性视为教育的重要依据，以独到的智慧、学识与方法，开展既结合群体的普遍性又切合个体的差异性的教学，充分挖掘其内在潜能，确保每个学生在得其所得的分层教育中都能适得其所，从而彰显独一无二的生命活力。

孔子（前551—前479）是语文教育的鼻祖，他的教授方法很灵活：或因学生的能力而加以相当的培植，或因学生的缺点而施以适当的补救，所谓“栽者培之，倾者覆之”。（《中庸》第十七章）同一问仁，而所答不同；同一问孝，而所答不同；同一问行，而所答亦不同；这种方法，谓之因材施教。② 他实行的是“人的教育”，是人性化、个性化、生命化的教育，而不是“工具”的“标准化”教育。学生在他的私学里能感受到温情和亲情，能得到平

---

① 熊芳芳：《生命语文》，桂林：漓江出版社，2017年7月版，第1页。

② 陈青之：《论语·为政》，《中国教育史（上）》，北京：东方出版社，2012年7月版，第46页。

等的待遇和起码的尊重，师生关系和谐。

孟子（前372—前289）的教法有五种，皆就各人的程度个性及所处的地位来酌定。第一种是程度最高的学生，只于需要时加一番点化之功，他们就能随感而通，如同雨露润泽草木一样，此所谓“有如时雨化之者”。第二及第三种学力较第一种差浅，若是器宇稳重的，我们就完成其德性；若是天资英迈的我们就发展其天能，所谓“有成德者，有达材者”。第四种为问答法，预备无力常从或不能专门研究的学生所施行的方法，偶因一事，随问随答就行了。还有一等人，居不同地，或生不同时，无法口授，则用间接法，以书面相授。此所谓有答问者，有私淑艾者。（《尽心章上》）[①]

墨子（前476—前390）按照学生能力的不同，对学生进行分类教育，所谓“深其深，浅其浅，益其益，尊其节”（《墨子·大取》），也就是对于基础扎实、学有余力的尖子生，适宜深化教材，丰富课程内容；对于基础薄弱、悟性不佳的后进生，适宜深入浅出，不求甚解。要求学生各扬其长，“能谈辩者谈辩，能说书者说书，能从事者从事”（《墨子·公孟》）[②]。

徐幹（171—218）是建安七子之一。徐氏关于教育方面最精到的地方，要算教授方法论。他说，教授儿童，不在多灌以死的知识和喋喋多言。第一步要考查他们的本性和了解力，并要观察他们此刻心志的活动。本性近于某方面，即向某方面引导，所谓“导人必因其性”。按照他们的了解力而给以相当的材料，所谓“君子与人言也，使辞足以达其智虑之所至，事足以合其性情之所安，弗过其任而强牵制也”[③]。按照儿童的天性，和现在的了解能力，以及此刻的心理状态，而施行适当的教育，使他们欣然自得。

吕东莱（1137—1181）关于教授法是这样说：大凡人之为学，最当于矫揉气质上做工夫，如懦者当强，急者当缓，视其偏而用力。（《与朱侍讲书》）这是以气质为标准，随其强弱缓急而施教的。又说“学者气质各有利钝，工夫各有深浅，要是不可限以一律。正须随根性、识时节、箴之中其病、发之

① 陈青之：《中国教育史（上）》，北京：东方出版社，2012年7月版，第66页。

② 叶晓庆：《孔孟教育思想的异同及其教育启示》，《文教资料》，2017年第12期，总第752期。

③ 陈青之：《中国教育史（上）》，北京：东方出版社，2012年7月版，第141页。

当其可乃善。固有恐其无所向望，而先示以蹊径者；亦有必待其愤悱而后启之者”（《与朱侍讲书》）。这段讲得最好：既根据学生的个性，又依照他们的程度，又考察此时心理的现象，因病以施诊，随机以示教，这才谓之活的教授法。[①]

许鲁斋（1209—1281）是元代的教育家，他以慈母的心肠对待儿童，以宽容的态度抚养诸生，以热忱耿介的精神感化群伦。他的教授法中提出：教儿童当因材施教。大概人品不一，有夙成者，有晚成者，有可成其大者，有可成其小者，且一事有所长，必一事有所短，千万不同，遽难以强之也。（《许文正公遗书·卷末前》）人品千万不一，绝不可施以划一的教法。因材施教，不仅适应其个性，还须按照其学力，还须随其动机，因势利导，躐等固然不好，强注亦非良法。

（二）从“以教至上”到“重学优教”

学生的学习是每个学生生命成长和发展的基石。评判教学之“活”，要看教学是否真正为学而教，要看“学为中心”是否真正落地。翻开《论语》，我们发现“学”字前后出现达56次，其含义主要有两个：一是悟知，也就是通过学而获得新知；二是仿行，即将所学的新知运用于实践之中，通过学以致用来领悟待人处事的道理、提升自身的修养和道德情操、提高综合素养和解决实际问题的能力。学如此重要，如何在教学中让学习真正发生？

孔子提出启发式教育方法的核心就在于引导学生自主自发地学习和思考。《论语·述而》讲：“不愤不启，不悱不发，举一隅，不以三隅反，则不复也。”[②] 朱熹在《论语集注》中对其进行注解：“教学时，学生不是经过自己的思考钻研，不到他想求明白而不得时，教师不要去开导他，不到他想说又表达不出来时，也不要去提示他。”可见，孔子非常注重学生自身对学习的自主思考，认为学生只有在充分发挥探究精神和思维能力的基础之上，教师的点拨和启示才能收到举一反三的效果。[③]

---

① 陈青之：《中国教育史（上）》，北京：东方出版社，2012年7月版，第316页。

② 陈青之：《中国教育史（上）》，北京：东方出版社，2012年7月版，第46页。

③ 卢姗姗：《孔子教育思想对现代语文教学的启示意义》，《大学语文建设》，2021年第8期，第60页。

墨子继承了孔子学思结合的原则，而且在深度和广度上都有突破和拓宽。他要求弟子们不仅要知其然，还要知其所以然，在《墨子》一书中，有很多“是故何也”“何以为”“何以知之”“何自”等关于究其所以然的记载，而墨子这样问，就是要求其学生在学习时要探明事物的原因，开动脑筋，多加思考，注意学思并重。毕竟只有学习和思考结合起来，才能让学生真正学到知识，并且经过进一步的思考进行创新研究。①

韩愈（768—824）在《师说》中分析了教学活动的性质，认为教学是教师与学生构建双向积极互动关系的活动形式。贯穿《师说》全文的“解惑”不仅仅是对于教师“教”的要求，也同样是对学生“学”的要求。学生在向老师求教的过程中，要善于思考，对问题进行深层次分析，勇于向教师表达观点，提出自己的见解认识。同时对教师不要盲从，要敢于向教师质疑，以更好地理解吸收知识，能够将其转化为自身所用。②

叶圣陶（1894—1988）在教学上推崇“教是为了不需要教”的观念，认为语文教学从根本上说，是一种“自悟”“自求”。他不赞成“授知”，主张“亲知”，注重的是教、学双方的认知实践。

（三）从“教师多讲”到“学生勤问”

怎样的课堂才能真正激发学生的学习热情？“学起于思，思源于疑”这句话道出了质疑的重要性。学生的任何思维活动都是从“疑”开始，又在“疑”中得以发展。所谓质疑，就是学生在强烈的好奇心驱使下，敢于独立思考，设疑问难；敢于大胆发言，热烈讨论；敢于追根究底，探索未知。质疑是创新思维的首要条件，是获得创见的第一步。疑方能创新，创新必先有疑。小疑则小进，大疑则大进。爱因斯坦说过：“提出一个问题往往比解决一个问题更重要。”因此，作为教育者我们应该注重培养学生的质疑精神，全力拓展学生深处的内在潜力，以开放的心态去面对知识，以科学的态度去评价知识，激发他们的创新思维，培养其独立精神。让质疑成为学习的助推器，成为课

① 陶海燕，汪莉：《浅论墨子教育思想对现代语文教育的启示》，《语文学刊》，2018年8月，第104页。

② 郭静：《师说》中韩愈的教育思想及现代价值，《中学语文》，2023年11月，第91—92页。

堂的活力之源，在质疑中求学问，是许多教育家的共识。

张横渠（1020—1077）关于学习方面有几点可述的：第一，要有追求的兴趣，即向慕之心。第二，要清心。第三，要渐进。第四，要有疑难。一切知识都从疑难中产生，愈求进步疑难愈多，疑难愈多，进步愈大。因为发现了疑难，才能抛却常解，另辟蹊径。或访求先知先觉的人同他切磋，则知识自然进步。把一切学问都看得很容易，而自觉无一可疑的人，一定是未曾学习的人。因为未曾学习，虽有疑难亦不知道所谓“在可疑而不疑者，不曾学；学则须疑。譬之行道者，将之南山，须问道路之自出，若安坐则何尝有疑”。（《横渠理窟·大学原》）第五，学习时要自开道路，自凿孔穴，亲身探入，发现其中的美富，才是自己的学问。第六，学习要有恒心，不宜止息。人生是没有止息的，求学也没有止息。①

胡适（1891—1962）在语文教育方面的观点是大胆、深刻的，一破陈旧僵化的语文教法，提出“看书”代替“讲读”，在课堂上“没有逐字逐句讲解的必要，只有质疑问难、大家讨论这两件事可做”。②“只有讨论，不用讲解，注入式的教授，自不容于当代的新潮流。”

陈望道（1891—1977）主张“问题教学法”。他特别重视“讨论”与“辩论”在国语教学中的作用。“问题教学法”即在课堂中教师抛给学生有价值的问题，让学生独立思考，并将成果写下来。经过师生之间的评阅之后，再对问题进行讨论、交流、解答。如此，问题教学改变了学生的被动地位，将学生的主观能动性充分地发挥出来，在锻炼学生独立思考能力的基础上，练就学生清楚流畅的写作能力和口头表达能力。

（四）从“课堂万能”到“知行互济”

“纸上得来终觉浅，绝知此事要躬行。”说的就是实践的重要性，在语文的学习中，实践对提高学生的语文学习能力、培养学生的语文素养至关重要。打破单一课堂教学的模式，把实践引入到语文教学中，以培养和调动学生的

---

① 陈青之：《中国教育史（上）》，北京：东方出版社，2012年7月版，第253—254页。

② 潘新和：《福建师范大学文学院百年学术论业（第二辑）》，台北：万卷楼图书股份有限公司，2015年12月版，第5页。

语文学习兴趣为基础，在活动过程中培养学生的主动思考力，独特的体验与感受，以及发现解决问题的能力，实现语文素养的综合发展和提高。可以说，语文实践活动的开展，使语文真正成为生活的一部分，使语文教学变封闭为开放，成为一泓活水。因此，知行互济的“实践教学法”也是历代推崇的活教法之一。

庄子认为通过实践活动作用于客观事物，是获得“意”的最佳途径，所谓“善弓者，师弓不师弈；善舟者，师舟不师奡；善心者，师心不师圣”（《关尹子·五鉴篇》），《庄子》中有诸多此类表述，如“痀偻丈人之承蜩”（《庄子·达生》），“津人之操舟若神”（《庄子·达生》），“大马之捶钩者”（《庄子·知北游》），等等，都是通过实践活动向事物学习而获得“意”的例证。因此，获得实践之“意”，显然不能依靠他人之言、书本或身教，而必须是依靠个人的实践活动，即“道行之而成”（《庄子·齐物论》）。①

程伊川（1033—1108）把教育人才分成两等：一为中人以上，以尽心知性为主；一为中人以下，除尽心知性外，还要变化气质。其目的皆是要识得圣人之道，以求至于圣人而后已。其功夫，不是学为文章，亦不是讲求训诂，是由于躬行实践。换一句话说，教育的功夫，不是从“死”的书本子上求来的，是要从“活”的身体力行上得来的。②

薛敬轩（1389—1464）所谓实学，不是谓能多记些知识，多读些圣贤经传，是要能够本着圣贤所垂训的道理切实去行的。这些道理虽然载在圣贤经传上，但所载的不过一种名，而道理之实则具于天地万物之中。所以要求实学，必从日常生活上切实体验出来，时时体验即时时实行，处处体验即处处实行。③

陆桴亭（1611—1672）主张“即读即教法”，即“知行并进法”，尤其对十岁以下的儿童必须采用。他说：“如头容直，即教之以端正头顶；头容恭，

① 李忠：《“不言之教”是什么教?》，《陕西师范大学学报（哲学社会科学版）》，2021年3月，第50卷。

② 陈青之：《中国教育史（上）》，北京：东方出版社，2012年7月版，第268页。

③ 陈青之：《中国教育史（上）》，北京：东方出版社，2012年7月版，第392页。

即教之以整齐手足；合下便教他知行并进，似于造就人才之法更为容易。”[①]这种教法我们可命名为“知行并进，训教一致”的办法，颇合于教育原理。

张志公（1918—1997）认为“不能把语文课搞成一门纯粹的知识课，而是以知识为先导、以实践为主体并以实践能力的养成为依归的课”。[②] 这里说的实践是把听、说、读、写融会在一起的，丰富多样的，面向实际应用，密切结合生活、学习、工作实际的，因而是生动的、饶有兴趣的，而不是指呆读死记以及无对象、无目的，搜索枯肠，硬“作”文章等那类“实践”。

（五）从“重讲轻读”到“导读激趣”

叶圣陶先生说：“阅读是吸收，写作是倾吐。倾吐是否合法度，显然和吸收有密切的关系。”阅读教学是形成学生语文能力的重要基础，也是五育并举，实现以读立德、以读启智、以读健体、以读悟美、以读促劳重要途径。在“阅读本位”的教学课堂上，教师串讲析讲，学生听多说少，学用脱节，要改变费时低效的阅读课堂教学现状，必须要活化教法，激趣导学，以培育核心素养为主旨，打造开放、民主、高效的活力课堂。

陆象山（1139—1192）表示施教最能引起学生的兴趣，而能兴奋他们的，不仅是教育有端绪，尤在于能够鞭辟入里，从血脉上唤醒人。这种教法，有精神，有血气，不是呆板形式的五段、三段可比。所以每到一处，学生归心求教之多，如云腾雨集。这种讲说的魔力，与法国卢梭相等，但他庄重不苟的态度，又非卢氏之浪漫可比。[③] 他自己也说“吾之与人言，多就血脉上感动他，故人听之易”。（《象山年谱》）讲说经义，必从人情物理上发挥证验；启发学者的本心，亦间举经语以证实所说的原理；态度严肃，音吐又清响；所以听者莫不感动兴奋，心悦而诚服。以身作则，以诚感人，以情动人，随问随答，运用自如，不拘于一定的格式。

胡适（1891—1962）提倡用活的语言作活的教学法。他说：“用演说、辩

① 陈青之：《中国教育史（下）》，北京：东方出版社，2012 年 7 月版，第 496 页。

② 张志公：《关于改革语文课、语文教材、语文教学的一些初步设想》（上），《课程教材教法》，1984 年第 6 期，第 5—8 页。

③ 陈青之：《中国教育史（上）》，北京：东方出版社，2012 年 7 月版，第 324—325 页。

论，作国语的实用教授法。”[①] 此外，阅读教学是以激发学生学习兴趣为标准的。如让学生互相质疑问难，让学生通过阅读来掌握文法与伦理（逻辑），避免枯燥、抽象的讲解，选取所读戏剧的精彩部分由学生扮演戏里的角色，等等，[②] 这些方法，无疑地将受到学生的欢迎。

朱光潜（1897—1986）强调阅读教学就是“寻佳妙、品趣味”，教师如何引导学生寻获文学作品的佳妙，读出故事背后的趣味，至关重要。[③] 阅读作品可以做的事情很多，在教学中是无须面面俱到的，关键是透过纸面，寻觅其中的佳妙和趣味。朱光潜强调对纯文学的鉴赏，要“钻进去体验”，先领悟整体的情感特征，再品味词语或句子，才能真正见出佳妙。

黎锦熙（1890—1978）认为在阅读教学中“表演”至关重要，实在是读法的“应用”了。只要可能，什么教材都应该表演，因为他的好处太多！[④] 他在精读课文上强调，能“入乎其内”，也能“出乎其外”，内外兼顾，听、说、读、写并进，“理解”“练习”，最后落在“应用”“发展”上，最主要的教学目的是“创作”和“活用”。致力于学生言语生命力的发展、创造力的发展，这才是真正的语文教学。

叶圣陶关于阅读提出“叙事叙情的文章最好还要‘美读’”，所谓美读，就是把作者的情感在读的时候传达出来。这无非孟子所说的“以意逆志”，设身处地，激昂处还他个激昂，委婉处还他个委婉，诸如此类。[⑤] 对于培养语感，他指出：“语言文字的训练，我以为最要紧的是训练语感，就是对于语文的敏锐的感觉。”[⑥]“文学鉴赏，需要培养良好的文学语感。最重要的是，要唤起学生的情感经历和情绪记忆，调动起他们的生活感受，去体验文本的意思

① 潘新和：《福建师范大学文学院百年学术论业（第二辑）》，台北：力卷楼图书股份有限公司，2015年12月版，第375页。

② 潘新和：《福建师范大学文学院百年学术论业（第二辑）》，台北：万卷楼图书股份有限公司，2015年12月版，第371页。

③ 潘新和：《语文：回望与沉思》，福州：福建人民出版社，2012年8月第2版，第278页。

④ 潘新和：《语文：回望与沉思》，福州：福建人民出版社，2012年8月第2版，第126页。

⑤ 叶圣陶：《语文随笔》，北京：中华书局，2007年8月版，第16页。

⑥ 潘新和：《语文：回望与沉思》，福州：福建人民出版社，2012年8月第2版，第67页。

和旨趣，久而久之，语感就会逐渐敏锐起来。"①"在文学教育中，培养学生的想象力至关重要。想象力是人创造力的重要表征，所以，培养想象力，不但为了鉴赏，也为了学生的精神发育。"②

徐世荣（1912—1997）对讲解和朗读的理解真是独到而深刻！他说："讲解是分析，朗读是综合；讲解是钻进文中，朗读是跃出纸外；讲解是推平、摆开，朗读是融贯、显现；讲解是死的，如同进行解剖，朗读是活的，如同赋予作品生命；讲解只能让人知道，朗读更能使人感受。因此，在某种意义上，朗读比讲解更重要。"③

孙绍振专著《名著细讲》介绍了阅读教法的创新"比较还原法"——一种文本解读和培养言语创造力的方法。不是凭现成的材料，而是依靠抽象能力把构成艺术形象的原生状态想象出来，找出其中的差异，作为分析的起点，这种方法叫做"还原法"。"还原"往往须和"比较"相辅相成，在"比较"中"还原"，在"还原"中"比较"，故称"比较还原法"。④

于永正（1941—2017）认为阅读教学应当引导学生"披文以入情"。"披文"是什么意思？"披文"就是读进去。老师只是在学生不易看出来的要紧处、关键处、精彩处做些适当的点拨、讲解。"入情"就是悟其意、悟其情。语言得到发展，情操得到陶冶，心灵得到净化，这就是"文化"。儿童是通过形象来认识世界的。如果教学缺乏形象，缺少情感纽带的联结，不仅会影响学生的学习情绪，而且会影响学生的情感体验，进而影响学生的情感意志的发展。语文教学只有具有了鲜明的想象性，学生才能感受真切，才能"入境"，才能引起其对课文中的人物和事件的关注，才能产生良好的情感体验，从而受到良好的教育。教育不能靠理性的说教。以情感人，理在其中。让我们的语文教学少些理性，多些情趣吧！⑤

---

① 潘新和：《语文：回望与沉思》，福州：福建人民出版社，2012 年 8 月第 2 版，第 40 页。

② 潘新和：《语文：回望与沉思》，福州：福建人民出版社，2012 年 8 月第 2 版，第 44 页。

③ 于永正：《于永正：我怎样教语文》，北京：教育科学出版社，2014 年 2 月版，第 163 页。

④ 潘新和：《福建师范大学文学院百年学术论业（第二辑）》，台北：万卷楼图书股份有限公司，2015 年 12 月版，第 524 页。

⑤ 于永正：《于永正：我怎样教语文》，北京：教育科学出版社，2014 年 2 月版，第 40 页。

余映潮创建了"板块式、主问题、诗意手法"阅读教学艺术体系。著作《小学语文教学艺术 30 讲》中，他建议教材研究用横向联读法；运用教材提倡从实用、适用、巧用、趣用、美用、联用这几个方面。对于一节好课的设计，他提出要简化教学形式，落实语言学用，关注学生活动。上好课的最大秘诀在于：大量减少教师的碎问，大量增加学生的实践活动。①

薛法根，致力于小学语文组块教学研究，提出了"以发展儿童言语智能为核心目标"的理念，著有《为言语智能而教——薛法根与语文组块教学》，内容上基于教材，根植于生活，将鲜活的生活素材融入课文，引进课堂，重组教学内容，具有开放性。回归生活，关注生命，走进心灵，这才是活的语文课！在结构上突破线性思路，采取板块式的教学结构，凸显教学重点，拓宽教学时空，更具灵活性，在功效上实现一个板块活动达成多个教学目标，具有增值性。② 课程的设计如同他的教学风格"清简、睿智、丰厚"，令人欣赏，很值得借鉴。

（六）从"以讲代读"变为"自读自评"

以讲代读是当下语文教学存在的普遍现象，被动式接受造成学生获取知识的惰性，思维的活力难以激发。《义务教育语文课程标准（2022 年版）》提出了义务教育阶段的语文学科核心素养，"思维能力"是其中一个重要方面，是指"学生在语文学习过程中的联想想象、分析比较、归纳判断等认知表现"。作为语文教学的重要组成部分，阅读是培养学生思维能力的主要途径。用批注的方法让学生自读自评，能够帮助学生更好地理解文本，形成个性化阅读体验，从而提升思维能力。新课标在第二学段"阅读与鉴赏"教学要求中明确提出"学习圈点、批注等阅读方法"，统编语文教材四年级上册第六单元的语文要素之一是"学习用批注的方法阅读"，这都说明掌握批注阅读方法的重要性。批注式阅读以自己独特的符号语言，在牵动学生见解和文本思想之间，迈开了可靠的一步，更好地实现了对语言文本的细致解读，更好地展

---

① 余映潮：《小学语文教学艺术 30 讲》，北京：中国人民大学出版社，2018 年 8 月版，第 53 页。

② 薛法根：《为言语智能而教——薛法根与语文组块教学》，北京：教育科学出版社，2014 年 6 月版。

现了一种独特的阅读方法，实现了一种以批为点，以注为面的学习模式，更好地促进了学生的自我阅读，帮助学生学会阅读，细致阅读，品味阅读，获得阅读的更好体验，许多论著当中也都提及了这样的批注式学习。

唐彪（1640—1713）著的两本书《读书作文谱》《父师善诱法》（合称家塾教学法）。其中《读书作文谱》是专论阅读与写作的。其中讲到文章阅读批注之法："读文宜屏息静坐，先取题中神理，详加体认，体认未明，必当取书考究，然后阅文，方有得也。且读文而无批注，即偶能窥其微妙，日后终至茫然，故评注不可已也。如阐发题前，映带提后，发挥某节，发挥某句，发挥其字，及主宾深浅、开合顺逆之类，凡合法处，皆宜注明，再阅时可以不烦思索而得。其中详悉读文之时实有所得，则作文之时自然有凭借矣。"①

章学诚（1738—1801）的语文学习观以"学问"为前提。他认为要做学问，一条极重要的途径是做札记，即读书笔记。做札记是训练思想的好方法。札记是探索学问的，文章是表述学问的。做札记是做文章的准备，文章是札记的提高。他说"不论时学古学，有理无理，逐日务要有所笔记"。他提出"学问与文章并进，古文与时文参营"的教学原则。他以"善教学者，必知文之节候，学之性情"作为其"学文法"的根本。②

叶圣陶的教育观是以儿童为中心，能从学生本位思考问题。在教学上，他推崇"教是为了不教"的观念，引导学生"自悟"和"自求"。③ 在《语文随笔》一书中谈道："在阅读的时候，标记全篇或者全书的主要部分，有力部分，表现出最好的部分，这可以帮助了解，值得采用。标记或画铅笔线，或做别种符号，都一样。随后依据这些符号，可以总结全部的要旨，可以认清全部的警句，可以辨明值得反复玩味的部分。"④

（七）从"教材至上"走向"实践第一"

如何把学科知识转化为学科素养？余文森教授指出："学科知识只是形成

---

① ［清］唐彪：《读书作文谱》，长沙：岳麓书社，1989 年 10 月第 1 版，第 65 页。

② 潘新和：《福建师范大学文学院百年学术论业（第二辑）》，台北：万卷楼图书股份有限公司，2015 年 12 月版，第 4—5 页。

③ 潘新和：《语文：回望与沉思》，福州：福建人民出版社，2012 年 8 月第 2 版，第 56 页。

④ 叶圣陶：《语文随笔》，北京：中华书局，2007 年 8 月第 1 版，第 16 页。

学科素养的载体，是不能直接转化为素养的，学科活动才是形成学科素养的渠道。学科活动意味着对学科知识进行加工、消化、吸收，并在此基础上进行内化、转化、升华。”因此，现代语文教育要紧密联系生活，学生是处在生活之中的，丰富多彩的生活为语文学习提供了观察、体验、思考的素材和空间。以嫁接生活，引入实践来拓展语文的外延，引导学生在生活中发现美，感受美，在实践活动中学语文、用语文。

叶圣陶先生说：“教育不以生活为本位，而以知识为本位是一个大毛病，由于不以生活为本位，所以不讲当前受用。读了植物学可以不辨菽麦，读了生理卫生可以绝无卫生习惯。由于不以生活为本位，所以受教育成了一件奢侈的事情……”① 他认为，生活就如泉源，文章就如溪水，泉源丰盈而不枯竭，溪水自然活泼泼地流个不停。

刘国正认为：“如今在语文教学中，最欠缺的是缺少生活的活力，要注入源头活水，增添活力——因此要大力提倡语文教学与生活相联系。”② 在语文教学中，无论传授知识，培养能力，还是发展智力，进行思想情感教育，都必须以联系生活为前提。③

于漪认为围绕学科性质，强调语文的人文性，提出语文教育就是教文育人，开放和开发语文教育空间，面向生活、学生与社会。

顾黄初说：“我想用一句话来概括我的语文教学方法论的基本点，那就是：语文教学要贴近生活。”④ 强调语文教学要寻找实际生活之“根”，即课堂学习、学校课余、校外组织、家庭日常四种生活场景均可与语文内容有机结合。

董旭午认为：“生活化语文教学就是要培养学生日常学习语文的习惯，生活化地进行语文学习和语文实践探究，真正实现语文生活化，生活语文化。将学生培养成具有深厚语文功底、良好语文素质、坚强意志品质、拥有自主

---

① 宋泉慧：《教育体现生活本位——叶圣陶生活本位教育观与新一轮课程改革观的契合》，《黎明职业大学学报》，2005 年 9 月第 3 期（总第 48 期）第 75 页。

② 刘国正、唐晓云：《沙滩夜话——访刘国正》，《语文学习》，2000 年第 11 期，第 96 页。

③ 白姣：《刘国正语文教育思想研究》，扬州大学硕士学位论文，2011 年 5 月，第 14 页。

④ 顾黄初：《语文教育文集》，北京：人民教育出版社，2002 年版，第 34 页。

和创新能力的‘语文’人。”[①]

（八）从“言不由衷”到“言为心声”

习作和阅读是语文教学的两翼，缺一不可。但以往的作文教学问题不少，习作教学时间少，只是阅读教学的附庸；习作教学无序，教不得法，教学围绕着经验、技巧打转。每个学生的言语生命都是独一无二的，如何让习作教学充满活力，让语文教育的目标与学生的言语生命特性统一？这就需要我们重视发掘学生的言语才情和言语个性，顺应学生言语智慧的自生长，要让学生用眼睛去发现，用心灵去体验，用语言去表达，让习作从应试的“言不由衷”走向开放的、情感的、生活的“言为心声”。

朱光潜关于写作教育的核心是“真诚”，主张以日记为训练方式，强调材料的选择，“每天选一件最值得记的，把它记得妥妥帖帖，记成一件‘作品’出来，那就够了”[②]。

钱理群提出一个概念，叫做“主体性的自由阅读与写作”，要鼓励学生对所阅读的课文有自己的见解，通过阅读提高自己的能力，创造性地运用课文中的知识，而不是让别人的“马”践踏自己的头脑，成为一个堆积知识的书橱。学生的写作也应该是充分自主与自由的，说发自内心的真话，说自己的话，而不是看别人（老师、家长、考官）的脸色说话，按规定的模式写作。无论是阅读还是写作，都要促进学生个性的健全发展，而不是压抑、扭曲学生的个性，这其实也是人文教育的一个核心。[③]

黎锦熙提出“作文的艺术化”。“小学自由作文，大都以记叙文为多；记叙文的要素在于真实而深切的描写。这好比艺术科的图画教育：不但描形、施色、投影，必先有详密的观察认识，是和写生画一样的历程；并且艺术上的写生与作文时的写生，简直可互相参用，化为一物——拿图画还补助作文之所不足，或就图画加以叙说，引起作文的思致，都是初年级所能办得到的；

① 董旭午：《生活化语文教学范式的实践探索》，徐州师范大学学报（教育科学版），2011年第3期，第3页。

② 潘新和：《语文：回望与沉思》，福州：福建人民出版社，2012年8月第2版，第302页。

③ 潘新和：《福建师范大学文学院百年学术论业（第二辑）》，台北：万卷楼图书股份有限公司，2015年12月版，第500页。

就此法引而申之，便是作文的艺术化。”①

潘新和指出每个学生的言语潜质、优势都不一样，他们言语上的学习和发展也是不平衡的。最自然、便捷的方法就是去顺应他们各自写作的天性，放手让他们自由地抒写，因材施教，因势利导。要顺应、养护学生不同的写作需要，使学生不同的写作潜能和才情都能得到最大发展。②

（九）从“单科突进”到“学科融合”

叶圣陶先生曾一针见血地指出，中国教育的弊端在于学科壁垒森严。儿童是完整的人，生活是不分学科的，自然和社会是全息的。思维线性化、资源碎片化、能力单一化等弊端，显然无法保证儿童的完整学习，无法帮助儿童形成完整素养，无法使儿童成为全面发展的、完整的人。跨界可带来种种人为壁垒束缚之下所不可能出现的新思想、新知识、新能力、新品质。从“单科突进”到“学科融合”，意味着学科的打通、知识的融通、时空的联通、角色的变通、生活的贯通，意味着整合思维的形成、复合行为的产生、聚合效应的获得，能够促进学习效益的最大化和学习质量的最优化，从而实现儿童自主、健康、幸福、完整地生长。

在20世纪二三十年代，具有较为广泛影响的教法，称为“综合教学法”。这种教学法是19世纪末至20世纪初欧美新教育运动的产物。即根据儿童的兴趣与碰到的问题，将各种有关的知识综合起来，组成统一的教学单元，依照一定的程序进行教学。在我国，这种“综合”往往表现为有关知识的“联络”，所以也可以称之为“联络教学法”。言、文结合，读、写结合，听、说结合等，也算是一种联络，但联络教学法联系的内容往往要宽泛得多，包括了国语及其他各科所学的内容，将语文教学和训练与整个课程结构内的相关方面打成一片。③

黎锦熙推崇设计教学法。他说：“随时随地利用儿童生活中的种种事实联结他们的种种经验和环境，作一种普遍而流动的教材；按着他们身心发展的

① 潘新和：《语文：回望与沉思》，福州：福建人民出版社，2012年8月第2版，第129—130页。
② 潘新和：《语文：回望与沉思》，福州：福建人民出版社，2012年8月第2版，第298页。
③ 潘新和：《语文：回望与沉思》，福州：福建人民出版社，2012年8月第2版，第110—111页。

过程，是一种辅导自动、共同创作的教学法。不但读法、语法、写法、作法要达成一片，就是国语和其他科目也要打成一片。读本乃是教师和儿童共同的作品。”[①] 这样，既能充实语文学习的内容，又能使教学活动变得丰富多彩，生动活泼。

朱爱华，提出“跨界学习，奠基大成”。“跨界”意味着学科的打通、知识的融通、时空的联通、角色的变通、生活的贯通。课程具有跨界性，因而呈多维打开的状态，又具有整合性，将整个学习过程中的碎片阅读、碎片思考、碎片运用进行整合，形成结构化的创造。这就是人们常说的一个可以催生创造的“场”。由此可见，课程、教学的实施是多主体的，而不是单向的。课程内涵是大于知识技能概念的，它的视域必须包含人的全面生长的需要，也就是“完整育人”的意涵。[②]

（十）从“知识本位”到“育人导向”

语文教育的根本目的是为了育人，如果语文教育只有语言文字，只关注知识、基本训练、分数，那就丢失了语文的文化实质，丢失了育人的根本意义。语文教学是要从知识、语言文字、基本训练中发现人，以语文学习促进学生核心素养的发展，让他们成长起来。一言以蔽之，以文化人，用文化创造人，树立起“语文育人”的理念并以此观照语文教学。

黎锦熙倡导“言文一致、国语统一”。他的专著《新著国语教学法》是我国现代白话文教学论的第一部专著。黎锦熙先生强调人本主义，提出“国语要旨”分为“语文方面（形式的）”和“心意方面（实质的）”。告诉我们国语教育的目的不是只注重语文方面，而是语文和心意并重。这实际上注重的就是母语教育的人本、人文的奠基功能。[③]

刘蕺山（1578—1645）在《证人要旨》的开头有这样一句话：“学以学为人，则必证其所以为人；证其所以为人，则必证其所以为心而已。”教育的目的旨在令学者做一个人，“证其所以为人”，是学习做人的方法；“证其所以为

---

① 潘新和：《语文：回望与沉思》，福州：福建人民出版社，2012 年 8 月第 2 版，第 112 页。

② 朱爱华：《跨界学习走向大成教育的探索》，南京：江苏凤凰教育出版社，2023 年 4 月版，第 324 页。

③ 潘新和：《语文：回望与沉思》，福州：福建人民出版社，2012 年 8 月第 2 版，第 107 页。

心”是方法的主脑。①

于漪认为语文学科与其他学科最重要的区别在于，它始终是指向人的，与人的思维、情感、品质、能力密切相关。她认为，阅读教学应以智育为主，融美育、德育，培养素质与发展能力相辅相成。在强化学生字、词、句等基础训练的同时，整体提升学生的语文能力，深入挖掘一篇篇课文中的思想性，引入革命文化、红色经典等，启智润心，浇灌心灵，最终实现育人目的。②

于永正（1941—2017）认为语文课本里有人文性，老师这本书里更要有人文性，而且老师身上的人文性对学生的影响，要大于语文书里的人文性。要激发学生读书的兴趣，点燃心中的梦想，使学生有美好的憧憬和追求，语文教学的最大成功，应该在这里。眼睛不要只盯着“语文”，还要盯着“人”。教学时，一只眼睛盯着“语文”，一只眼睛盯着“人”，这才叫完整的语文教学。③

总之，捧读上述著作，沉浸在博大精深的理论和生动的教学实践之中，向教学更深处漫溯，如鱼之忘于江湖，不知道有近岸。中国语文教育的发展跌宕起伏，不同时代的教育家们着毕生精力，力图改变语文教学的现状。他们的教育思想和实践对当今的语文教育有着深远的启示意义。像是触摸到了大树的年轮，每一轮的路径图案都不相同，但是每一个年轮都是向上生长的印记。掩卷，我陷入了沉思：语文是什么，语文学什么、怎么学，语文怎么教，新时代语文教学应该是什么样的呢？我给心目中的语文教学画了个像：语文教学应该以“学为中心”为起点，以“言意并重”为方法，以“言语实践”为追求，以“尊重生命”为观照，以“融合开放”为视野，以“铸魂育人”为归宿。

---

① 陈青之：《中国教育史（上）》，北京：东方出版社，2012年7月版，第445页。

② 许欣欣：《于漪语文阅读教学观及教学启示研究》，合肥师范学院硕士学位论文，2023年5月，第1页。

③ 于永正：《于永正：我怎样教语文》，北京：教育科学出版社，2014年2月版，第1页。

第二节 “活力语文”的内涵解读

2022年4月，《义务教育语文课程标准（2022年版）》颁布，在修订原则上“坚持创新导向”，明确指出“既注重继承我国课程建设的成功经验，也充分借鉴国际先进教育经验，进一步深化课程改革。强化课程综合性和实践性，推动育人方式变革，着力发展学生核心素养。凸显学生主体地位，关注学生个性化、多样化的学习和发展需求，增强课程适应性。坚持与时俱进，反映经济社会发展新变化、科学技术进步新成果，更新课程内容，体现课程时代性”。[①] 从这段话中我们深切感受到新时代的发展对语文教学提出了新的要求，强调了“更新”“变革”，需要“与时俱进”，迫切希望有“新变化”“新成果”。新时代赋予语文教学新使命，新时代呼唤语文教学新活力。

一、“活力语文”教学主张提出的背景

当今社会经济高速发展，科技水平迅猛提升，世界文化交流互鉴，社会价值取向多元。全球化成为当今时代人类发展的必然趋势，对个人的价值观、知识水平、能力结构、心理素养发出新的挑战。21世纪需要的人才必须拥有优秀品德，创新思维，懂合作、会沟通，能掌握新媒体技术，心理素质强大，能适应复杂多变的社会环境。信息时代，智能化生存与发展对于语言表达与交流提出了更高的要求。特别是近年的CHAT-GPT、OPEN-AI等人工智能的兴起，更是给语文教学方式的变革带来严峻的挑战。

时代要求语文教育教学必须变革。一线教师必须走出经验的窠臼，语文教育从“双基”时代到“三维目标”，再到“核心素养”时代，在教育视域上

---

① 中华人民共和国教育部：《义务教育语文课程标准（2022年版）》，北京：北京师范大学出版社，2022年4月版，第2—3页。

更加关注“人”的发展，但是一线教师仍然习惯穿新鞋走老路，注重知识传授、技能训练的观念根深蒂固，教学改革步伐迟缓。笔者35年的一线教学实践，深深感到语文教学要适应未来教育的需求，要培养具备核心素养的未来人才，必须要走出感悟式的碎片化思维，把握语文的本质属性，让学生在更加充满活力、更加具有生活感知和生命体验的教育活动中成长，学习方式、学习内容更加符合学生的年龄特点和认知规律，让学生更加喜欢语文，以此发挥语文教育的学科育人功能，因此提出“活力语文”的教学主张，力求遵循语文的本质属性，用“活教学”培育学生语言表达力、思维认知力、审美鉴赏力和文化自信力，从而实现“以文化人”“文以育人”的语文教学与育人目标。

二、当下语文教学的现状与问题

语文教学是中小学教育的主战场之一。虽然语文教学一直保持发展与创新的主要势头，但也不断地受到教育领域内外的各种因素干扰，可谓是顽疾未除，新病又生，使得语文教学不能凝神静气，也难以跨越发展，出现了许多令人尴尬的现象。

1. 教材使用不灵活。教师备课视野狭窄，总是停留在一篇课文上，以孤立的眼光解读教材，“只见树木不见森林”，对教材内容缺少单元整体关照，难以引导学生建构单元的大观念，难以形成规律性的经验与方法。

2. 教师仍是课堂教学的主体，“教”的活动相对丰富，学生“学”的活动较为单一。课堂上主要是“静态接受式”学习，听老师讲，看多媒体播放，回答老师的问题，学生更多的是“配合”“回应”老师，没有碰撞、整合，课堂枯燥沉闷，作为学习主体的学生学习兴趣不足，学习的主动性、积极性缺失，生命潜能没有得到激发。

3. 教学内容以文本理解为主，碎问碎答，串讲串问，没有思维的挑战，语言文字实践活动时间不足，内容肤浅，形式单一，语言学用脱节。

4. 教学情境单一，语文资源开发不足。语文学习与现实生活缺少联系，难以激发学生探究问题、解决问题的兴趣和热情，在语文学习与现实生活之间还存在着两张皮的现象。

以上这些教学行为和现象，反映出教师对于"少教优学""教的视角转向学的视角""创设真实的语文运用情境"等新课程理念还没有落到实处，语文教学的视野还很局限，教学方法固化，难以适应语文教学的发展需求。确实，语文教育不仅要让学生在学习过程中学会知识，更重要的是学会如何学习，并在学习过程中实现自我成长，激发创造力和生命力。正是在这样的时空背景下，很有必要提出"活力语文"的教学主张，借助丰富、活泼、深入的实践，使教学免于固化、僵化，力求将"死的知识"变成"活的记忆"，创新教学方式，使学习方式多样化，将知识与生活、与个体经验相融合，让教学保持生生不息的活力，让学生的生命因语文学习而焕发光彩！

三、"活力语文"理论基础

万物皆变，一切都在运动中。生命是有活力的，万物不老，生命长存。我们讴歌生命，感受世间万物的萌发、颖生、舒展、绽放、奔腾，融汇……实际上是在感受生命的多姿多彩，各美其美。因此，我们始终认为，语文是有生命的，语文教学的本质是释放其生命的内核——让生命力迎风起舞！所以，倡导"活力语文"并非独立所为，而是众多语文前辈和语文大师的共识。秉承这种理念，下面我们把众多名家关于语文生命力的论述串列共赏。

(一)"活教育"理念

20世纪40年代，受杜威活动课程、做中学等教育思想的影响，陈鹤琴基于当时中国的教学僵化等弊病，提出了"活教育"思想，意在将当时僵化的、呆板的、不适应儿童身心发展和社会发展需要的教育，转变为有生机、有活力，既符合民族精神，又与时俱进适应时代需要的理想教育。[①]"活教育"是陈鹤琴教育思想的核心理念，强调的是：1. 做人、做中国人、做现代中国

---

① 范琐哲，张雪梅：《陈鹤琴"活教育"对新时代小学教育的价值》，《乐山师范学院学报》，2022年10月第37卷第10期，第113页。

人；2. 大自然、大社会是我们的活教材；3. 做中教、做中学、做中求进步，这三大目标分别对应的是教学的目的论、课程论、方法论。

（二）“生命·实践”理论

叶澜教授提出“生命·实践”理论：叶澜教授在《让课堂焕发出生命活力》这篇文章中提出，课堂是教育者对受教育者进行实践活动的重要场所。具有生命力的课堂是养成学生“生命自觉”的最高标准，也是最有效的途径。这也是叶澜教授第一次在实践教学中提出“生命”一词。她认为每一堂课都有其存在的意义，每一堂课带给我们的感受和收获都是不尽相同的。课堂是教师和学生生命成长、激发学生生命自觉和教师职业生命延续的地方。因此课堂氛围也应该充满了生命的活力。要用动态发展的眼光看待课堂教学，即使课堂讲授的内容是固定的，但是在不同时间、师生的不同状态、不同的教学设施下，课堂上所展现的效果也迥然不同。教师作为课堂的主导者要让每一堂课在教师和学生交流碰撞后散发出自身独特的魅力。①

（三）维特根斯坦的语言哲学

奥地利哲学家维特根斯坦（1889—1951）是个语言分析哲学的大师，他认为语言不是死的记号，而是具有活的生命。语言表达是多样的，这是语言生命力之所在。维特根斯坦说语言是事实的图像，而且这时的语言包括了认知，包括了对因果加合、因果延合、因果密合的认知选择与认知过滤，就使得语言生气勃勃又富有意蕴。维特根斯坦在对语言功能的阐释中，特别强调语言不是对图像的简单重复，因为有认知参与，语言活动就应该充满生机，语言中富有的人文意蕴就会被生动地展现出来。维特根斯坦所描述的“语言游戏”明确告诉我们语言习得的过程，实际上就是在语言使用中学习语言，理解并掌握语言的游戏规则。他强调了语言所要表达的必须与针对什么事物、在什么场合、出于什么目的相匹配。更重要的是，语言的表达贵在于使用，只有语言不断地输出，让每个人都成为语言交流的参与者，才能让语言充满活力。

---

① 连书慧：《叶澜“生命·实践”教育理念及对初中语文教学的启示》，延边大学硕士学位论文，2021年6月，第9页。

(四)西方哲学史上的"活力论"

"活力论"认为有生命的物体的一切活动，都由其内部所具有的非物质的因素所支配，这种非物质的因素被称为"活力"。现代新活力论的主要代表是德国的杜里舒，他宣称有生命的物体和无生命的物体之间有不可逾越的鸿沟，有生命的物体是由一种非物质的、神秘的、超自然的"整体原则"或"活力"所支配的。[①] 活力论接受了生命作为事实的存在，揭示了生命的自主性这样的内在规定性；新活力论也接受了生命作为事实的存在，揭示了自创性这样的内在源头。活力是生命的表现，生命及其活力是不可分割的。

(五)"表现—存在"理论

潘新和教授说，语言和言语是人的本体属性，是人的精神要素，是人的精神家园，是人这一智慧生命体的有机构成。语文教育，实即人的生命意识的教育，是唤醒人的言语创造意识的教育，是使言语创造成为人的生命自觉的教育，是激发人的生命中言语潜能的教育。[②] 语文知识和能力都是会随着时间的推移而减效或失效，唯有强盛的健康的言语生命意识，对言语的自我实现、言语人生、诗意人生的体验与追求，才是历久不衰、终生受用的。语文素养教育，是兴人、立人、成人的教育，言语综合素养的教育，说到底是言语生命意识、言语人生、诗意人生的教育。[③]

所以，中外众多的思想家、哲学家、教育家都把教育的本质理解为充满生命活力的驱动过程，并因此而强调受教育者必须有内驱力，教育者要善于激发受教育者的内心潜力，才能让教育实现最大的增值。"活力语文"的价值取向与上述教育大家的价值目标相一致。

四、"活力语文"教学主张内涵

主张即看法，教学主张是针对学科教学的核心理念，也是特定教师的经

---

① 顾幸伟：《论活力》，《江西师范大学学报》(哲学社会科学版)，1985 年第 3 期，第 5 页。

② 潘新和：《潘新和谈语文教育》，南京：江苏凤凰科学技术出版社，2018 年 4 月，第 7 页。

③ 潘新和：《语文：表现与存在》，福州：福建人民出版社，2017 年 11 月第 2 版，第 108 页。

验走向理论而高举的一面旗帜。教学主张往往比较凝练、简洁、独特，其中包含有深刻的教育哲理和教育价值。因此，教学主张往往以概念的形式出现，虽精练但蕴意深刻，体现博观而约取的丰富内涵。“活力语文”是我的教学主张，它源于多年的语文课堂观察和教学经验总结，也体现了语文教学方式的理论思辨和逻辑架构，从而厘定了语文是什么？怎么教？如何发力？怎样激发语文课堂和语文学习的内生动力？等等。下面展开阐述。

（一）概念定义

“活”，就是生动，灵动，有生气；“力”，就是有力量，有力道，有能力。“活力”这个词在《新华字典》里的释义为“旺盛的生命力”。[①] 在《现代汉语学习词典》中“活力”有两个释义：一是“旺盛的生命力”，二是“生机、潜力”。[②] 可见，“活力”既说明了生命的存在状态，又说明了生命是有潜能的，可以不断生长的。

语文姓“语”。汉语言文字经历了甲骨文、大篆、小篆、隶书、草书、楷书、行书几个阶段，由繁到简不断规范。由文字组成的诗词歌赋和对联、散文、游记、小说等文学作品，或整齐押韵，或清新隽永，或内涵丰富，或富有哲思，承续着历史的脉络，彰显着文明的递嬗，给人启迪和力量。人们通过语言实践，实现语言积累、语意传释、语言运用，做到语源纯正、语本清澈。

语文名“文”。文是思维、文是表达、文为心声、文以载道。所以“语文”二字结合，就不仅仅是让人识字辨词，循声解意，而是理解其中的传情达意、示美向善的力量，从而体会思维碰撞、人文关怀的倾向。这样，语文就被赋予了一种底蕴与内力，具有人际竞合的生气与活性了。

“活力语文”立足语文学科的本质，激活语言文字传情达意的表达属性，通过语文课程的听、说、读、写，培育学生的语言表达力和传播力，即从“融阅读，善表达，真写作”三个维度，践行“学生主体，生活主线，生命主

---

① 商务印书馆辞书研究中心编：《新华字典》，北京：商务印书馆，1978 年 7 月版，第 571 页。

② 商务印书馆辞书研究中心编：《现代汉语学习词典》，北京：商务印书馆，2010 年 8 月版，第 552 页。

旨"的教学原则，突破传统语文教学的刻板样态，以鲜活灵动的课堂创新，赋予学生核心素养驱动下的强烈好奇心、想象力、批判精神、审美情趣和创新价值取向，实现以文化人、文以育人的教育目标，让每一个生命在语文学习中绽放活力光彩。

（二）价值追求

潘新和把"言语生命动力学"作为语文教育学的典型标志，强调语文教学的主要目的是培育"言语生命"意识。他说：语文教育的目标能与人（学生）的言语生命特性统一，与人的言语生命欲求契合，使言语学习和言语活动成为人的自发的需要和自觉的追求。① "活力语文"充分契合了潘新和的观点，以人为中心，尊重人的个性和自由，顺应牧养言语的野性，培育言语生命的丰富性动机并且关注价值引领，培育旺盛而持久的"言语生命力"，以言语生命力为根基，培植核心素养。"活力语文"呈现了学理性追求和逻辑性底蕴，其理论价值和应用价值十分明显。

1. 认识论价值。"言语表现"是语文教学的核心价值。清末民初至今的百年现代语文课程范式，主要强调的是"阅读本位"。语文课程致力于"工具性"，重读轻写，重吸收轻表现，往往见"技"不见"人"。在当代学术教育发展的大视野下，语文教育要走出"工具化""应需论"的雾霾。"活力语文"基于人之"言语生命"本性的言说需求，顺应语文教育的目标与人的特性，以"言语表现"为本位，以素养求发展，发现并关注每一个个体的言语生命潜能、才情和天性、个性，顺应言语智慧的自生长，使学生不再成为教育产业批量生产的"千人一面"的机器人，而是拥有自己的言语个性、言语才情，体验"言语表现"的幸福与快乐，彰显言语生命的活力。②

2. 方法论价值。活力语文教学围绕核心素养培养，充分挖掘语文课程"鲜活"的育人资源，通过"融阅读，善表达，真写作"以及大单元"四学五步六法"的多维路径，用汉语言文字本身所独有的文化张力和艺术魅力去唤

---

① 潘新和：《语文：表现与存在（上卷）》，福州：福建人民出版社，2017 年 11 月第 2 版，第 10 页。

② 高玉：《指向核心素养的活力语文》，《教育评论》，2018 年 8 月刊，第 52—53 页。

醒儿童学习的兴趣，把语文课上得有活力，使学生言语潜能得以激活，并通过开展真实情境下的语文学习实践活动，让学生的人文精神和语言智慧在润物无声的浸润和渗透中同生同构，协同发展。让学生运用语文这一工具，怀揣着语文素养，走向世界，成为地球村的一员，认识世界，热爱生活，创造更美好的未来，让生命在丰富的语言学习中焕彩。

3. 实践论价值。新课标在教学活动中的亮点就是强调“学科实践”。《义务教育语文课程标准（2022 年版）》在课程性质部分提出“语文课程应引导学生热爱国家通用语言文字，在真实的语言运用情境中，通过积极的语言实践，积累语言经验，体会语言文字的特点和运用规律，培养语言文字运用能力”。[①] 这明确指出，语文教学要培养说写素养，提升“言语生命”活力。我们知道，21 世纪人才需要的能力有：合作能力、展示能力、运用信息媒体的能力、生活技能、社会化交往能力。其中社会化交往能力需要表达与沟通，需要“说”与“写”的能力。未来的学生在面向社会的人才竞争与发展中，“说”与“写”的能力将发挥重要的作用。因此，在语文学科教学中，言语表现力将成为人的生存与发展的“元素养”，随着时间的推移，语文知识在学生身上将逐渐减效或失效，唯有健康、强盛的言语力，将经久不衰，充满生命活力。有活力才有创新，因此，培植“说”和“写”的素养，彰显“言语生命”活力才能适应新时代核心素养背景下的人才需求。[②]

4. 学科育人价值。新课标在课程理念中指出“立足学生核心素养发展，充分发挥语文课程育人功能”。[③] 在素质教育课程体系中，语文课程肩负着立德树人的使命与担当，核心素养起着统领、辐射学科课程的教学作用。语文学科，作为一门综合性的人文学科，丰富的人文内涵对学生精神世界的影响是广泛而深刻的，给学生带来的是思想的启迪，心灵的激荡，精神的成长：每一篇课文都是一个动人的经历，都是一部生命的礼赞。它融聚着作者的思

---

① 中华人民共和国教育部，《义务教育语文课程标准（2022 年版）》，北京：北京师范大学出版社，2022 年 4 月版，第 1 页。

② 高玉：《指向核心素养的活力语文》，《教育评论》，2018 年 8 月刊，第 52—53 页。

③ 中华人民共和国教育部：《义务教育语文课程标准（2022 年版）》，北京：北京师范大学出版社，2022 年 4 月版，第 2 页。

想和智慧，文质兼美。从文体上看，记叙文的形象性、感召力，对学生的情感与心灵无疑具有陶冶、感召的作用，凡是好的记叙性文章，往往能使学生读来心灵颤动；议论文的理性美、说服力，对于启迪学生的理性智慧、开发学生的论辩思维具有不可抗拒的逻辑力量；说明文的客观性、科学美，特别是它那种从客观存在中探求真理的特性，无疑有助于培养学生的求实态度、科学精神和尊重客观存在与科学真理的觉悟。文学作品的形象性、情感性和感染力，对学生更具有强烈的感情冲击力。阅之，可滋养精神生命；读之，能促进言语智慧的生成。特别是文学作品中跃动的思想与精神、灵魂与风骨、生气与生命、意境与神韵，都会以强烈的艺术冲击力唤醒学生的人性与理智、情感与灵性，唤醒学生的责任感和价值感，唤醒学生的主体性和创造潜能。

第三节　“活力语文”的主要特征

教育的根本出发点是人，教育的核心在于使人真善美，教育的价值在于实现人的生命价值最大化。“活力语文”以语文本体的活性，实施“活教学”，激发学生生命的活力，通过“活应用”实现以文化人，文以育人的目标。在鲜活的教学内容和丰富的教学方式建构中，“活力语文”教学主张体现出“三主”“三活”的特征：学生主体，活力的生命绽放；教师主导，融活的教学变革；实践主线，鲜活的学习样态。这些都将给予学生丰富的语文学习体验和深刻的内心感受，让生命在语文学习中焕彩。

一、学生主体，活力的生命绽放

新课标指出：“凸显学生主体地位，关注学生个性化、多样化的学习和发展需求，增强课程适宜性。”[①] 学为中心，就是要以学生为学习活动的主体，以任务为学习活动的基本组成单元，以促进有意义的思维为教学活动的目的，以主动而有质量的参与为有效学习的标志。语文学习是一种生命与生命的精神对话，是文字、作者、教师、学生四位一体同频共振，当学生与文本之间进行主动的精神交往和心灵对话时，不仅吸收文化营养，而且在含英咀华间，精神得到升华，生命与人性全面唤醒。未来社会，需要的人才一定是主动学习、积极思考、敢于创新的。

活力语文教学为了实现学生主体教学理念，以“四学”为实施路径：批注式预学、开放式问学、归类式理学、体验式延学。为此，创设“问学课堂”，鼓励学生敢问会问，善思乐辩，勇于表达自己的见解，在欣赏评价、审问评判中观点碰撞，思想交融，不断提炼自己的感悟，使模糊走向清晰，片面走向全面，浅显走向深刻，提升自己的知、情、意素养，优化学习过程，强化实践语用，使得学生的语言建构与运用素养在语文实践的过程中丰厚起来，思维发展与提升素养在语文实践的过程中丰盈起来，审美鉴赏与创造素养在语文实践的过程中灵动起来，文化传承与理解能力在语文实践的过程中厚重起来。学生的心灵是舒畅的，思维是灵动的，学习态度是积极的，语文与学生个体的生命活动融为一体，提升了生命的意义。

“学生主体”还要做到尊重生命，要关照每一个学生，特别是后进生。苏霍姆林斯基承认每个学生在天赋、兴趣、能力等方面存在着诸多差异，但他认为并不应该依据这些差异将学生分成三六九等，而是应该将这些差异综合来看，视作一个人的个性特色。教师必须在了解、尊重孩子个性的基础上因材施教，能够通过仔细观察去发现每位学生的闪光点和独特之处，并将其进一步扩充、丰富和发展，最终将“人的个性提到完美人格的高水平上来”[②]。

---

① 中华人民共和国教育部：《义务教育语文课程标准（2022 年版）》，北京：北京师范大学出版社，2022 年 4 月版，第 2—3 页。

② 马思远，班建武：《培养个性全面和谐发展的社会公民——苏霍姆林斯基劳动教育思想的人学主张》，《中国德育》，2023－13 半月刊，第 20 页。

二、教师主导，融活的教学变革

"活力"的内涵是丰富多维的，其中包含教师教的活力、带动学生学的活力。教师是课程的主导，是决定教学改革的关键。活力语文教学让教师提升文本解读力，活用教材；加强策略研究力，活用教法；提升情境创设力，活用资源；凝聚综合应用力，活性评价。教学中立足核心素养，实现"活教学"的三个转变：

1. 变"单篇文本设计"为"单元整体设计"。统编小学语文教材以"人文主题"和"语文要素"双线组元的方式进行编写。两者相互融合，相得益彰，促进儿童语文素养的形成和发展。这种双线组元编写教材的理念，给语文教学带来崭新的变化，也给教师解读文本、设计教学带来全新的挑战。那种"只见树木，不见森林"式的备课思路已经不能适应这样的变化要求了。语文教师要与时俱进，确立"要见树木，更见森林"的思维方式，让语文教学从"单篇"走向"整组"。[①] 乌申斯基指出，"智慧不是别的，而是一种组织得很好的知识体系"。[②] 碎片化的知识，孤立的知识是没有价值的。学者鲍鹏山指出，"当知识不成体系时，它是无用的，只是碎片"。[③] 整合思维是一种创新思维，用整合思维来设计教学，是语文课程最优化实施的自然选择。佐藤学先生的观点认为，传统的单元是一种"阶梯式"的课程组织和设计，它强调学科知识的逻辑性，要求教学内容以知识的逻辑联系展开。新课标背景下的单元是一种"登山型"的课程组织与设计，强调知识的选择和组织要以核心素养为方向，以主题或问题为统领，教学过程不是一种简单的知识点的组织和串联的过程，而是围绕解决问题和形成素养对知识进行建构、运用和创新

---

① 潘文彬：《还学习本来的样子——潘文彬儿童问学课堂十讲》，上海：华东师范大学出版社，2022年10月版，第193页。

② 赞科夫：《教学论与生活》，俞翔辉，杜殿坤，译，北京：教育科学出版社，1984年版，第41页。

③ 鲍鹏山：《决定境界的不是知识》，《环球人物》，2015年第10期，第76页。

的过程。[①]

活力语文教学运用“整合思维”，通过大单元统整教学设计，落实任务群教学。在教学内容上，精准把握“人文主题”和“语文要素”，赋予每篇课文各有侧重的教学目标，从而形成一个递进叠加的单元整体教学目标“链”，并在此基础上，优化教学内容，精选教学策略，沉浸式教好单篇，把“人文主题”和“语文要素”落实到每篇课文的教学过程中。在大单元整体教学中，教师由“教学的执行者”转变为“单元任务设计师”，通过“学生主体‘四学’”“单元整体设计‘五步’”“沉浸式教好单篇‘六法’”，有序列、有逻辑地落实目标，和学生共同构建丰富多彩的语文课程生活，实现“从零到整，由篇达类”，让学生在单元整体学习进程中，在丰富多彩的语文实践活动中，潜心会文，深度思维，获得言语智慧的滋养和人文精神的熏陶。

2. 变“教师主讲”为“问学相生”。问学，从词义上解读，问学是“问”+“学”。是针对传统教学中“提问是教师的专利”而言的，要实现的是学生“先问先学”“想问会问”，成为探索者、分享者、建构者。“学”的上半部分像双手构木为屋形，下面是“子”，强调儿童是学习的主体，是针对传统教学中教师教得过度而言的。要求教师适度施教，做到师让学。胡适说：“在课堂上没有逐字逐句讲解的必要，只有质疑问难，大家讨论这两件事可做。”[②] 问学是实现“以教为主”向“以学为主”的转变，是发挥学生主体意识、激发学习兴趣、培养学生学习力的重要方法之一。活力语文教学创设“问学相生”的课堂，给学生质疑的时间、空间，引导课前“预学之问”、课中“探学之问”，提升思维的品质。学生要掌握几种提问的类别：

（1）未知不解式质疑。如文章字、词、句的意思，作者的生平，文章的写作背景等。这些问题可以通过查阅工具书，借助网络查阅资料，就可以找到答案。[③]

① 余文森：《新时代中国课堂教学改革与创新》，北京：教育科学出版社，2024 年 1 月版，第 189 页。

② 潘新和：《福建师范大学文学院百年学术论业（第二辑）》，台北：万卷楼图书股份有限公司，2015 年 12 月版，第 5 页。

③ 高玉：《质疑，提升学生阅读思考力》，《福建教育研究》，2016 年第 10 期，第 28 页。

（2）探究发现式质疑。这类质疑一般针对文章内容、关键词句、主旨情感等。如五年级《落花生》一课，学生提出问题："为什么爸爸要拿苹果、石榴、桃子与落花生作比较，而不用其他的水果?""苹果、石榴、桃子既好看又对人们有好处，做人要做既体面又对人们有帮助的，不是挺好吗?"这样的质疑非常有价值，需联系上下文，结合内容、背景资料等对文本展开讨论，在比较、联系中探寻文章的主旨和作者的写作意图。

（3）欣赏品评式质疑。指学生对文章的写作特色、构篇布局、语言表达等提出的问题。如五年级《慈母情深》一课，学生提出："文中'背直起来了，我的母亲。转过身来了，我的母亲。褐色的口罩上方，一对眼神疲惫的眼睛吃惊地望着我，我的母亲。'这一句中为什么要把'我的母亲'放在后面，调整到前面不行吗?"学生发现作者表达上的与众不同，这就有了对文章表达形式的独到发现，可以通过朗读、想象、语句的增删对比感悟写作手法的妙处。

（4）审视批判式质疑。指能从文章中发现缺点或不足，可称为"审视者"，甚至能对名家名作进行否定或批判，成为"批判者"。当然对于小学生来说，只要他们能用审视的眼光看文本，敢于向文本挑战，就是高层次的阅读思考。如教学四年级《纪昌学射》一课时，学生质疑文本内容："纪昌的训练方法真的科学吗，能不能按他的训练方法练成世界冠军?"这样的质疑很有思考力，学会审视、批判就是学会创造。由"问"进一步"学"，通过查找资料，学生得知要把"虱子"看成"大如车轮"是一种妄想。任何人不论他如何努力，也无法把他的眼球"练"成高倍望远镜，人是有生理极限的！开放且自由表达的思想空间，让学生"敢问""会学"，在问学中获得新的发现，活跃了思维，满足学生的归属感、成就感，认为学习是有意义的。

"问学相生"还体现在课堂教学中教师的"核心之问"与学生的"预学之问""探学之问"相得益彰，共融共生。祝新华在《促进学习的阅读评估》中提出了阅读认知能力的六个层次系统（复述、解释、重整、伸展、评鉴、创意)。[①] 这就给我们的课堂提问策略和问题表述以启示：课堂问题设计要着眼文本，着眼学生，着眼能力层级的全覆盖，多维度设计不同层级的问题，特别是要设计高层次的课堂提问，最大限度地促进学生阅读力和思维力的发展。例如，五年级上册《父爱之舟》，教师提问：

①读一读课文，你感受到一位怎样的父亲？(复述)

②“粜稻”指的是什么？(解释)

③作者回忆了父亲为“我”做的几件事，能用小标题形式概括出来吗？(重整)

④自由读课文，你从哪些语句、哪些细节中感受到父亲对“我”的爱？圈画出打动你的细节，批注你的感受。(伸展)

⑤文章题目是《父爱之舟》，你觉得这个题目好吗？(评鉴)

⑥长大后，成为画家的吴冠中给父亲写了一封信，他会写些什么呢？(创意)

这六个问题分别指向六个能力层级，由低到高，由表及里，由浅入深，不断地引导学生在整体感知人物形象、细节感知人物特点、体会作家表达形式等方面，经历了检索、理解、概括、分析、诠释、联结、评鉴、应用等一系列纵深化思维的学习过程。这种复合型、多维度的问题串，避免了碎碎问的浅表性学习，驱动学生成为深度学习的参与者和主动建构的学习者。[②]

活力语文教学从“学”的角度来关照学生的学习，从课前“预学之问”到课中“探学之问”，以及教师的“核心之问”，都坚守语文学科本性，挖掘学科内涵，以“问”启“思”。以“学”解“问”，“问”“学”相生，注重从学生的认知发展到生命体验，积极地为提升学生的核心素养提供可能和创造条件，在问学中提升学生的生命价值。

3. 变“散阅读”为“融阅读”。以往学生课外阅读内容是随意的、零散的。形式上基本以个人自读为主。阅读的书目以语文学科教师推荐的为主，

① 徐鹏：《中国语文科阅读评估的新视界——〈促进学习的阅读评估〉评述》，《中学语文教学》，2016年第6期，第87页。

② 潘文彬：《还学习本来的样子——潘文彬儿童同学课堂十讲》，上海：华东师范大学出版社，2022年10月版，第145—146页。

阅读的面不够广泛，阅读的品质需要提升，阅读的评价也缺失。阅读呈现的手段主要是通过摘抄、做小报等纸质的媒介，阅读效果上属于浅阅读。新课标首次把“整本书阅读”作为拓展型学习任务群的教学要求，提出“在语文实践活动中，根据阅读目的和兴趣选择合适的图书，制订阅读计划，综合运用多种方法阅读整本书，借助各种方式分享阅读心得，交流研讨阅读中的问题，积累整本书阅读经验，养成良好阅读习惯，提高整体认知能力，丰富精神世界”。[①] 如何指导整本书阅读，让学生掌握阅读方法，提高阅读能力，从阅读中培养良好的道德情操，成为新课标落地后广大教师要研究的新课题。

为落实新课标精神，活力语文教学提出“融阅读”，一方面加强整本书阅读的方法指导、策略引领；另一方面立足学生整本书阅读的能力需求和未来发展，从个体终身学习、终身发展的角度，突破场域限制、学科壁垒、形式圈囿，从单一阅读向综合性阅读拓展，形成“融阅读”谱系：“整本书阅读”“专题性研读”“全空间阅读”“全学科阅读”“全素养阅读”，开展多主体、多维度、多样态的阅读，提升阅读的广度、深度、效度，让学生从“学习阅读”走向“阅读学习”，实现“融阅读，全育人”目标。

三、实践主线，鲜活的学习样态

2022版课标指出“义务教育语文课程培养的核心素养，是学生在积极的语文实践活动中积累、建构，并在真实的语言运用情境中表现出来的，是文化自信和语言运用、思维能力、审美创造的综合体现”。[②] 在这就强调了语文实践的重要性。以实践的方式学习，就是在情境中、在活动中、在操作中、在应用中、在体验中学习，学习变成学生经历真实、现实、切实的行动过程和生命历程的体验。[③] “活力语文”教学提倡课堂上立足教材内容，设计内容

① 中华人民共和国教育部：《义务教育语文课程标准（2022年版）》，北京：北京师范大学出版社，2022年4月版，第31—32页。

② 中华人民共和国教育部：《义务教育语文课程标准（2022年版）》，北京：北京师范大学出版社，2022年4月版，第4页。

③ 余文森：《新时代中国课堂教学改革与创新》，北京：教育科学出版社，2024年1月版，第34—35页。

丰富、形式多样的语文实践活动，聚焦语言文字，让学生沉潜于其中，驻足凝视，心游万仞，神思遐想，掂量和品味语言文字的质地、情味、分寸、美感，在理解语义、揣摩语用的过程中，领悟语言文字的思想感情，探寻和发现语言文字的特点和规律，使得语文之美自然而然地流淌出来。语言实践活动形式多样，有认字识词活动、朗读体味活动、细品精读活动、思辨探究活动、读写互动活动、质疑问难活动、分享交流活动、趣味性话题讨论活动、课文续写活动，等等。这些都是具有一定能力层次与思维层次的实践活动。以学生的语言实践活动替代教师的串讲碎问，也提高了教学效率。以统编版教材三年级上册《卖火柴的小女孩》为例：这是篇经典童话。本单元语文要素是“感受童话丰富的想象，试着讲自己感兴趣的部分”。为了达成教学目标，设计了以下语言实践活动：

活动一：说。故事情节梳理后出示五次擦燃火柴的情节图，说一说自己印象深刻的部分。

活动二：问。学生的思维是开放的，问题是多元的：“为什么爸爸、妈妈不疼爱她？为什么只能卖火柴？为什么擦燃火柴后会看到这些幻象？最后为什么要擦燃一大把火柴，小女孩和奶奶飞向了哪里，她们幸福吗？”

活动三：演。学生分小组扮演大街上、商店、富商家、奶奶家这四种场景。当圣诞节的音乐响起，热闹的人群、喷香的烤鹅都是小女孩所没有的，极大的反差、极度的渴望就是小女孩擦燃火柴看到幻象的原因。在剧本演绎中孩子们贴近文字，体会小女孩的内心感受和境遇的悲惨。

活动四：采访。通过采访到场的“安徒生爷爷”，“为什么非要写这是一年的最后一夜？”“为什么小女孩死了，脸上却带着微笑？”“作者为什么写这个故事？”在和“安徒生爷爷”的互动中感受到童话的主旨和作者写作的意图。

活动五：读。拓展阅读幸福主题的课外读物《丑小鸭》《拇指姑娘》《野天鹅》，进一步感悟童话丰富的想象。

在以上的教学中，每一个板块的任务都是指向学生的实践活动，语文能力在读文、表演、对话中得到培养和提升。在这些扎实有效、形式丰富的课堂实践活动中，基本上消灭“碎碎问”“碎碎答”，学生在语言学用、能力训练、知识积累方面均能得到有效的提高。

语文实践活动不仅落实在课堂中，更要在学生完整的语文生活中贯穿始终。活力语文教学根据不同学段的特点，从课内到课外，从文本到生活，合理地安排语文实践活动，让学生经历学的过程，实践的过程，靠自己的力量去品味语言，运用语言，提升能力，在形式丰富的语言实践中提升学生的语文素养。让学生在学中用，用中学，构建了从课内到课外的语文实践体系，即包括四大实践维度：第一，阅读教学听说读写一体实践活动，指向语文基础能力；第二，课后延学实践“语文+”，指向语言的运用；第三，任务群语文实践活动，指向语文素养的培育；第四，项目化语文实践活动，指向全素养阅读，跨学科学习，解决生活中的问题。

总之，活力语文教学以丰富的语文实践活动替代理解分析，从语言运用的深度、广度、效度上提升，从时间、空间上拓展，让学生学得更有趣、有效，并在实际应用中达到融会贯通，这样也就优化了教师创新语文教学的引导力，同时增强了语文学习的内在驱动力，激发了学生从实践中活用语文的兴趣力，从而收到了“活力语文”为价值指向的教学效果。

第二章　“活力语文”的实践演变

改革开放40多年来，我国基础教育课程教学改革的目标方向几经调整，经历了从“双基”到“三维目标”再到“核心素养”以及2022年版“新课标”这几个阶段的变迁。语文领域的主流价值观念，从历史新时期流行的“知识本位论”，到20世纪90年代的“能力本位论”，再到20世纪末兴起的“语感中心论”，[①] 核心素养时代的“素养论”。教学方式则分为四阶段：科学主导期的“以教带学”（1978—1985），观念转型期的“以教促学”（1986—1999），人文回归期的“变教为学”（新世纪以来）[②] 以及新课标落地后的“学为中心”。语文教学从“关注知识”到“关注人”，体现了语文教学改革逐渐走向现代化的路径和轨迹。回顾这一段历史，对于我们理解语文教学的历史脉络和未来趋向，厘定语文课堂的价值目标，取舍语文教学的要素构成，尤其是界定“活力语文”的要旨和架构，为今后的语文教学摸索一套健康可持续且高质量发展的道路是非常有益的。

第一节　“双基”背景下语文教学的“活力”

20世纪50年代初，我国教育界已开始使用“双基”概念。1952年3月，

---

① 张雪《当代中国语文教学观念的演变研究》，浙江师范大学硕士学位论文，2015年5月，第110页。

② 张雪《当代中国语文教学观念的演变研究》，浙江师范大学硕士学位论文，2015年5月，第55页。

教育部颁发的《中学暂行规程（草案）》中提出中学的教育目标之一是使学生获得"现代科学的基础知识和技能"，首次明确提出"双基"概念。同时颁发的《小学暂行规程（草案）》把小学教育概括为"全面基础教育"。1977年，全国中小学教材编写工作会议提出了编写教材需要正确处理的四个关系，其中两个是："十分重视和精选基础知识""为了加强基础，必须重视基本技能的训练"。1978年后，全日制十年制中小学教学计划、各科教学大纲和教科书先后出台，这时，中小学各科教学都突出强调"双基"教学，突出反映的是知识本位，它对教学内容、知识点的具体要求与深度、难度都做了明确清晰的规定。[①] 1992年，《九年义务教育全日制小学语文教学大纲（试用）》从语言文字训练和思想教育两个方面提出了教学内容，中小学语文教学的目标都旨在培养听、说、读、写的能力，并且在教材中也凸显训练的科学化。1994年教育部颁发的义务教育小学语文教学大纲正式将"语言文字训练"写入大纲，并且反复出现十多处。

从教学内容角度说，这时期的教材除了选取课文之外，把注释、练习和语文知识也作为语文教科书的重要组成部分。在注释方面，增加了加注比例，扩大了知识覆盖面，注重科学性和准确性，在学生自主学习能力及良好学习习惯的培养方面起到了积极作用。在思考与练习方面，明显加强了练习的计划性、系统性和目的性，力求体现以读写为主、听说为辅的训练重点。此外，在语文知识方面，将语法知识、逻辑知识及语文基本常识编写成短文穿插在语文课文之中，形成了纵横交错的训练序列，较好地体现了教学大纲"精要、好懂、有用"的教材编写原则。

从教学观念角度说，语文学科是"工具性"的，以传授知识为主，规定语文是学好各门知识和从事各种工作的基本工具，注重培养语文的读写能力，强调语文的实用功能。语文教育家吕叔湘认为语文教学存在着"少、慢、差、费"的问题。张志公认为"语文教学缺乏科学化"是导致教学效率低下问题的症结所在。"教学工作首先要讲科学。无论说话、听话、识字、读书、作

---

① 李蓉蓉：《浅论新课标时代下的语文双基教学》，《现代语文》，2009年4月，第101页。

文，能力怎样一步一步地提高，应该有一般的规律可循。”①

从教学方法角度说，此时期语文教育界明确提出了“加强‘双基’”的口号，并将“字、词、句、篇、语、修、逻、文”八个字，称为语文教学的“八字宪法”。② 低年级注重借助拼音识字、词语填空、课后“思考与练习”的答案记忆；高年级注重概括文章大意和中心思想、划分段落能力的训练。广大教师在教学实践中也开展了科学化训练的试验，如阅读教学 100 项训练、作文教学 108 项微格训练法等，强调教育的科学实证研究，主张数据对教育事实进行量化分析。在这一时期涌现出了不少的语文教育家，例如于漪、钱梦龙等人，他们在语文教育实践中不断砥砺教育意志，为语文教育事业的发展做出了重要的贡献。

于漪认为语文教育要培养学生“听、说、读、写”全面发展的能力。“听、说、读、写”是语文教学的四个重要组成部分，只有学生听说读写能力全面提高了，学生的语文素养才能真正提高，其中的任何一项都不可偏废。

钱梦龙在《“三主”“四式”语文导读法探索》一文中，将自己从教 40 多年的经验上升为“学生为主体，教师为主导，训练为主线”的理论概括，进而形成以“三主”为理论基础、以“自读”“教读”“作业”“复读”等课式为“基本式”的“语文导读法”的总体框架。钱先生的导读法是“以教带学”的典型代表，其实质仍是教师先行，学生跟进，“教”字在先，“学”归于教。③

此外，“双基”时代提倡者最多、运用最广泛的教学方法是训练法，它强调语文基本功的巧练，旨在提高学生的阅读能力和写作能力。比如，上海几所中学组织了关于语文教学科学化、现代化问题的讨论，并指出“上语文课就要对学生进行扎实有效的读写训练”，语文学科的性质就是语言文字训练课，因此要解决好教与学的矛盾、文与道的矛盾、讲与练的矛盾及读与写的

---

① 张雪：《当代中国语义教学观念的演变研究》，浙江师范大学硕士学位论文，2015 年 5 月，第 48—49 页。

② 郑昀，徐林祥：《从“双基”到“三维目标”，再到“核心素养”》，《课程・教材・教法》，2017 年 10 月第 37 卷第 10 期，第 45 页。

③ 郑昀，徐林祥：《从“双基”到“三维目标”，再到“核心素养”》，《课程・教材・教法》，2017 年 10 月第 37 卷第 10 期，第 10 页。

矛盾。[1] 黑龙江教育学院的同志提出了“注音识字，提前读写”的识字方法，取得了一定的成效，除了识字与写字教学外，特别强调知识（包括语法知识的教学）。从“精讲多练”教学方法试验来看，训练法如实地把语文看成工具课，把读写训练、提高读写能力作为主要任务，在一定程度上起到了积极作用。

丁有宽以记叙文为重点，进行了“读为基础，从读学写，写中促读，突出重点，多读多写”的教学试验，重点放在读写结合训练上，将阅读、观察、思考、表达融为一体，形成了以读为基础，以读带学，以写促读的训练序列，[2] 是对中国传统的语文教学方式的继承和发展。

语文“双基”论由著名语文教育家吴天石提出。他认为，语文基础知识包括字、词、句、篇以及与其紧密联系的语法、修辞、逻辑等知识。在加强语文“双基”的训练方面，他提倡要多写字、多诵读、多练习写作，切实提高学生的阅读能力和写作能力。[3]

以“双基”为中心的教学，从教学大纲到教材再到课堂，形成了一整套体系：重视基础知识的传授（讲授）、基本技能的训练（练习），讲究精讲多练，主张“练中学”，相信“熟能生巧”，追求基础知识的记忆和掌握、基本技能的操演，以学生获得扎实的基础知识、熟练的基本技能和较高的解题能力为主要的教学目标。这样的教学体系在历史上有其合理性和进步性，对于稳定教学秩序、提高教学质量也发挥了重要的作用。2002 年对高中阶段学生进行的调查结论是：我国学生的强项和优势在于知识、技能、解题能力、勤奋与刻苦。实际上看，这也是国际公认的教育现象。[4]

但是，“双基”本位的教学存在着不可忽视的问题。第一，因为过度注重形式的训练，而忽视文本内在的情思内涵和学生的情感体验，完全以语文知

---

① 张雪：《当代中国语义教学观念的演变研究》，浙江师范大学硕士学位论文，2015 年 5 月，第 55 页。

② 张雪：《当代中国语义教学观念的演变研究》，浙江师范大学硕士学位论文，2015 年 5 月，第 55 页。

③ 支洋：《语文“双基”探析》，闽南师范大学硕士学位论文，2017 年 6 月，第 11 页。

④ 余文森：《新时代中国课堂教学改革与创新》，北京：教育科学出版社，2024 年 1 月版，第 1—2 页。

识传授为目的，无以复加地复制繁琐的记忆和应试技巧的训练，语文异化为心智训练的工具。语文学科特殊的育人功能严重缺失。第二，由于阅读教学在整个语文教学中占支配地位，形成“阅读本位”的内容观，重视输入型的“读”，而输出型的“说”“写”处于不断萎缩、退化中。“说”的教学基本上退出了语文教学的舞台，“写”沦为“读”的附庸，说写能力严重匮乏。[①] 第三，教师的教学方法主要以灌输知识为主，学生的学习方法基本以接受性学习为主，使得教与学内容死板，方式单一。这样一来，语文“双基”教学的着力点更多的是在教学本身，是在静态的知识和技能的教与学上，而非在学生主体上，“双基”本位的教学在其发展过程中逐步背离了“人的全面发展”的主题和方向，演绎出的课程教学体系严重滞后于时代的发展。

第二节　三维目标时代语文教学的“活力”

进入21世纪，语文教育也迎来了一个全新的时代。《语文教学大纲》正式更名为《语文课程标准》，“教学目的”更名为“课程目标”。这一变化不仅仅是名称上的转变，更是语文教育内涵的转变。2001年6月教育部颁布《基础教育课程改革纲要（试行）》提出“三维目标”，即知识与能力、过程与方法、情感态度和价值观。这样的变化本质是从原来教学大纲中基本知识和基本技能的“二维”，走向课程标准的“三维”。

从教学内容角度说，此时期的语文教材所呈现的主题思想及领域十分广泛，涉及自然、地理、生活、历史、科学、艺术等学科，富有浓郁的文化内涵及时代气息。教材增加了“口语交际”和“综合实践活动”。“口语交际”教学所培养的是倾听能力、应对能力和表达能力。“综合性学习”的提出更明确了语文教育造就的是具备综合化素养和学习能力的划时代独立主体。在学

① 张雪：《当代中国语义教学观念的演变研究》，浙江师范大学硕士学位论文，2015年5月，第55页。

习内容和练习设计上强调联系生活实际，强调知识与练习要少而精，引导学生学会学习，具有强烈的人文关怀精神。教材话语模式上改变了以往教训式、命令式的口吻而采用商讨式、征询式的语气，更多使用的是"谈谈你的看法""说说你的感受""你如何理解""联系自己的生活体验"等提问方式，体现了教材与学生之间的平等对话，有利于创造民主对话的氛围。①

从教学观念角度说，在课程目标上，语文既要重视"双基"训练，落实基础知识、基本技能，又要重视习惯方法、学习策略、情感态度、思维品质、审美情趣等语文素养的综合评价。工具性与人文性相互统一是语文课程的基本特点。在对知识观的认识上，更强调知识的情境化和个性化，强调教师与学生在平等对话中建构意义。在课程内容上突破了"学科本位"，向"学生发展本位"转化。在课程资源观上由原来的"本本主义"转变为"大语文"资源观。在课程评价上突破了功利的量化评价而向定性评价转变。从语文的学科本位上，李海林提出"语感目的论"主张："语文课程的教学目的就是培养学生的语用能力""语用能力的核心就是语感，语用目的的基本内容也可以表述为语感目的"。② 潘新和提出"表现本位"，他在《语文：表现与存在》一书中提出"着眼于人言语活动基本素养的提高，充分发挥人的言语生命潜能、创造力和个性，以言语'表现'为主导型教育功能和目标，以人的精神性、发展性、存在性需要作为语文教育的基本目的诉求"。③ 潘涌提出"积极语用"的主张，他认为，语文教师在进行语文教学时应该注重学生语用能力的培养，使学生增强自信心，让学生感受到自己作为一个具有独立人格的"人"的价值所在。④

从教学方法角度说，第一，教师教学行为的转变，课堂不再是教师进行知识灌输的"一言堂"，教学不能过度包办，"以教代学"要转换成"以教促学"，突出学生在课堂教学中的主体地位，积极实践"自主探究""合作学习"

---

① 张雪：《当代中国语义教学观念的演变研究》，浙江师范大学硕士学位论文，2015 年 5 月，第 55、85 页。

② 李海林：《言语教学论》（修订本），上海：上海教育出版社，2000 年版，第 223、301 页。

③ 潘新和：《语文：表现与存在》，福州：福建人民出版社，2017 年 11 月第 2 版，第 54 页。

④ 潘涌：《积极语用：世纪中国母语教育新观念》，北京师范大学学报（社会科学版），2011 年 2 月，第 16 页。

“分组讨论”等学生活动。第二，在预设与生成上，注重教学过程的对话性，课堂教学中不能过度追求教学内容的预设性和确定性，要接受教学过程中学生发言的“节外生枝”，要超越僵化的思维方式，转向生成性思维。[①] 第三，对文本理解上，更加重视学生个性化的解读和评价鉴赏能力的培养，强调学生要在阅读过程中获得想象和情感体验，建构自己的精神世界。第四，对作文教学的要求也是越来越注重学生个体的感受和不拘形式的表达，珍视学生对自然、对生命、对社会的独特感受和真切体验。在此期间，许多学校、教师积极实践，涌现出大量典型的经验案例。

例如，山东省的杜郎口中学始终把“相信学生，发动学生，依靠学生，发展学生”的教学观念变为课堂的常态。阅读教学中，教师激发学生言语表达激情和言语创造活力：第一，教师采用“无为”的教学方式。当学生对文本质疑而引发课堂论战时，老师并不加干涉，而是放任学生自由言说。语文教学的最高境界就是在不露声色中启发学生生命的自觉性，唤醒学生沉睡的审美悟性，点燃学生言语表达的激情。教师正是选择了“放手”“示弱”“无为”的教学方式，把展示的机会还给学生，让学生真正享受言语表达的快乐。第二，在激发学生创作激情时教师采用了“有为”的策略——当学生们纷纷展示自己的创作时，教师并不是作为“局外人”观战，而是用自己“创作”之举鼓励支持学生的言语创造。“点燃学生言语创造激情的最好办法是点燃教师自己的言语创造激情；让学生忘情于写作的最好办法是教师自己忘情于写作。”[②]

又比如，李吉林2004年出版的《情境教育的诗篇》中的教育理念核心是“一切为了儿童”，情境教育是针对儿童的思维特点和认识规律，以“儿童—知识—社会”三个维度作为内核，将儿童认知活动与情感活动结合起来，让儿童在学习的过程中，获得探究的乐趣，审美的乐趣，认识的乐趣，创造的乐趣，从而使教学真正成为生动活泼、满足需求的活动。李吉林以“情”为

① 张雪：《当代中国语文教学观念的演变研究》，浙江师范大学硕士学位论文，2015年5月，第84页。

② 张雪：《当代中国语文教学观念的演变研究》，浙江师范大学硕士学位论文，2015年5月，第97页。

纽带，带领学生领悟文本的神韵；以“儿童活动”为路径，培养实践能力；以“周围世界”为源泉，开展情景化大单元课程的实践。情境教学正是通过人与各种“情境”恰如其分地融合，通过多种形式和途径，让学生主动学习。这种学习方式符合学生的学习规律和身心发展的特点，同时也符合未来学习方式变革的思想。①

此外，王崧舟首创“诗意语文”，他在《诗意语文的理想和信念》一文中，把“诗意语文”诠释为“精神的语文”“感性的语文”“儿童的语文”“民族的语文”“生活的语文”。王崧舟指出“语文教育过程，是学生精神享受的过程，是为学生的精神生命打底子的过程，语文教育必须重视学生精神的熏陶和感染，而这一过程是在语言文字的实践中实现的；语文教育本质上是一种感性的教育，培养语感素养是感性教育的最终目的，学生是学习语文的主人，语文教育必须尊重学生的语文世界；语文教育必须重视民族优秀文化的传承，必须遵循语文的特点和规律；语文学习是学生的一种生存状态、生活方式、生命体验，必须引进生活与时代的源头活水”。他提出文化解读的技术：体验、探究、感悟、想象。这些语文教育思想，触及本质，既有高视点，又能烛照细微，把三维目标的课程理念转化为具体的教学行为。

诚然，课程教学改革从“双基”走向“三维目标”，其进步是不言而喻的。三维目标的确立和落实，是知识观的变革，教学突破了以往“双基”的局限，走向了知识、能力、态度的共同发展。素质教育的核心理念就是在坚持面向全体学生的前提下，注重学生身心素质的全面发展，强调学生主动、生动活泼地发展。三维目标正是力图在学科（课程）层面促进学生主动学习和全面发展。显然，三维目标之于“双基”既有继承，更有超越。②

但是，“三维目标”实施结果也存在问题：其一，语文教学目标的设计因受“知识与技能”“过程与方法”“情感态度与价值观”的严格要求与束缚，出现了模式化、同质化倾向，限制了教学的灵活性。③ 其二，在实施过程中，

---

① 宋婷婷：《李吉林情境教育思想述评》，《教育教法探讨与实践》，2015 年第 7 期，第 219 页。

② 余文森：《新时代中国课堂教学改革与创新》，北京：教育科学出版社，2024 年 1 月版，第 11 页。

③ 张晓初：《从“三维目标”到“核心素养”》，《语文教学通讯》，2018 年 9 月，第 14 页。

三维目标被割裂，游离于人的发展之外，基础知识和基本技能被弱化，情感态度和价值观方面出现了“贴标签”现象。① 其三，传统的讲授法少了，但教学过程和手段严重形式化，为追求课堂的热闹，播放音乐、影像、精美课件，小组合作探究、学生上台表演等，看似学生成了课堂的主体，但忽略语文内容，学生没有真正进入文本，亲近文字，弱化了学生的独立思考能力，所谓的人文性变成了情感泛化甚至泛滥，缺乏语文内在文化内涵与审美情趣，课堂学习的实效性大大降低。为此，对新课程改革的总结和反思一直持续进行，语文教学期待着新的变革和提升。

第三节 核心素养背景下语文教学的“活力”

2014 年，为了顺应全球核心素养教育改革的发展趋势，同时也为了提升我国教育的核心竞争力，教育部研制了《关于全面深化课程改革 落实立德树人根本任务的意见》，首次提出“核心素养”概念，专家组随之研究制定学生发展核心素养体系，并将之置于深化课程改革、落实立德树人根本任务的关键领域和重要环节。核心素养成为修订课程标准、研制学业质量标准的重要依据。2016 年 9 月 13 日，《中国学生发展核心素养》正式公布，这是我国基础教育改革领域的又一重大举措。该体系以培养“全面发展的人”为核心，分为文化基础、自主发展、社会参与三个方面，表现为人文底蕴、科学精神、学会学习、健康生活、责任担当、实践创新六大素养，细化为国家认同等十八个基本要点，② 各个要素之间彼此联系，不可分割。核心素养总体框架的发布，引发了社会高度关注。2017 年 12 月，基于学科核心素养的高中各学科课程标准印发，《普通高中语文课程标准（2017 版）》中明确了“语文核心素

---

① 余文森：《新时代中国课堂教学改革与创新》，北京：教育科学出版社，2024 年 1 月版，第 11 页。

② 余文森：《新时代中国课堂教学改革与创新》，北京：教育科学出版社，2024 年 1 月版，第 12 页。

养”，指出语文学科要着重从语言、思维、审美、文化四个方面去培养学生的核心素养。由此，语文教学目标由“二维”到“三维”再到“多维”，由重视知识转向重视学生的素养，不再以知识为中心，而是以学生为中心，这就呼应了“以人为本”的发展价值观。课程教学改革进入了核心素养的新时代。接踵而来的是语文教材、教学方式、教学理念的一系列变化。

从教学内容的角度来看，第一，新教材明显的变化就是传统文化的篇目增加了，文本体裁更加多样，革命传统教育的篇目也占有较大的比重。有对民主富强、文明和谐的理想追求的；有尊重包容、自由平等的理念；有弘扬爱国主义精神的；有感召“人间真情，至善至美”的；有对传统美德的弘扬；有科技创新面向未来的……这些文质兼美的选文，蕴含着影响学生人生观和价值观的元素，要利用语文教材渗透学生进行引导和感悟，通过语文学科育人。第二，“统编本”教材采取“语文要素”和“人文精神”两条线索相结合的方式编排教材内容，“语文要素”重在听、说、读、写基本知识和能力，也就是单元读写训练重点。教师紧扣要素教学，培养语文能力。第三，从“教教材”走向“用教材教”，以教材为凭借，围绕需要教学的内容，对优秀文化资源合理挖掘，拓宽语文学习运用的领域，贴合学生发展需求，积极开发与之相适应的课程资源，实现教材与资源的统整渗透，达成以语文课程进行文化传承与立德树人的双向结合。

从教学观念的角度说，有几个重要的转变：第一，从“学科本位”转变为“学生本位”，从“重知识”转向“实践运用”，语文教育的学习主体地位得到了明显提升。“语用说”深入人心。第二，从“封闭教学”向“开放教学”转变。通过课堂环境的开放，调动学生语言学习的积极性，打破教师为主导的教学模式，让学生成为课堂学习的主人。拓宽学习视野，从课内阅读向课外阅读延伸。鼓励学生通过群文阅读、整本书阅读等方式体会语言的丰富，开阔知识视野，从社会、历史、生活等多个角度学习语文、运用语文。第三，从“传统教学”向“现代教学”转变。以计算机为代表的信息技术已融入社会发展的方方面面，小学语文教学也要从传统教学模式向信息化教学有效转变。以信息技术丰富教学内容，优化教学方法，提高教学效果。[①]

从教学方法角度说，第一，核心素养为导向的语文教学倡导"言意兼得""言语实践""问题导向"等教学方式和策略。"言语实践"是对语文学科教学的本质定位，在文本中感受语言形式之美，品味语言表达之妙，学习语言表达的规律，运用言语表达的技能。第二，"核心素养"理念下的语文教学以激发学生的学习愿望、提升学生的学习能力、发展学生的个性为出发点和落脚点。它要求教师实现角色转变，成为学生学习活动的组织者、参与者、引导者、促进者、激励者、示范者。教学要凸显学生主体性价值，体现现代学习特征，组织学生自主学习、合作探究、交流对话，保护学生的学习兴趣，关注学生的个体差异，鼓励学生表达自己的个人理解，教学活动的组织要围绕学生而展开，让课堂焕发活力，实现主体主导双优化，保障语文教学提质增效。第三，恰当使用信息技术，让新技术服务于语文教学，提升语文学习的情境性、生动性、有效性。

核心素养导向下呈现出丰富多样的教学实践，比如韩月娥的"海量阅读"、刘仁增的"语用教学观"、薛法根的"组块教学"、吴勇的"童化作文"等，从课堂教学到课程开放都体现了核心素养导向的教学生命力。

我们来看一位年轻老师的课堂教学片段：

"阅读，以'我'为准"[②]

对教学而言，课堂是立德树人的主阵地。要使学生成为阅读的主人，便要让他们说出自己的阅读回应——"阅读，以'我'为准"。在课堂上，李老师这样告诉二年级的孩子："不管故事有多精彩，不管故事写的是谁的经验，我自己的看法是什么最重要。所以从头到尾都是'我''我''我'！阅读是你自己的事，李老师没有办法帮你读书哦。"

她有意将学生逼上"绝路"——无依无靠，"置之死地而后生"，不依不靠，才能找到主体的感觉。助他们把"我"支撑起来。在与文本互动中，她先让学生借助这些"支架"去体会什么是"阅读，以'我'为准"，在他们经

① 叶艺瑄：《核心素养背景下小学语文教学改革思考》，《当代家庭教育》，第208—209页。

② 潘新和：《潘新和谈语文教育》，南京：江苏凤凰科学技术出版社，2018年4月版，第109页。

历一番思考、体验之后，屏幕出示“支架”，以强化印象，巩固所学：

阅读表面安安静静，其实很忙很忙

脑：永远比画图、文字走得远

心：脑走到哪儿，心跟到哪儿

想：自己的经验

问：自己的看法

脑、心、想、问，这是她指导阅读的“四字诀”。脑，指的是思维、想象，将图、文变成画面，体现发散思维并超越图、文；心，指的是感觉、情感——使感与思相随、相融，去感受、内视这些画面；想，由图、文联系自己的经验，加以比较，展开个人相似经验的联想、回忆、体验；问，从个人经验与图、文的比较中，得出自己的想法、看法，做出独立的思考、判断。如此，学生才能慢慢找到“我”，说、写出“我”读到了什么，最终成为名正言顺的阅读“主体”。

余映潮撰写的《阅读教学艺术 50 讲》，让我们看到了课堂上如何巧用文本对学生进行语言文字的实践运用。他提出“教学中要把语言实践当做主旋律、主任务，把泛泛而谈变为精读训练，把只读不写变为读写结合，积累运用。学生的自读自讲、互读互讲、句式学写、段式学写、课文关键句提取、课文美点品析、用四字短语评价人物、替换课文标题或替换课文结尾段、编写短文的角色朗读方案、课中比读、诗文联读等活动，都是具有一定思维层次和能力要求的实践活动”。教学中让学生在课堂上充分地占有时间，进行有形式也有内容的学习语言，习得技巧，发展智能，训练思维。如三年级《翠鸟》一课，设计这些语言实践活动：1. 用“线型图”画出思维导图，梳理文章脉络。2. 精读课文第一段，分析层次、品味修辞，学习“概说一句，细说几句”的构段方法，尝试背诵。3. 用“圈出关键语句”的方法学习翠鸟捕鱼的动作。4. 用“这一句很重要”说说课文第四自然段，体会“对比”的作用。5. 结合《燕子》《翠鸟》对“如何介绍一种动物”的方法进行小结。在这些扎实有效、形式丰富的课堂语言实践活动中，基本上消灭“碎碎问”“碎碎答”，学生在语言学用、能力训练、知识积累方面均能得到有效的提高。

窦桂梅在清华附小开展了“小学语文主题教学研究”，从文化的高度，培养完整的人的哲学角度，以儿童的生命价值为取向，在综合思维指引下，整合多种资源，挖掘教学内容的原生价值，通过课堂的整体构建，使儿童经历完整又充满情感体验的认知过程，其课堂呈现网状结构，以单篇经典主题教学、群文主题教学、整本书主题教学、主题实践活动等方式展开教学，引导儿童形成主题意义群，促进儿童语言发展、思维发展、精神丰富，进而整体提升语文素养与培育价值观，形成核心素养的教与学的实践研究。①

这种主题教学改造了以往线性的课堂结构，即以人文、工具双线并举的螺旋结构重构课堂，充分尊重学生个体的发现与独特的质疑，以预学—共学—延学为基本学习流程，探索课堂四个增值点（兴趣值、方法值、容量值、意义值），在经典的阅读与积累中，学生踩着问题与思考走进课堂，带着更高的渴望与问题离开课堂，主题教学调动了学生参与的热情，提升了学生的学习兴趣，为学生成为健康、阳光、乐学，拥有中国灵魂、国际视野的现代人奠定了坚实的基础。

清华附小的办学使命是“为聪慧与高尚的人生奠基”，如何以“主题教学”为引领，建立由课程、德育、校园文化、管理与制度、教师专业发展等要素构成的“主题教育”？窦桂梅带领老师又进行了深入研究，在“主题·整合”思想基础上撬动学校课程改革，构建了基于核心素养的“1＋X课程”，“1”是优化整合后的国家基础性课程，“X”是个性化发展的特色化课程，“1”占70％，“X”占30％，三级课程满足学生个性化需求。她的专著中提出：“为生命奠基——三个超越，即学好教材，超越教材；立足课堂，超越课堂；尊重教师，超越教师”，从学科建设到课程体系构建，再到育人效果，实现从学科“价值体系”到儿童“成长体系”的转化。②

总之，这时的素质教育已经走到了提升学生核心素养的新阶段。中国学生发展核心素养和学科核心素养不仅细化了素质教育的目标和内涵，也为素

① 窦桂梅：《小学语文主题教学研究》，北京：人民教育出版社，2015年5月版，第46—47页。

② 窦桂梅等著：《从成志学校到成志教育》，北京：北京师范大学出版社，2015年10月版，第382—383页。

质教育的推进找准了新的生长点和立足点。以核心素养为支架，“活力语文”的脱颖而出就是顺理成章的事情了。

第四节　新课标落地后语文教学的“活力”

2022年3月，教育部印发了义务教育阶段新修订的各门课程标准（以下简称“新课程标准”），成为基础教育改革的新引擎和支点。本次课程标准瞄准我国后工业化的社会需求，更加强调现代化进程中的人的发展重心。因此，课程标准的新修订强化和凸显人的因素，将课程目标指向核心素养，推动基础教育课程由学科立场向教育立场（学生发展）转型。[①] 这无疑为“活力语文”的生长与传播提供了温床。

《义务教育语文课程标准（2022年版）》有几大变化：从课程改革的角度说，第一、课程目标上，立足学生核心素养发展，突出文以载道、以文化人。把立德树人作为语文教学的根本任务。同时，把语文核心素养纳入语文课程体系中。第二，课程内容上，以语文核心素养为导向，以学段特点为依据，将学习内容通过6个学习任务群展现出来。这种教学方式有助于指导学生在学习过程中掌握语文学习的方法和策略，从而在将来的语文学习生活中促进语文核心素养的发展。第三，课程实施上，加强语文教学的实践性，促进学习方式的变革。遵循“自悟其理法”“自得求知”的原则，语文学习归根结底是要靠学生自己从言语实践中体认。语文教学要能“入乎其内”，也能“出乎其外”，做到内外兼顾，听、说、读、写并进。同时，语文要在实践中运用，让学生有言语生命力、言语创造力的发展。第四，课程评价上，倡导课程评价的过程性和整体性，重视评价的导向作用。此外，2022年版课标对作业做出了清晰的指引，对于科学合理设计作业，促进语文作业的个性化格局生成

① 余文森：《新时代中国课堂教学改革与创新》，北京：教育科学出版社，2024年1月版，第23页。

具有重要作用。

从教学内容的角度说，第一，注重课程内容的结构化。核心素养是对学生发展的一种整体性描述，各方面核心素养之间相互关联、相互依存。只有当各种具体素养成分汇聚为一个有机的整体，学生才能生成自己的核心素养。大单元整体教学运用整体性和系统性思维对单元学习内容进行有逻辑联系的整合和组织，构建整体性、开放性、融合性的思维方式和课程体系，让知识结构化、系统化，引领学生习得规律性经验。第二，从“教材”走向“课程”。语文教学内容阡陌交织，四通八达，融通与共，是一个开放的整体，以语文的核心素养作为指导目标，链接生活，重构教学内容，创设真实、多样的情境，设计符合学段特点的学习任务群，在实践中学语文、用语文，培养语言文字运用能力。第三，基于语文学科开展跨学科学习，选择并设计有意义的学习主题，根据学生的学习兴趣、认知特点和能力，努力探寻语文学科与其他学科、语文学习与学生生活之间的内在联系，培养学生沟通交流、团队协作和创新实践的能力。

从教学观念的角度说，第一，从“学科教学”走向“学科育人”。核心素养关注和强调的是课程（学科）的育人价值。2022年版课标强调了“立德树人”的重要性，将优秀传统文化、红色文化和先进文化当作语文教育教学的重要选材，“以文化人，文以育人”，育人成为语文学科的重要目标。第二，从“教法研究”向“学习研究”转变。一方面坚守学科本位，要从知识、语言文字、基本训练中激发学生语文学习的内在动力，以语文学习促进学生核心素养的发展。另一方面，学生要参与到语文学习中，建构属于自己的价值主张，赋予文本新的解释，形成精彩的观念，具备积极创新的精气神，从而培养学生做一个自由的人、幸福的人、有尊严的人，形成人的终极价值意识，让教育培养出更鲜活的个体，让学生的生命在语文学习中焕彩！第三，引领整本书阅读。新课标首次提出“整本书”阅读的要求，结合教材中的“快乐读书吧”推荐书目，培养阅读的习惯，教给学生阅读的方法，提升阅读的能力，让整本书阅读成为学生的生活方式，为一生奠基。第四，从“学科孤立”走向“学科融合”“跨学科学习”。新课标提出的“跨学科学习”属于拓展型任务群之一，我们应该明确跨学科学习任务群的价值定位：一是语文的实践性。跨学科学习应立足语文学科本位，拓展语文学习的空间，拓宽语文学习的内容，创设真实、多样的情境，在实践中学语文、用语文，培养语言文字运用能力。二是链接生活。选择并设计有意义的学习主题，根据不同学段学生的学习兴趣、认知特点和能力，努力探寻语文学科与其他学科、语文学习与学生生活之间的内在联系，培养学生沟通交流、团队协作和创新实践的能力，发展学生核心素养，实现整体育人的目标。①

从教学方法角度说，第一，运用整体思维进行大单元设计，以真实情境中的任务为载体，整合单元教学目标、情境、内容、方法和评价，设计有逻辑、有意义的连贯的学习活动，给学生完整的语文生活，促进学生在主题化、情境化的语文实践活动中融会贯通，促进知识结构化。第二，语言实践活动一以贯之。“学习任务群”是课程内容主要的组织和呈现方式。学习任务既可以放在课堂上组织学生自主合作完成，也可以放在课堂之外，如家庭、社会等让学生自主实践探究完成。以“任务驱动”的策略引导学生课内外语文实践，培植言语表现力、创造力。强调整体性、项目性、作品性、生活性，在经历和完成学习任务的过程中习得知识和技能。第三，从“变教为主”走向“以学为主”，建立学习中心课堂。自悟其理法“自得求知”，语文学习归根结底是要靠学生自己从言语实践中体认。教师要在引导、促进、维持、强化、激励上下功夫，助学、促学、扬学，学习方式由传统课堂知识的静态教学转向新型实践活动的动态教学。听、说、读、写并进，让学生自己阅读、自己思考、自己体验、自己评鉴、自己感悟、自己反思、自己总结、自己提升、自己完善。② 让学生在真实的情境任务中提升语言运用力、思维力、审美力和文化自信力，真正落实以学定教的本性、价值和意义，实现少教多学、不教之教（之学）（教是为了不教）、教学相长。③ 第四，整本书阅读依据“读思

① 高玉：《跨学科学习的图书馆场域建设》，《福建教育》2023 年 9 月，第 42 页.

② 余文森：《新时代中国课堂教学改革与创新》，北京：教育科学出版社，2024 年 1 月版，第 155 页。

③ 余文森：《新时代中国课堂教学改革与创新》，北京：教育科学出版社，2024 年 1 月版，第 87 页。

达”理念，上好“启动课”“推进课”“分享课”，依据不同年段采取适合的阅读策略，低年段开展激趣式阅读，中年段开展沉浸式细读，高年段开展探究式阅读，培养良好习惯，掌握阅读方法。第五，探索跨学科学习，选择并设计有意义的学习主题，根据学生的学习兴趣、认知特点和能力，努力探寻语文学科与其他学科、语文学习与学生生活之间的内在联系，培养学生沟通交流、团队协作和创新实践的能力。

2022新课标落地后，一线教学呈现生机勃勃的繁荣景象，涌现出许多务实、创新、有效的语文教学实践典型案例。

这一时期，大单元整体教学成为研究实践的主流。李竹平、刘庆新等一线教师从大单元的整体框架设计到案例实施做了系统的研究，教学目标更加精准，避免了知识的碎片化，力求让语文知识系统化，形成规律性的经验，让学生语文能力获得质的提升。

这一时期，周璐提出“以情导学”，“情感”为纽带，“思维”为核心，“会学”为功能，“言说”为目的，多角度探索激发儿童热爱语文的情感要素。比如她在《蟋蟀的住宅》一课的教学设计案例，将教学过程设计成一个个富有挑战性的实践活动：①

活动一：【蟋蟀想卖房】小小蟋蟀想卖房，不懂销售犯了难，谁愿意帮它的忙？走，去瞧瞧蟋蟀的房子有啥卖点！——默读课文，了解法布尔从哪两个方面进行观察。

活动二：【帮蟋蟀卖房】1. 默读2—6自然段关于住宅特点的描写，帮蟋蟀登记一份住宅信息表。2. 同桌合作，画一张让顾客一目了然的住宅结构图。3. 宣传住宅卖点，抓住特点全面而准确地介绍。4. 模仿生动写法介绍修建过程。

活动三：【帮蟋蟀定价】1. 讨论住宅定价，引出“蟋蟀的住宅，可算是伟大的工程”，你怎么看？2. 默读7—9自然段，寻找定价依据。3. 根据内容，填写表格。4. 配图理解，商定结论。

---

① 周璐：《在设计中突围——核心素养导向的语文教学新论》，杭州：浙江大学出版社，2022年7月版，第4页。

活动四：【学习观察品质】1. 拓展法布尔观察蟋蟀的故事。2. 结合课文内容，补白人物心理。3. 升华情感，体会人物感情。

这样的教学设计以真实的生活情境为任务，以言语实践为主线，在一个个真实的富有挑战性的学习任务中，学生习得语言，运用语言，极大激发了学习的积极性。将语文教学变为一个个动态的语文活动，是兼具“语言之妙，思维之奇，情感之美”的语文教学案例。

这一时期，余文森提出“读思达”教学法新理念，并在整本书阅读指导中落地实践。他说：“读思达”教学法是学习中心课堂的典型体现，也是学习中心课堂建立的支点，是知识教学走向素养教学的根本保障。[①] 语文学科读思达的表现形式包括如下几种。认字写字教学：认一认，想一想，写一写。阅读教学：读一读，想一想，说一说（评一评、品一品）。语文学科的读思达三种能力表现为会听能读（会认）、会思能想、会说能写。读的能力（技能）与品质包括会读、快读、精读、细读、研读、朗读、愿读、乐读。思的能力（技能）与品质包括言语推敲、言语感悟（语感）、形象思维、逻辑思维、批判思维。语文思考要能够发现和领悟文本的语言之美和文化内涵。达的能力（技能）与品质包括背诵朗诵、积累记忆，讲故事、演讲，迁移、运用、写作。语文表达要达到规范、生动和个性化目标。[②]

这一时期，朱爱华主持“跨界学习，奠基大成”的教学实践，以国家课程为主干，克服知识本位，打开学科边界，从跨越学科、时空、角色、技术等方面，研制了一套跨界学习指南；探索了 5 类实施策略——内容融通、活动统整、物型重构、换位体验、联通生活；建构了 12 门“学科＋”一般教学样式；研发了 60 个主题整合校本微课程群、“10 个百”“家校共育”微课程 e 平台资源库；创设了 100 多个“大成小秀”活动平台，探究出关注兴趣值、方法值、意义值的跨界学习评价体系。[③] 跨界学习助推了师生通证思维和融通

① 余文森：《新时代中国课堂教学改革与创新》，北京：教育科学出版社，2024 年 1 月版，第 110 页。

② 余文森：《新时代中国课堂教学改革与创新》，北京：教育科学出版社，2024 年 1 月版，第 120 页。

③ 朱爱华：《跨界学习　走向大成教育的探索》，南京：江苏凤凰教育出版社，2023 年 4 月版，第 2 页。

智慧的持续生长，儿童的学习真正成为领域互动、体验完整、创生频发且更具广度和深度的学习，从而促进了师生“系统性思维—结构性知能—完整性人格”的有力奠基，形成了走向大成的育人新格局。

总之，素质教育是一个与时俱进的发展命题，在不同的历史阶段有不同的着眼点。语文课程目标从“双基”到“三维目标”，再到语文“核心素养”以及当下的新课标落地实施，其变迁基本上体现了从“学科本位”到以“人”为本的转变，落实了“立德树人”的根本要求，满足了人们对教育培养全面发展之人的期待，适应了教育改革的时代发展趋势。①

历史的潮流滚滚而来，语文，始终以活泼泼的姿态迎候着我们，不同时代的教育工作者以对语文的情怀和教育的智慧，雕塑着语文，成就着语文，让语文在不同时期呈现出不同的风姿与精彩。我们的教育目标也更加接近“人”的发展，教育“人”、成全“人”，先前语文是游离于“人”之外的“知识”“工具”，如今语文已经成为生命中不可或缺的营养素和成长基因，学生也因为学习语文而焕发生命的光彩！

未来已来，社会的发展、科技的进步对人提出了新的要求，未来的人才要具有良好的人格修养、现代意识、全球视野、商界思维、创新能力、团队精神等，我们该用怎样的眼光去塑造未来的语文，去成就未来的学生？我们该如何建构起“未来”教育的精彩呢？答案只能是遵循教育的本质，从弯弯曲曲的语文教学演变轨迹中坦然走出，站在“未来”教语文，让语文永远蓬勃向上，充满活力，这才是语文教学改革与创新的正道。

---

① 郑昀，徐林祥：《从“双基”到“三维目标”，再到“核心素养”》，《课程教材教法》，2017年10月，第37卷第10期。

第三章　“活力语文”之“融阅读”

新课标背景下，整本书阅读如何有效落地？如何以高品质阅读助推学生的高质量成长？如何让阅读助力素养的提升，实现以文化人，读以育人？答案似乎可以从语文教学中寻找。充满活力的语文教学自然有助于学生阅读力的提升。活力语文教学顺应文化素养提升的时代要求，创新开展张力十足的“融阅读”。

“融阅读”是立足学生整本书阅读的能力需求和未来发展，从个体终身学习、终身发展的角度，全面认识和把握阅读的重要价值和意义，突破场域限制、学科壁垒、形式圈囿，从单一阅读向跨学科阅读拓展，从课内阅读向课外阅读延伸，从学科阅读向校园阅读发展，从单纯的语文能力范畴向全面素养培育发展，包括整本书阅读、专题性研读、全时空阅读、全学科阅读、全素养阅读这几个维度，构建“融阅读”谱系，旨在于开展泛在性、全科性、实践性的阅读，从而实现“全育人”目标。

2022年4月，习近平总书记在给首届全民阅读大会的贺信中提道：“阅读是人类获取知识、启智增慧、培养道德的重要途径，可以让人得到思想启发，树立崇高理想，涵养浩然之气。希望孩子们养成阅读习惯，快乐阅读，健康成长。”

无阅读，不教育。北大教授钱理群说：“学好语文有很多要素，但最核心最根本的方式就是阅读。”阅读的文本内容所传递的多维价值，不仅帮助学生达成语文素养，还能够促进学生形成社会责任感、正确的人生观和人文情怀。阅读的独特育人功能体现在以文化人，文以育人。2023年教育部怀进鹏部长在全国大会上也提出“要把读书活动当做最重要的事”。教育部等8部门接连发文，倡导开展全国青少年读书活动，阅读的重要性不言而喻！

第一节　整本书阅读

2022年，“整本书阅读”首次被写进新课标：“义务教育阶段要激发学生读书兴趣，要求学生多读书、读好书、读整本书，养成良好的读书习惯，积累整本书阅读的经验。”“倡导少做题、多读书、读好书、读整本书，注重阅读引导，培养读书兴趣，提高读书品味。”① 培养学生语文核心素养，首先要让学生爱读书、会读书、会读整本书，成为真正的阅读者。

一、整本书阅读的优势

读书就要学会整本书阅读。小学阶段打下整本书阅读的扎实基础，不仅有必要，也有可能做到。新课标把整本书阅读作为拓展型任务群之一，将整本书阅读纳入课程，统编教材“快乐读书吧”专门做了阅读指导和推荐。整本书阅读与单篇文本的阅读相比较，优势在哪里？教学中的难点又在哪里？

1. 整本书阅读首先弥补了教材选文的不足。教材中的课文都是以单篇的形式出现的，单篇课文能够承载的大多只是某种文化场域中的一个现象、一个场景。而整本书阅读则不同，它更像画卷，能够更为全面地展现彼时彼刻的社会生活图景，浸润在整本书提供的文化场景中，学生可以吸纳更为丰富的文化信息，获得更为全面的文化印象，对文字传递的人文精神有更深更完整的体会，整本书阅读对启智增慧、塑心育人、文化传播起到不可估量的作用。

2. 整本书阅读有利于学生思维的建构与拓展。一本书就是一个完整的系统，整本书阅读需要学生“读深读透”，整本书阅读就是理解、建构这个系统

---

① 中华人民共和国教育部：《义务教育语文课程标准（2022年版）》，北京：北京师范大学出版社，2022年4月版，第31—32页。

的过程。在整本书阅读过程中，将知识组成思维体系，磨砺自身的好奇心、想象力和判断力再转化为实践能力——用科学的思维方式处理生活中一切问题的能力。

3. 整本书阅读有助于学生习作能力的提升。整本书有完整的篇章，有足够丰富的语言，让学生有机会找到自己喜欢的语言表达形式。对学生的写作能力、语言表达带来正向影响。

4. 整本书阅读有利于兴趣的激发、习惯的培养。阅读兴趣的形成需要一个过程，这个过程可能比较漫长，而单篇的阅读无法实现这一目标。整本书阅读的文本通常篇幅较长，阅读活动需要长期性和持续性，如果能够有一股韧劲把一本书读完，不仅学到了知识，还磨炼了意志，怡养了性情，如果把这一行为养成习惯，大脑在每次读书时都将感受到喜悦，进而爱上阅读，逐渐养成“读书体质”，让读书成为一个人良好的生活方式。

5. 整本书阅读有助于学生成长。《杠杠阅读术》的作者本田直之认为，阅读是“在短短时间里，能够理解别人历经数十年呕心沥血努力尝试走过的轨迹，掌握书中经过整理的信息”。学生通过读书获得他人的智慧，从他人的成长经历中，唤醒自己内心深处的潜能，补充学生的个人经验，则有利于自我的成长。

因此，整本书阅读作为重要的语文实践活动，是对语文课程中单篇阅读、群文阅读的必要补充与提升，是培养学生终身阅读能力的必由之路，也是全面提升学生语文核心素养的必然要求，更是启智增慧，塑心育人的重要途径。

二、整本书阅读存在的问题

整本书阅读由于信息量大，内容较单篇来说复杂很多，对很多学生来说，要完整地读完整本书是比较难的，再加上整本书阅读需要长时间，很大一部分学生忙于应付学业，没能腾出时间进行整本书阅读，因此读整本书的时候，时常出现半途而废、无从下手、难以完成等情况。学生整本书阅读实践的缺乏，导致难以养成良好的阅读习惯，也就不可能自己学会阅读。

在师生访谈和教学调研中，我们发现整本书阅读主要存在三大问题：

1. 整本书阅读的量不够。整本书阅读的落实是需要时间空间的，但很多学校安排自由阅读的时间段和课程极少，家庭中的阅读又比较宽泛，多数是散点式、碎片化阅读，缺少有效的跟进和督促，阅读的数量不达标。

2. 整本书阅读指导不够。斯蒂芬·克拉生在《阅读的力量》一书中指出："只有自主阅读是无法保证孩子取得最高水平的语文能力。"现实教学以单篇课文为主，学生的整本书阅读缺乏有效的指导，教师要么放任学生自行阅读，学生对整本书的阅读多停留在浮光掠影的泛读，缺少细读、慢读、精读，大部分学生无法深入理解阅读内容；要么布置比较机械、繁重的阅读任务，如机械地摘抄、写心得等，导致学生厌烦，缺乏对阅读的兴趣，阅读成效低下。

3. 整本书阅读成果扁平化。阅读成果大部分是摘抄笔记、读书小报等，多是以纸质化成果展示学生阅读的成效。阅读能力没有在实际运用（听、说、读、写、做）中转化为综合素养。

由于上述问题存在，教师在学生阅读过程中的指导基本没有与学生形成有效互动，没能调动学生阅读的积极性，也没有建立读书会等阅读组织，配套的阅读制度仍然缺乏，学生很容易放任自流，阅读能力无法得到有效提升。

三、如何有效指导整本书阅读

整本书阅读是语文课程不可或缺的教学组织形态。2022 年版新课标对"整本书阅读"这一拓展型学习任务群教学提出了具体要求："引导学生在语文实践活动中，根据阅读目的和兴趣选择合适的图书，制定阅读计划，综合运用多种方法阅读整本书；借助多种方式分享阅读心得，交流研讨阅读中的问题，积累整本书阅读经验，养成良好阅读习惯，提高整体认知能力，丰富精神世界。"①

---

① 中华人民共和国教育部：《义务教育语文课程标准（2022 年版）》，北京：北京师范大学出版社，2022 年 4 月版，第 31—32 页。

细读这段话，我们明确了整本书阅读的学习价值和实施路径：其一，在阅读实践中学会阅读——凸显学习主体性和实践性；其二，运用多种方法阅读——选择图书，制定计划，积累经验，提高能力；其三，在整本书阅读中涵养精神——开拓视野，发展思维，熏陶涵养，“腹有诗书气自华”；其四，通过整本书阅读，帮助学生创造属于自己的、积极的阅读生活——养成读书习惯，沉淀为一种生活方式和内在需求，为一生奠基。下面，我们分别研讨整本书的阅读策略。

（一）依据不同学段特点进行指导

阅读策略是指读者为达到阅读目标，在阅读过程中所采用的阅读技巧和方法。适切的阅读策略能够让学生爱读、会读、慧读。阅读策略既是教学内容，也是教学手段；既是教学过程，也是教学结果。根据新课标对各个学段的要求，整本书阅读的指导应根据文本特点和年级特点进行策略选择，低年级激趣式阅读，培养良好的阅读习惯；中年级浸润式阅读，在阅读实践中掌握阅读方法；高年级探究式阅读，培养高阶思维，形成核心素养。策略运用得当，可以有效推进深度阅读。

表 3-1　不同学段整本书阅读策略建构

年级	阅读方式	书目类型（读）	策略建构（思）	素养目标（达）
第一学段（1—2 年级）	激趣式阅读	图画书、儿歌、绘本引路、亲子伴读	预测、猜读、观察、想象	感受读书快乐、讲述故事、演一演
第二学段（3—4 年级）	浸润式阅读	阅读表现英雄模范事迹的图书、儿童文学名著、中国古今寓言、中国神话传说	助读单、导读、批注、分享、故事图式、联结、细读慢读、分享互动、知识竞赛	讲述故事，口头分享、书面表达阅读收获
第三学段（5—6 年级）	探究式阅读	阅读反映革命传统的作品；文学、科普、科幻作品；梳理小学阶段阅读生活	思维导图、自我提问、人物述评、话题讨论、内容重构、信息建档、外化输出、对照阅读、多媒介阅读、迁移创作	讲述故事、梳理探究、交流分享、个性创作、跨学科联动、总结阅读方法

例如第三学段（5～6 年级）的“探究式阅读”，是以问题为中心的任务驱动的研读活动。从学生阅读学习的逻辑角度来说，探究式阅读遵循了“读思达”教学法理念：“按照认知心理学的观点，完整的认知包括认知输入、认知加工、认知输出三个环节和步骤，这是认知规律和本质的体现。完整的教材

学习也包括阅读、思考、表达，这是学生学习教材的必经之道，是教学过程的本质性、本体性的活动。”①

下面，以名著阅读《西游记》为例，说说探究式阅读主要经历的三个阶段：

第一，整（读），梳（理）。这是整体性的感知阅读，让学生阅读《西游记》（青少版）整本书，最好先了解目录、作者，了解故事主要内容，梳理主要情节，对作品中的人、事、物在头脑中有一个完整的概念地图。

第二，深（思），精（研）。这是对整本书的品读、细读、慢读，精读，对感兴趣的地方重读、回读，还有部分跳读、略读、浏览。可以鼓励学生找到感兴趣的某一方面进行深入探究，如研究故事情节，研究人物形象，研究语言特点等，都可逐次研究。学会这一研读方法，带着问题读书、查阅资料的习惯，阅读就进入到“专题研究”新境界。研读过程中在文本中走上几个来回，达成对作品的深度理解，学习作品语言的独特性表达，在浸润式阅读中涵养言语、情感与文化的传承，从作品中吸收思想的营养，形成正确价值观、人生观。

1. **自我提问**

学生阅读《西游记》，对孙悟空这一人物形象产生极大的兴趣，提出以下问题：

问题①：孙悟空神通广大，无所不能，为何在第十四回以后总是碰到困难，不得不请救兵？

问题②：孙悟空取完经后为什么不回花果山？

问题③：孙悟空可以一个筋斗云十万八千里，为什么唐僧不让孙悟空一个人去取经回来？

问题④：孙悟空被称为“齐天大圣”，为什么打不过妖怪？

问题⑤：孙悟空在菩提祖师造化下早是神通广大，为何还受玉帝压迫，最终仍然被压在五指山下？

---

① 余文森：《新时代中国课堂教学改革与创新》，北京：教育科学出版社，2024 年 1 月版，第 110 页。

问题⑥：文章中有九九八十一难，也有很多妖魔，包括悟能、悟净之前也与三藏作对，为何最终只收上述二徒？

2. **梳理信息**

信息建档以及外化输出是指学生在文本中提取相关信息，以口头或书面的形式，把对文本的理解外显出来。以学生内化为基础，促进学生外化输出，内化、外化相结合能够促进理解的深入。在通篇了解小说内容基础上，引导学生通过阅读文本提取相关信息，画出①西游取经路线图。②归纳法器排行榜、英雄排行榜、劫难排行榜、美女排行榜。③围绕“外形、法号、性格、道具、技能、身世、口头禅、结局”等相关内容，将重要人物绘制在一幅图上，便于对比。通过逻辑梳理，从浅表感知走向深入文本。

3. **高阶思维对对碰**

在自由提问、小组研究解疑答疑基础上，挑选出富有真实性、挑战性的问题情境进行共读分享，深入探究，在此过程中发展创新性思维和批判性思维，最终形成属于自己的高阶思维模型，促进深度学习的发生。

讨论①：孙悟空的金箍儿该不该取？（小说的焦点人物是孙悟空，他勇毅、忠诚又桀骜不驯，是学生特别喜欢的角色，他们对孙悟空性格上的弱点能包容并夸赞，关系到如何学会正确看待一个人，学生说刚得道的孙悟空有些野性难驯，但经过五百年的禁闭，身体受束缚并收敛了内心，进入了正道，拥有了“成熟的可爱”，学生们这番见解有了哲学的思考意味。）

讨论②：沙和尚忠诚、老实、不爱说话。曹云金的相声评价沙和尚的时候就是一句“＊＊说得对啊”。他是不是取经路上可有可无的人物呢？

讨论③：如果让你重组取经团队，你会如何取舍？（新增谁？或删减谁？请尽情分析。）

讨论④：《西游记》在故事叙事上有什么特点？（小说写法上、语言表达上的探讨）

第三，融（达）、创（做），这是认知输出，是整本书阅读对学生的“反哺”。学生在通读、研读过程中产生了个性化的阅读感悟，生成了独特的认识与思考，怎样表达呢？教师要鼓励学生发挥自己的创造力，将阅读成果做成

“文化产品”进行交流、展示，可以是语文学科的读写绘、创编、续写，也可以是跨学科的创作产品、项目等，融汇多元化的表达，在任务驱动下完成阅读，让学生有成就感，促进未来阅读的持续效应。“融”是融合各学科，从语文到科学、从语文到艺术、从语文到地理……融汇多形式，从读到说、从读到写、从读到演、从读到画、从读到做；“创”是个性化表达，多元化创作。这样的表达基于学科又跨出学科，立足学生全素养的培育，是从“整本书”到“全人”的教育。《西游记》阅读中引导学生完成以下任务：

4. **人物述评**

《西游记》是古典文学史上伟大的一部小说。塑造的师徒四人性格鲜明，每一位都呈现出丰富的多面性。学生在阅读时，可以从细节描写、故事情节、语言表达等方面对人物形成个性化的理解与认知，从而学会多角度分析任务，全方位评价人物。例如孙悟空，学生的评价是多元的：说他嫉恶如仇；说他乐观不怕困难，有坚忍的意志；有的说他太冲动，争强好胜；说他对师父忠心耿耿，不论师父怎么误解，都要护送师父西行取经——在这些评说中，体现了多元角度的思考，也体现了人性的宽容、包容，说明学生获得了精神的成长。

一位学生用对称性的语言（对仗/对偶）给其中一个人物撰写颁奖词：

孙悟空：头戴金箍，持如意棒，便是孙行者。

你胆识过人，蔑视权贵，明知山有妖，偏向妖山行。

你寻求自由，桀骜不驯，花果山称王，大闹南天门。

你斩妖除魔，保卫唐僧，忠心耿耿，从未退缩。

你锄强扶弱，打抱不平，清除鬼怪，造福百姓。

你乐观正义，神通广大，你坦荡豪爽，积极果敢。

你的事迹被千页万册记录，让千万读者看到活活生的英雄美猴王。

你的故事被代代相传，人人铭记，成为千万代人的童年回忆。

你带给我们的是快乐，是童年，是勇敢，你是我们心中的英雄孙悟空！

5. **写法鉴赏**

经典名著源于现实，又高于现实，是艺术美的结晶。艺术美需要鉴赏，经典名著凝聚了语言的精华，对经典名著语言的积累、品味、揣摩、吸收，有利于学生提升语言表达能力。阅读《西游记》要在叙事结构、塑造人物、情节安排、语言特点上进行深度研读。通过讨论，同学们发现这部小说讲的是师徒四人取经遇到困难，在孙悟空等人的营救下斗败妖怪，继续去往西天取经之路，这算一个大圆环。取经路上每一次考验，每一个斗妖怪的故事，都是按照"遇到困难""与困难斗争""战胜困难"这样的叙事过程来写的，这是一个个小圆环，大圆环和小圆环组合起来，这是典型的"圆形叙事"的叙事结构。《西游记》语言表达也很有特色，学生有的品读出四字短语连用精彩；有的发现连续性动词用得精妙；有的认为本书想象力丰富，塑造了鲜活的人物形象；有的在梳理故事过程中发现故事情节一波三折。说明学生在深度研读中，把握住了名著的语言艺术特色，显著提升了审美鉴赏能力和表达力。

6. **迁移创作**

教师要求针对《西游记》中情节的留白，结合人物的特点，进行大胆想象，写一篇想象作文。当时，结合疫情状况，学生创作了"第一百零一回圣僧回东土，心猿灭新冠"，学生们想象疫情之下，师徒四人如何遇见毒魔，后历经波折，用神奇法术战胜新冠的故事。故事构思精妙，有对手，有法术，有宝物，有情境，有冲突，有帮手，承续了文本的"圆形叙事"的结构范式和"三字短语、四字短语"的韵文风格，令人称赞！

7. **跨界联动**

阅读过程是一项极具创造力的思维体操。"融阅读"打通学科、互通知识、联通时空、变通角色、贯通生活，体现的是一种开放、多元、互动的阅读生态，阅读策略多样灵活。学生根据自己的喜好，小组合作演课本剧、做人物剪纸、画人物版画、水浒传3D建模兵器、红楼服饰展等跨学科联动，体现了"从读到创"的阅读成果。

从以上"探究性阅读"的案例中，表现出学生主体阅读意识的觉醒。例如，自我提问是学生阅读能力的重要体现，问题是思维的引擎，有了问题，就能诱发和激起学生的探究欲，进一步回读作品、查阅文献，对问题有了进一步的认知，写下对问题的理解，形成自己的思考，从学生学习角度讲，思考即对知识的加工、判断、鉴赏、质疑、建构等，那么，阅读获得外在的客观的认识，思考获得的则是内在的主观的见识。同时，表达过程是认识清晰化、深刻化、个性化的过程。教学中的迁移创作是一种创意性表达，是增值性和附加值最高的语文实践活动。学生感悟到的文本语言表现形式、人物形象特点、文本结构范式等，都是知识的原材料，经过自我整理、加工，创造成为优质的产品，即一篇有质量的作文时，它能够给学生以自信和力量，是激发学生进阶阅读的动力源泉。“融”“创”的表达是从语文学科的说、写能力基础上，进行跨学科联动，让整本书的情节、人物“活”起来，学生可以依据各自的特长和兴趣，选择适合自己的表达方式，全方位立体化呈现“读思达”的成果，做到爱阅读、慧思考、悦表达。

（二）针对整本书的文本特点进行指导

小学阶段的整本书读物包括图画书、童话、儿童诗、散文、小说、科普作品等。不同体裁有不同的特点，教师要根据文本体裁的特点进行指导。

1. 图画书。图画书并非只有低年级的学生才能读，整个小学阶段的学生甚至成人都可以从图画书中获得启发。图画书又分为无字图画书和有字图画书。著名的儿童文学作家彭懿老师曾经用“电影默片”来形容过无字书，他说无字书“整本书里没有一个字，完全靠画面来讲述故事，相当于早期电影的默片”。学生具备了一定的“读图能力”，他们能够按照图画的顺序，通过观察画面的背景、色彩、人物表情、动作、神态等“图像”来获取信息。像无字绘本《蛋糕去哪儿了?》，通过“三看三想”引导阅读：一看封面，想想这本书可能讲述了什么样的故事？二看封底，想两只老鼠从树林里蹿出来想要偷蛋糕，在这么紧张的时刻，狗先生狗太太会说些什么呢？三看狗先生和狗太太的表情动作，大胆猜测狗先生和狗太太到底能不能追到老鼠。学生在无字绘本的世界里大胆想象，乐于分享，培养了观察力、想象力、表达力，又激发了对图画书的阅读兴趣。

2. 童话。童话就是讲述人类成长的故事，同时又为成长助力。童话的阅读，要引导学生进入童话的情境，设计学生感兴趣的话题，让学生站在童话中人物的角度进行充分讨论，感悟童话的真善美，然后联系学生的现实生活，[①] 勾连童话与现实的意义，让学生获得价值观、精神上的拔节成长。

例如《安徒生童话》，教师以书中的《丑小鸭》为例，引导阅读讨论：①读这篇童话时哪些地方让你心动？又有哪些地方让你心痛吗？说说理由，说说感受。学生结合文字，通过有声朗读、情节讨论，对丑小鸭的经历有了深刻的认知。②丑小鸭从丑到美，经历了什么？（挫折和磨难）。引导了解安徒生的个人经历，体会这篇童话其实也是在写安徒生自己。③童话中还有其他角色，“拇指姑娘”经历了很多磨难，依然心存善良救了受伤的燕子，最后与王子相遇；玩具“锡兵”平凡不起眼，在颠沛流离的辗转中，眼神依然坚定，内心充满希望，哪怕最后被烧后，还留下一颗闪亮的锡心……这些都是安徒生笔下的小人物，但这些小人物一点都不“小”，他们面对挫折时的坚韧、勇敢、自信，真是太了不起了！④你有过跟丑小鸭、拇指姑娘类似的经历吗？遇到困难，你是怎么克服的呢？学生与童话相遇，其实是遇见更好的自己。从这本书中感受到真、善、美的理想和情操，明白了实现理想的路上，要不怕困难，努力进取，只要心中有梦，终有一天，会成就更好的自己。

3. 小说。小说是整本书阅读的主体，包括成长小说、动物小说、科幻小说等。教师可以根据不同的类型进行指导：成长小说关注“心灵”，对现实问题进行追问和思考是交流的重点。幽默小说关注“语言”；动物小说关注“情节”“形象”；科幻小小号关注“想象”。小说有完整的情节、典型的人物，可以有针对性地设计讨论的话题，可以讨论人物的性格，也可以讨论语言的特点。通过交流，学生会发现很多未曾发现的细节，从而产生持续阅读的兴趣。[②] 例如《草房子》①聊聊整本书，整体了解全书谈感受。②聊聊目录，发现特别之处。“秃鹤”“纸月”“白雀”“细马”这几个章节直接以人名命名，其他章节虽然是以地名、事物命名，背后也是与某一个人物紧密关联。③聊聊“草房子”，从插图、关键词看出书中的草房子是很特别的房子。④聊聊

---

① 李怀源：《小学读整本书教学实施方略》，上海：华东师范大学出版社，2020 年 4 月第 1 版，第 9 页。

② 李怀源：《小学读整本书教学实施方略》，上海：华东师范大学出版社，2020 年 4 月第 1 版，第 9、10 页。

“油麻地小学”，跟随文字去校园看看，一幢幢草房子在太阳的照射下闪闪发光；校园里种满了植物，有竹子、蔷薇、美人蕉、夹杂着小花的草丛……油麻地小学在这些景物的点缀下，在阳光的照耀下，美得就像一幅画。学生边读边想象，记住了这所美丽的学校。⑤聊聊桑桑。通过看视频、读描写桑桑动作、心理、外貌的语段，认识了一个天真可爱、异想天开、敢想敢做的桑桑。最后用不同作家对这本书的评价激发学生继续阅读的动力，引领持续性阅读。孩子们读不一样的童年故事，品不一样的童年生活，对“真善美”有了新的认识，学会了宽容、反省，懂得了成长，这就是整本书阅读的教学价值。

4. 科普作品。科普作品一般是说明文体裁，叙述逻辑性强。教师指导科普作品的阅读，一是让学生读懂内容，尤其是文中的“科学术语”。二是让学生体会说明性语言的逻辑性、层次性、严谨性。[①] 例如《十万个为什么》，这本书有如此丰富的知识，怎么读才能读得轻松又有效呢？锦囊一：读目录。通过绘制导图的方式，发现了作家的旅行轨迹。阅读这本书线索就更清晰了。锦囊二：会提问。比较自己的提问和米·伊林的提问，发现米·伊林的问题是相互联系的，解决了一个问题，就连带出下一个问题，问题就是这样一个接着一个冒出来，不断推动我们的思考。而且这本书语言非常生动有趣，很幽默的方式对话。这就是这本书的魅力。锦囊三：懂术语。科普读物中，常常有一些科学术语，如火镰、酵母菌等等，遇到这些术语时候，我们可以联系上下文猜测意思，可以找百度查资料，可以关注插图，可以联系生活经验进行理解，也可以请教别人。锦囊四：爱探究。用探究的精神来阅读，能在阅读时带来更多思考。可以通过小实验验证书中的知识，学会新技能，还可以写写探究实验的心得。科普阅读之旅让学生明白了，阅读科普读物不光要动眼、动脑，还需要动手实践，获得理性思维、创新思维的成长！

（三）上好整本书阅读的“三课”

余文森在“读思达”教学法中指出：阅读、思考、表达是学生教材学习

---

① 李怀源：《小学读整本书教学实施方略》，上海：华东师范大学出版社，2020 年 4 月第 1 版，第 10 页。

的三个基本环节，这三个环节是递进关系，在阅读的基础上进行深度思考，在思考的基础上个性化表达。这三个环节是交叉的，你中有我，我中有你，彼此相对独立而非绝对独立。① 活力语文教学在整本书阅读过程中依照“读思达”这个范式展开。阅读指导课包括“启动”课、“跟进”课和“分享”课三种样态：

1. 启动课：通过整体感知、封面导读、目录导读、精彩篇目导读、问题导读，引发阅读期待，激发阅读兴趣。整本书阅读的启动课就像给学生方向，帮他充好电，加满油，向着美好的阅读之旅进发！

2. 跟进课：根据文本特点教给阅读方法和策略，如快读、慢读、细读、跳读、做批注、写读后感、缩写（写梗概）。采用师生共读方式，在阅读实践中指导学生学习阅读。在整本书阅读进程中，教师要关注学生的阅读进展，发现好的阅读典型及时给予正面激励。可采用“阅读银行存折”“阅读日志”“阅读加油站”等方式记录其阅读过程、留下阅读足迹，颁发坚持勋章，在班级中营造良好的阅读氛围，激励更多的学生养成良好的阅读习惯。助力学生从故事表面走到文学深处，获得情感体验和精神成长。

3. 分享课：展示学生的阅读收获，可以口头形式展示：如话题分享、讲故事、辩论；也可以书面形式分享：学习单、读后感、手抄报、海报；可以综合活动形式呈现：课本剧、插画、创意作品等。重在阅读分享展示，把个人智慧上升到集体智慧，在展示的基础上找到进阶发展的路径。

（四）以过程性评价促进持续阅读

新课标指出：“注意考察阅读整本书的全过程，以学生的阅读态度、阅读方法、读书笔记等为依据进行评价。”② 整本书阅读的评价是贯穿在阅读全过程的。班级根据阅读单、阅读存折等评选“阅读小达人”，中高年级评选读书笔记，“阅读日志”等，用鲜活的学习任务启发学生融入文本，记录阅读过程中的思考和认识。倡导亲子阅读，在个人申报、班级评选、年段推送的基础

---

① 余文森：《新时代中国课堂教学改革与创新》，北京：教育科学出版社。2024 年 1 月版，第 117 页。

② 中华人民共和国教育部：《义务教育语文课程标准（2022 年版）》，北京：北京师范大学出版社，2022 年 4 月版，第 34 页。

上由学校评选“书香家庭”；结合阅读节活动，可以在学校开辟“家庭个性化书橱”展示点，每个家庭设计各具特色的书橱，配上“（某）家书橱”的招牌和海报，展示爷爷奶奶读过的书、爸爸妈妈读过的书、我和弟弟（妹妹）读过的书。这不仅是书的传承，也是阅读文化的传承，更是家风家训的传承，与社会主义核心价值观的弘扬不谋而合，相得益彰。

阅读助力学生发展，对于阅读的倡导和推广不应只满足读本推荐和课堂教学，应该从课内延伸到课外，在各个节庆相应开展“大手牵小手阅读分享”“中华经典诗文朗诵比赛”“编辑班书”“诗配画”“阅读小达人”主题演讲、辩论赛、经典作品话剧表演等活动，作为文化传承的有力补充，使学生在活动中感受作品的语言美、意境美、精神美。让经典生动呈现，取得语言、知识、技能和思想情感、文化修养等多方面、多层次发展的综合效应，从知识本位迈向素养提升，赋能成长，极大丰富了书香校园建设的内涵。这样，从课内到课外，多主体、多形式建构起完整的阅读链，让整本书的营养滋润童心，照亮童年！

第二节　专题性研读

最好的阅读是向外延伸的，统编教材重视将阅读向课外拓展。人教版语文教材主编温儒敏建议：“中小学采取“1＋x”的办法，在利用好统编教材以外，同时关注自由阅读。”为了使学生的自由阅读有质量，活力语文教学以整本书阅读为基础，开展专题性研读，打通课内指导和课外阅读活动的通道，帮助学生在系统的阅读中获得规律性的知识和方法，从而形成学习能力的体系和架构。

专题性研读，指的是在特定目的（主题）下，不只是读一本书，而是读一类书、一批书，“聚本达类”；或是读这些书中与研究的专题相关的部分，忽略与研究专题无关的部分。专题性研读有特定选题，目的是“研究”，所以也叫“主题研究”。在读书时，选择感兴趣的问题，围绕问题，作有针对性、有重点的阅读与研究，可以不必面面俱到、巨细不遗地读，目的明确、集中，读书效率就高。专题性联读有多向聚合功能：聚合三维目标，聚合语言材料，聚合学习实践，聚合有利于达成教学目标的教学方式。阅读量增加，阅读层次发生转变，从一本到一类体裁、一个系列，找到相关内容的聚合、相似结构的聚合、同质语言现象的聚合，聚合的本义乃聚焦最核心的教学价值，打动大板块、高密度、层递性的教学设计。[①] 这种一本带多本，交互阅读、互相印证，让学生经历丰厚、完整的语文阅读旅程，言语素养、情意素养、思想素养等方面可以获得更深的领会和体认。

一、同主题研读：从“一本”到“一类”

同主题阅读是围绕某一主题，精选若干本相关书籍，在一段时间内大量阅读，唤醒学生已有的经验，激起阅读共鸣，从而多角度、全方位地学习并掌握同一主题的精髓。主题要根据年级的特点来定，可以是依据教材“快乐读书吧”中的推荐，也可以是根据节气、节日、学校的活动而定的主题。

例如二年级下学期第一单元的“快乐读书吧”推荐了《不一样的玩具》这本书。这是作家金波的散文小故事集，内容生动有趣兼具教育意义，非常适合低年段学生阅读，孩子们对这本书产生极大的阅读兴趣。鲁迅先生曾说：“玩具是儿童的天使。”二年级的学生天真烂漫，想法独特，极具童心。为了让学生在阅读中获得更多关于玩具的“前世今生”，让孩子们在阅读中成长，我们以“玩具·趣”为主题开展主题性阅读。基于这本书的文本特征和学情分析，以阅读任务为载体，融合读、写、绘，将专题性联读流程确定为四大模块：

任务一：阅读《不一样的玩具》，阅读流程为四大模块：激趣—探趣—写趣—创趣。如“读中探趣”，孩子们对《兔儿爷》这篇文章中描写泥泥狗、抽

① 周璐：《在设计中突围——核心素养导向的语文教学新论》，杭州：浙江大学出版社，2022年7月版，第78页。

陀螺和兔儿爷这三样童年时期的玩具很感兴趣，根据金波爷爷的文字介绍，用画笔再现这些玩具。孩子们还结合自身经历，画出自己最喜欢的玩具并分享它的玩法。学生在理解和内化语言后，选取并组织语言在新的主题情境下进行有意义的表达，读写绘融合，综合发展学生的语言技能。

任务二：为了拓展孩子们对"玩具"主题的认知，我们又共同阅读了同主题的书目：《中国民间玩具》《永远的玩具店》《乌丢丢的奇遇》等读本，将一本书的阅读拓展成一类书的阅读，这四本书串联起了"玩具—童年—爱"的传承，在这过程中，孩子们积累了热词、学会了采访；了解了爷爷奶奶、爸爸妈妈小时候的玩具，有的画一画、写一写；有的动手做了"过山车""简易桌球""快乐弹球"等小发明，并写下"老玩具新玩法""玩具说明书"等。这样的横向拓展阅读打开了学生视野，对"玩具·趣"主题的认知形成多向度、立体化、网状式的阅读结构，在真实的任务情境中完成整本书的阅读。

二、同文体研读：从"故事"到"哲理"

同一文体阅读，可以强化这一文体的相关阅读策略。例如，寓言阅读。寓言被誉为"穿着外套的真理"，其通过"讲故事，说道理"的方式深受儿童的喜爱。著名作家严文井认为，"好的寓言故事就像是锋利的小刀，可以将生活的现实面进行深层次挖掘，给人以一种深刻与尖刻之感"。[①] 阅读时观照寓言文本、文体和文化的特点，彰显寓言的魅力，提升学生的哲学思辨能力。借助统编版三年级下册"寓言单元"，拓展阅读《中国古代寓言》《克雷洛夫寓言》《伊索寓言》等系列图书，让学生走进寓言、品读寓言、创演寓言、编绘寓言……阅读中华智慧故事，在教师引导下，感受到寓言简约而不简单的魅力：从语言的呈现形式来看，寓言语言简短却极具表现力；从语言的情感色彩来看，寓言不乏用幽默的、夸张的语言，这种平静诙谐之中所包含的巨大张力使得言中之意、语中之理喷薄而出，让人刻骨铭心；从语言内容来看，

---

① 梁向阳，孙忻：《为少年儿童书写——严文井儿童文学创作浅论》，《延安大学学报》（社会科学版），2023年12月第45卷第6期，第94页。

寓言用高于生活、超越逻辑的方式言之凿凿地讲述一个个好似真实的故事，在亦真亦幻的思索中给予人深长的回味和心灵的震撼。[①] 学生往往从寓言故事中获得启示，明白道理，反观生活并加以实践。同文体阅读引领学生品寓言之妙，寻生活之道，启智慧之门，为孩子们的成长增添一抹亮色。

三、同作家研读：从"作品"到"人生"

品读同一作家的相关作品，可以对一位作家有较为系统的了解，感受作家独特的语言表达风格及蕴含的深厚感情，学生获得的不仅是从文字上的感知，还有文学意蕴的审美，获得丰厚的文化素养。语文，就在一个恢宏的场景中向学生打开大门。

例如六年级以"苏轼"作品为主线组建阅读大单元，形成大概念：每一个作品都是作家人生经历的表达。以大情境"幸会，苏轼"来落实学习任务群。学生充分发挥主观能动性，课前自主组成文社，从"苏轼的诗词""苏轼的三起三落""苏轼的人生轨迹""苏轼的朋友圈""苏轼和他的弟弟""苏轼的吃货日记"等话题，围绕感兴趣的专题分小组查资料、阅读专著等，不仅把小学阶段苏轼的作品全部做了梳理和回顾，自主阅读了《苏东坡传》《苏东坡新传》等书籍，观看了大型纪录片《苏东坡》，还运用了美术学科知识，为苏轼的诗词配画，对苏轼人生三次被贬，却始终在逆境中保持乐观豁达的人生态度有了更深的理解，"诗画苏轼""豪放苏轼"具体可感，人物述评"我眼中的苏轼"有理有据，让人惊叹学生博学多思！所以，同作家的大单元阅读纵向贯通学段，横向学科联动，有助于学生在合作探究、小组交流、讨论辩论中，实现言语、思维与精神的同频共振。

四、跨学科研读：从"问题"到"创作"

随着信息时代到来，人工智能、万物互联、大数据等科技进步所带来的

---

① 韩依依，韩雄飞：《统编版小学语文教材寓言教学策略研究》，《文学者》，2023 年第 6 期，第 54 页。

改变构建了新的社会生态，新时代对创新人才的新需求正在推动教育体系的深刻变革。作为课程的实施者，我们需要转变原有的角色定位，抛开原有的学科定势，以跨学科阅读师的身份指导整本书阅读，不断拓展语文学科和语文教学的边界，开发课程资源，打通语文与科学、艺术、历史、地理等领域的关系，提升学生的大视野、大格局。

例如我们在四年级开展以“探秘海底未知”为主题的跨学科学习，课前引导学生从“科学”“文学”“哲学”三个角度进行阅读，学生们初读《海底两万里》这本书后，对于潜水艇、潜望镜以及海洋生物有了浓厚的兴趣，提出许多问题：潜望镜是怎么制作的？需要什么合适的材料？海底世界有植物吗？它们怎么呼吸？潜水艇沉入海底可以待多久？如果不浮出水面需要怎么增加氧气等。为了回答这些疑问，学生们在老师指导下分成了“海底生物生态体系”“设计制作潜望镜”“破解潜水艇的奥秘”等小组，查阅了《走，去深海》《潜艇》《世界潜艇百科全书》《潜望镜的秘密》《平面镜的成像原理》《揭秘海洋》《海洋那些重要的事》等书籍、视频、图文资料，并通过小组合作、探究，绘图并制作潜望镜和潜水艇模型，搭建虚拟海底环境，体验小说中的情节和场景，激发了对海洋世界的浓厚兴趣！同学们还写下产品说明书、研究小论文等，其语言表达既有感性的描述，更有科学的逻辑和缜密的思维。所以跨学科阅读打破了学科壁垒，打通了语文学科和其他学科的关联，撬动学生语言思维、科学思维，人文精神与科学素养都得到了培养和提升！

五、读书会：从“一个人读”到“一群人读”

一个人“单读”，通常获取的信息量有限，思维不够活跃，收获也不明显。为此，各个学校通常会组织“读书会”，通过集体共读、专题研读、焦点议读，使各人读书扬长避短，跳出思维局限，更好地理解阅读的价值目标和学科方法。新课标在“整本书阅读”的教学提示中指出：要“设计、组织多样的语文实践活动，如师生共读、同伴共读，朗诵会、故事会、戏剧节，建立读书共同体，交流读书心得，分享阅读经验"①。这就告诉我们，整本书阅读不仅是个人读，更提倡大家一起读，读中交流，读后分享，提升整本书阅读的实效。

1. 如何组织高质量的读书会

整本书阅读读书会类似于"读者沙龙"，读者相对同质，有着大体相近的认知水平，讨论的话题也相对集中，主要指向语文课程目标的达成。读书会主要为师生的阅读交流搭建平台，形式相对自由，互动比较充分。当师生协商确定了阅读主题后，可选择读书会的组织形式，共同在读书会上获得丰富的信息、多样的观点和多元的感悟，② 对培养学生阅读的兴趣，相互交流阅读技巧起到积极有效的作用。组织读书会有几个要关注的问题：

（1）书目的选择。高质量的读书会拒绝快餐式阅读素材，书目的选择以思想价值为取舍。大师名家的扛鼎之作、开山立派的奠基之作、吐故纳新的转捩之作、思想流派的标杆之作，不拘大小，均为首选。③ 书目定下后要选择讨论的主题，将碎片化的阅读成功串联起来。

（2）人员与人数。读书会参与的人员可以是多主体，教师、学生、家长，以及社区、共建单位、集团成员校等，根据书目的内容确定参加的对象，读书会是一个人际交往中心，学生在互动交流过程中见贤思齐、取长补短，被触动、被激发，在表达与聆听中超越表层交流，因为观点不同、思想不同，碰撞出火花，人人都有不同的收获。学习共同体的促进作用得以发挥。

（3）基本方式。成功的读书会的典型特征是"一书一师一讲一主持"，"一书"，指读书会事先指定的一本阅读书目，议定的话题，前期参与者都有了前置阅读，带着各自的理解和体会来参加读书会；"一师"指的是读书会通常会邀请一位相关领域有影响力的专家学者，他们诠释经典，和读者面对面探讨，坦诚地将最新常见的理解和省悟分享给现场读者。他们善于将读者细

① 中华人民共和国教育部：《义务教育语文课程标准（2022年版）》，北京：北京师范大学出版社，2022年4月版，第33页。

② 吴欣歆：《培养真正的阅读者——整本书阅读之理论基础》，上海：上海教育出版社，2019年6月版，第147页。

③ 姚静：《大学生阅读能力的培养与读书会的建设》，《课堂》，第170页 http://www.cnki.net.

微的表情变化亦视作反馈，故而在字句解读中，时时透出让现场读者心领神会的智慧。[①] 专家的指导将提升阅读理解的层次。“一讲”，指的是围绕这本书的主要话题展开分享，可以用不同的形式，谈感受、诵读金句、提问、对话、表演等，多维度呈现读书的收获。“一主持”指读书会需要有主持人，这个主持人在读书会中承担重要的串联角色，不仅仅是报幕，一方面要推进读书分享的进程，一方面要深化读书会的主题，浅处适时提升，深处及时平衡，难处要纠偏，冷场要活跃，在专家与参与者之间搭建桥梁，营造顺畅的对话现场，保证读书会取得成功。

（4）读书会的氛围营造。读书分享是件美事，因此要营造美的环境，最好是在书香弥漫的场所，比如在学校图书馆、社区书店、校园读书角等，有的学校把读书与品茶相结合，燃一炷沉香，品一盏香茗，听一曲琴音，捧一本名著，在古色古香、典雅柔美的氛围中，老师们开怀畅谈，既有感性的体悟，也有智性的审思和追问，每一场读书会都是一场高品质的精神盛宴，既涤净心灵，也有效提升学生的人文素养。

2. 多主体融合阅读

“融阅读”的“融”是交叉、重组、叠加、跨越，在读书会的组织中，阅读主体可以是多元的，张传燧教授提出，“在信息化时代，有效的教学时长已经不再囿于传统的课堂，学生的学习也不再限于学生与教师之间，而是包括家长在内的多维互动。我们需要构建一种融通课内外，和合教师、学生与家长的学习共同体，让语文阅读达到‘三维交互和合’的境界”[②]。因此，在“三位一体”的宏观理念下看，阅读的内涵和外延不断扩展，阅读主体可以有以下组合：

校长引领，教师“共读”。全民读书，难在无人“引读”；书香校园，关键要有教师引领。要破解学校读书的难题，学校领导必须身先士卒。校长带头与教师们共读《大学》《中庸》《何谓文化》等经典名著。校长带领老师们

---

① 顾红梅：《经典：现场言说及视域融合——以“新华·知本读书会文丛”为例的诠释实践探》，《中外书案》，2023 年第 5 期，第 84 页。

② 周璐：《在设计中突围——核心素养导向的语文教学新论》，杭州：浙江大学出版社，2022 年 7 月版，第 131 页。

走进国学，与古人对话，与文化同行，体会到古典文化的经典与博大精深。

名家引领，学科"共读"。朱永新说过，读书不一定能成就名师，但读书一定能促进教师专业成长，体会教育带来的幸福感。为此读书会可以根据学科开展专业阅读分享沙龙，由各教研组长选取专业共读书目，邀请专家、教授作为导读嘉宾，读书沙龙成为教育思想和理念碰撞与升华的场所，促进了学科教学的跨界融合与实践创新，提升了教师学科素养和专业化水平。

教师引领，学生"共读"。教师阅读的榜样力量是无穷的，教师的专业引领更是非常重要，每个班级在每周都开设一节阅读课，师生共读一本书，探索整本书阅读的策略和方法，可以创设阅读"八大课型"：静读课、听读课、诵读课、推荐课、班级读书会、周周悦读会、创意读写绘、故事家族故事课。这八种课型使课堂阅读形式不拘一格，经过训练和浸润，孩子们具备了把书读厚、读广、读深、读精的能力，作文能力和语言表达能力都会有不同程度的提高。不仅在课堂共读，老师们还可以带领学生走进书城，在琳琅满目的书海中遨游，和学生一起读绘本、讲故事、谈感受，从而突破课堂、突破教材，拓宽阅读领域，拓展阅读空间，让孩子们享受阅读的快乐和成长的幸福。

作家引领，老少"共读"。读一本名作，并能与作家面对面交流，分享作家创作的初衷与体会，对于学生而言是一段难忘而有意义的经历。学校要充分利用校外资源，邀请著名作家与孩子们面对面，展开阅读分享。孩子们事先可以准备，用多种方式进行阅读分享。①主要用"对话交流"方式：例如作家赵丽宏与学生共读分享《童年河》一书。孩子们侃侃而谈自己喜欢的书中人物，分享自己做过的各种童年趣事傻事，赵丽宏老师也亲切地和孩子们聊起自己的童年经历和创作初衷。同学们把阅读《童年河》的感悟、收获制作成一幅幅书画作品、一张张精美的明信片，编集成册赠予赵丽宏老师。赵老师被孩子们的真诚分享感动了。②可以用"小节目"来汇报阅读的感受。例如《花和蝴蝶》一书是台湾著名诗人林焕彰的作品，诗集充满想象力、童真童趣，老师带领孩子们在读诗过程中，自发地编排了童诗情景剧、课本剧、自创诗朗诵等小节目。在浪漫的五月，学校蓝花楹盛开的时候，邀请林焕章爷爷到校，组织了"紫铃铛的约定"诗会。学生们读诗、写诗、画诗，将自己的感悟、想象化作笔端的线条和吟诵的诗句，每个节目都演绎出诗的意境和美好。有道是“静雅校园浴书香，诗韵致远气自华”，有诗的陪伴，孩子们的童年更加丰盈美好，有诗的春天，校园更添书香雅韵。这样的读书会形式新颖活泼又充满童心童趣，读、写、画、演、创，都融合在读书会的分享中，给童年留下浓墨重彩的一笔！

家校引领，亲子“共读”。家长陪同小孩一起阅读，对培养孩子阅读、培养良好的习惯起着非同一般的作用。家校要形成合力，共同为孩子们的阅读保驾护航。可以在一年级家长会上，由校方做专题宣讲和动员，积极邀请家长参与到亲子共读的活动中。低年级各班成立“萤火虫故事家族”，邀请爸爸妈妈进课堂给孩子们读绘本、讲故事，给报名的家长颁发“故事爸爸妈妈”证书，爸爸妈妈能进班讲故事，对孩子来说是非常自豪的事情，亲子阅读的积极性被调动起来了！有条件的班级可以借助微信群参加“百班千人”阅读计划，教师、家长、学生跟随全国导师团的导师在线上同步收听直播，实现同一时间师生、亲子同步阅读。针对孩子在习惯养成方面存在困惑与难点，可以开展“家校共携手，读书明心性”的家校阅读专场活动。例如“鳌峰亭”读书会邀请了四十位家长和学生共读《不磨蹭才会效率高》一书，还邀请了书的作者香橼女士、心理研究专家谢维兴到读书会现场，和家长孩子一起面对面交流如何转变孩子磨蹭等不良习惯，探讨小学阶段良习养成问题。在与专家面对面的共读分享中，为家长解疑释惑，家校合力，为孩子健康可持续发展打下坚实基础。家长成为阅读共同体中重要的成员，和老师形成合力推动真阅读。

联盟引领，合作“共读”。为扩大阅读的效应，让更多的人参与到阅读行列中，建设书香班级，书香校园，书香家庭乃至书香社会，营造巷南巷北读书声声声入耳的美好场景，我们需要跨界联盟。融合志同道合的伙伴一起开展阅读活动。跨界联盟有两个组合，第一，集团校联盟。集团龙头校联合各成员校，共同开展读书会。围绕一本书，来自不同学校的老师、学生贡献不同的观点和智慧，让书香润泽童心，让阅读增长智慧。例如二附小教育集团组织了集团 7 个成员校的老师共读分享《习近平七年知青岁月》一书，远至宁夏吴忠实验小学，近的在市内、五区八县，采取线上、线下融合，同步开展读书会，年轻教师结合个人教学经历，讲述了读这本书的感受，生动的讲述打动了在座的老师，自创的诗歌表达对习近平总书记的敬佩，听者无不动容！第二，社区联盟。以学校名义牵头，和社区兄弟单位组建阅读联盟，让读书会的牌子流动起来！同时拓宽师生们阅读的视野，提升阅读的内涵。例如“鳌峰亭”读书会的老师们走进位于三坊七巷的“耕读书院”，与“耕读书院”的老师，以及社区其他单位的阅读者共同分享傅佩荣的《哲学与人生》一书，来自不同领域的阅读者分享了独到的阅读体会，让大家领略到哲学的睿智魅力，在思想的碰撞中，涵养了教师们的教育情怀，诠释了富有学理的价值取向。这样的读书分享不仅令人受益匪浅，而且受众广大，推动了书香社会的建设。

第三节　全时空阅读

阅读是获取知识、增长智慧的重要方式。在知识爆炸的时代，每个人的时间都是有限的，从阅读中获取的信息也是有限的，但时间又像海绵一样，每个人既有完整的时间，也有碎片化的时间，怎么把碎片化时间利用起来，让有限的时间释放出无限的价值？那就要打造全时空阅读，让正式阅读空间与非正式阅读都得到充分的利用，从而构建校园、班级、家庭、线上阅读圈，打造“处处有书，无时不书”的阅读文化，形成全时空阅读的良好氛围，开启阅读润心启智之门，创生阅读智慧，培养学生的阅读素养、创新思维、探究能力，让阅读成为一生的生活方式。

一、阅读时间的“有限”与“无限”

整本书阅读因为难度大，需要花的时间长，学生需要在教师指导下自主完成整本书阅读。因此，学校要在课程上给足指导的时间，通过家校联合，用好校内、校外阅读的时间，构建时时读、处处读的氛围，让“有限”的时间发挥“无限”的价值。

每天一次阅读打卡

阅读打卡是培养学生阅读兴趣的重要手段，尤其在中低年级，让每天阅读成为必做之事。新课标在“整本书阅读”的教学提示中指出：“注意考察阅读整本书的全过程，以学生的阅读态度、阅读方法和读书笔记等为依据进行评价。”① 老师可以根据学段特点，设计不同的评价方法。例如低年级的“阅读存折”，每天阅读打卡，阅读存折存入的时间按阅读分钟数存入，进行累积，每周盖章，每月评出前十名累积分钟数最多的，颁发“阅读小达人”奖状，并参与红领巾赋能站奖励。

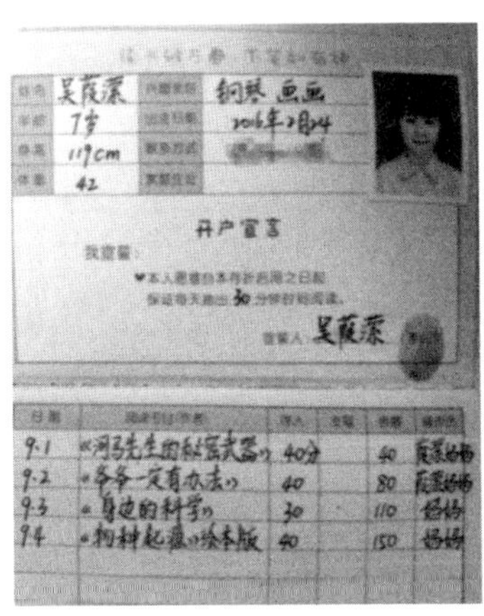

阅读存折

阅读树

阅读书柜

“阅读树”和“阅读书柜”，是低年级学生将日常读完的书目填到清单上，填满一棵树或一个书柜，可以换取一次阅读小达人盖章机会。一、二年级阅读的书很多是绘本，阅读速度很快，一学期下来，大半个班学生都能换到奖励，如果学生能够坚持天天阅读，一本接一本地读书，累计起来会有不小的

① 中华人民共和国教育部：《义务教育语文课程标准（2022 年版）》，北京：北京师范大学出版社，2022 年 4 月版，第 34 页。

阅读成绩，在此过程中获得的成就感和愉悦感，使持续阅读成为可能，形成了阅读行为与阅读收获的良性循环。由阅读行为稳定性而形成的阅读韧性还对学生意志品质的培养具有重要价值。[①]

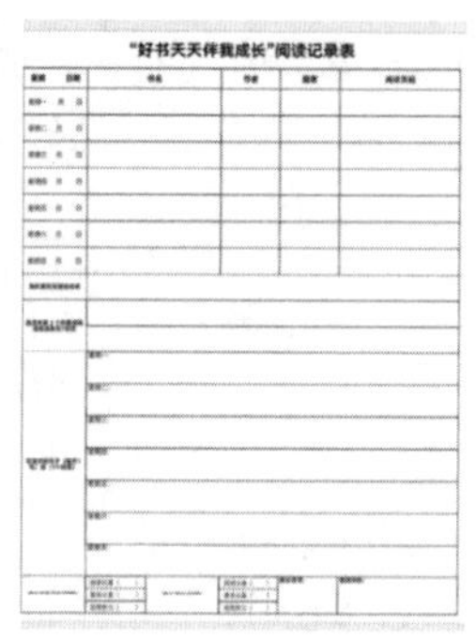
“好书天天伴我成长”阅读记录表

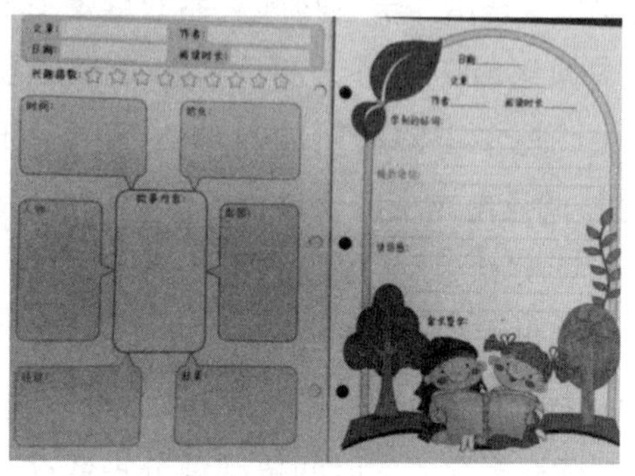

“好书天天伴我成长”阅读记录单

“好书天天伴我成长”阅读记录单是中年级学生的阅读打卡记录表，除了记录读书时长，还增加了读书笔记。每周检查反馈一次，表彰当周完成较好或有特色的以及有进步的孩子，每个学期有50%的“阅读小达人”获得奖励。对于阅读习惯还欠缺的学生，教师也给予了充分的关注，每学期有5个阅读上有进步的学生也能获得相应的奖励。让每个孩子都能在阅读过程中有所收获，有所成长！中低年级养成了阅读好习惯，高年级就能自觉阅读了，让读书成为一辈子的好习惯！

每周一节阅读课

阅读课排进课程，保证了阅读的时间。为了提高阅读指导的效果，可以采用“共读漂流”的阅读模式。具体做法是：学校按班级学生数统一购买书籍（同一本书买50本），以班级为单位共读一本，每月一漂，一学期共读三本。对于共读的书目由年级教师选择，包含历史类、人文类、科技类、艺术类，做到门类齐全，保证了阅读内容的丰富营养。设计阅读单，指导精读细读，读完后，每本书上都留下学校特别定制的读者标签卡，签上读者姓名，

① 吴欣歆：《培养真正的阅读者——整本书阅读之理论基础》，上海：上海教育出版社，2019年6月版，第41页。

50本书漂流到下一个班级，班级与班级之间举行图书漂流的交接仪式，满满的仪式感！

学生的阅读感悟可以制作“阅读活页卡”。根据年段推荐阅读书目，每天阅读30～60分钟，每周完成1～3份活页趣味阅读记录卡。每份记录卡分为正反两面，正面摘抄词句、句子赏析、读后感，以提高阅读理解和记忆力，回忆书中的情节、人物等信息，综合表述自己的观点，为写作打基础。背面梳理所阅读内容的思维导图，对故事有深入的思考和简要概述。记录卡配有卡通图案，摘录后还可自由上色绘图，让记录妙趣横生，大大提高孩子阅读摘录兴趣。优秀的活页卡入选“班级活页本”，在班级轮流传阅，由个人智慧上升到集体智慧。学年结束，“班级活页本”收入学校图书馆永久保存，并给入选作者发给个人收藏证书，阅读记录上架成为最珍贵的藏品，长大成人后回到母校，可以看到童年时的阅读轨迹，是不是很有意义的事？

每天一个“午阅时光”

“佳片有约”是午阅时光深受孩子们喜欢的多媒介阅读活动。多媒介阅读是整合多种媒介信息进行阅读的一种方式，能培养学生全面综合的阅读理解与鉴赏力。新课标在“整本书阅读”任务群中提出要求：“根据开展读书活动的实际需要，合理推荐和利用适宜的学习资源，如拓展阅读的书目、参考资料，以及相关音频、视频作品等，激发学生阅读兴趣，丰富阅读体验，拓宽阅读视野。”① 多媒介阅读与语文教学的整合，实现多学科课程的互补和延伸，促进学生多维发展。例如一位老师带学生欣赏《神奇飞书》这部影片，引导学生通过电影媒介来读故事，书给主人公带来了什么？从电影配乐中感受不同的旋律诉说着不同的情节，融入色彩、网络等媒介让学生更加深刻理解故事的内涵，最后让学生做小小制作人，以新的视角再写这本书，达到影、书、人合一的境界。

我们以教材为基点，推荐相关影片，例如四年级上册第七单元是“向伟人致敬”的主题，历史事件离学生很遥远，推荐观看《童年周恩来》《百年历

---

① 中华人民共和国教育部：《义务教育语文课程标准（2022年版）》，北京：北京师范大学出版社，2022年4月版，第33页。

程中的伟大精神之延安精神》《访梅兰芳》片段、《走进新中国的百年巨匠——梅兰芳》等影片，拉近文本与学生的距离，有效地帮助学生加深对文本的理解和建构；也可以根据时间节点推荐，例如"九一八"事件前夕，推荐《南京大屠杀》纪录片、《学习强国》中的"抵抗！抵抗"专题纪录片，让学生观看，对屈辱的历史有了直观的感知，振兴中华的责任感就会油然而生！用好多媒介阅读，让影视融入思政、融合课程、融通学科，让影视阅读成为生动的教科书，"活化"新时代育人的大课堂。

表 3-2　2020—2024 学年度上学期多媒介阅读计划

多媒介阅读栏目					
年级	主题系列	上学期			
		9月	10月	11月	12月
一年级	奇趣动植物	《小小世界第一季》	《小小世界第二季》	《企鹅群里有特务》	《萌宠成长记》
二年级	人文地理	《完美星球》	《跟着书本去旅行》系列	《跟着书本去旅行》系列	《此画怎讲》
三年级	人文地理	航拍中国第一季	航拍中国第二季	航拍中国第三季	航拍中国第四季
四年级	人文历史	《给孩子的人类简史》	《跟着书本去旅行》	《故宫至宝》	《中国唱诗班》
五年级	人物传记	《苏东坡传》	《陆游传》	《李白传》	《李清照传》
六年级	人文历史	《故宫至宝》	《舌尖上的世界》	《跟着书本去旅行》	《给孩子的人类简史》
年级	主题系列	下学期			
		2月—3月	4月	5月	6月
一年级	文学	《"字"从遇见你》系列	《中国成语大会》系列	《中国成语大会》系列	《中国古诗词动漫》
二年级	文学	《"字"从遇见你》系列	《"字"从遇见你》系列	《跟着书本去旅行》系列	《跟着书本去旅行》系列
三年级	人文历史	《跟着书本去旅行》系列	《跟着书本去旅行》系列	《给孩子的人类简史》	《给孩子的人类简史》
四年级	科普	《像乌鸦一样思考》	《影响世界的中国植物》	《影响世界的中国植物》	《地球脉动》
五年级	人文历史	《千古风流人物》系列	《千古风流人物》系列	《千古风流人物》系列	《典籍里的中国》系列
六年级	科普、历史	《时尚科技秀》系列	《时尚科技秀》系列	《典籍里的中国》系列	《典籍里的中国》系列

每月一次“家长故事课”

家庭教育和学校教育要打好“组合拳”，对培养学生的阅读兴趣和良好习惯起着重要的作用。因此要打造家校联动阅读机制，推进家校阅读共同体建设。可以在低年级成立“萤火虫故事家族”。学校可安排隔周一节的阅读课，请家长进校园进课堂讲故事。比如笔者所在的学校“故事家族”的家长志愿者来自各行各业，牙科医生结合《牙齿大街的新鲜事》绘本故事普及爱牙护牙知识；讲无线电科普知识的家长现场演示做电报机，引发小朋友极大兴趣；当警察的家长带来很多警用道具，孩子们能亲子触摸体验，打开眼界；讲中国芯片的家长用芯片故事激发了孩子们的民族自豪感，在他们幼小的心灵播下自主研发芯片的种子；有体育特长的家长在奥运会赛事前，给孩子们做运动竞赛知识讲解；还有担任联合国维和部队的家长、航空航天的家长、研究昆虫的家长，他们发挥各自职业特长，故事内容异彩纷呈，拓宽了小朋友的视野，给孩子们带来不一样的感受，极大调动了阅读兴趣。“故事家族”还开展户外亲子故事会、家庭故事剧团等多种阅读活动，密切了亲子关系，让孩子们的童年溢满书香。通过课内外阅读的融合，学校课堂家庭三位一体的联动，创造性地在阅读课程中点滴渗透正确的价值观、人生观，达到无痕教育，有形成长，实现以读书之举，收立德之效。

每学年一个阅读节

每年的 4 月 22 日是“世界读书日・阅读节”，是全校师生的精神盛典，是孩子们的阅读嘉年华。围绕读书节可以设计系列阅读活动：比如（1）晒一晒。一年级开展“晒晒我的阅读存折”，比一比谁读的书多，重在阅读习惯的养成。（2）画一画。二年级开展《小人书故事》画册汇编。图文并茂，激发阅读兴趣。（3）诵一诵。三年级开展“‘声’动经典”活动，通过经典诵读比赛，提升诵读、表达能力。（4）演一演。四年级开展“再现书中故事”课本剧展演，例如以《小英雄雨来》等革命经典题材为主题，在写剧本、演剧本中感受蓬勃向上的强大精神力量，学习革命先烈的高尚品质，激发爱国情怀。（5）评一评。五年级开展“经典人物书友会”的评选活动。阅读赏析故事中的人物，评选出最值得学生们学习的“经典人物”，让学生从书中寻找榜样，知道未来存在着无限可能。(6) 辩一辩。以“上补习班利大/弊大?”“人工智能会不会毁灭人类?”“二孩政策利大/弊大?”“小学生手机进校园利大还是弊大?”等为辩题，各班级先辩起来！然后各班推荐6名优秀辩手，开展年级辩论赛，辩论的结果不是最重要的，最重要的是在辩论中表达了自己的观点，倾听了他人的声音，实现了充分的交流，也引发了更多的思考，在辩论中主体学习意识凸显，获得语文素养的提升。这一系列的阅读活动，体现了从低到高的阅读要求和适龄化的阅读策略，融合多元化内容、融汇多形式阅读、融创个性化表达，真正把书读活，为学生一生奠基！

通过多种形式的阅读实践，课内外阅读的融合，家校联动，营造了浓浓的阅读氛围，培养学生从不爱读到爱读，从爱读到会读，把读书当做一辈子的事，读中树立良好情操，达到无痕教育，有形成长，切实做到了“春风化雨，润物无声”!

二、阅读空间的“正式”与“非正式”

校园环境作为重要的育人载体，承担着教育和引导学生的重要责任，甚至能潜移默化地塑造学生的价值观，影响学生的行为方式。[①] 丘吉尔曾说：“我们塑造建筑，之后建成的环境也会重塑我们。”营造学习环境不是目的，而是手段，其最终是为了重塑学习活动，以满足社会发展对人才的变化需求。[②] 在阅读环境中，包含“正式”的阅读空间和“非正式”的阅读空间，其中教室、图书馆是“正式”的阅读空间，承载着知识、能力、思维、素养传递的主要任务。“非正式”阅读空间包含廊道、操场、门厅，甚至上学路上、家庭等，都可以作为学生碎片化阅读的场所，也是学校教书育人的有效空间。因此，作为学校要规划、建设、匹配好“正式”与“非正式”阅读空间，让学生处处有书读，时时有书看。

① 陈希，等:《为学生发展而设计：校园公共空间营造策略探析》,《中小学管理杂志社》,2023年8月，第1页。

② 陈冰:《浙江教育报·前沿观察》听专家建设未来学校的“新场景”，第4页。

1. “正式”的阅读空间

教室是教师和学生每天学习生活的场所。理想的教室，是班级文化、班级气息的体现，是各个师生成长故事的诗意表达。学校教室有条件的都应当设置班级图书角，其中摆放一些适合本年级学生阅读的课外书籍，班级图书角可以让学生随时利用休闲时间，阅读相关的资料。班级图书角的建设要关注以下几点：

(1) 图书来源。一般有以下几种组合：一是在开学初以班级名义向学校图书馆统一借出一定量的图书，期末归还。这就相当于“微图书馆”。由于班级数多，每班统一借阅的数量有限，因此需要其他形式的补充。二是由班级学生自主推荐、提供给图书角做“共享图书”，期末再各自把书领回去，定期更新。三是由家委会捐赠部分图书，家校联手共同为孩子们创建智慧宝库。

(2) 给图书角取名。为了让图书角真正成为孩子们喜欢的阅读空间，教师可以组织学生为班级图书角起名字，同学们对班级图书角进行布置过程中，集思广益，结合班级学生特点或者学校特点、班主任特点等，为图书角起名字。如“智慧角”“快乐读书吧”“迷你图书馆”“藏书阁”等，让图书角书香弥漫！

(3) 选书。教师选书要做到图书类别要多样，文学类、历史地理类、科普类等都涉及，使学生的阅读面广，“营养全面”不“偏食”。也可根据“快乐读书吧”推荐的书目选书，还可以根据教材中的单元主题给学生推荐前置性阅读、过程性阅读和迁移性阅读书目，按照不同学科书籍进行分类摆放，打开学生视野，丰富学生对教材内容的认知，便于开展学科阅读、跨学科项目化学习和兼具趣味和挑战的阅读活动。如果是学生推荐的书到期末可以做个统计，谁推荐的图书最受欢迎，借阅的同学最多，可颁发“好书贡献奖”。

(4) 维护。选好图书管理员，当好图书角的小主人。可以创建班级图书角借书目录，在这一目录当中显示图书名称、借阅人，从而方便学生登记、借阅和归还。

除了教室，图书馆是最大的阅读空间，也是正式的阅读场所。

图书馆是重要的阅读空间。新时代对于学校图书馆的定位已然转变，从前只发挥借阅、馆藏功能的图书仓库将由“书本位”的阅览需求转为“人本位”的学习环境，不仅给孩子阅读以沉浸感，更多的是一种复合型学习空间，一个综合型场馆，充满更多学习型、体验性、生活性和科技型体验。例如图书馆可以设立“绘本阅读空间”，阶梯式的座位搭配大屏幕等设备，构成一个可以进行小型讲故事、阅读的集聚空间；“数字阅读中心”供师生上网查阅资料、数字阅读；“创客室”用于开展各种学科教研以及小组合作学习；“教师发展中心”可多地连线，数字同屏教研。随着大数据、人工智能、虚拟现实等新技术引发的数智教育时代来临，以“藏阅”为主的传统图书馆必定要升级为情景阅读、素养阅读等丰富的体验学习场，同时还可以引入博物馆、艺术馆、科技馆等元素，用艺术手法巧妙摆放艺术书籍，呈现孩子们的原创作品，让童趣和孩子们的艺术成就溢满空间。图书馆中还可以设立“翻版艺术书”，供学生翻阅欣赏中西名画；也可以开展“光影阅读”，欣赏“全息影像”，介绍收藏的博物馆藏品，让学生在学校就能看到珍贵的文物，跟着屏幕游览世界风光，让孩子们在人与人、人与科技、人与书之间找到一种情感连接，充分感受和接触到多维度的学科资源、多样化的呈现方式、多元化的学习开展，激发孩子深度阅读、海量阅读、浸润阅读、光影阅读、远距阅读的欲望。

2. 非正式阅读空间

非正式阅读空间存在于学校的各个方位，可以有多功能的使用，也有面向多用途的可能。从书香校园一体化建设的宏观维度出发，让阅读生根于课堂，但不止于课堂，必须让校园每一处都充满书香雅韵：厅、堂、廊、道、室、亭、馆、楼、阁、坊都摆上书，营造阅读场景，用空间酝酿书香，用书香来打扮空间，凸显时间灵活、阅读自主、方式自由，师生皆可参与的阅读样态，让孩子真正爱上阅读，同时也便于全时空阅读。

清华附小校园处处浸润着书香，处处皆可阅读。校园里有一棵“长满书的大树”，挂满了《神笔马良》《西游记》《孔子》《可爱的中国》等100本必读书籍（挂在树上的是书牌），号召学生坚持经典阅读、保持良好习惯以及身心健康。每天早晨和每个周末该校图书馆都有亲子阅读活动，每年都有一个励志榜样主题人物进行全学科阅读，每周末附小教师也会开展灯光阅读等活动。2015年起已经连续举办八届成志国际阅读论坛。

浙江省苍南县第一实验小学在操场边上营造了一个“B612”星球空间，深受学生喜爱。“B612”星球空间由一个圆形平台和一个独体钢架结构建筑而成，主体建筑依照《小王子》场景设计建造，墙壁上点缀《小王子》中的经典句子。这里有不同版本的《小王子》，还有上百本经典图书。并以经典图书为背景举办入学礼、结业礼——这里成为见证学生成长的舞台。

福州教育学院二附小校内有个“鳌峰亭”，是民族英雄林则徐小时候读书处，是孩子们向先贤学习的地方，也是学校传承书院文化，涵养师生书卷气的雅境。师生在此敞开的空间中仰望参天古树，聆听小鸟的欢声，呼吸弥漫在空气中的花草清香，享受多维度的感官盛宴。① 地面的石板青砖也增加了一份年代感。“鳌峰亭”成为教师组织学生开展阅读活动，开展场景式学习的户外学堂。

有些学校建设室外阅读空间还打造了森林朗读亭，将书面阅读变为有声阅读，通过朗读亭开展校园云朗读比赛、读书分享云沙龙、亲子云朗读、讲故事等活动；有的学校打造“阳光书屋”，给学生世外桃源般的沉浸式阅读体验，孩子们可以围坐在阳光书屋内，交换阅读，提升空间的趣味性，让孩子同时沐浴日光与书香。自然光能够给学生带来温暖明亮的感受，同时光线随时间、季节的变化会形成不同的光影，在空气中酝酿出生气，有助于丰富学生的感官体验和思考。②

其实，大多数学校的教室的每个楼层可以设“读书吧”，凸显休闲式阅读情趣，也给不同年级的孩子适当的阅读推荐。例如，“读书吧”的标语提醒着孩子们：低年级“让阅读成为有趣的事”，中年级“让阅读成为有意义的事”，高年级“让阅读成为优雅的事”“让阅读成为一辈子的事”。在这里，书籍的清单和陈列都根据儿童阅读的不同主题进行构建，下课后孩子们来到“读书

① 陈希：《为学生发展而设计：校园公共空间营造策略探析》，《中小学管理杂志社》，2023年8月版，第5页。

② 陈希：《为学生发展而设计：校园公共空间营造策略探析》，《中小学管理杂志社》，2023年8月版，第4页。

吧"或坐或倚，享受书香带来的美好，也可以在楼层读书吧听同伴发表自己的见解，协作式学习在这里自然发生。

学校内的廊道（包括走廊和连廊）联系着教学和活动空间，是学生使用最频繁的活动空间。可以通过对廊道进行加宽或延伸设计，利用建筑本身结构变化，增设墙面分享和阅读休闲区，使其成为方便学生到达和聚集的小型空间，同时在这里布置休闲座椅、书架等适合的设施，吸引学生利用短暂的课余时间在此逗留并产生自发性的交流互动。① 方便学生进行学习分享和自由阅读。

校长"阅读栏"也可以有"书香"。校长作为学校阅读课程的领衔人，可以每月一期给学生们推荐好书。同时，在校园醒目的位置，布置海报专栏，图文并茂，包含书的封面、作者、内容简介、主要人物等，引发孩子们的阅读期待。读书报告、读书心得写得优秀的学生可获得每月一次的"校长下午茶"专属优待，和校长一起喝茶，聊聊读书收获，说说心里话，这份奖励在孩子们心中最有分量，也最令人激动的了。

家庭阅读角。良好的家庭文化氛围能促进孩子阅读兴趣的提升。根据儿童年龄特点，布置温馨的阅读环境，有条件的家庭可以为孩子打造一间专属书房，给孩子一个沉醉书海的小天地，打造出满满书香味，如果没有书房，一定要有一面墙的书橱；如果没有书橱，一定要有书桌，这个桌上要能长期摆放书，要有放书的架子；如果没有书桌，也一定要有书。家里的书应该是孩子平时能阅读的 5 倍、10 倍，让孩子在不经意间就能抽取一本书来读。② 同时，父母示范引领也很重要。未成年人由于识字量和自制力有限，再加之年龄小、理解力不足，阅读过程中需要得到父母的帮助。父母应尽可能拿起书本，和孩子一起沉浸书海，以身示范，带动孩子养成良好的阅读习惯；另一方面，父母可以利用周末时间带孩子去书店、图书馆参加集体阅读活动，感受阅读氛围，让孩子与书友进行阅读交流，收获阅读带来的成就感和愉

① 陈希：《为学生发展而设计：校园公共空间营造策略探析》，《中小学管理杂志社》，2023 年 8 月版，第 2 页。

② 李怀源：《儿童阅读的力量》，上海：华东师范大学出版社，2020 年 4 月第 1 版，第 7 页。

悦感。

此外，非正式空间还有云空间慢读。当今时代，信息技术的发展使电子资源海量增长，人工智能的发展、ChatGPT 的出现，更是让学生大开眼界，激发自主开展信息化学习的兴趣。有条件的学校都应当积极创建“数字阅读中心”，为师生提供内容丰富多样的电子资源，包括文字、图像、音频、视频等信息，为跨学科学习创造了更加优质的阅读条件和更加便利的阅读信息交互渠道。还可利用超星智慧平台和国家智慧教育读书平台，访问“青少年读书空间”“中国语言文字博物馆”“中国数字科技馆”等，引导学生阅读经典，在分享前沿科技的同时，提升学生独立思考和分析能力，为养成终身阅读习惯打好根基。

总之在新型的学习场景中，正式学习和非正式学习已经交融结合，学生也不再是学生了，而是场景的拥护者和建设者。信息技术的快速迭代为语文教育带来革命性的变化，我们可以不局限于传统学习空间，更多地寻求“外挂式”图书馆、博物馆、艺术馆；我们可以不再局限于正式时间，实现“全时空”自主学习，随时开展教研；让阅读在校园里像空气一样存在，人人参与、时时可见、处处可感。可以确信，越来越多的“非正式学习空间”正成为多样化的学习主场，与正式学习空间融合，帮助学生实现高兴趣、高创意、高频次、高纬度的学习。

第四节　全学科阅读

全学科阅读是一种基于学科思维、把握学科发展脉络、统揽学科知识点和面、精研学科学习方法、立足学科素养与能力提升的高品质阅读方式。全学科阅读贯穿于语文学科学习和其他学科学习的全过程。当然，这里的“全学科阅读”有两重意义，一是以某一专门学科阅读为主干，出于学科全貌概览的要求，将此项学科性阅读延伸到其他相关的学科，实现了多学科相关性、综合性、延展性的阅读目标，促进学生获得广泛维度的阅读理解和思维拓展；二是指确立某一专项研究课题或主题之后，出于研究所涉及子系统问题与相对应的学科，必须展开多学科阅读，也可以称之为“全学科阅读”，借此而提升学科问题解决的能力。这两种“全学科阅读”方式的差别并不大，只是基于学科和基于问题的视角的区别而已，所以本文以下论述就不做多余解释，统称为全学科阅读。

开展全学科阅读，不同于以往我们在课堂上布置的学科性课外阅读任务或活动，它的展开面更加广阔同时又有较集中的聚焦点；也不能等同于我们建设书香校园而推动的多学科广泛阅读，它的价值追求更有目标性同时更能提升学生通过阅读提升核心素养与解决问题的能力。因此，我们在教学实践中不断探索这方面的方式方法，不断积累阅读经验，形成了下列三个展开维度：

第一，前置性阅读。在教学即将展开之前，我们会根据充分理解学科内容、掌握学习方法、实现教学目标的要求，开出阅读书单，要求学生泛读或概览，使他们对该部门学科知识的产生背景、衍生问题和发生联系激发兴趣，甚至出现强烈的好奇心、联想力和求知欲，自然而然在心中迅速冒出许多想法，这就为下一阶段的课程学习作了宽广而扎实的铺垫，也就让大多数学生带着问题走进课堂、带着思考走入学科领域，当然会让下一阶段的课堂教学更加丰富精彩了！

第二，过程性阅读。在教学过程中还可以伴随着学科性阅读。一种是在传统课堂上加入创新要素的阅读，包括但不限于教材阅读，可以是教师解（导）读、师生共读、生生互读、大声朗读、小声默读、电子屏幕导读、线上线下互动交替解读等形式进行；另一种是在图书馆中特定区域开设学科指定单元、章节、课题的阅读课，主要是借助图书馆学科书籍丰富、现场相关主题书籍取用方便的特点，把学科阅读做成信息面域宽广、资料查询便捷、思维开放活跃，真正做到教学与阅读的深度结合；还有一种是在教室外甚至校外开课，譬如在校园中的绿草地、大树下、水池旁、亭阁间或者在校外的博物馆、展览馆、纪念馆、社区厅堂、农村宗祠、城市公园等，主要是为了借助一种特殊的场景，可以让学生或心神宁静，或浮想联翩，或问题陡生，或融会贯通，在这类场景中进行相对应或相关联的学科教学，并辅之某些文字图书的快速阅读，或某种特定场景的实况感知，就会从形象认识迅速上升到抽象思维，从而深化学科知识掌握和方法应用，实现学科教学的宽度、高度和温度要求。

第三，迁移性阅读。不同于以往教学的课外阅读任务布置，迁移性阅读是有“内驱力”的阅读，而不是被教师强迫推动的阅读。在这里，我们关注到以教师为主导的课堂教学的“过程”似乎是结束了，但学生的学科性学习并没有完成，课程外的相关性探究才刚刚开始。教师的课堂教学应该激发学生的课外实践、探究、创设的兴趣，而不是给学生画一个学科学习的圆圈终止符。所以，应该鼓励学生在课外实践、社团活动乃至项目化学习，这时学生的阅读书目、内容自然会延伸到学科领域之外，跨学科或超学科的阅读理解与知识搜寻就会发生，强烈的兴趣驱动会推动学生把学会的学科知识应用到实践、融合于其他学科方法、形成立足于学科统整的创构能力，这正是学科迁移性知识溢出与思维深化的目标要求。

为了做好全学科阅读，我们必须相应地推进以新课标为前导的课程改革和课堂创新工作。一方面课堂教学上让学科与阅读有效链接：语文学科，注重文本阅读，为儿童打开一扇文学的窗；数学学科，注重图表阅读，全面提取图表信息，顺利完成思维建模；英语学科，注重英文名篇阅读，深刻理解英语经典的“跨文化性、跨时代性、丰富的思想性、语言的示范性”；科学学科，注重现象阅读，透过实验现象，读出科学原理；音乐学科，注重“印心”阅读——氛围情绪触动心灵的阅读，在音乐的学习与欣赏中读懂并体验音乐中的情绪、心境；美术学科，注重色彩线条构图阅读，读出美、读懂美；体育学科，注重动作阅读，把握体育的动作细节和节奏律动。① 另一方面学科阅读必须以学科教师为主，其他各科教师为辅，以全员参与的方式，将阅读与各个学科课程进行深度融合、统整，跨越各学科之间的界限，引“水”入

① 缪永留，杨元娣：《全阅读：综合素养导向的阅读实践》，《人民教育》，2022年第10期，第77页。

"塘"，丰富拓展了学科课程，创新学科跨界阅读课程。

同时，全学科阅读要求学校办学的硬件设施、软件系统也必须作结构性调整：

一是图书馆的功能调整。图书馆的最大功能不是为了藏书，而是为了师生读书，或者说是为了师生更高效率的搜寻与应用知识，更高质量地提升师生的综合素养与关键能力。为此，图书馆建设应朝着科学分类、功能多样、使用便捷、购藏精品的方向发展。

二是中小学学校图书馆不必完全按照成人图书馆的标准进行图书分类。不必人为地设置教师图书使用区和学生图书使用区，而应该以中小学的学科设置为主线，设置各学科的阅读书架与区域，让各学科的前置性阅读、过程性阅读的书籍都放在特定学科的书架上，而迁移性阅读往往是学科分类特征不明显，但学科应用、学科交叉、学科融合特征又很突出，特别是学科应用后的方法方式、工艺技术、人文科学结合得好，又容易引起学生兴趣的书籍，可以按照成年人的书籍分类方法在图书馆中专门区域放置。至于大量存在但对中小学生教育没有实际使用价值的馆配书，有必要加以清理或挑出另外放置。这样，图书馆在"瘦身"的基础上更有利于师生搜寻好书，有利于学科教学深化改革，也有利于师生自主使用图书馆并提高图书馆学习的效率和质量。

三是要推动"教师开书单"上档次，并和教书育人改革相配套。我们知道，全学科阅读的关键是教师要引导学生开展"前置性阅读""过程性阅读"和"迁移性阅读"，这三个维度的阅读都不是让学生"盲人摸象""大海捞针"，而是教师自身依托职业素养向学生推荐书目，或者是教师根据学科教学内容和教学目标要求给出大致的阅读建议。这对教师的读书生涯和学习能力提出了挑战和要求，"打铁先要自身硬"，将会倒逼教师"教书先读书，读书后教书"，从而推动多年悬而未决并且难以突破的教师要读书、教师多读书、教师读好书问题的根本性解决，也会促进学科教学改革、课程提质增效、课堂生态创新等问题得到化解。所以，全学科阅读推动每一个教师都有自己的"私人书单"，是教育改革的一个契机。

四是全学科阅读改变了师生阅读的方式方法，也会改变图书馆的采购与流通方式。由于师生阅读和学科脉络、学科发展、学科交叉、学科融合高度相关，每个教师都有其心目中的“学科经典”“学科通识”“学科流行”“学科热门”书单，图书馆每年甚至每季度发布购书意向表就容易得到反馈，每年的购书经费就能够买到大量的好书、精品书和对师生有用的书。同时，图书馆围绕着馆际交流活动，也会为师生提供各种急需而有用的书籍。这些举措对于全学科阅读的高质量开展都是必要的。

全学科阅读的深度展开，离不开图书馆阅读课堂建构、博物馆深度学习和场景式学科阅读的开展。下面我们针对这三种阅读的方法特征，谈谈全学科阅读的多种实现路径。

1. **图书馆全学科阅读**

苏霍姆林斯基说：“一个学校可以什么都没有，只要有了为教师和学生的精神成长而提供的图书，那就是教育。”“双减”政策提出学校要充分利用资源优势，在校内满足学生多样化学习的需求。图书馆是课堂之外学习知识的主要场所，图书馆典藏云集，知识浩如烟海。图书馆为学生提供同时运用多种学科知识、多方面智力才能激发的机会，助力学生自主阅读实现阅读量的积累，提升阅读素养。图书馆面积大，除了阅读区域，还有不同的学习空间，如圆桌讨论区、微型演讲台、创客教室、数字虚拟空间等，图书馆成为学校“阅读中心”“交流中心”“信息资源中心”。这些地方是学习者聚会、交互思考的地方，是培养会检索、会阅读、会创新的新时代少年。在多样化的共享空间里，组织各种学习活动，让学生更具主动性和自主性，释放其好奇心和求知欲，阅读能力、思维能力、交流能力也在共享学习中得以提升。

利用图书馆开展主题式跨学科学习。新课标在课程理念中指出“要以生活为基础，以语文实践活动为主线，以学习主题为引领，以学习任务为载体，整合学习内容、情境、方法和资源等要素，设计语文学习任务群”①。根据图书馆的资源优势，我们整体建构了三个学段的图书馆跨学科学习主题任务，

① 中华人民共和国教育部：《义务教育语文课程标准（2022 年版）》，北京：北京师范大学出版 2022 年 4 月版，第 2 页。

如下表：

表 3-3　利用图书馆开展全学科阅读系统分析

学段	主题	学习内容	素养培养目标
第一学段	《图书馆第一课》 《绘本悦读》等	1. 参观图书馆 2. 学习阅读礼仪 3. 了解图书种类 4. 学习借阅图书 5. 共读绘本，体验阅读的乐趣	学会观察，有好奇心和求知欲；激发想象力，养成爱图书、爱阅读的好习惯
第二学段	整本书阅读主题：包含同文体阅读、同作家作品阅读；同主题阅读等	1. 沉浸式阅读，细读慢读 2. 搜索文献信息、图书资料 3. 提取信息，编制思维导图 4. 共读交流分享 5. 小组合作 6. 演一演、画一画、写一写、做一做	乐于参与读书交流、分享；学会搜集信息；尝试用流程图和文字记录学习活动的主要过程；能用照片、图表、视频、文字等展示学习成果，并与他人分享
	项目化学习主题：“校园绿化美化”“美化我家小阳台”“一份暖心的校园伴手礼”等		
第三学段	多学科阅读主题：名家名著阅读、书法与艺术阅读、科学阅读、数学阅读、艺术阅读等	1. 提出问题 2. 探究性阅读 3. 品评鉴赏 4. 仿创表达 5. 搜索数字化资源 6. 小组合作探究、讨论辩论、设计方案 7. 个性化作品展示	利用多种信息渠道获取资料；学会提问，团队合作，解决问题；有自己的观点；利用数字化资源学习；学写计划总结；乐于分享
	项目化学习主题：“家在鳌峰”“纸伞的前世今生”“福文化研学计划”等		

从内容维度来看，第一学段的内容以培养习惯、观察体验为主，让学生在入学起始阶段对图书馆有初步的了解，通过图书馆第一课，创设情景化的阅读体验让学生爱上读书。第二学段开始进行整本书阅读与生活主题相结合，强调学科渗透，利用图书馆开展阅读、探究、实践，从读到写、从读到演、从读到画、从读到做，勾连起语文与其他学科之间的联系，把书读活。第三学段的学习内容强调多学科参与、自主性阅读、集体性讨论、个性化创作。三个学段的学习内容是不断拓展、深入的，学习的角度是越来越全面的，实践表达的方式也是越来越高层次的。在开展图书馆跨学科学习时应该由浅入深，循序渐进。

2. **博物馆的全学科学习**

博物馆收藏着人类的记忆，珍藏着民族的灵魂，记录着城市的变迁，成为每个人终身学习的重要场所。[①] 展览是形象直观、“以物证史”，能够给人美的享受和历史、自然、科学等各类知识的陶冶，形象直观的实物展示会给孩子们留下深刻的印象。在博物馆界广泛流传着这样一个故事：说世界闻名的美国自然历史博物馆附近有一个中学出了不少诺贝尔奖的获得者，颇令人惊讶，后经研究发现，这些人小时候经常光顾著名的博物馆，潜移默化，培养了创造能力，可见博物馆学习对少儿的重要影响[②]。

博物馆学习有以下几个步骤要点：

第一，选择博物馆，馆藏丰富，功能专业。例如商务印书馆是中国近代出版史上创办最早、影响最大的出版机构，为字典辞典编修作出了巨大的贡献，也对中国古书古籍的收藏和修编起到重要的推动作用，在中国近现代文化历史上留下浓墨重彩的一笔。商务印书馆福州分馆内用史实和文物留存商务印书馆与福州的相互交织的近现代历史，探寻福州名人与商务印书馆救亡图存、休戚与共的历程，是对福州城市灵魂的经典重塑。这样的博物馆对学生的影响意义深远。去年，我的工作室的胡老师带领班级学生到商务印书馆开展为期一个月以《探商务闽韵，寻百年书魂》为主题的博物馆学习，收获满满。

第二，介绍博物馆，建立框架，确立目标。请博物馆的专业讲解员对展馆做详细的解说，对博物馆有整体的了解和认知，并确立自己感兴趣的内容，做进一步的探究学习计划。

第三，组建小分队，自主合作，角色分工。同学们根据研究内容的不同自主合作，分成五个学习小组，分别是“‘第一’研究小组”“闽都文人研究小组”“活字印刷研究小组”“镇馆之宝研究小组”“‘一本书’研究小组”。小组成员进行了分工，搜集资料、负责拍照、文字整理、成果汇报等，每个成员都有具体任务，既分工又合作。

第四，分小组探究，详略得当，成果呈现。五个研究小组了解了博物馆

---

① 杨丹丹：《博物馆里的“立体阅读”》，《新阅读》，2021年第3期，第70页。

② 周艳：《创新和拓展少儿阅读推广形式的思考》，《四川图书馆学报》，2017年第4期总第218期，第86页。

Logo 的含义、第一本《新华字典》的由来、第一本印刷出来的书、第一本教科书、第一本翻译书；对福州名人张元济、高梦旦、严复、冰心等与商务印书馆的故事有了具体的了解；还动手体验了活字印刷术，制作了微视频“镇馆之宝——《四库全书》”等，在探究学习中学会了搜索资料、视频讲解、情景剧、实物演示等方法，汇报生动，令人感叹孩子们的学习力、思考力、建构力、表达力！

在博物馆全学科学习中，前置性阅读很重要，同学们通过网络平台查找史实资料，集结成了五本专属本次研学的阅读文献，大家传阅，做好批注，盖上自己的阅读章，很大程度提高了博物馆学习的获得感。博物馆学习过程中的阅读，是针对自己感兴趣的部分做进一步的阅读和探究，博物馆学习之后，迁移性阅读是非常好的延伸，能够让博物馆的教育内容打破时间和空间的限制，拓展到后续的个人学习和成长中来。博物馆学习的最后一个环节是评价，包括自我评价、同伴评价、教师评价。同学们在游览中学习，在学习中阅读，以阅读生长能力，以能力纵深阅读。文字与文物的互动，图书阅读与博物鉴赏的互动，这些都会给孩子们带来强烈的获得感与成就感，实践思维和创新思维得到了发展，在真实世界中认识、分析和解决实际问题的能力得到了提升，同时感受到闽都文化魅力，增强了文化自信。

3. **场景式的全学科阅读**

场景联结一切。场景阅读，是借助场景强大的“连接一切”的能力，充分释放出场景中个人的情感和价值诉求，进而激发个人的场景参与欲望，从而让人们在特定的场景中完成阅读活动。未来阅读，一切都在场景中发生，沉浸在一个一个的场景转换中，场景阅读很好地展现了创意阅读的独特魅力，契合当前学生的信息获取方式，让阅读者在个性化的场景中阅读。①

例如，一位老师以校歌的内容为主线，带领学生在充满书院气息的校史广场上了“拍摄校园 MV”一课。学生前置性阅读《福州鳌峰史话》《书院流芳》以及《鳌峰亭》等校本教材，实地探访鳌峰坊名人故居并绘制“鳌峰坊名人汇”思维导图，对校园的前世今生有了充分的了解。课中，教师引导学

① 王金涛：《未来阅读》，上海：华东师范大学出版社，2021 年 4 月版，第 21 页。

生读校歌歌词，理解歌词中描写的场景，回忆、分享有着深厚文化底蕴的鳌峰书院历史故事，站在林则徐小时候读书的鳌峰亭旁，仰望苍天古木，此情此景，怎能不激发出对学校的热爱？同学们用美好的声音深情演绎校歌，并分小组完成《美丽校园》MV 拍摄制作，当场进行作品展示与评价。在这样的场景式学习中，教师很好地运用了“场景”这一素材，让它成为课程的一部分，让“场景”浸润着学生，陶冶着他们的情操，“场景”与人、与歌、与 MV 片子融为一体，学生用美的镜头、美的导游词、美的剪辑、美的配乐，演绎了场景式学习的美好。从这个意义上说：人，才是场景革命的注脚；人，才是这个时代最伟大的场景！

场景式阅读还可以和主题式学习结合起来。例如，江苏省扬州市维扬实验小学以“跟随运河去旅行”为主题，先是引领学生从美食、美景、美文等角度，研读扬州大运河；再以运河沿岸的歌谣、运河上的船只、运河上的桥梁、运河沿线流传的名人故事、运河河道的变迁、运河上的船闸等内容开展全学科阅读。在以运河为主题的阅读中，学生绘制出了“大运河美食地图”、设计制作运河桥梁模型、创意绘画运河船只等，在阅读实践中强化自主创新设计、自主展示创造的能力。实现了由碎片化阅读走向问题驱动式阅读、由知识拓展型阅读走向主题引领式阅读的转变，学生收获良多！

第五节　全素养阅读

未来的世界需要综合型人才，而全科育人正是立足核心素养，以课程整合为背景，以学会学习为中心，引导学生在丰富、优化的情境中探究体验，拓宽知识的边界。[①] 全素养阅读是以核心素养为导向，创设真实的生活情境，以“读书、读人、读世界”为阅读路径，引领学生以生存为本、生活为源、

① 周璐：《在设计中突围——核心素养导向的语文教学新论》，杭州：浙江大学出版社，2022 年 7 月版，第 245、246 页。

阅读为核，将世界打开，在以生活中的问题为导向的驱动中实现项目化学习，在解决问题过程中，培养学生成为独特的精神自我与有活力的生命个体，实现“融阅读全育人”的目标。

一、全素养阅读的价值取向

全素养阅读改变单一的文本阅读的思维习惯，建构书本与儿童生活世界的联系，用发散的、相关联的内容推动儿童思维发展，促进素养提升。在学习方式上，根据学习金字塔模型构建深度学习的原则，浅层学习满足输入，深度学习注重输出，倡导“讨论”“实践”，在“读中学”“学中做”，实现“知行合一”。

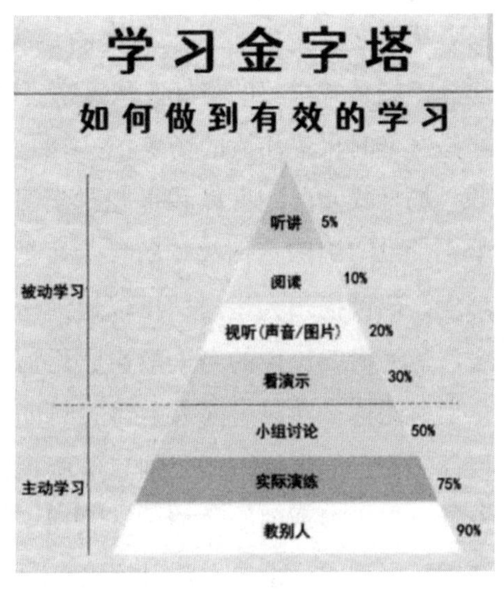

学习金字塔模型

全素养阅读突破了以往静态的阅读，从纸质的阅读走向生活的阅读，实现了阅读的动态发展。基于生活的阅读与实践解决生活中的问题，是全素养阅读的突出特点。越来越多的学生在全素养阅读、深度学习中拔节成长。

二、全素养阅读的阶位提升

当前，遇上了百年未有之大变局，教育的内容与方法也承受了前所未有的挑战与冲击。同样，阅读的模式也出现了渐变和突变。最典型的变化是，纸质的阅读在相当程度上已经为电子阅读所替代，单一语种的阅读为多语种的混读所挑战，纯粹字词句、段章篇的阅读也受到视觉符号化、书写多样化的阅读方式的冲击。因此，我们要注意到数字化阅读、双语阅读、书艺阅读这三种形式的出现，以及它们的阅读方式对于学生素养的提升作用。

数字化阅读

信息时代，数字化阅读将成为全民阅读的主要方式。数字化阅读一是指阅读对象的数字化，也就是阅读的内容是以数字化的方式呈现，如电子书等；二是指阅读方式的数字化，指阅读的载体是带屏幕显示的电子仪器，如PC电脑、掌上电脑、手机、电子手表等。现今，数字化阅读已融入了教学，包含阅读推荐、个性化推送、自然语言处理等技术都在学校中广泛应用，提高了学生的综合阅读能力和综合素养。例如一位老师在数学课“探索正多面体”教学中让“AI智能机器人”参与课堂互动讨论、交流，通过“数读询疑”—“数读乐探”—“数读创新”拓宽学生视野与认知的深度，增强数学学习的兴趣和学好数学的自信心，培养学生数字化阅读信息处理能力，发展学生空间观念与数学素养。

双语阅读

双语阅读是指在阅读活动中，采用两种语言的方式来开展阅读活动，以达到学习并熟练运用第二语言的目的。新课标指出：“小学生需初步具有观察、识别、比较中外文化异同的能力。能注意到跨文化沟通与交流中彼此的文化差异。”① 一位老师在“Travel to the Moon”双语阅读教学中，创设情境，以“月亮”为线索，让学生朗诵中英诗中与月亮相关的诗词名句。通过中英语言交流，在现代文化中追溯“文化印记”，增强文化自信。不仅学习英语语言知识，提升英语水平，发挥了英语学科课程育人功能，而且引导学生挖掘教材背后的中国传统文化，并进行古今对照，从传说中的“嫦娥奔月”到科技时代的“嫦娥奔月”（火箭上天）从而激活学生文化意识深化民族精神，最终实现用英语推广和传播中华民族精神和传统文化的目的。

书艺阅读

书法是国粹，散发着艺术的魅力，广受人们的喜爱与珍视。书法也是一门艺术，“阅读书法”其实就是在强调当代书法对古代、近代的延续。自古以

① 中华人民共和国教育部：《义务教育英语课程标准（2022年版）》，北京：北京师范大学出版社，2022年4月版，第8页。

来，书法的经典名作，从《泰山刻石》到《兰亭序》《祭侄稿》《黄州寒食诗帖》《蜀素帖》《苕溪诗帖》等，都是可"阅读"的。作为书法的标志性作品，它们都有书法独有的双重功能——既传递书法的视觉艺术之美，又传递书法述史记事的文史之美。在欣赏一件件书法作品时，通过"阅读"，了解书法家身上所发生的一个个故事，读字的同时也读他们的人生；通过"观赏"，体会到书法家处理艺术表现的种种智慧，在"阅读"的背后，是文化与历史的存在。①

例如，一位老师以颜真卿的字帖为主要素材，设计了《人品美与书法美——热血丹心颜真卿》，融合了阅读与书法两大特色课程，布置学生前置阅读《中华书法故事》丛书，包含《宋元书法故事》《商周秦汉·魏晋南北朝书法故事》《清朝书法故事》《隋唐五代书法故事》《明朝书法故事》以及系列书法相关的书籍、碑帖，感受书法的艺术之美，了解书法家立志成才故事；课中，对颜真卿作品进行赏析，欣赏颜体书法端正工整磅礴大气之美；交流阅读中了解到的小故事，分享了颜真卿跌宕起伏的人生经历，了解颜真卿的作品风格与他刚正不阿，正直忠勇的人品密切相关。然后尝试临摹颜真卿的书法作品，评鉴、交流，创作书法作品。这样，就把学生带入一种境遇，要求他们不仅要学习书家的技法，更要学习书家优秀的人品，把学科教学与育人完美地结合。

三、全素养阅读的实践方式

项目化学习是一种"短兵相接"的实践探究型学习方式，项目化学习不仅检验学生的知识掌握、学科思维和专业技能，同时也对学生的综合素养与关键能力提出全方位的挑战。更重要的是项目化学习的展开需要检验学生的现有学习能力。特别是联系实际认知与解决问题的能力、实践探究能力、信息搜集与处理能力，整理与应用能力等。为此，我们要求学生在项目化学习

① 陈振濂：《恢复书法的"阅读"功能——"展厅文化、展览时代、展示意识"视野下的书法创作新理念》，《文艺研究》，2011年第8期，第130页。

中通过全素养阅读提升综合素养与能力。笔者所在的学校在寒假组织五年级学生开展《旅行方案我设计》项目化学习，探索在全素养阅读中培育“全人”，就是对实践性学习能力的考验。以下是案例设计：

（一）项目介绍

读万卷书，行万里路。“生活即教育，社会即学校”，语文教学不局限于课本，更要把课堂延伸到校外。旅行是提升学生核心素养和综合能力的途径之一，通过行走的课堂培养学生“知行合一”的综合素养。“我是小小旅行家”是面向五年级学生的融合语文、地理、数学、美术等跨学科综合实践项目。学生在项目推进过程中运用策划思维通过文字、绘画、视频等方式设计出一份独特的、有意义的旅行攻略。在项目实施中，前置性阅读、过程性阅读、迁移性阅读贯穿全程，有效推进了项目的进程。

前置性阅读（旅行前）：查阅资料，确定旅行目的地，运用策划思维，策划旅行方案；

过程性阅读（旅行中）：完善计划，了解当地风土人情、美食、城市文化、民俗习惯；

迁移性阅读（旅行后）：成果汇报，编排整理资料，让过程“留痕”，让旅行充满意义。

（二）学习目标

1. 超学科应用与跨学科融合

做一个合格的旅行家：能够合理制定旅行出游计划，记录旅行过程，与他人分享旅行经历。

像策划师一样思考：合理设计旅行路线、旅行攻略、做好旅行准备。

像演讲者一样表达：在前期分享计划，后期成果汇报时向同学们大方地介绍自己的思考以及旅行的见闻和收获。

像 CEO 一样管理：旅行过程中学会团队管理，学会跟人合作，学会与人沟通，培养协作力和领导力。

像教师一样控时：自主运作，自主控制时间，对旅行过程诸多复杂因素和要求进行排序，学会组合分解、空间协同、时间细化等方法，使得方案更详尽，实施方案更好。

2. **知识与能力目标**

语文素养：阅读力、观察力、思考力的培养和表达力的言语应用，能撰写旅游见闻、做旅游手账。

数学运用：计算出行经费、预算、成本与收益的换算。

地理熟悉：查阅地图，了解目的地的人文、地貌、气候等。

信息处理：拍照、剪辑，如何处理短视频、如何美化照片，上网查资料、相互传递信息。

美术鉴赏：能审美评价，用多种方法绘制旅游手账。

道法感悟：了解祖国山川地貌、人文社会，激发学生热爱祖国的情感，增强文化自信。

社会交往：适应异地社会习俗，尊重不同生活习惯。

表 3-4 "旅行方案我设计"整体规划表

项目名称	旅行方案我设计
时长	2 个月
学生学段	第三学段，五、六年级学生
核心驱动任务	设计假期旅行方案
涉及学科	语文、数学、美术、信息技术、道法 多项课程标准的要求：策划能力、语言运用与表达能力、创新能力、社会交往能力
技术使用	搜集资料、整理资料、撰写、策划、总结报告 信息技术：拍小视频、剪辑、微信朋友圈
合作伙伴	本班同学组成的合作小组；共同出行的旅行同伴
成果汇报	旅游手账、旅行日记、PPT、绘画、小视频
成果观摩者	旅行同伴、本班同学、部分教师、家长及更广泛的朋友圈群体

（三）项目实施与学习开展

活动开展初期，教师让学生掌握 5W1H 分析法，并进行提问，如：可以和谁一起去旅行？什么样的旅行才是有意义的？旅行中可以做哪些有意义的事？怎么才能顺利完成旅行？在旅行中可能会遇到哪些困难？……对这些问题进行筛选，重点聚焦驱动性问题："如何设计一份旅行方案？"

任务一：制定旅行的行程

1. **确定目的地**

在确定目的地时，教师采用了“读游相融”的方法，以教材里的课文为依据，向学生提供“跟着书本去旅行”的节目视频，该节目介绍的景点以中小学课本为线索，语文课本中出现过的名胜古迹，让很多孩子心向往之。通过前置性阅读，想象自己置身于书中描述的环境和情境中，感受到不同地方的气息和味道，看到了“课本里形容不出的美丽”，感受到不同地方的风土人情。不仅能满足学生的好奇心，还能让学生激发学生强烈的向往，实现“知行合一”。

表 3-5 “跟着课本去旅行”相关景点的视频

五年级		
对应课文	节目名称	播放日期
《将相和》	成语之都邯郸——完璧归赵	2021.09.01
	成语之都邯郸——负荆请罪	2021.09.02
《枫桥夜泊》	古典苏州——枫桥夜泊	2020.03.27
	书本中的古道——漂泊之路	2021.01.11
	苏州故事——姑苏的才子佳人	2020.06.28
《稚子弄冰》	冰雪查干湖——冰的千变万化	2020.04.08
	书本中的乐园——冰雪奇缘	2020.04.23
《田忌赛马》	齐国故都探秘——田忌赛马	2020.04.23
	书本里的传承——古人的策略	2020.05.03
《冀中的地道战》	地道战中的智慧	2020.04.05

2. **制定旅行计划**

在阅读基础上，学生初步制定了旅游计划，不同形式的设计主要有三种：

图表文字式：用图表文字标注出旅行的日计划。

思维导图式：用思维导图标注出旅游的重要景点和时间计划。

线路地图式：用线路图画出重要区域，沿着线路标注旅行的重要景点和计划。

任务二：行程“优”规划

旅游计划确定好之后还需根据旅游的目的地、参与人员、经费等因素继续“优化”规划。通过团队协商，确定了各自的优化内容：

一是人员分工。注重人员搭配，如按照同行人员的性别、体力、年龄进行分工，让爸爸全程负责后勤保障，妈妈全程负责美食，我负责拍照等。

二是预算控制。同学们根据行程安排，利用数学中的“统计”知识，整理出行程中的各项费用，并制作了经费预算表。当教师翻阅同学们制作的经费预算表后发现，很多同学只是将计划表中的费用进行了罗列，没有对费用进行斟酌思考。于是教师在课堂上带领学生对方案进行了深入探究，让学生清除各个方案中的盲区、弱点、误判。并在线路取舍、经费使用、时间控制诸方面都留有余地。

任务三：开展项目实施

前期：整理行李。教师指导学生列出必带物品，因变携带、限制携带等，建议学生着重根据气候、地理、社会条件携带衣服、鞋帽；同时对携行的箱包、手袋进行优化，以便减轻负担，满足需求。

中期：旅行活动。每日报备、行程小贴士指导、隔日计划因变修订协商，及时上传过程性照片、文字等。

后期：旅行总结。旅行结束后，要求各个小组进行复盘总结，分门别类报告实际行走路线、行程、收获、问题、失误、感想、记录、作品，写出一份总的旅行报告。

教师“精指导”：教师并不包办代替，也不面面俱到，只是在关键环节给学生提醒，优化学生的方案同时赋予学生最大的自主权。

（四）项目复盘

项目实施的最后环节，我们组织学生进行了“项目复盘”。

1. **项目成功，能力提升的关键因素**

阅读助力，根据项目推进的需求搜集、整理知识信息，为制定合理的方案，选择并拓展阅读广度，在研读过程中更为细致深入地感受中国的地大物博，文化异彩纷呈，实践中运用了阅读与鉴赏、表达与交流、梳理与探究的语文素养；旅行方案考虑周全，并留有余地；有的同学准备了旅行备用方案，为特殊情况（如临时增加景点、乘车方式改变等）做好准备；有的同学能预留出旅行资金，以备不时之需；团队具有协同能力，有的同学展现了较强的领导能力；学科老师在项目完成过程中提供了有效但不是保姆式的精到指导。

2. **项目实施推进出现的问题**

旅行方案考虑不周，缺少协调沟通能力；未打破社交瓶颈，缺少解决生活场景问题的能力；现场自主探究、有效迁移知识的能力不足，心理素质有待提升。

3. **项目延伸后期推进展望**

（1）加强学科融合，让学生强化学科知识整合能力。

（2）加强能力培养，让学生掌握面向自然与社会的多元综合技能。

（3）加强思维训练，让学生熟悉多元视角思考解决问题。

（4）加强非正式学习，让学生更多参加社会实践。

（5）加强心理教育，让学生敢于挑战，阳光开朗适应环境。

（6）加强家校联系，让学生获得更多家庭活动的角色锻炼。

（五）项目成效评价

学生们行走的足迹遍布大江南北。旅游成果丰硕：年段收到旅行视频、照片集178份；旅行手账手册143份；旅行游记137篇。项目结束后我们发放了问卷调查，结合评价量表对项目化学习的过程进行评价、反馈。调查数据结果显示，方案实施比原定计划好的，甚至超出预期效果的有112人，占比37%，方案实施符合预期，心想事成的有144人，占比48%，方案实施低于预期，方案被完全打乱，甚至实施不下去，完全由家长接手的有45人，占比15%。开学初，学校对项目化学习进行了个人和团队的表彰，布置了作品展览区，激励更多的学生。通过这次的项目化学习，培养了学生的自主发展、社会参与、健康生活、实践创新等核心素养，开阔了学生的视野，学生在行中学、行中思、行中悟，从实践活动中提升能力，从实际生活中发现问题，总结思考，实现语文学科素养、跨学科能力、综合素养的三重提升。

教育家把生活教育看作教育之根本。美国的杜威说：“教育即生活。”柏拉图说：“什么是教育？教育是为了以后的生活所进行的训练，它能使人变善，从而高尚地行动。”“旅行方案我设计”项目化学习以学生们都感兴趣的“旅游”为主题切入“真实情境”，以阅读为核心，横向跨越语文、数学、地理、历史、信息等学科知识，纵向贯通行中学、行中思、行中悟的过程，提升阅读力、观察力、思维力、表达力，培养学生的高阶思维，卓越素质。行是知之始，知是行之成。让学生成为创新性、领袖式、有情怀、敢担当的社会主义接班人！

总之，“融阅读”课程历经了“整本书阅读—专题性联读—全空间阅读—全学科阅读—全素养阅读”五个迭代发展期，激发了学生阅读的自主性、自觉性、自创性。从“一本书为儿童打开一个新世界”到“读书、读人、读世界”，引导学生“把书读活”，助推学生高质量成长，实现了“融阅读全育人”的价值目标追求。

第四章 “活力语文”之“善表达”

语文是语言和文字、语言知识和文化知识的简约式统称，体现了听、说、读、写、译、编等语言文字的知识与能力。但如果仅仅停留在这种认识之上，我们对语文的认识还是片面的，甚至有可能是肤浅的，更不可能把握“活力语文”的本质属性和要求。因此，深究语文内容与形式背后的诸种内在必然联系非常有必要，这也是“活力语文”这座大厦的地基所在。

在这方面，现代语言哲学大师维特根斯坦为我们指明了语文的内在属性，使我们认识到语文的背后是语言，语言素养和能力表现不过是描述事实、引证思维、陈述思想、表达意志、抒发情怀以及改造客观世界的一种意识存在内容。这种表达、交流、传播都和人类的思维方式不可分离。因此，维特根斯坦认为语言是人类思想的表达，语言表达是思维的媒介。维特根斯坦别具一格地创建了语言哲学，他指出：“哲学的目的是从逻辑上澄清思想”[①]“全部哲学都是语言批判”[②]“语词是在生活之流中具有意义”。[③] 寥寥数语，已经说明语言的本质是思维的具象化，我们若是要运用好语言工具，使它充满“活力”，必须深入到其背后的思维表达、思维分析、思维变革的动机与行为的分析中去，从“语言哲学”的视角探讨语言的输出与传导，那么，就离不开维特根斯坦的“语言哲学”。所以，本章把研究的着眼点放在维特根斯坦的语言哲学与语言思维上面，进而说明语言表达的客观规律，并联系口语、演讲、

① 陈嘉映：《维特根斯坦读本》，上海：上海人民出版社，2020年6月版，第2页。

② 陈嘉映：《维特根斯坦读本》，上海：上海人民出版社，2020年6月版，第8页。

③ 陈嘉映：《维特根斯坦读本》，上海：上海人民出版社，2020年6月版，第96页。

辩论、网络语言的现实案例，从而扣紧“善表达”这个主题说明“活力语文”的内涵深度和外延广度。

第一节　维特根斯坦的语言哲学

语言的本质是一种思维方式。我们常说“咬文嚼字”，就反映了由于认知、观念、心理、素养等因素决定的思考过程。中国的老子曾在《道德经》中发出这样一种感叹：“道可道，非常道；名可名，非常名。”语言必须依托思维而存在，脱离思维的语言是不可理喻的。当然，语言并非思维的唯一工具，而且是通过形象思维上升到抽象思维进而更好地实现表达能力。在这方面，维特根斯坦是我们绕不开的人物，下面就通过维特根斯坦的语言哲学来溯源语言的思维功能。

一、语言表达的法则

在语言学领域，很少有人从哲学层面去探究语言的本质、语言作为思维表达的意识功能、语言作为人们认识世界、改造世界的正确作用。但是有一个人做到了，那便是语言哲学家维特根斯坦。在哲学领域，更是罕有大师级人物去从事语言研究，维特根斯坦却独辟蹊径，认为语言是哲学的基础，哲学的认识论和方法论都离不开语言表达，因为人类的思想和行为都是基于语言这个媒介，所以他建构了完整清晰的语言哲学体系。

今天我们谈论“活力语文”，探究语言的本质、功能、作用，从中发现语言作为人类思考、表达、交流的手段，又是如何做到思维清晰、思考深入、措辞准确、语句飞扬——这一切无不涉及语言的含义和用法，是绕不开维特根斯坦所建构的语言哲学大厦的。只有深刻理解语言哲学的边界和框架，才能厘定语言的实际作用路径，也才能把握语文的“活力”内涵与外延特征。

所以，维特根斯坦的语言哲学值得我们深入了解。

奥地利哲学家维特根斯坦（1889—1951）是个语言分析哲学的大师，他的哲学主要研究的对象是语言，因为他认为语言是人类思想的表达，也是人们交流的媒介，更是世界文明的基础。为此，维特根斯坦关注人们交流时，究竟表达了什么以及如何表达。这样，他将哲学从形而上学的宝座上面拉了下来，转向日常的语言，试图从语言中寻找哲学的本质。因此，他的语言哲学别具一格。

维特根斯坦认为，人类之所以不能正确地把握世界，无法进行正确的感知、感觉，认识乃至理解，归根到底是因为语言表达的问题。基于人类的理性认识都是由语言来表达的这个前提，维特根斯坦着力于让语言来准确地描述世界。主要法则有如下几点：

第一，对于不可言说的东西，我们必须保持沉默。维特根斯坦将人类思想的表达分为“可说”与“不可说”这两类。所谓“可说”是指这个世界上的一切事实，都是可以运用逻辑思维来说明，它们之间的区分只是“单纯命题”或“复合命题”而已；所谓“不可说”是指事实以外的形而上学的概念，如人生意义、家庭价值、美的本质、宗教逻辑等等，在这些领域，由于思维的有限性，也就决定了语言的局限性。在这里，维特根斯坦所表达的主张类似于中国哲学中的“道”，先贤老子曾说“道可道，非常道。名可名，非常名”。在老子看来，万事万物皆有道，也是可以探究、实证、揭示的；但我们又无法完全把握事物内部的全部内涵和发展趋势，“道”是超越我们的感知和认识的。“可道”与“不可道”是对立统一的关系，维特根斯坦的“可说”与“不可说”关系的性质也类似于“东方哲学”所言。

第二，语言是世界的图像，但必须用逻辑净化语言。维特根斯坦早期的著作《逻辑哲学论》对“语言”与“世界”做了明确的界定，他认为世界应该是能用语言来描述或表达的，因此，语言与现实世界具有相互对应的逻辑结构，即“语言—命题—基本命题—名称”的语言结构，必须和“世界—事实—基本事实—对象”这个世界结构相对应。他认为这种逻辑对应不仅澄清了语言的逻辑，也使哲学的任务和语言的范围得以重新划定。为此，在他的研究中对众多语言与世界的关系的命题进行了解释，正是对这个命题的分析，让我们看到哲学对于事物联系本质的强有力的解释力。

第三，图像论是错误的，必须回归日常语言。维特根斯坦认为，语言是对一件事情图像式的描摹。他曾经举了一个模型汽车与模型自行车相撞的命题例子。说明这个命题模型所呈现出来的图像就等于是语言中的命题，这是因为语言命题中的各个部分与图像中的每个部分都一一对应，证明语言、思想和现实世界之间存在着同构性，这是语言能够描绘世界和思想的基础。所以，维特根斯坦说语言是事实的图像，而且这时的语言包括了认知，包括对因果加合、因果延合、因果密合的认知选择与认知过滤，就使得语言生气勃勃又富有意蕴，而不可能是一种视觉隐喻或镜像模式。

第四，语言表达是多样的，这是语言生命力之所在。维特根斯坦在对语言功能的阐释中，特别强调语言不是对图像的简单重复，而是因为有认知参与，语言活动就充满了生机，语言中富有人文意蕴就会被生动地展现出来。例如，明知有人做了蠢事，还要说“你真聪明”！这个特殊的语境中“聪明”获得“愚蠢”的含义。在过去的戏院里观众高声叫“好”！正常情况下是表示赞赏，但有时却表示强烈的不满，是所谓的“喝倒彩”。同一词语在不同的语境中甚至可以表达相反的意义，产生相反的效果。[①] 在这里，我们必须注意到一个事实，维特根斯坦在经历了第一次世界大战之后，曾一度选择小学老师作为职业，学生们交谈中各种生动有趣的语言表达使他着迷，从中他发现了日常语言的巨大魅力，同时也激发了他重新投入语言哲学的探究，可见，语言的功能既复杂又强大。

第五，语法只是语言游戏的规则，维特根斯坦认为语言的本质是游戏，语言游戏是有规则的，一个词的意义就在于它的使用，只有在不同的使用环境中，语言才有其实际的意义。诚然，语言不是通过规则就能掌握的，而是要设身处地地感受才能领会其妙处。因此，维特根斯坦主张语法是由语法学家去解答，而现实中的人们往往都是在不知道游戏规则的情况下从事语言游戏。所以，传统哲学往往是从概念出发去理解命题，进入判断推理，最后得

① 褚树荣主编：《语言家园》，上海：上海教育出版社，2018年4月版，第23页。

出结论；而语言分析哲学则强调从具体的语言游戏活动出发，基于语言动态的多种多样表达，从而赋予语言的实际意义。

二、维特根斯坦的语言哲学的现实意义

维特根斯坦把语言看作一种言语对事物的表达行为，揭示了语言使用的基本特征，使得人们对语言的抽象研究转向了活生生的语用，这对于我们的语文教学有着现实的意义。

1. **语言不是死的记号，而是具有活的生命**

维特根斯坦曾经发问：一个词到底是什么？这个问题类似于棋子是什么？在这里，他强调了语言所要的表达必须与针对什么事物、在什么场合、出于什么目的相匹配。更重要的是，语言的表达贵在于使用，只有语言不断地输出，让每个人都成为语言交流的参与者，才能让语言充满活力。我们来看一个故事：

这个婆娘不是人①

清朝时苏州有个名士，叫祝枝山。据说，有一天，有户四世同堂的人家要为自己的老祖母做八十大寿，特地把祝枝山请来写贺诗。这位祝先生起首第一句却大大出人意料：“这个婆娘不是人。”这不是在骂老寿星吗？顿时，全家大吃一惊，横眉怒对。祝先生不慌不忙地补上第二句：“九天仙女下凡尘。”一看这句下联，大家马上就转怒为喜、眉开眼笑了。接着的第三句“儿孙个个都是贼”，又让这家上上下下大大小小目瞪口呆、怒气冲冲。可是当他们看到最后一句“偷得蟠桃奉至亲”时，个个又变得喜形于色、赞不绝口。这个文学典故形象生动地说明了语言运用的奇妙。

在这一点上，我们值得注意的是，许多老师的语文教学并不是着力于语言的使用，而是侧重于语法知识和词汇积累上面；有的语文课若是没有向学生讲点语法知识，做些语法练习，就觉得没有实现教学目标；语文课的考试也是考语法、词形变化、修辞规则等，使得学生即使考得语文高分，但仍然

① 节选自《汉语语法趣说》，暨南大学出版社，2014年版，有改动。

没办法"出口成章""提笔成文"，大大削弱了语文的实践力量。我们来看一个《荷花》的教学片段，就是指向烦琐的问答和机械的灌输：①

品读描写"荷叶"的句子。

师：你觉得荷叶长得怎么样?

师：荷叶长得多、茂盛，从哪个词看出来?

生：挨挨挤挤。

师：荷叶长得绿，从哪个词看出来?

生：碧绿。

师：荷叶长得又大又圆，又是从哪个词看出来的?

生：大圆盘。

师：这句话运用了什么修辞手法呢?

生：比喻。

生：拟人。

师：虽然这里有将荷叶当作人来写，但更明显的是运用了比喻，把荷叶比作了碧绿的大圆盘。

这一段的教学，几乎看不到学生自主灵动的思考，听不到学生个性化的阅读理解。"挨挨挤挤"是多么生动的场景，但老师的引导缺乏想象力，平铺直叙的对话削减了文学语言的审美性。教学过程缺少建筑结构之美、语言修辞之美、思想文化之美，激不起思维的火花。

同样的片段，可以这样上②：

师：清早，叶圣陶爷爷被荷花池里散发的清香吸引，迫不及待到荷花池边，他看到了什么?

老师来读第1句话，同学们读2—6句。

师生分读。

师：真好。我们再来换一种方式读，愿意吗?

---

① 案例参考：周璐《在设计中突围——核心素养导向的语文教学新论》，杭州：浙江大学出版社，2022年7月版，第11页。

② 案例参考：周璐《在设计中突围——核心素养导向的语文教学新论》，杭州：浙江大学出版社，2022年7月版，第13页。

生：（跃跃欲试）愿意。

师：这回还是老师来读第1句，请全体男生读第2句，全体女生读3—6句。

师生分读。

师：我们的配合越来越默契了，还想读吗？（想）如果让你们来安排分句读，你们怎么排？

生：老师读第1句，全体男生读第2句，全体女生读第3句，女生1组读第4句，女生2组读第5句，女生3组读第6句。

师：噢，这么分挺有意思的，能说说你的想法吗？

生：我是这么想的，这一段都是围绕“荷花已经开了不少了”这句话来写的，所以老师读第1句。第2句写荷叶的句子，男生读，因为绿叶衬红花，男生理当做“护花使者”。（男生偷笑）第3句写白荷花冒出来，女生读。4—6句写冒出来的白荷花都有哪些姿态，分给三组女生读，刚刚好。

师：你很会思考，这么安排有理有据，好，就采用你的想法读一读。

师生分读。

师：如果用这样一张思维导图列出这段话写了什么，是怎么写的，大家试着填填看。（出示思维导图）

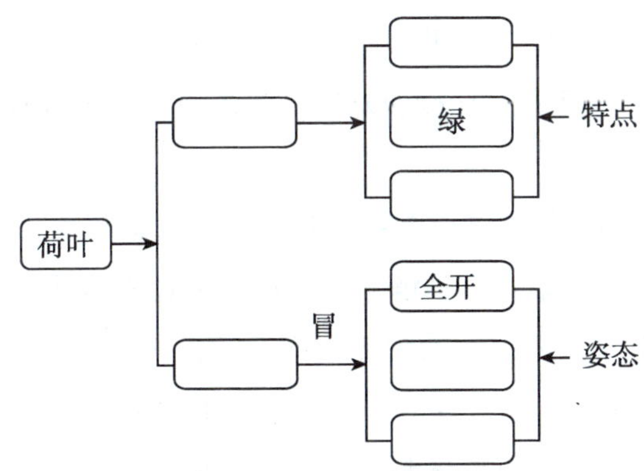

生默读思考、自主填写、交流分享……

师：你从课文中哪个词读出了荷叶的特点是又多又绿又大？拿起笔圈一圈。

师：这个词很有意思，读一读。（出示：挨挨挤挤）

师：这个词在生活中一般用在什么地方？

生：火车站、飞机场、超市等人多的地方，密密麻麻的人群，大家挤来挤去，我就想到了挨挨挤挤这个词。

生：上次妈妈带我去电影院看电影，入场时大家挨挨挤挤地往里拥，挤得我一身臭汗。（哄堂大笑）

师：是呀，挨挨挤挤一般用来形容人多杂乱，而在这儿挨挨挤挤却用来形容荷叶，你体会到了什么？

生：荷叶长得又多又密，像一个个碧绿的大圆盘。

生：我想到了一句诗：“接天莲叶无穷碧，映日荷花别样红。”

生：我真佩服叶圣陶爷爷，超有想象力，用上“挨挨挤挤”“碧绿”“大圆盘”，把荷叶的数量、颜色、大小都写活了。

师：写得这么好，我们把这句话背下来吧。

生兴致高昂地背诵。

在这个教学片段中，我们看到了巧妙的设计。老师利用多形式朗读，让学生体会到作者表达的逻辑性、层次性。通过“挨挨挤挤”的品读联想，链接生活体验，形塑直觉形象思维。而后在诵读积累中加深感受与理解，达到“味之者无极，闻之者动心”的程度。这种触动思想的品读是积极有效的。

2. 语言学习过程不是死记硬背规则，而是通过“语言游戏”来掌握语言规则

维特根斯坦所描述的“语言游戏”明确告诉我们语言习得的过程实际上就是在语言使用中学习语言，理解并掌握语言的游戏规则。因此，语文课教学不能仅仅依赖于课堂上教师的说教，而必须发挥学生学习语言的积极性，做到更多的师生双向交流、生生多维交流、家校社广泛交流，把语言作为交际工具，才能让语言使用方法做到精益求精。例如，开展师生对话、学生主体辩论、戏剧表演、社团演讲等，这些语言游戏活动都能提高学生的语言使用能力。

例如，韩杰老师组织六年级学生围绕“老小区是否需要装电梯”问题在班级展开辩论。正方发言人结合自身生活经历，以自己腿脚不方便年迈的外公为例，描述了外公上下楼的不便，甚至无人陪同时常常出现在楼梯上摔倒的情况，激发了绝大多数学生的爱心、孝心，成功调动了学生们的情绪。但在辩论过程中，反方发言人抓住特殊情况下的经济纠纷问题，认为其他住户不应该为了一家的困难买单，由此激发了感性与理性的认知冲突。对于小学生来说，这样的问题很难得到统一的认识，教师积极引导，让学生设身处地将自己代入角色，若自身遇到困难时，是希望他人纠结利益得失，还是慷慨解囊，由此形成人文关怀，而非聚焦利益得失，从而培养学生的奉献意识。在调解了矛盾的同时，使辩题得到了升华，促进了学生核心素养的提升。① 所以，课堂辩论适应课程改革要求，激励了学生们的学习兴趣，唤醒了学生们的逻辑思维，也培养了学生们的团队协作精神。作为语文课堂教学的“装饰品”和“调味品”，课堂辩论使得语文课堂更加多彩、更加有味，为学生们提供了一个充分展现自我的学习平台。

3. **突出语言教学的实践应用，不断丰富语言表达的社会营养元素**

维特根斯坦在语言哲学的研究中引入了诸多的社会生活的实例，说明对一些社会现象及因果关系判断推理的重要性。由此说明，语言能力和社会生活能力不能截然分割，恰恰相反，两方面息息相关。我们的语文教学不能只是培养学生会读、会听、会说、会写的“纯语言能力”，而是要学生投身于丰富多彩的社会实践生活中，理解不同领域、不同阶层、不同职业、不同年龄、不同性别人群的语言习惯与传统、语言偏好与意识，这样，学生们就会接触丰富多彩的语音系统、语言结构、语言历史和现实发展情况，那么，学生们驾驭语言的能力将成倍地增强。

例如，警察职业语言常常有“抓捕”“出警”“犯罪嫌疑人”“在逃犯”等，教师会强调“课堂纪律”“知识点讲授”“课程思政”等，商场经理会提到“销售额”“进货渠道”“目标客户”“营销思维”等。“三句话不离本行”就说明了职业不同常用语也不同，这当然丰富了语言的实际表达效果。

---

① 韩杰：《微辩论：小学项目化学习人项活动的实施新途径》，《课程教学理论与方法》，2023 年 1 月版，第 57 页。

同样的事件，运用的语言描写也不同。例如：每年的“双十一”是一场“盛宴”，一场“狂欢”，可以用“熟语风暴”记录这种盛况。

(1) 节前电商造势，人们期待的情形：天花乱坠、铺天盖地、蠢蠢欲动。

(2)“双十一”晚的盛况：翘首以待、瞬间井喷、全面开花、一拥而上。

(3)“剁手党”们的矛盾心理：买到称心的是爱不释手、欣喜若狂；买到不称心的是食之无味、弃之可惜、悔之晚矣。

可见，社会情境和社会场景是语言多样化表达的“温床”！

4. 突出对语言教学的文化背景理解，促进学生的跨文化语言表达

语言教学往往是某种官方语言或特色区域语言的教学，因此，教师们往往想当然地把某种语言规则当作放之四海而皆准的规则。殊不知，语言的使用一旦超出特定的时空，就存在着语言适用性、穿透力、准确度的问题。所以，学习语言要采用跨文化比较的态度和方法，理解不同文化背景之下人们说话写作表达的差异，从而让“涉外”的语言运用更加贴切妥善。为此，语文教师应当引导学生经常观察历史、地理、政治、经济、心理、教育、宗教等文化因素对于语言表达的影响作用，并通过文化讲座、文化沙龙、文化表演和文化实践等多种活动培养学生的文化敏感性，最终让学生在文化差异的环境中做到语言表达恰如其分，游刃有余。

例如：体育赛事解说员在解说语言上出色的文采，精准配合解说画面，让观众感受到语言出彩的魅力：陈滢在解说花样滑冰男子单人选手羽生结弦时说道：“容颜如玉，身姿如松，翩若惊鸿，婉若游龙。”这句话在后来被国外网友疯狂传播，彰显了中文语言的魅力。再如，解说员高菡在奥运会上的精彩语录，“今年奥运会我们乒乓球队也打得很不容易，遇到了巨大压力，但是，谁无暴风劲雨时，守得云开见月明”，高菡富有文采的解说受到了观众的热捧。足球解说员贺炜在 2014 年世界杯澳大利亚对阵西班牙当中的解说：“人生当中成功只是一时的，失败却是主旋律，但是如何面对失败，却把人分成了不同的样子。有的人会被失败击垮，有的人能够不断地爬起来继续向前。澳大利亚队是如此，西班牙队也是如此。”贺炜将人生哲理巧妙地结合到了解说词中，既照顾输赢两方的情绪，又令观众赞不绝口。[①] 解说员利用我国传统文化的魅力引导观众，而且结合局势的分析，更具人文关怀，能够深深触动观众，让解说不再是冷冰冰的分析，也让中国博大精深的语言文化得到了传播。[②]

5. 突出语言教学的公共性，培养学生规范地使用语言

维特根斯坦在他的《哲学研究》中曾经指出：“私人语言中的个体词指的是只有说话者知道的东西，指的是个人当下的感觉，别人不能理解这种语言。”在这里，“私人语言”表现“个体性而不是公共性”，“自感性而不是他感性”，“私密性而不是普适性”，是与语言的本质相悖的，因为它违背了语言表达性、媒介性、沟通性的基本功能作用，所以，维特根斯坦强烈反对私人语言、私下表达、私性感觉。他的语言哲学强烈主张语言的公共性，并且要从哲学认知的角度要求走出“自我中心困境”，这当然也就与欧洲传统哲学的代表人物笛卡尔的“我思故我在”、康德的私人语言能构成客观的经验说等观点划清了界限。然而，今天的世界由于个人主义或人本主义的强势作祟，并且由于互联网、移动通讯、自媒体的语言等新载体的盛行，各种网络“新词”风靡人间，语言的“私人表达”登峰造极，让人应接不暇！而且，这股风也刮到学校，让语文教学不得不重视“语言规范”这个问题了。

具体说来，随着时代的发展，汹涌澎湃的网络语言正逐渐改变着中国人的语言习惯，很多网络流行语进入人们的生活，但是有些网络语言晦涩难懂，这给言语规范带来极大的挑战。比如“十动然拒”（十分感动然后拒绝）、“喜大普奔”（喜闻乐见、大快人心、普天同庆、奔走相告）、“人艰不拆”（人生已如此艰难，有些事儿就不要拆穿了）等词语走红，甚至一些“非主流人群”还自创了一种由符号、繁体字、日文、韩文、字符组合而成的“火星文”。[③]

---

① 曲家谊：《体育解说语言特征变化分析》，《新媒体时代》HEFRONT-LINE 一线，河南大学新闻与传播学院，第 170 页。

② 孟潇庆：《我国花样滑冰电视体育解说研究》，《新闻传播》，2020 年 9 月，第 11—14 页。

③ 丛书主编 褚树荣 本册主编 张永飞：《语言家园：汉语运用》，上海：上海教育出版社，2018 年 4 月版，第 62、63 页。

"偶8素米女，木油虾米太远大的理想，只稀饭睡觉、粗饭、像偶酱紫的菜鸟——"① 这是一位中学生在一次期末语文考试作文中使用的语言。面对这种句子，我们不禁感叹：网络语言让汉语变得粗鄙、庸俗！2006年5月，余光中、莫言等在上海的"文学与人文关怀"高校论坛上发出警示："优雅的汉语正濒临失落与亟待拯救的边缘。"

有人认为，语言不就是一个说话写字的工具吗？对，也不全对！语言是一种民族文化、民族智慧的积淀，也是一种民族思维方式的体现。法国作家缪言"我的祖国是法语"，德国哲学家海德格尔也曾说语言是存在的家。汉语是华夏子民的精神家园。著名诗人余光中曾感慨："中文在握，就是故乡在握。中文是真正的中国文化之长城。"王蒙在《为了汉字文化的伟大复兴》演讲中提出：我们应该在语言文字上对各种媒体与出版物提出更加严格的要求，少一点错别字，少一点洋泾浜，少一点文理不通。尤其是在正式场合，汉语出版物更应当使用规范汉字，不应该让汉语"哭泣"。②

第二节　语言与思维的关系

语言是思维的表达工具。作为一种符号系统，语言可以将思维的内容转化为可传达和理解的形式，所以，语言是思维的物质载体。我们说话或写作都要靠声音和文字来表达，尽管这些表达形式多种多样，说话可以用嘴，也借助麦克风、喇叭等电子设备；写字靠的是手，也用笔、墨、刻痕工具和视觉设备，但都不会离开语言的字、词、词组、句、段、篇，而这些语言的构成要素及其组合变化，恰恰体现了思维通过语言表达和沟通的功能。

诚然，语言若要充分发挥表达与沟通的功能，换句话说，语言要具备丰

① 丛书主编 褚树荣 本册主编 张永飞：《语言家园：汉语运用》，上海：上海教育出版社，2018年4月版，第157页。

② 丛书主编 褚树荣 本册主编 张永飞：《语言家园：汉语运用》，上海：上海教育出版社，2018年4月版，第158页。

富、真实、有效的表达力与传播性，也就是语文教学中的“活力”的充分性问题，必须依赖于思维的支配与引导作用。

一、思维对语言的支配与引导作用

思维的本质是人脑对于客观现实的间接的、概括的反映，而语言是思维的物质外壳，或一定符号系统所构成的物质形式。思维起着决定语言的作用。思维先于语言的产生而产生，思维方式决定着语言运用的方式。

第一，思维对语言的供给与赋能。思维是人类特有的功能，普通动物并没有人类的思维。蜜蜂可以采花酿蜜、蚂蚁可以搬运筑巢、鸟类可以长途迁徙、蜘蛛可以牵丝织网——所有这些动物都有惊人的本领进行令人叹为观止的有组织的活动，但它们却不具备人类的思维。这是因为，普通动物并没有人类所拥有的高级语言。固然，普通动物也会发声，也有音节，甚至有一长串复杂的旋律声调，以及它们之间会通过某种特别的肢体动作、气味、变色、易容等来传达某方面特殊的信息，发出某种特别的情感，如寻找食物、集合分离、吸引异性、追踪猎物、鉴别敌友、报警提醒等等，但这些“信息”只能算是动物之间的“交流”，而非“语言”。又比如，雄孔雀通过展示色彩斑斓的羽毛来吸引雌性的注意，深海鱼通过改变身体的发光亮度来警告攻击者，蟋蟀通过摩擦翅膀而互送秋波，鲸鱼也可以发出似乎单调但频率不同的声音来定位食物位置、前进方向和危险出现。然而，所有这些“信号”都不能比拟人类的语言。人类有着动物所没有的语言中枢，它处于人类大脑左侧半球，即大脑颞叶处，起着神经中枢的作用，与听觉、视觉、触觉等高级神经密切相连，是语言发生和语法处理的中心，这些部位所具备的神经功能使得人类不但会发出比普通动物多上千万倍的声音和声调，而且会更加敏感地处理外界的刺激，也会更加精细地引导人们发出的声音和动作。所以，人类的左脑具有复杂的语言、符号、文字、逻辑思维的功能，右脑具有绘画、音乐和直观形象思维的功能，这些都是普通动物所不能比拟的。

第二，思维对语言的引导和塑造。根据马克思主义的认识论，思维不外乎是客观事物的间接和概括的反映。这种反映分为感觉和知觉两个方面，在感觉和知觉的基础上，我们的大脑对事物感知的信息进行加工，即分析和综合、抽象和概括，反映了事物的本质和内部联系，形成了某种概念、判断和推理，进而通过人体中的喉头的运用，把发音变成了言语，或者通过手部肌肉的反应，把动作变成了字句乃至文章，因而呈现思维对语言的引导与塑造作用。当然，这种引导与塑造作用是一种复杂的客观机体之间的作用，必须通过脑科学、神经科学、生理学、心理学和语言学、符号学、哲学来说明。

第三，思维发展决定语言的发展。思维和语言，分属于人的身体不同器官的表达和作用，它们就像两股绳，各有出发的源头，但是，这两股绳虽然相对独立，但又相互依存，其相互关系是这样的：一是在儿童成长之初期，已经有生理和心理需求，也就有思维的萌芽，这时的智力反应并不依赖语言，我们称之为思维的“黑猩猩期”；二是在儿童成长的早期，已经牙牙学语，会用简单称呼和哭喊笑闹来表达自身的需求，其思维行为变得丰富多彩，能够通过环境认知、动作指向和目标追求来作出肢体动作和初期的语言表达，这是思维的雏形阶段，表明简单的语言开始表达简要的思维要求，情感和思维已经能够支配语言的表达了；而到了青少年时期，人的身体骨骼与肌肉已经基本发育，人脑也基本发育完成，对客观世界事物的认知能力也逐渐具备，这时掌握的词义更是丰富多彩，而且有了对客观事物的内部联系、本质属性的深刻把握，也就可以用更加确切的语言表达思维的价值指向；最后，到了成年时期，人的感知力、联想力、概括力、判断力已经达到巅峰，语言的组织能力、表达能力、传播能力也是驾轻就熟，这时的思维与语言就像两股绳可以拧到一起，相互依赖又相互推动，使得它们都达到“双赢”的巅峰，也说明了思维发展和语言发展从局部互动到整体契合的必然趋向。

第四，思维质量决定语言的品质。瑞士儿童心理学家皮亚杰以儿童为例说明思维与语言的关系，如果儿童的认知水平低，那么他们运用的语言也简单；而当儿童成长后认知水平提高，语言也变得相对复杂起来。在人类认识事物的过程中，总是从有关事物的外表特征中提取了关键信息，并把它内化到头脑中进行加工处理，然后通过语言表达出来。所以，我们也可以说人的头脑的加工能力决定了语言的准确性、丰富性和时效性。当我们处于感知、加工、理解、推断过程中，就将事物的内部联系与外部表象加以分析与综合、比较与鉴别、具象与概括、抽象与系统，自然也就伴随着准确而丰富地认识事物的本质属性的过程，这也让我们自然而然地赋予语言表达的科学性、适用性、修饰性。所以，思维赋能语言，也就定义了语言的本质。

当然，在思维引导和塑造语言的过程中，语言也不是完全被动、消极地存在，相反，语言是相对独立而又极其活跃的组织系统，不仅有着自身存在和发展的规律性，而且会反过来对人类交流与表达的质量发挥积极促进作用。更会对人类思维的形式与内容产生激励与规范。

二、语言对思维的反作用

语言不等于思维，语言只是表达思维的工具或方式。但语言有自身的组织构成和表现形式。同时，语言又会反作用于思维，语言符号也会刺激思维，并对思维发挥调节作用。

第一，语言对思维的促进作用。首先说明，语言先是以语音为客观存在的物质形态，词汇为其元素，语法为其结构规则，语句为其组织形式。在语音、词汇、语法、语句的选择过程中既有思维的决定作用，也有语言的反向影响——即语言帮助形象思维，帮助人们准确而迅速、简约而丰富、精细而生动地感知事物，这时语言往往通过舌音、口腔、声调、气流的变化来加强或削弱，从而决定形象思维的展开效能；接着，语言又从制约与拓展两个方面为抽象思维的递进做了铺垫，即语言以其丰富的词法和语法结构，概括事物现象的本质，精确表达事物的内容与形式，判断事物发展的原因与结果，使得思维能够以清晰流畅的方式呈现事物的本质属性。

第二，语言对思维的限制和引导。思维能不能绕过语言而存在？这是个学术界争论不休的问题，但在实际生活中，我们每个人都有“言不及意”“语无伦次”的经历；有时，我们想一件事情或说某个事物，总是磕磕巴巴地难以用语言说个明白，但有时我们又是觉得自己“超水平发挥”“酣畅淋漓”

“口若悬河”——思维都赶不上语言的表达了。可见，语言表达的条理性、深刻性、灵活性对于思维的质量体现是非常重要的。有的时候，我们的头脑明明有了顿悟，却找不到合适的字、词、句来表达；而在另外一些时候，我们明明是在“念念有词”，却是大脑一片空白；甚至，我们在忙乱慌张的时刻，大脑神经高度紧张，可以说是“思如泉涌”，但“言语苍白”“结结巴巴”。所以，一个人如果不提高语言表达的能力，不掌握更多的字、词、句，不善于训练自己敏锐的感知力和理解力而“见景生情”“入境体悟”，也不能做到“立象尽意”“意象心生”，则不可能有良好的形象思维和抽象思维的。

第三，语言表达习惯影响思维方式。人类使用语言的方式主要有两种，肢体行为和文字符号，前者是指语言产生的口腔声音、手势和表情，后者则是指各种文字和符号。但这两者仅仅是两大类型的总称，每个类型下面又有无数的二级、三级、四级、五级小类——以至于繁衍生成多样的语言表达习惯。尤其在今天，不仅世界各种主要的语言都形成完整而精确的字、词、句、语法、章法、文法体系；而且由于各种多元体系的相互借鉴和相互渗透，使得每个人的语言表达有了多姿多彩的行为选择；更何况，由于美学知识和图像视觉技术的广泛应用，由于电脑复制、互联网传播、移动通讯技术的不断迭代和应用，语言的使用方式与习惯更是一个浩如烟海的存在，在这种情况下，思维的分析与归纳、推理与概括、比较与联想也就变得更加智慧和成熟，明显提升了现代人的认知能力和思考水平。

第四，语言的差异性影响思维方式的多样化。世界之大，不仅是由于地域之广袤，山海之奇异，更重要是因为人种之多样、语言之繁杂，据说，在这个星球上，有 2000 多个民族，存在着 7000 多种语言，已经查明的就有 5651 种，汉语是世界上使用人口最多的语言，但由于历史原因和地域的分隔，即使是统一的汉语也有字体繁简、发音多样、词义繁杂的多样表达，更不用说使用最多的英语在欧美亚澳诸多国家的读写用方式的诸多差异。这种差异性给地球人类的交流带来许多不便，以致在《圣经·创世纪》中有一个“巴比伦通天塔”的故事，期望文字语言的统一造福人类，但至今还是难以实现。更重要的是，语言的多样性也导致了思维的差异化，又表现为国别、地域、民族文化的重大区别。在这里，特别需要注意到语言的差异促成了不同民族性格和民族文化的区别。譬如，中国汉字的方块形状与数字的大写符号和阿拉伯语言的楔形与数字的灵巧符号完全不同，导致了思维的输入与产出的效率不同，尤其在计算机技术兴起之初，曾经造成识读的障碍，只有拼音系统和数字输入的方式成为汉字的变通转换方式之后，才让汉字追赶上信息革命的快车，这就说明，在全球化、信息化、智能化高速发展的今天，语言表达必须借助科技手段，使其便捷化、灵巧化，才能实现跨文化交流，也才能满足思维和语言方式不断创新的发展趋势。

第五，语言影响思维的范围和方向。关于语言对思维乃至人性的影响，有一段话表达得很有见解：

当心你的思想，它们会成为你的语言；
当心你的语言，它们会成为你的行动；
当心你的行动，它们会成为你的习惯；
当心你的习惯，它们会成为你的性格；
当心你的性格，它会成为你的命运。

其中就包含着语言对一个人的思维、心理、性格的潜移默化的影响作用的警示。当然，就长期而言，语言的规则和模式绝大程度上可以对一个区域乃至数个国家的国民的性格进行长期塑造，其中的机理用社会心理学就可以说明；而就短期来说，在某一场景，不同的谈话方式或不同的视觉符号呈现时，也就向对方释放了不同方向、好恶冷暖的信号，进而影响对方的决策判断，也就左右了对方的思维逻辑。所以借助社会心理学和实验心理学的原理，我们不难确定绝大多数的语言表达是携带情绪的，那些情感化的词句将使对方兴奋或消极、愉悦或疑惑、发散或收敛、合作或抵制，说明语言改变了情绪，进而改变了认知，从情感和逻辑两方面影响了思维方式。

三、弄清思维与语言关系，对于语言教学极其重要

虽然，“语文”不同于“语言”，前者更偏重于书面言语规范和读写训练，

后者则包括了口语和书面语，即有声语言和文字等视觉符号系统。所以，广义语言学的覆盖面要大，包括了语文学，也就是包括人们通常定义的文字学、音韵学、训诂学、校勘学在内，有些人甚至把文字也划入了“语文学”的范畴。如此，它们都归属于“语言”这一大类中，也都是人类表达与交流的物质载体，自然也是人类思维的载体，服从前面所说的“语言与思维”的内在关系要求。

因此，语文教学的基础是语言与思维关系的正确把握，语文教学的原则还是应该通过语言认知、语意传意和语言训练来提升人们的思维、认识与表达的能力，进而提高语文的综合素养。在当代中小学课堂，语文教学的教材、课程标准和训练材料都经过了长期的加工提炼，已经比较成熟有效地训练学生的语言表达与交流的基本技巧了，然而，在表达思想和交流思想方面还存在着许多不足，尤其是语文的口语和写作方面还不能做到丰富、严密、形象，其根本原因还是语文教学在语文学科培养学生的情感与思维方面并不到位，从而制约了语文教学的质量。

新课程标准着力于学生思维能力的培养，明确指出：“思维能力是指学生在语文学习过程中的联想想象、分析比较、归纳判断等认知表现，主要包括直觉思维、形象思维、逻辑思维、辩证思维和创造思维。思维具有一定的敏捷性、灵活性、深刻性、独创性、批判性。有好奇心、求知欲、崇尚真知，勇于探索创新，养成积极思考的习惯。”① 思维是听、说、读、写的基础，是学习活动的主宰，是一切教学过程中的关键，语文教学中要依据文本特点培养学生的思维能力。

直觉思维

直觉思维通常指的是学生在阅读和理解文本时凭借直觉、感觉和主观体验进行思考的一种思维方式。这种思维方式强调个体对文本情感、意境、语气等方面的直观感受，而非严格的逻辑推理或分析。直觉思维在阅读文学作品、赏析诗歌和理解抽象性较强的语文内容时往往更为突出。

---

① 中华人民共和国教育部：《义务教育语文课程标准（2022 年版）》，北京：北京师范大学出版社，2022 年 4 月版，第 5 页。

例如，统编教材三年级上册第一单元《花的学校》。这篇散文诗以儿童的视角描绘了一群活泼、天真、渴望自由的花孩子“放学”“放假”“回家”的情景，这情景是那样的欢快，那样的热闹，那样的自由自在。本单元的语文要素是“关注有新鲜感的词语与句子”，课后习题要求学生关注采用拟人化的词句，感受大自然的美妙，体会语言表达的生动形象，积累有新鲜感的语句。学生在自读第一自然段之后，是如何凭借阅读直觉说阅读感受的策略，达成对具有新鲜感的词句的理解与表达方法的领悟呢？请看以下片段：

师：孩子们，当你们读了第一自然段后，有怎样的感受？

生 1：我感受到了东风的轻松和自由自在。

师：你为什么有这样的感受呢？

生 1：“湿润的东风走过荒野”中的“走过”一词，我读着自然就有这样的感受了。

师：你能带着这样的感受读读第一自然段吗？

生 1：（感情朗读）

师：听着你的朗读老师也仿佛随着东风的脚步轻松、自在地走过荒野。

师；其他同学还有别的感受吗？

生 2：我感觉到东风的调皮、可爱。

师：你为什么会有这样的感觉？

生 2：我从“在竹林中吹着口笛”中感觉到的。

师：那请你也带着这样的感觉读读吧。

生 2：（感情朗读）

师：真有意思！我们读着这些词句时为什么会感觉到东风的轻松自在、调皮可爱呢？

生：因为“走过”“吹着口笛”这样描写人的动作的词句，让我们自然就会想到轻松自在、调皮可爱的样子。

师：孩子们，像这样把东风当作人来写，让我们真切地感受到东风的样子的语句，多么新鲜有趣呀！在下文的学习中请多关注这样语句，读出你们的真实感受。

以上教学有力地调动学生直觉思维参与学习，达成对文本内容的理解与表达方法的领悟，同时又达到训练学生的直觉思维能力的目的。在这篇课文中像这样的句子还有许多，如"树枝在林中互相碰触着……雷云拍着大手""花孩子们便穿了紫的、黄的、白的衣裳，冲了出来"等，教师引导学生继续赏析品味这些句子，不断强化学生调动直觉思维品析语言文字的能力。这样对学生进行阅读指导，可以使学生的直觉思维得到有效培养，同时提升了阅读教学质量。

形象思维

形象思维是人类能动地认识和反映世界的基本形式之一，也是艺术创作的主要思维方式。形象思维是运用一定的形象来感知、把握和认识事物，也是通过具体、感性的形象来达到对事物本质规律认识的一种思维方式。形象思维能力的培养主要通过想象、联想和情感三种策略。

例如，统编版教材三年级上册第七单元《大自然的声音》。这篇散文以独特的视角，生动鲜活的语言，把大自然的风、水比作音乐家，把动物比作歌手，把它们发出的声音描绘成各种美妙的乐曲，表现了大自然的美好。本单元的语文要素是"感受生动的语言"和"积累喜欢的语句"，课后习题要求学生关注描写声音的词语，感受大自然的美妙，体会语言表达的生动形象，积累语句。那么如何抓住生动的语言，运用想象、联想的方法培养学生的形象思维呢？请看以下片段：

师：你最喜欢这句话的哪个词语？

生：呢喃细语。

师：你知道什么叫"呢喃细语"？

生：就是小声地说话。

师："呢喃"两个字都是形声字，最早的时候是表示两只小鸟小声地说话。请看插图上的这两只小燕子的姿态，它们在做什么？

生1：它们依偎在一起很亲密。

生2：可以看得出它们感情特别好。

生3：它们不仅仅在小声说话，它们的心贴得很近。

师：那么，风这位音乐家“呢喃细语”时会跟大自然的哪些事物说话呢，说些什么呢？请展开想象。

生 1：风把耳朵凑近树叶的耳边说悄悄话。

生 2：风会抚摸着小草，说自己看见的快乐。

生 3：风会贴着草坪，像在冰上滑雪一样，亲吻着绿油油的草地，笑呵呵地跟草地玩起了捉迷藏游戏。

师：如果把“呢喃细语”换成“窃窃私语”可以吗？

生：不可以，因为“窃窃私语”虽然也是小声说话，但是两个人之间的感情并不一定很好。而“呢喃细语”代表着朋友之间的亲近，是用心交流。“窃窃私语”则表达不出这种情感。

“呢喃细语”是一个富有新鲜感的词语，如何激活这个新鲜感词语的情态、情味和情感，体会作者表情达意的方法呢？何老师先结合生活情境，运用想象、联想等方法，丰富词语的画面感、情境感，让学生感受词语的形象化色彩和情味；又通过换词比较让学生体会作者运用“呢喃细语”表情达意的作用。这种融合想象、感悟、理解与表达于一体的词语教学，不仅发展了学生的形象思维，也丰富了学生的审美体验。

逻辑思维

逻辑思维能力是指正确、合理思考的能力。即对事物进行观察、比较、分析、综合、抽象、概括、判断、推理的能力，采用科学的逻辑方法，准确而有条理地表达自己思维过程的能力。思维的逻辑性表现在遵照逻辑的规律、顺序和根据，使思考的问题更有条理性、有层次性、前后连贯有序。如周老师执教《跳水》一课的教学片段：

师：当危险来临的时候，船长的思维过程是怎样的呢？出示任务单，小组根据任务单学习交流探讨，全班汇报。

船长出船舱后看到了怎样危急的情况	
船长分析了哪些不利和有利的条件	
船长最后做出怎样的选择	

汇报交流：

生 1：船长出船舱后看到了这样危急的情况，孩子现在已经很害怕，无论向前走还是往后退，随时都有可能摔在硬邦邦的甲板上，情况万分危急。

生 2：船长想到不利的条件是，当时孩子两腿发抖，心惊胆战，只要摔到硬邦邦的甲板上就会死去。

生 3：船长想到有利的条件是，现在海面风平浪静，我向他喊，命令他向海里跳，他也能听到；海面风平浪静，跳到海里危险不太大；而且二十多个水手有经验，可以下海去救，生还的可能比较大。

生 4：船长根据自己多年的航海经验，判断现在立刻要命令孩子赶紧向海里跳，用枪逼孩子跳水不耽搁，这是唯一可行的办法，其他的办法也来不及了。

师：同学们刚才是零散的、碎片的思维，请把思维梳理整合一下，综合说说船长的思维过程。再看看交流平台，可以帮助我们理清思维。

屏幕出示：

学习《跳水》时，也可以推测船长是怎么想的。他知道孩子在高高的横木上，无论是继续往前还是往回走，随时都有可能摔在硬邦邦的甲板上。结合船上的各种情况，他立即决定用枪逼孩子跳水，这也是当时唯一可行的办法。这样分析后，就能知道他的办法好在哪里了。

我们在生活中遇到问题，也应该先分析当时的情况，再选择合适的办法去解决。

师：船长先观察眼前情况，再进行分析，最后选择合适的办法去解决。谁来说说船长的思维过程？

生 1：船长想，孩子现在已经很害怕，无论向前走还是往后退，随时都有可能摔在硬邦邦的甲板上，这对于孩子很不利，时间紧迫，不能再等。现在海面风平浪静，跳到海里危险不太大，而且二十多个水手可以下海去救，生还的可能比较大。时间紧迫不能再等了，现在赶紧用枪逼孩子跳水，晚了就来不及了。

师：推断思维过程，让我们对船长佩服不已。联系上下文想一想，跳水这个办法好在哪里呢？

小组合作交流，全班交流汇报。

生1：因为时间紧急，孩子的腿都在抖，再晚一会儿孩子就有可能摔到甲板上。所以用枪逼着孩子马上跳，可以节约时间。

生2：当时甲板上有二十多个经验丰富的水手，所以跳到海里，他们能很快地把孩子救上来，生存的可能性比较大。

生3：现在风平浪静，孩子能清楚地听到船长的命令，海里的水有浮力，不会让孩子摔伤。

生4：船长的儿子肯定水性好，淹不死。

师：那么，还有其他办法吗？请大家发散思维，想想其他办法。

生1：可以在甲板上铺上软垫，孩子跳下时就不会有危险。

生2：可以用长云梯去接孩子下来。

生3：水手们手挽手，站在甲班上接着。

师：但是，船长怎么就不采用这个办法？从中可以看出船长是一个怎样的人？

生：船长是有着极其丰富的航海经验、沉着处事的惊人智慧和非凡勇气。

在以上片段中，教师先是提供思维的支架，学生根据天时、地利、人和三个条件，结合文本具体的语境，分析当时的有利条件和不利条件，学生经历了思维的抽象过程。其次是对碎片化的思维进行梳理，使思维趋向逻辑性和条理性，这是思维的概括。最后，再通过发散思维，在比较中分析出人物的形象。整个教学过程，学生的思维在不断地分析判断、梳理探究、综合概括，思维的逻辑性得到充分的训练。

辩证思维

辩证思维是最高层次的哲学思维方式，也是根本的、科学的思维方式。辩证思维具有整体性与辩证性特点。整体性强调要用发展与联系的眼光看待问题、分析问题；辩证性则强调思考问题要一分为二，关注问题的对立面。黑格尔认为，人的认识正是通过“正—反—合”的过程螺旋式递进发展的。将“正—反—合”的辩证思维运用于语文教学，可以提升学生思维的批判性、深刻性与灵活性。

比如，教学《两小儿辩日》这篇课文，特级教师王崧舟抓住两小儿关于"太阳大小"的对立观点，进行"正—反—合"的思维训练。请看教学片段(有删减)：

（一）辩日"趣"体验

师：同学们，如果两小儿请教的不是孔子，而是你呢？你会怎么说？(教师指名一学生起立）现在轮到我做两小儿了。先生贵姓？(众笑)

生：姓田。

师：哦！田先生！久仰久仰！请问田先生，咱俩谁说得对、谁说得不对呀！

生：你们两个说得都不对。

师：都不对？那依你之见，是日初出时去人远还是日中时去人远呢？请田先生不吝赐教。

生：一样远，没什么区别。

师：这就怪了。明明是日初出大如车盖，及日中则如盘盂的呀？

生：这是你的错觉，早上的太阳和中午的太阳是一样大的。早上的太阳看起来像车盖，是因为太阳刚升起来的时候，有地平线，还有树木、房子做比较，所以好像大一点。中午的时候，太阳升到了天上，没有什么可以比较了，所以看起来就像盘盂了。

师：啊！原来如此！田先生说得有理，说得有理。不过，那日初出沧沧凉凉，及其日中如探汤，又是为什么呢？先生累了，请坐下休息休息，我想请教另外的先生。(教师指名一学生起立）先生贵姓？

生：免贵姓赵。(众笑)

师：哦！赵先生！失敬失敬！您知道温度不同的原因吗？

生：当然知道！早上，太阳是斜射到地球上的，所以地上吸收的热量就少一些，感觉就沧沧凉凉了。到了中午，太阳笔直射在地球上，地上吸收的热量就多了，所以就热了，就像探汤一样了。

师：哦！我明白了。谢谢两位先生为我指点迷津啊！同学们都明白了吗？

生：(齐答）明白了！

（二）悟日“智”启迪

师：面对两小儿的嘲笑，孔子又会怎么想、怎么回答呢？请你写一写。你可以用白话文来写，那就用“孔子说”开头；如果你对文言文感兴趣，你也可以模仿文言文的语气写，那就用“孔子曰”开头。

生：（写话，教师巡视，随后示意几个学生起立。）

师：好！孔老夫子们，面对两小儿的嘲笑，你们有话想说吗？

生1：真是后生可畏！后生可畏啊！（掌声）

师：看来，孔老夫子有点心虚了。（众笑）

生2：三人行，必有我师焉。择其善者而从之，其不善者而改之。（掌声）

师：好一个虚心好学的孔夫子。心虚大可不必，虚心却值得我们学习。

生3：知之为知之，不知为不知，是知也。（掌声）

师：说得好！做学问、做人就应该老老实实。

生4：天下的知识多如海洋，我哪能样样精通呢？（众笑）

师：实话实说，学无止境嘛！

生5：对与错并不重要，重要的是你们学会了观察和思考。

师：瞧瞧！都什么时候了，还好为人师，职业病啊！（众笑）

生6：哎！你们两个真是公说公有理，婆说婆有理。

师：这不废话吗？看来，孔老夫子也有说废话的时候。（众笑、掌声）

师：同学们，这就不是一个有知、无知、多知、少知的问题了。正像刚才那位同学所讲的那样，知之为知之，不知为不知，是知也。

师：同学们发现了吗，“智”的下面还是一个什么字？

生：（齐答）日。

师：是的，一个平正却充满力量的“日”字。为什么“智”的底下是一个“日”字呢？是一个太阳呢？

生1：因为智慧就像太阳。

生2：智慧给我们带来光明。

生3：智慧也是温暖的。

生4：有智慧的人总是像太阳一样光明磊落。

师：说得好！两小儿辩日的故事已经过去两千五百多年了，但是，作为一种人生智慧，两小儿的独立思考、大胆质疑，孔子的实事求是、虚心好学，却像每天升起的太阳一样依然照耀着我们。我们不仅需要自然的太阳，我们也需要智慧的太阳！来，闭上眼睛，让这轮智慧的太阳在你的心头冉冉升起，越升越高！下课。（热烈的掌声）

王崧舟老师引进“正—反—合”的思维，围绕“辩日”展开语文实践活动，现场上演“辩日”趣体验活动，在师生来回富有挑战性的辩论中，学生“辩”的兴趣被激活了，“辩”的思路被打开了。教师在辩论中有方向地引导，促使学生做到“负责任、有中心、有条理、重证据地表达”自己观点。最后，又在“悟日智启迪”的写话训练中学习多角度思考问题，懂得遇到有争议问题时应学会一分为二理性辩证地看待问题。

创造性思维

创造性思维是多种思维的综合表现，既能使人思考问题触类旁通，随机应变，不受定势的束缚，不局限于某一方面，从而产生超常的构思，提出不同凡响的新思想、新观念、新认识，又能使人的智力活动灵敏迅捷，畅通少阻，能在短时间内发表较多的概念及观点。语文课堂教学中，介入创造性思维能使学生从前所未有的新观念、新角度出发去反映事物，表现出对事物超乎寻常的见解，提高学生创造性的思维能力。那么，在语文课堂教学中如何培养学生的创造性思维能力呢？请看五年级下册《神奇的探险之旅》[①] 习作教学片段。

师：是啊，这个世界那么美、那么可爱，怎么能不吸引我们？来看！（出示“热带雨林、茫茫大漠、海中荒岛、幽深洞穴、南极冰川”图片，并配以轻松欢快的音乐。师诗意描述；生静静观看，陶醉其中。）

师：好看吧？

生：好看。

师：但是，请注意看——（原彩色图片变为黑白，并配以紧张、恐怖的音乐。学生观看，神情紧张。提示：你可以盯着某一幅图，想象自己到了哪

① 《小学语文教学》会刊版 2023 年第 6 期“好课精选”栏目

个地方。）

师：你刚才盯着的是哪幅图？

生 1：中间那个洞穴的图。

师：你想到了什么？感觉如何？

生 1：我感觉山要崩塌了，前面的石头都变成了一群虫子。

师：哟，这想象！山洞要崩塌，连那些石头都变成虫子一样的东西。毛骨悚然！

生 2：我刚刚盯着的是沙漠那幅图，我看到天空中有一块块黑色的东西，感觉有很凶的东西在接近我，而地上的裂纹就好像蛇一样。

师：沙漠里的响尾蛇可厉害了！天空也想到了，地面也想到了。没错，我相信你们盯着的每一幅图，可能都有一个不妙的东西正在向你逼近。

看着图片变黑听到紧张、恐怖的音乐，学生眼前仿佛出现了“山要崩塌，石头都变成了一群虫子”“天空中有一块块黑色的东西，地上的裂纹就好像蛇一样”等图片上所没有的场景，这些由图片引发的想象是合理而富有创造性的。而这种种险情的产生，是基于学生已有直观表象与现实感观所创生出的，为习作的进一步深入做好铺垫。这样的设计为学生创造性思维的训练提供了丰富而生动的学习场，在这样的场中学生的创造思维始终处于愤悱状态，神奇的探险之旅便得以有序推进。

综上所述，加强思维训练可以卓有成效地提高语言表达能力。在学生说话或写作之前，一定要求学生冷静思考，捋清思路，采取积极思维的方式，还原事物的现象特征和本质联系，然后用语言或文字准确、生动地表达出来。为了提高逻辑思维和简约表达能力，要鼓励学生平时多阅读、多实践，同时多聆听优秀的演讲，多训练自己的语言表达和写作能力，让思维训练和语言表达齐头并进，才能真正做到敢于表达，善于表达。

第三节 口语交际的社会应用

斯大林曾经阐述，"语言是手段工具，人们利用它来彼此交际，交流思想，达到相互了解。"[①] 口语交际不仅是学生在语文学习中应该具备的基本能力和素养，同时也是学生在社会活动中人与人之间沟通和交流必备的基本技能。

一、掌握良好的口语交际本领，有几大好处

1. 培养学生思想文化素质。口语交际是人们相互交流思想、情感和信息的一种活动，其本质是文化传承。言语交流的态度、语言的内容、语言的表达，无不蕴含文化因素。

2. 提高语言表达能力。通过与他人的互动和交流，学生能够实践所学的语言知识，能够学习倾听和理解他人的能力，尊重和接纳不同的观点和意见，可以更自信地表达自己的观点和思想。

3. 培养良好的沟通和合作能力。通过交流互动，建立良好的人际关系，养成良好的个性品质，对学生在学校的生活，以及今后的社会生活都有极大的帮助。

4. 培养良好的思维能力。口语交际中，学生需要运用自己的思维进行分析、判断和表达。通过与他人的讨论和互动，学会思考问题、言语转化、解决问题，提升社会生活的综合能力。

---

① 白鸽，杜敏，社会语言学在中国的发展流变，《兰州大学学报社会科学版》，2011年2月（6）第423—424页。

二、现实教学中口语交际教学存在以下问题

1. 口语交际是被教师忽视的教学板块。因为应试的原因，绝大多数教师都是重视书面的教学成果，而忽略学生口头的表达。没有把它当作学生素养提升的重要内容来教。

2. 口语交际在教学中多是教师按照教学参考书简简单单走个流程，所传授的口语交际能力没有结合真实生活，导致学生对口语交际产生错觉，以为就是模拟，学习存在学用两张皮的现象。

3. 在日常教学中教师忽视对学生口语表达能力的培养，匆匆忙忙赶教学进度，没有用好阅读课上的内容，没有对学生展开思维训练、语言表达实践缺失。

新课标明确提出：“学会倾听和表达，初步学会用口头语言文明地进行人际沟通和社会交往。”① 教师要充分重视口语交际教学中，结合学生实际生活，引导学生开展思考，训练学生的语言思维，提升学生口语交际的逻辑性，有效提升学生的口语交际能力。在小学语文课堂教学中引入具体的生活情境，能够增强语文课堂的真实感和体验感，为学生口语交际能力的培养创设一个真实可靠、与自身相适应的口语交际环境，引发学生内心对口语表达的渴望。

三、口语交际的分类

思维表达包括听话和说话，它们是言语表达的主要形式。听话和说话是一种交际功能，体现人与人之间的交流和沟通。这种沟通不是简单的互动，而是包括了交际过程中的思维表达，包括分析、综合、判断、推理、概括、归纳等思维行为的作用。

语文教材把口语交际单独成一个板块，可见对口语交际的重视。教材安

① 中华人民共和国教育部：《义务教育语文课程标准（2022 年版）》，北京：北京师范大学出版社，2022 年 4 月版，第 6 页。

排了六个年段的口语交际教学内容，一共是 47 次。我们梳理了一下，把所有内容按照“社会应用”分为三类：1. “日常交际”，主要是指生活中的应用，对话交流。2. “有准备的发言”，主要指讲故事和主题演。3. “讨论和辩论”，主要是围绕主题进行多人多轮次多维度的口语交际。

1. **日常交际**

日常交际，指的是平时生活中为了达到一定的目的而进行的言语交际。生活中看到不良行为需要劝说、需要向他人问路、借用东西需要请求、把他人东西弄坏了需要道歉、有事需要和别人商量等等，生活中处处需要用到口语交际，教学中要设置多样化的情境，在良好的互动交流中学会人际交往。

表 4-1 “日常交际”的教学目标及教学策略

学段	内容	交际的目标	教学策略
一上	《我说你做》	大声说 注意听别人说话	情境创设、 师生演绎、 生生演绎、 真实生活中的应用、 言语策略转换
	《我们做朋友》	说话时看着对方眼睛	
	《用多大的声音》	有时候要大声说话 有时候要小声说话	
一下	《请你帮个忙》	用上礼貌用语	
	《打电话》	先说自己是谁 可以请对方重复	
	《一起做游戏》	一边说，一边做动作	
二上	《商量》	商量语气	
二下	《注意说话的语气》	语气不要太生硬	
三上	《请教》	有礼貌、提问	
三下	《劝告》	不要用指责语气	
四上	《安慰》	肢体语言	
四下	《转述》	人物转换	
六上	《请你支持我》	理由支持	

从上表可以看出，低年级的口语交际重在基本的“说”和“听”习惯的养成；中年级在“说”和“听”的基础上加上肢体语言来辅助表达要说的意思，更注重交际的积极主动性；高年级重在言语策略的转换，更强调交际的灵活性。因为“日常交际”重在“交际”，也就是要在对话中完成人与人之间的交往，因此，在策略选择上建议用情境演绎、生活中的应用，以及言语策

略的转换，达成交际的目的。我们来看一下戴建荣老师执教的统编教材二下第一单元《注意说话的语气》课堂教学片段（有删改）。这堂课的教学目标是：1. 知道不同的语气可以表达不同的意思。2. 能够在不同的情境中，运用恰当的语气与人交流。戴老师在课上设计了四次情境对话：

（一）情境 1：小明借道

师：小明在食堂吃饭，他吃完饭想放下餐具，但是被阿姨挡住了，他应该怎么说呢？各自捂着嘴巴练习一下。

指名生说：阿姨，请你让一下！

师：这三个同学在说这句话的时候有哪一点说的是一样的？谁听出来了？

生：都是轻轻地说的。

师：除了音量还有语气呢？

生：慢慢地说。

师：要心平气和地说。【板书：平和】师：谁能用平和的语气说一说？

生：阿姨，请你让一下。

师：谁还能换种说法？再说一说？

生：阿姨，请你让一下，好吗？

师：不错，这是商量的语气。【板书：商量】还有哪些语气词？

生：可以吗、行吗、能吗。

师：谁来把这些商量的语气词带进去试试看。

生：阿姨，请您让一下好吗？

阿姨，请您让一下，可以吗？

阿姨，请您让一下，能吗？

阿姨，请您让一下，行吗？

师：把这些商量语气词带进去，对着同桌说一遍。

生同桌练习。

（二）情境 2：小明碰到阿姨

师：小明也像你们一样会说了，阿姨听着很舒服，阿姨一转身小明把饭盒放好了，小明一转身不小心把阿姨碰了一下，你们说说看，这回小明应该怎样对阿姨说这句话呢？

课件出示两句话：我不是故意的！我不是故意的。

师：聪明的你，先来看看这两句话有什么不同？

生：第一句是感叹句。

师：我不是故意的！

师：谁加上动作，加上表情，再来说一说？

生：我不是故意的！

师：阿姨听到这句话，阿姨会觉得？

生：紧张、不舒服、哆嗦。

师：是啊，阿姨听到了，会不舒服，觉得太生硬。【板书：不生硬】

师：聪明的孩子一定会选择第二种。

生：我不是故意的。

师：对，这是在向人解释，是一种解释的语气。

师：【板书：解释】谁来试试看？

师：你们听出来了吗？这三个女生说的有一点相同。

生：不生硬。

师：她们说的不生硬，很诚恳。谁能变一变说？

生：阿姨，我不是故意的，请原谅我好吗？

生：阿姨，我不是故意的，请原谅我行吗？

师：同学们请看黑板。不同的情境需要有不同的语气，时而平和时而诚恳。【板书：诚恳】

（三）情境3：小明上课迟到

师：小明学会了不同的情境用不同的语气说话来解决问题，所以很多事情都处理得游刃有余，接下来就让我们走进小明的一天。去看看在这一天里，小明身上到底发生了哪些事情，他又是怎样解决的呢？

师：这天早上，小明上学迟到了，他匆匆忙忙奔到学校冲到教室，老师已经在上课了。“老师，我能进来吗？”“快请进。”他马上就坐好了，没过多久，叮铃铃下课了。老师就回办公室了，小明一个人坐在教室里，总觉得要向老师说些什么，心里才好受一些。

情境演绎：师生在办公室的对话

生：老师。我下次不会迟到了。

师：你是谁啊？

生：小明。

师：我们班的小明他会敲门，会问能不能进来。征得老师同意才能进来的，你可能不是我班上的小明吧！同学们看着他，待会儿轮到你，你会进办公室吗？

生：（敲门）老师，我可以进来吗？

师：小明啊，进来吧，我最喜欢小明了。

生：我下次不会迟到了，请您原谅我。

师：什么情况啊，一进来就说下次不会迟到啊，老师有没有怪过小明啊，因为我们班的小明从来没有迟到啊。今天是他第一次，一定是有原因。

生：今天路上堵车了。

师：那明天呢？明天怎么办？

生：明天我会早点起来，不会迟到了。

师：早出门五分钟，道路很畅通。那我们一言为定，明天不能再迟到了。

师：还有话吗？没有了就再见好吗？你要说老师再见！

生：老师，再见！

师：小明，再见！

师：这样只是解释么，还有道歉。【板书：道歉】虽然老师没有怪过小明，但是小明还是主动来道歉了。

（四）情境4：劝说同学关水龙头

师：小明高高兴兴地回教室了，他看到一位同学洗完手没有关好水龙头，就想离开，这时应该是什么样的语气呢？请求吗？商量？道歉？同桌练习一下。

师：要同桌两个人一起举手，一个同学举手不行。再练一遍哪一组先来？你们谁演小明，小明在那等候，洗手的同学跟我来。台下的同学都做好观看的准备了吗？（对不关好水龙头学生说）你在这，你现在洗手，然后呢，没有拧紧水龙头就想离开了。（对小明说）你这时候要用多大声音叫住他，是小声地喊，还是大声地喊？

小明：同学，你洗完手，要拧紧水龙头。

师：（对洗手的学生说）她跟你说话，你就要停住脚步，做出反应去回答。明白了吗？小明，你再说一次。

小明：同学，你洗完手，要拧紧水龙头，我们要学会节约用水。

生：好的。

师：你嘴上说要节约用水，但你明明看到水在流，还在那里说同学不对，你这样是言行不一。正确的做法是，先关水或者一边说一边关。

小明：我们要节约用水，你刚才忘记关水龙头了！

生：哦，好的，我已经关了！谢谢你提醒我！

小明：不客气。你以后要节约用水。

师：说完了吗？说完了应该怎样？

生：再见！

师：小明提醒同学关水龙头。【板书：提醒】就算是提醒也不能用命令的语气。不然让别人听着不舒服。

（五）情境5：小明和父母商量上培训班

师：小明提醒完了同学，高高兴兴地回教室，没过多久，下课放学回家了。这天晚上，小明家里在召开家庭会议，讨论小明下学期要报什么社团班，妈妈希望小明学钢琴，可是小明想学画画，这回小明要用什么样的语气呢？商量？解释？道歉？提醒？可以用哪些商量的语气呢？

生：好吗？行吗？能吗？可以吗？

师：友情提示，这次是和亲妈商量，而且在家里。可以握着手，摇一摇，妈妈的心就能被你暖化了。

师：大家练习一遍。谁来试试？

生1：妈妈！

师：你们只会笑，没有看到小明多紧张，你们越笑他越紧张，此刻保持安静，听他讲。聪明的孩子，都是向别人学习的。

生 1：妈妈，我想学画画，可以吗？

师：我觉得不可以，继续学钢琴吧。

生：可是我想学画画。

师：为什么呢？

生思考中。

师：谁来帮我儿子说说呢，你先听听妹妹怎么说的。

妹妹：妈妈，我不想学钢琴，可以学画画吗？

师：为什么要学画画呀？学画画很难的，能坚持吗？

生：能。（握手）

师：好，那一言为定。那就学画画。（对生 1）你继续说。

生 1：妈妈，我不想学钢琴，我想学画画，可以吗？（摇摇手）

师：学画画很难，你能坚持吗？

生 1：能。（握手）

师：那就学画画吧！

生 1：谢谢妈妈！

师：自己家人，不用说谢谢。

师：我明白了，你们不一定想学画画，我们班同学就有想学踢足球的，踢足球不仅让人身体强壮，还能让人思维敏捷。

师：你们想学什么？说出你的理由。

生：我想学武术，可以锻炼肺活量。

生：我想学篮球，可以长高！

师：还有谁想学什么？

生：我想学写字，可以写很漂亮的字。

师：我们这次不跟妈妈商量了，跟爸爸商量，你不给出理由，爸爸是不会答应的。

生 1：爸爸，我想学武术。

师：你妈妈不是让你学钢琴吗？

生 1：我要锻炼肺活量，学钢琴的话锻炼不了。

师：肺活量高了能更健康！行，那我去跟你妈妈讲。你确定学武术吗？学武术有的时候会受伤，你不怕吗？

生 1：我不怕。

师：儿子真厉害！

师：再见！

生 1：爸爸再见！

生 2：爸爸，我想学画画。

师：我记得你妈妈想让你学钢琴啊。

生 2. 我想学画画，成为画画高手，前三名。

师：学会了画画，你先画家里的谁？

生 2：爸爸。

师：这还差不多——

师：家里人说话我们可以柔和一点。【板书：柔和】

师总结。

口语交际是一种特殊的语言表达活动，其核心为“交际”，即注重人与人之间的沟通。学生身处具体而生动的情境中，唤起其自身的情感体验，有身临其境的感受才能有表达的欲望。这节课围绕“学会使用不同的语气说话”，教师巧妙地创设交际对话的情境，激发学生的交际欲望，使其发散思维，乐于表达。先以教材中的情境作为例子，学习“用不同的语气说话”，然后设计了小明一天生活中不同的情境，分别和“食堂阿姨”“老师”“同学”“父母”对话，学习使用“商量”“道歉”“提醒”“劝说”不同的语气说话，实现时空交际全覆盖。教师只要留心生活，善于创设情境，给足学生时间与空间，就能真正地为他们打开口语交际之门。教师在口语交际的教学中起着重要的引导作用，角色扮演参与其中，在师生、生生演绎中，帮助学生规范语言表达，让学生能够更好地传达自己的意图，与他人进行有效的交流。

学生口语交际能力的形成，不是一蹴而就的。语文课堂教学的时间相对有限，语文教师只能带领学生进行简单的口语交际训练，而且受到传统课堂的空间限制，大部分的口语交际情境都是通过模拟的形式呈现，模拟与现实存在差距。因此，在课堂教学指导与训练的基础上，教师还要组织学生开展丰富多样的口语交际实践活动，为学生搭建多元化的口语交流展示平台，巩固学生在口语交际课上的学习成果。要设计真实生活中的“日常交际”话题，让学生在真实情境中学会“交际”，让语言能力在实践中得到发展。

表 4-2　生活中“日常交际”话题

年级	话题的展开
中低年段	向陌生人问路，向同桌借用文具该怎么说？（请求帮助）
	想打电话约同学一起去图书馆，邀请小伙伴一起出去玩怎么说？（打电话）
	你想和小丽更换值日时间，该怎么跟她商量？（商量）
	向别人请教一些不好解决的问题，如小明经常丢三落四，想请教老师怎么改掉这个坏习惯。（请教）
	课间楼层有人奔跑打闹，该如何劝说？（劝说） 到附近的游乐场、儿童公园等处做志愿者，看到一名小朋友爬上几层台阶后努力往下跳很危险，应该如何劝说？（劝说）
	小明考试成绩不理想，很难过，你如何安慰他？（安慰）
	小丽请假了，你如何把老师的通知转告她？（转述）
高年段	假如你要找校长，希望学校成立棒球队，你可以怎么说？（说服）
	意见不同怎么办？如过年是否放烟花？教室里是否养放水培植物？（意见分歧）

2. **演讲**

演讲是一项非常重要的口语交际能力。从古至今演讲一直备受重视，如《战国策》中所写：“一人之辩，重于九鼎之宝；三寸之舌，强于百万雄师。”演讲是通过真情实感的表达，将道理与知识运用其中，在使听众心灵受到熏陶的同时也进行了自我教育。① 同时，演讲又是思维的外露和物化，精彩的演讲以非凡的智力为基础，成功的演讲以敏捷发达的思维为前提。当今时代是个言语思维引领关注力的时代，公众演讲能力是一个人的硬实力，是提升自己人格魅力和影响力的重要表现。公众演讲能力的培养对学生而言意义重大。②

---

① 葛琪琪：《小学六年级学生演讲能力的现状研究）》，绍兴文理学院硕士学位论文，2022 年 12 月 31 日，第 1 页。

② 张华阳，郑春萍，吴斌，宋威，多模态学习分析应用于公众演讲能力评估的系统性综述，现代远距离教育：1—15［2022—06—06］. DOI：10. 13927/j. cnki. yuan. 20220516. 004.

（1）演讲的重要性。演讲作为一种语言交际活动，好处很多：其一，演讲是社会生活中的一项重要技能，好的演讲能促进思想交流、传播信息和促进人际密切交往。其二，演讲融合听说读写训练于一体，有助于学生发展综合运用语文知识的能力。其三，演讲在一定程度上提升对问题理解的深度与广度，提高思维的逻辑建构力。其四，演讲是展示自我的重要途径。通过演讲能够激发一个人强烈的自我表现意识，提升个人综合素养和核心竞争力。①

新课标（2022 年版）对学生的“表达与交流”提出了相关目标、建议与要求，为演讲的教学提供了一定的指导依据。第三学段（5～6 年级）的课程目标与内容中明确指出“表达有条理，语气、语调适当。敢于发表自己的意见，说清自己的观点。能根据对象和场合，稍作准备，做简单的发言”。② 根据新课标要求，部编版小学语文教科书在六年级上册第二单元开设了“演讲”以及在六年级下册第一单元开设“即席发言”的口语交际专题。由此，作为表达与交流重要表现形式之一的演讲也越来越受到关注。小学阶段正是处于口语交际能力形成的关键期，应抓住此关键期提升学生演讲能力。

（2）现实教学中演讲存在几个问题。

①语篇建构能力不强。学生对于演讲如何开场，如何展开，如何收尾没有很好的方法引领，以至于演讲内容苍白，平淡无奇。在演讲开场和结尾方式的选择上形式较为单一，缺乏丰富性。

②演讲表现力不足。学生演讲时缺乏自信，面对听众时感到紧张，语调单一无法把听众带入演讲境界，不会使用恰当的表情与肢体语言辅助其演讲，显得整个演讲感召力不足，效果欠佳。

③教师缺乏扎实的演讲基础与相关知识，无法给予有效的示范和指导，导致学生缺乏口语表达和表现的机巧，学生演讲能力无法得到提升。

④小学教育向来重视书面能力，忽视口语交际能力；对许多学校而言，对演讲不够重视、师资力量不足，演讲活动开展得比较少，导致了大部分学

---

① 林玉丽，课前三分钟的演讲及其策略——跟高年级小学生谈演讲，《格言（校园版）》，2021 年 23 期，第 60－61 页。

② 中华人民共和国教育部，《义务教育语文课程标准（2022 年版）》，北京：北京师范大学出版社，2022 年 4 月版。

生不善于表达自己的观点或表达时不自然。[1]

（3）优秀的演讲是怎样诞生的？

优秀的演讲由“语篇建构能力”和“交流与传播能力”两部分组成。语篇建构能力包含开场点题能力、材料组织能力、遣词造句能力、逻辑思维能力和结尾升华能力。写作上教师要引导学生学会应用比喻、对比、排队、夸张、拟人等修辞方法，提高学生的语言表达力。交流与传播能力包括语音能力和非语言能力。语音能力指发音标准，语调抑扬顿挫，并能适当使用停顿与重复强调要点；非语言能力，指恰当使用表情和手势来表达情感。笔者所在的学校一位老师指导学生参加主题为“学宪法、讲宪法”的演讲，获得优秀奖项。我们先来看看演讲稿：

传承三代卫士，守护宪法尊严

著名法学家理查德·史伦·波斯纳说过：“宪法创造者给我们的是一个罗盘，而不是一张蓝图。”我们的《宪法》，它很单薄，薄到只有序言、总纲、公民的基本权利和义务、国家机构、国旗国歌国徽首都五个部分构成；但同时它又是厚重的，一共有138条正文，不仅规定了我国的政治、经济等基本制度，还规定了公民个人的权利及义务。宪法是所有法律的母亲，宪法的存在，像明媚的阳光，无论河流、山川、森林、草原，宪法照耀之处，阴影无处躲藏。纵览宪法全文，有一条令我感触良多、热血沸腾。宪法第五十五条写道：“保卫祖国、抵抗侵略是中华人民共和国每一个公民的神圣职责。”宪法序言中还提到：“中国的前途是同世界的前途紧密地联系在一起的。中国……为维护世界和平和促进人类进步事业而努力。”这令我想到我的小家与保卫祖国，乃至世界和平的故事。

我们家从大爷爷，大伯，姑妈到爸爸，等等都是军人或者警察，那可真算得上是军警世家，他们都忠诚卫国，惩恶扬善，守护平安。爸爸说：“好男儿要志在四方，血气方刚！要么穿上医装救死扶伤，要么穿上军装镇守一方，肩扛责任，胸有担当！”在我看来，这份担当，既是筑起钢铁长城的责任，更是捍卫宪法尊严的使命！

---

① 吴燕梅，《有效引导，提高学生语言表达能力》，《山西教育：教学版》，2020年2月，第2页。

当年对越自卫反击战爆发，当时大伯刚毕业于解放军南京外国语学院，作为家中独子的他毅然决定为国请战，主动报名参战。在枪林弹雨中洗礼过的那段日子是他一生最难忘也是最宝贵的经历。参战结束前，大伯专程到云南对越作战烈士陵园，向故去的战友做告别。大伯说他们当中牺牲时年龄最小的才 17 岁！40 多年过去了，波谲云诡的国际形势在变，保家卫国的战士在变，打击敌人的武器在变，但不变的是我们对祖国的赤子之心，不变的是我们捍卫宪法的誓言。今天，我们更应该学好知识，德智体全面发展，才能时刻准备接过父辈手中的钢枪。

我的爸爸曾是一名联合国维和警察，当年 23 岁的他赴海地太子港执行维和任务。在那个混乱的国度，他每天要顶着 40 度的高温，身负 70 斤重的防弹衣和盾牌枪支弹药，执行反恐、营救等维和战斗勤务。海地是世界最战乱的国家之一，没有饮用水、照明电和厕所，到处都是恐怖的尸体，肆意流行的疟疾。爸爸常常把随身带的饼干分给当地乞讨的孩子，这在我们看来是最寻常不过的食物，而在他们眼里却弥足珍贵。是啊，炮火连天的硝烟中一块饼干都是多么奢侈的幸福，一个没有和平的国度何来幸福？就像宪法中说的一样，中国，将为维护世界和平和促进人类进步事业而努力。我辈少年当自强，只有今天学好本领，才能在将来用自己的才华与努力，捍卫宪法的尊严。

因为爸爸工作的特殊性，我跟他相处的时间少之又少。每次短暂的团聚，迎来的就是长久离别，我时常不理解爸爸为什么不能像别人的爸爸一样每天都在身边，陪伴着我，他便意味深长地对我说：我们的中国除了 960 万陆地领土，还有 300 万的海洋领土，为了国家富强，民族复兴，寸土必争，向海图强，实现祖国统一，这就是千千万万的军人为什么无法陪伴在家人身边！

家是最小国，国有千万家！国家安全，是国家基本利益。维护国家安全，是宪法赋予我们的义不容辞的责任。父亲说，维护国家的统一和领土完整，就是在捍卫宪法，很快这份责任将要落在我这辈人的肩上。流淌在血液里的红色基因将引领我踔厉奋发，勇毅前行，做新时代的好少年，做祖国刚健的脊梁，做宪法最忠诚的卫士！

这是一次以“学宪法讲宪法”为主题的演讲比赛。对于六年级学生来说，这篇演讲稿有以下优点：

①开场点题。小作者运用引用名言的方法开宗明义说明了宪法作为“根本大法”的地位，观点和立意非常明确，让听众容易听得明白。演讲是一种语言交流活动，对于观众来说，效果是建立在听觉上的，只有紧紧围绕演讲主题，在开篇就明确阐明自己的观点，才能加深听众的印象。

②材料组织。演讲中的材料通常是作为支撑自己论点的论据而出现的，演讲者如果能从自己生活中选取合适的素材作为论据，将为演讲增色不少。小作者从自己的生活出发，选取家人的职业和自己的耳濡目染作为演讲素材，有效增强了演讲的可信度和感染力。

③结尾升华。在演讲稿的结尾，小作者很自然地将自己“小家”与“国家”紧密联系，“父亲的付出”“维护国家利益”⟶“宪法赋予的责任”⟶“联系自身该怎样践行宪法责任”，这样结尾的升华不仅很好地再次点题，并且逻辑自洽，行文严谨。

④遣词造句。小作者在说明宪法地位的时候，在修辞上运用了“薄”和“厚”的对比，很形象地强调了宪法的地位与作用。在第三自然段中，小作者运用排比的修辞手法，以坚定的语气阐述了父辈与孩子的责任传承。巧妙运用“变”和“不变”的对比，让这种传承的责任感更加强烈，很适合在演讲中强调语气。

⑤逻辑思维。小作者拥有得天独厚的素材优势，但再好的素材都应与演讲主题紧密相关。演讲要特别注重挖掘素材与主题的关联，或者是“论据”与“论点”之间的关系。所以每一段“论据”之后“论点”的总结提升就显得很有必要。演讲稿内容上选取了宪法条文中“为维护世界和平和促进人类进步事业而努力”一项作为切入点，很好地与下文讲述自己家庭故事产生必然的联系，使得逻辑清晰条理通畅。

在指导学生写作演讲稿件的时候，指导老师应特别注意，作为小学高年级学生，开场点题和结尾升华有了一定的写作能力储备，但逻辑思维能力不足，所以指导难点在于为学生指明论证的方向，让演讲稿在 1、2、3 点中间形成经得起推敲的逻辑关系。

在材料组织方面，教师应指导学生优先从自己生活中选取相应的事例进行创作，让素材尽量鲜活。如果生活中缺少合适的素材，可以通过查找资料的方式进行写作，但对学生来说难点在于，该选取怎样的素材，才能在逻辑思维层面让“论据”能够支撑自己的“论点”，所以教师更应在这方面予以指导。

在遣词造句方面，教师应指导学生：①多使用关联词，如“因为……所以”“如果……就”“不仅……更”等等，从而使自己的语言更具逻辑性，使人信服。②修辞上多使用排比句式增强语气。尽量使用“多一少”“大一小”等具有强烈反差的形象进行说理，可以让自己的语言更富感染力。③适当使用名人名言作为引语或总结，可以收到事半功倍的效果。

演讲是“演”和“讲”的结合，也就是要将有声语言和姿态表达相结合。作为演讲者，他不仅需要将自己的观点、看法用口头表达的方式表达给听众，也需要通过自己的手势、表情和目光等肢体语言将自己所要传达的感情表现出来。所以对于小学高年级学生来说，要提高演讲的表现力，教师指导的重点在于：

①建立良好的语言表达习惯，包括说话时重音的选择、抑扬顿挫的处理等等，使演讲不仅能让听众“听清易懂”，更能富有感染力。在演讲之前，指导学生在演讲稿上设计好语言表达的重音、停顿。比如在本篇演讲稿的结尾部分，可做如下设计：

家//是最小国，国//有千万家！国家安全，是国家基本利益。维护国家安全，是宪法赋予我们的//义不容辞的责任。父亲说，维护国家的统一//和领土完整，就是在捍卫宪法，很快//这份责任将要落在我这辈人的肩上。流淌在血液里的红色基因//将引领我踔厉奋发，勇毅前行，做新时代的好少年，做祖国//刚健的脊梁，做宪法//最忠诚的卫士！

我们可以用“//”代表句子中的停顿，加点字代表语句中的重音。如果学生在演讲中可以按照以上方式设计好自己的语言该如何表达，既可以让观众更容易听得明白，也容易更强烈地传递自己的意思，表达自己的情感。

②大方自然地使用眼神、表情、手势等肢体语言与听众交流，从而使演

讲在情感上获得听众的共鸣。教师应注重从以下几方面引导学生：

一是体态：张开双脚，与肩同宽，挺稳整个身躯。在演讲过程中，脚步可随自己的情绪做适当移动，但幅度不可过大。在演讲过程中，要善于利用手势增强自己说话的语气。手势不需要过多过于频繁，但在强调主题的关键处，应有相应的手势配合。

二是目光：演讲是通过语言交流来交换思想的活动，而眼睛是心灵的窗口，所以在演讲过程中，演讲者与听众的目光交流是非常重要的。目光应坚定，自信，体现出对自己所演讲内容充分的信心。这一点对于内向的学生尤其具有挑战，教师要创造机会让学生在大众面前说话，比如，在全班面前说一则新闻，讲一个笑话等。当孩子适应了在众目睽睽之下发言，再开始练习说好自己的演讲稿。如果目光躲闪游移，缺乏自信，演讲也会变得缺乏说服力。

三是表情：演讲者的表情应与演讲的内容相匹配，微笑、严肃、皱眉、愤怒……每一种表情都可以为演讲者的情感增加爆发力。当然，表情不是凭空而来的，它是演讲者内心真实情感的外露，所以一个好的演讲者，必须对演讲的内容有充分的理解和感受。

四是演讲时的速度：为了营造沉着的气氛，说话稍微慢点很重要。但也不能从头至尾一直以相同的速度进行演讲，要懂得适时而动的变化。

对于大多数同学，甚至对于一部分老师来说，演讲都不是一件容易的事，教师可以让学生观看一些优质的演讲视频，如《我是演说家》，通过观看这类视频，对演讲产生浓厚的兴趣，演说欲望得以增强。许多学生演讲时比较紧张，在公众场合多说，才是控制紧张、培养自信最有效的方法。一部分“完美主义”的同学，总希望能让观众看到自己最好的一面，不能容忍自己讲话中的一丁点儿瑕疵，对这部分同学应鼓励他们放下包袱，不要过于在意别人的评价，才能帮助他们树立起自信。

从学校层面说，多组织演讲活动，内容可以是丰富多彩的，比如讲经典故事，分享旅游感受，说说社会新闻，谈谈广告语，交流阅读心得等等。同时要以学校为单位开展由低到高的演讲活动，如低年级可以讲故事、中高年级进行主题演讲。演讲结束，教师要抓住学生的闪光点展开评价，坚持以激励为主的原则，让学生将持续保持公众讲话的热情，在实践中不断提升。此外还可以让演讲者巡回演讲、跨班演讲、跨年段演讲，以演讲为载体，在师生、生生互动中提升口语交际能力，在特定的言语情境中养成敢讲、能讲、会讲、爱讲的习惯，敢于发表自身观点，敢于演讲，在学业精进中成为更好的自己。①

3. **辩论**

辩论是"说"的一种形式，它是综合的言语实践活动。辩论不仅靠"听"和"说"，更重要的是靠"脑"思考和"心"共情，因此，辩论的语言思维能力训练极其重要。辩论过程中分析问题、提出观点、进行推理、反驳论据、归纳综合等方面技巧的应用，体现了认知视野、认知逻辑、认知习惯和认知能力的长期积淀和养成。现代社会各个领域都需要能说会辩的人才，在诸多国际会议中，为中国发声的同时展现出东方大国、强国的气度和实力的，是外交官拥有高超的辩论能力。辩论活动是对国内各行业领军人物国际化领袖人才的培养，是为社会"多元适应性"的需求做人才准备。

（1）辩论有哪些好处

核心素养新时代，语文从"知识本位"转向"素养本位"，辩论是唤起理性思维、培育语文素养、激发创新潜力的有效教学方式，是语文教学的实践平台之一，兼容了听、说、读、写语言实践，不光能锻炼学生的口才，培养学生搜集、整理资料的能力，而且能引领学生的思想动向，用事实帮助学生明辨是非，引导成长的正确方向，具有新时代的育人价值。小学高段（五、六年级，10—13岁）学生处于形式运算阶段早期，抽象逻辑思维开始建立并初步形成，也具备了听说读写等基本的学习素养，思辨能力显著提升，实施辩论的可行性强。②

从言语动力层面看，辩论最能直接展现人的思想、言语风采。学生们有

---

① 刘建功，以演讲为载体提升口语交际的四种能力，《教学管理与教育研究》，2019年4月，第4页。

② 熊庆：《小学辩论活动实践困境及改善路径的个案研究》，西南大学硕士学位论文，2023年3月。

自己的思想，勇于发表自己的见解，求知欲、表现欲、好胜心强，这些心理品质，都在辩论中，得以激发、发挥、展示、提升。

言语人格上，辩论以求真——以理服人为目的，以言说权平等、诚以待人、相互尊重、言之有据、善于倾听为前提条件，有助于陶冶良好的言语品格，培养民主意识、对话意识等。

言语精神上，辩论是思想的表达与交锋，集中体现了真理追求、正伪意识、人格独立、质疑、反思精神等，对批判性思维、思想创造力、精神生命力的成长，至关重要。

言语能力上，试图证伪、去弊，为此要搜集资料，相互诘难、呈现真伪，力求使认知深化、推进，最终从逻辑上对该论题的明辨是非。①

（2）开展辩论赛的步骤与方法

新课标在“思辨性阅读与表达”中提出引导学生在语文实践活动中，“负责任、有中心、有条理、重证据地表达，培养理性思维和理性精神”②。这个要求对开展辩论活动非常适合，也是指导性的原则。六年级下册第五单元口语交际的主题是“辩论”，本单元围绕着“科学精神”安排了三篇精读课文：《文言文二则》、《真理诞生于一百个问号之后》、《表里的生物》和一篇略读课文《他们那时候多有趣啊》，语文要素之一是“体会文章是怎样用具体事例说明观点的”，口语交际“辩论”则是用具体事例说明观点这一方法的直接运用。

为了让学生学会辩论，可从大单元整体教学的视角，以“小小辩手”为情境主题，以课文作为例子，一步一步引领学生在“发现—领悟—模仿—类推—创造”的过程中形成辩论能力。

第一，向文章学智慧。《文言文二则》中《两小儿辩日》的教学中，在弄懂课文内容的基础上，教师可创设朗读情境，在一声紧追一声的分角色朗读中，体会“辩”的激烈。再引导学生回顾全文，发现两小儿是按照“观点—

① 潘新和：《潘新和谈语文教育》，南京：江苏凤凰科学技术出版社，2018年4月版，第35页。

② 中华人民共和国教育部：《义务教育语文课程标准（2022年版）》，北京：北京师范大学出版社，2022年4月版，第29页。

现象—依据"说明自己的观点，这就是"辩论"中立论的方法之一。学习课文《真理诞生于一百个问号之后》，三个相关事例让我们看到了作者是按照"摆事实、讲道理"的立论方法来说明"真理诞生于一百个问号之后"这一观点的。而且三个事例有相同的表达规律，都是按照"提出问题—实验研究—得到真理"这样的顺序来写的，这样有规律成体系的表达可以充分地让观点深入人心。

第二，向大师学辩论。推荐阅读《学会辩论》《辩论技法辩论口才》，推荐适合学生观看的辩论类节目：《世界听我说——两岸及港澳大学辩论赛》《萌宝超能说》《百家号全国大学生辩论挑战赛》。在看书、观赛的轻松愉快的氛围中，直观地学习辩论的技巧和知识，并了解辩论是按照开篇立论、攻辩、自由辩论、总结陈词的流程进行的。

第三，辩论小组演练。

①选择辩题。教师以"辩论来源于生活"的课程意识筛选富有趣味且难度适中的选题，让学生投票。"兴趣是最好的老师"，只有学生感兴趣的辩题，才能调动学生学习的积极性、激发他们参与的热情。如："上补习班利大/弊大?""人工智能会不会毁灭人类?""二孩政策利大/弊大?""小学生手机进校园利大还是弊大?"这些辩题都是学生很感兴趣的，当学生看到辩题的那一刻，脑中应闪烁起与之相关的生活经历，产生出一种为自己或同伴辩论的冲动。一些能力偏弱而无法参与辩论的学生，也会因为辩题与自己的生活息息相关而听得津津有味，在倾听中也能有所收获。

②辩前准备。围绕热点话题，进行小组分工，确立自己的辩论立场，成立正反方，分析辩题，回家自主查阅搜集资料，并整理能证明双方观点的材料，如事例、数据、名言等，制成小卡片 3—5 张。

③小组演练。小组成员围绕辩题来论证己方观点、辩驳对方观点，选出小组最强辩手。两三个辩题训练下来，学生对辩论的模式已不陌生，乐此不疲!

第四，争当"最佳辩手"。班级辩论赛如期开幕!

①黑板上布置主题背景，班级座位以双方论辩的形式摆放，营造氛围。

主持人宣读辩论赛流程和正、反方辩手等。

②辩程安排：先是正反双方派出两名成员，借助事先准备好的PPT，进行说服性的演讲。接着补充前两名成员演讲中遗漏或不清晰的内容，剩下的三名同学进行适当完善。然后双方所有成员进行自由辩论。自由辩论完增加现场互动环节，让没当选辩手的智囊团也参与进来，对正反双方进行挑战性质询。

③最后让现场同学进行点评，分别评价，教师阐述提升要求，评选“最佳辩手”。让学生理性认知自我、多元评价辩论过程，提升辩友素养，做到不重输赢而重过程。辩论的结果不是最重要的，最重要的是在辩论中表达了自己的观点，倾听了他人的声音，实现了充分的交流，也引发了大家更多的思考。

任守义指出“辩论活动是一种以学生为中心的教学方法，学生在课堂中通过充分而激烈的辩论解决思维难点，突破认知重点，找到学习规律，充分锻炼学生的反向思维和发展思维能力”。① 通过辩论全面提升了语文综合应用能力。以下是笔者所在的学校六年级某班开展辩论活动的片段：

“小学生带手机入校利大还是弊大?”

反方发言人：我觉得我们不能带手机上学。小学生自制力差。大多数人拿到手机就会完全“沦陷”。我们对手机中各种各样的信息缺乏准确的判断力，这样不仅会影响我们专心学习和视力，还会打乱我们的学习安排，此外，上课带手机忘记静音时也会影响到课堂纪律。

正方发言人：手机是人类进步的结晶，为什么科技只能给大人使用，而不能给学生带在身边使用呢？反方所说的手机害处，问题都出现在自己身上，是自己没有管理好自己，所以每个人都应该以平常心去看待手机，一味地禁止只会加剧我们的好奇心。我认为，小学生可以带手机入校。

教师：双方都大胆陈述各自的观点，很好！那么如果学生有自控能力，能不能带手机入校呢？老师觉得你们已经抓住了问题的关键。接下来，就看谁能说服对方了。

---

① 任守义：《辩论式教学的尝试与反思》，《现代教育．教育与教学》，2012年第5期。

反方发言人：我们认为小学生即使自控能力强也不能带手机入校，手机有很多功能，像抖音等短视频等，在学习遇到难题，总想依赖手机搜索答案，长此以往，我们会养成不爱思考的习惯，会使我们缺乏学习的动力，长此下去就会让自己变成学渣。

正方发言人：你们刚刚自己也承认手机有很多功能，的确，手机作为通讯、娱乐等工具不仅方便了我们的日常生活，像电子支付、电子阅读等，还能辅助我们完成学校老师布置的学习任务。对于学生来说，如果能约束自己，就不会影响学习。父母工作忙，很多时候不能一下课就来接我，手机可以让父母第一时间联系到我，让我不会因父母迟到而着急，所以手机可以给我们安全感。我觉得手机可以入校。

当学生在辩论时矛盾集中在“如果能约束自己就能带手机进校”时，老师说：“老师觉得你们已经抓住了问题的关键。”教学过程是学生自主建构和教师价值引领相统一的过程。当学生遇到困难时，教师要启发他们去思考；当学生的思路狭窄时，教师要帮助他们去拓宽；当学生迷茫时，教师要把他们引领到正确的方向上来。对学生的辩论进行及时的评价引导，让辩论活动向积极有效的方向发展。教师及时的评价对学生是一种肯定，并且，一句“就看谁能说服对方了”，再一次激励了辩论双方的“斗志”，让辩论活动继续开展下去。只要在学习的过程中能积极思考并言之成理就行。

反方发言人：我认为我们还小，在没有自律能力的情况下，学生带手机进校弊远大于利。小学生可能会在上课偷偷玩手机，玩久了会伤害自己的眼睛，造成视力下降，发生近视；玩手机的时候经常会用不正确的姿态，对我们的脊椎和脖颈都有很大的伤害，会造成驼背、脖子前倾等身体问题。手机有它强大的功能性、生活的便利性，爸爸妈妈用手机给我们带来便利，但作为一名小学生，我们并没有那么多需要解决的烦恼，更多时候，手机于我们来说是个玩具，里面有很多游戏，让我们忘记时间沉迷其中，我们当下最主要的任务是学习。综上所述，我方认为：小学生不应该带手机入校。

正方发言人：我方不同意你方的观点，怎么能说手机是个玩具呢？手机里的闹钟、计划表和实时的热点新闻播报等软件工具能帮助我们养成良好的习惯和品德。我们通过手机可以看到运动、艺术等不同领域的内容，拓展知识面；使用手机还可以方便教师实时解答我们的问题，让老师、学生和家长之间的沟通更加便利。还有一些新型的教育类 APP 的出现，方便老师给我们安排和批改作业，并能及时详细地了解我们的学习情况，使老师们的工作更加便捷和高效。不是所有的游戏都是有害身心的，像一些益智类游戏，可以开发我们的智力，锻炼我们的灵活应变力。只要合理使用手机，还是可以带进学校的。

老师微微一笑，望着反方的同学说：“正方的观点，比较符合生活实际。”说完后，老师马上转向对正方的同学说：“反方的理解言之有理，有他们的思考和见解。其实我们在解决问题时，只要能言之成理就是对的。老师为你们今天的表现感到骄傲！手机代表了当今的网络化、信息化、数字化时代，为了让同学们在学校里能够专注学习，广泛参加校园生活，教育部出台了手机管理办法，引导学生在合适的地方、合理的时间使用手机，让我们都能做一个有思想力、自律的人！”

辩论的第二个焦点是“手机功能多，是不是一件好事”。在这里，老师没有刻意追求唯一答案，教师对辩论双方都给予了积极的评价，让每一个孩子都体验成功，享受在辩论活动中获得的精神愉悦，通过这种评价，让学生认识到解决问题是有多种方法和策略的。并在结束时说：“老师为你们今天的表现感到骄傲！”这样，每一位学生都得到了尊重，每一位学生都获得成功的体验。最后教师给予了正确的价值观引领。道理越辩越明，辩论是一场思想和语言的表达盛宴，这样开放的辩论学习方式学生非常喜欢。乐此不疲！

表 4-3　“最佳辩手”评价表

	评价指标★★★★★	自评	伙伴评	老师评
辩论前	能多渠道、多角度收集整理双方论点资料，能用摆事实、讲道理的方式撰写立论稿、辩词。	（　）★	（　）★	（　）★
辩论中	认真倾听、多角度反驳对方观点，有礼有节，能综合运用简单的辩论技巧积极应对。	（　）★	（　）★	（　）★

续表

	评价指标★★★★★	自评	伙伴评	老师评
辩论后	善于回顾与反思，及时总结辩论中的得失，客观评价自我和团队表现，深化对辩题的理解。	（　）★	（　）★	（　）★
				总评（　）★

总之辩论活动带来语文能力的综合提升：第一，学生作为语文学习的主人，有机会施展才能，调动了学生学习的积极性。我们可以看出学生在准备阶段查资料、找论据，掀起头脑风暴以拓宽思路；之后通过"阅读、比较、推断、质疑、讨论等方式，梳理观点、事实与材料及其关系"，是运用多媒介主动学习的过程，也是"思辨性阅读与表达"在实践中的运用，并对观点的逻辑性、可行性进行讨论、不断进行修改从而实现思维认知的升华。这种自主、有深度的学习过程是很有价值的。第二，在辩论阶段，辩手们要聆听对方不同的声音，查找对方的破绽与错误，这样就能直接引发对问题的深度思考，这个过程是"去粗取精、去伪存真、由此及彼、由表及里"的思维过程，辩证思维能力得以提升；学生们通过大声大方大胆地陈述，锻炼了语文表达能力、倾听能力、现场应变能力，辩论中金句频出，有理有据，非常有利于语文素养在辩论中培养生成！第三，辩论锻炼了学生的心理素质和应变能力，让学生沉着冷静，遇难不乱，遇挫不慌，这种毅力和韧劲，有利于成长中的青少年的积极进取、适应社会变化的必备品格形成，有利于应对未来的社会与科技挑战！

第四节　网络语言与语用环境优化

2024年春节，"龘"等生僻字火出了圈，刷屏了日常生活的各种圈层。祝福语中有"龙行龘龘，前程朤朤"，央视春晚主题有"龙行龘龘，欣欣家国"，学生寒假实践作业项目有"龙行龘龘心向阳"……"龙行龘龘"作为网络语言进入了学校的大雅之堂。并且，网络语言大步迈进青少年的成长环境及用语习惯中，一步步渗入语用阵地。从此次"龘"铺天盖地的席卷来看，网络语言正在扮演着社会的风向标及流行色，网络语言对青少年的心理与行为影响也在加剧。网络语言在不断满足青少年多元交际需求的同时，也愈加挑战规范用语的使用，自然也给语文教学带来新的课题。我们知道，引导学生正确对待社会上的流行词语，同时引导青少年正确使用网络语言，是家庭、学校、社会义不容辞的责任，也是当下语文教学不可回避的挑战，更是"活力语文"不断增强解释力与生命力的重要体现。

一、网络语言的内涵释析

网络语言是指从网络中产生或应用于网络交流的一种语言，多数是指源自网络的各种单字、词组、句子，以及符号、字母、拼音、图标、图片，它们往往被赋予特殊的意义，有些甚至不易看懂或使用，但流行非常迅速，对语言的规范使用造成了冲击，成为网络文化的典型的泛在特征。

（一）网络语言的形式

网络语言的形式繁杂多样，但从词形语义上分类，主要形式包含音译词、缩写流行词、词义造流行词、时效类流行语四种。

1. **音译词**

（1）数字谐音。这类网络流行语是指利用一组阿拉伯数字的读音和某些汉字读音相似，实现表达语意与功能的语言单位。例如"520"（我爱你）、"1314"（一生一世）、"886"（拜拜喽）……

（2）汉语谐音。一是普通话谐音，主要是指利用语音同普通话相近的字、词，如"蚌埠住了"，蚌埠原本为安徽省一个地级市的名称，现在常用于表示"绷不住了"。二是方言谐音，是指利用方言与汉语普通话之间语音较接近，而为了达到亲切的传播效果而形成的词语，如"偶"（我）、"灰常"（非常）、"灰机"（飞机）、"酱紫"（这样子）。

（3）混合谐音。包括汉语谐音外语、外语谐音汉语、数字英文组合谐音等。

2. **缩写流行词**

相对于社交平台叙述性的表达，网络缩写流行语使用便捷且言简意赅，逐渐成为易于公众理解的社交性词汇，信息交流沟通的效率也被大幅提升。在互联网的创造性思维下，缩写词也不只有固定的象征性意义，在不同的解读下也衍生出许多新的解读。譬如，“xswl”（笑死我了）、“u1s1”（有一说一）、“awsl”（啊我死了）……尤其是2021年的“yyds”（永远的神）在社会上引起极大传播，无论是在用户使用还是媒介推广上都很流行。

3. **词义造流行词**

给旧词赋予新的词义也是一种常见的形式。例如，“破防”本为游戏术语，指的是游戏对决中“用特殊技能破除对方的防御”，现在主要指心理防线被突破后产生的震动和共情。

4. **时效类流行语**

时效类的网络流行语是对时事的一种反应，也是最能体现网民们创新能力的一类词语。譬如，伴随龙年到来，诸如“龘”等生僻字“火出了圈”，使得春节的祝福问候有一些别样的新鲜感：“龙行龘龘（dá dá），威震八荒；前程朤朤（lǎng lǎng），光照万丈；生活䲜䲜（yè yè），富饶丰裕……”除此之外，映入眼帘的还有“伤害性不高，侮辱性极强”“我看不懂，但我大受震撼”“强国有我”等，这些语句往往会出现在网络上引起高度关注的节目台词、名人发言中，但它们都是时下网络流行的语词。

（二）网络语言的特征

网络流行语具备交流便捷、传播快速、易于学习和使用、兼容个性化和多样化等特点，它是一种架构在互联网文化生态之上的青年亚文化现象，是青年群体社会心态的反映，也能从中映照青年群体价值观与主流话语体系的关系。

1. **反映社会的文化氛围和主题**

随着科技的发展，人们对信息的获取变得更加便捷，社会话题也愈发多样化和复杂化。流行语往往通过夸张、幽默、讽刺等手法，将社会中的热点问题和文化现象进行集中式的表达。比如，“996”一词，指的是工作时间从早上 9 点到晚上 9 点，每周 6 天，言简意赅地说明了生存不易，已经成为广泛用于描述加班文化的流行语。类似这种流行词汇往往能够准确地概括了现代职场中超长工作时间带来的问题，并引发人们对工作与生活不平衡的现实扭曲的讨论。

2. 反映社会价值观变化和思维方式的转变

社会是一个不断演化的实体，价值观念和思维方式随着时代的发展也在不断变化。流行语作为一种简短、有力的表达形式，能够快速传递和共享信息。比如，“躺平”一词，指的是一种放松、乐观、不急不躁的生活态度。这个流行语反映了新一代年轻人对于成功与压力的重新思考，强调内心平静和自我认知的重要性。

3. 反映社会的时尚潮流和生活方式

社会的发展和进步影响着人们的审美观念和追求方式。比如，“多巴胺穿搭”一词，指的是通过服装搭配来营造愉悦感的穿搭风格。这个流行语折射出当下年轻人的自我认知和反叛精神，以及对于缤纷、阳光、活力、快乐价值的追求。

总而言之，网络语言作为当代社会的一种特殊现象，不仅是语言的表达方式，更是对社会现象和价值观念的折射。它们反映了社会的文化氛围、主题，揭示了价值观变化和思维方式的转变，同时也呈现了潮流流行和生活方式的变迁。

二、网络语言对青少年的影响分析

青少年对新奇事物有较强的探索欲，有较强的模仿力，网络语言让他们有新鲜感但同时对自制力、分辨力不足，且人生观、价值观并未完全形成的年青人有冲击感，网络语言的冲击势必会对青少年的成长带来一定的影响。

（一）网络语言对青少年的积极影响

1. 增强青少年对彼此身份的认同感

网络语言在各个亚文化群体中践行着群体认同性的建构策略，其幽默诙谐、简洁生动的语言特性，赢得了青少年亚文化群体彼此的身份认同感，反映出该群体相互认同、彼此认知的心理。一方面，青少年能通过网络语言凸显自己的个性与不同，另一方面，网络语言能促进其社会交往、拓宽其经验范围，能使其在自己的爱好和兴趣点的文化环境中与志同道合的朋友们交流，从而寻得交流共鸣。

比如，某归隐多年的著名唱跳歌星发布巡回演唱公告时，大家纷纷在公屏中打出“爷青回”，这简短的三个字却能强烈地表达出——这位歌星的粉丝群体对青春时期出现的经典事物重新回归的一种感慨，饱含了对过去的怀念，也隐含了一种回不到过去的感伤；令人纠结的“爷青结”，表示一件自己喜爱的或关注的事情或事物结束了。可见，网络语言的使用能让某类特殊群体保持和社会同圈层人群的接触，避免因“群沟”导致人际关系的隔阂甚至破裂。

2. 促进青少年激发创新思维的产生

传统的语言教学培养的重点是识字读文，词汇语句都讲究逻辑性和条理性，要求青少年要遵循语法规则，缺少了自由发挥和创新。但是网络语言却恰恰相反，在一个虚拟、自由的空间里，通过诙谐和幽默的方式阐述了不一样的表达方式，使得青少年的个性化得到体现，容易引起心理共鸣，进而对其创作热情具有积极的促进作用。研究表明，完全自由以及拥有无限发挥空间的网络语言一方面充分调动了青少年的想象以及创造能力，另一方面也锻炼了他们对于新鲜事物及语言的适应和运用能力。

网络语言中包含大量的词语的选择、句子的组合、语序的调整、修辞方法的使用，为创新思维的产生提供了充分的机遇。比如“我的沉默震耳欲聋”，初见不可理解，却在社交媒体上广为流传，无论是告白示爱，还是征求意见，只要对方沉默不语，都可以配上这一句。从语言学角度看，这句话采用了“对顶”的修辞格，即把语义相反的成分组合使用以产生发人警醒的修辞效果，“沉默”虽然没有声音，却具有丰富的潜台词，此时无声胜有声，爆发了巨大的震撼力，强调了沉默的力量和影响。

3. 促使核心价值观的多元化传播

网络语言价值意蕴的多元性使青少年的价值观也呈现出多元化的倾向。

新媒体时代带来的微信、QQ、微博等社交软件的集群效应对青少年认同主流核心价值观有重要的作用，并促进了社会主义核心价值观的传播，使社会主义核心价值观能够通过多元的方式进行传播。近年来具有正能量色彩的词句明显增多，从2019年的“阿中哥哥”、2020年的“逆行者”“夺冠”，到2021年的“觉醒年代”“破防”“强国有我”，这些网络流行语的价值取向已经不仅限于娱乐化，更注入了时代色彩和价值观念。在这些刷屏级的网络流行语背后，是社会动向的风向标，更是民情民意的晴雨表，这些昂扬向上的流行词句将家国情怀注入个人表达，在社会上引起情感共鸣，形成全民正能量。网络语言的上述表现，是我们必须肯定的，也是语文教学不可忽视社会流行用语所必须持有的积极心态。

（二）网络语言对青少年的消极影响

同时，必须承认网络语言的确存有诸多不规范的现象，这对青少年学习规范的语言知识、发展语言表达能力、提升阅读能力势必会造成一定的消极影响。

1. 阻碍汉语言文字的学习和使用

用图形符号、外文缩写、数字谐音等来代替文字开展交流，可能导致理解上的障碍或者表达上的牵强附会，这从某种层面看对汉语言文字的规范发展极为不利。尤其是对于正处于心智成长阶段的青少年，其中不乏理解水平相对较差的中小学生，其对于汉字还未能驾轻就熟，若长期受网络语言的浸淫，必然会影响规范语言知识的学习。

比如“稀饭”一词，本意为“粥”，然而网络语言却用其表达“喜欢”的意思，极易引起误会。再比如“鸡冻”，表面看取字谐音“激动”，实际上是用错别字代替规范汉字，诸如此类的还有“蓝瘦香菇”（难受想哭）等。此类网络语言显著削弱汉语言文字的规范性和严肃性，进而影响对传统文化的理解和鉴赏。尤其使用网络语言的主要群体为青少年，青少年大量频繁接触这类语言，会影响对汉语言文字的学习和使用，最终会影响对汉语言文字和传统文化的传承与发展。

2. 阻梗丰富语言的表达与流露

世界变迭之快，使日常用语能描述的情景相对减少，因而创造出许多流行词，把"只可意会"感觉的朦胧言传出来，并深深依赖。这种现象在最近几年风靡全球，我们不得不面对的问题是——大量网络用语的出现与使用是否会造成汉语失真？是否会造成新一代的青少年在规范书写时集体"失语"？具体而言，青少年脱离网络语言导致语感表达越来越匮乏，不仅体现在口语交际中，还体现在书面写作中，当使用网络语言成为一种习惯时，他们极易跟风复制网络用语而忽视个人思考与体验，无法形成和表达自己的真实感受，造成个体"失语"的现象。

试问：你的语言表达被哽住了吗？似乎，除了"YYDS"找不到其他赞美的词，万物皆可"绝绝子"，心中所想难以付诸文字，离开梗就不会说话。事实上，文字表达并不是现成的，它是一个生产和创造的过程。依赖梗、表情包、流行语的人，在"被梗说""被表情包说""被流行语说"中，失去了思考过程和文字表达的自我生成能力。久而久之，文字表达能力便被梗塞住了，无法用文字自如地表达想法。

3. 阻塞主流价值观的传播及传承

虽然承认网络语言具有"双面性"，虽然网络语言中包含主流价值观、正能量色彩的词句明显增多，但其中不乏非主流文化，所表达和传递着的是和社会主义核心价值观相悖离的价值观念。而正处于身心成长阶段的部分青少年，好奇心重，模仿能力强，喜欢用非官方式去解决问题，在虚拟空间里持有散漫态度和虚无的价值观念，对他们带来的消极影响可不容小觑。

这几年一些网络舆情背后的"言语发酵"表明，若青少年不能秉持主流社会的核心价值观，在价值取向上就会感到彷徨，甚至于否定人生、否定社会。事实上相当数量的青少年不具备完备的网络信息辨识能力，未能主动抵制网络语言中非主流价值观的部分糟粕，也没想过如何避免网络信息中可能对自己产生的不良影响。更有甚者，对一些网络流行语背后所体现的信息未加考证，盲目转发跟着起哄，往往会误伤他人也损害自己，甚至会严重影响正常的社会运转秩序。

三、应对网络语言的路径探析

互联网时代，网络语言的冲击对青少年群体的健康发展提出了新命题、新挑战。引导学生理性看待网络语言，正确辨析网络语言之“精华”与“糟粕”，合理使用网络语言，是学校教育、家庭教育乃至社会教育义不容辞的责任。因此，先从观念维度总述学校、家庭、社会三个层面应对网络语言的态度，再从行动维度分述这三个层面可采取的引导路径，做到合理化解网络语言的负面冲击，并有效发挥其正面作用，才是学校教育乃至语文教育必须承担的责任。

（一）转变观念——辩证看待，不必“过度担忧”

庄子曾言：“物固有所然，物固有所可。无物不然，无物不可。”世间之事物，并没有绝对的优与劣，更关键的是，我们应学会辩证地看待它们，只有这样，才能更好地进行良性引导，网络用语亦然。

一方面，网络语言与其他语言一样，一旦把时间跨度拉长，网络语言能经受得起时间的考验，就会在群体中达成共识，很可能会被人们长期接纳，甚至其部分留下来成为精华，形成人们约定俗成的传统语言；反之，带有侮辱字眼的那些词，被时间淘汰的可能性非常大。传统语料亦然，它是经过大浪淘沙，留下来的约定俗成部分。因此，不必把网络语言当做洪水猛兽，家长老师也不必过度上纲上线，教育的关键是培养孩子分辨是非善恶的能力。

另一方面，网络语言的“出圈”，实则是语言丰富的体现，代表着人们新的表达需求。譬如，今年春节几个很有“存在感”的生僻字“火出了圈”，“龙行龘龘（dá dá）”的“龘”字重获新生，正是它的字形与人们表达新春祝愿的需求锁定在了一起。生僻汉字重获新生，被赋予现代社会新的语义，也让我们看到了一条了解传统、盘活文化的新路径。

追溯本源，一切流行词也不过是人们特定语言环境下创造的具有特定涵义的载体，而载体本身并无好坏，怎么使用才是讲究。流行语以交流为目的，需要符合特定时间层面的，或者特定使用群体的需求。若使用者九成都是年轻人，而且网络用语更新换代极快，新词换旧词是历史规律。“程门立雪”“洛阳纸贵”“缘木求鱼”同样也是特定情况下产生的流行词，但今天却是我们的经典词组。即使是拼音缩写，乍一出现和当年火星文有什么区别？随着时间的推移，自然会取得人们的认同，当然，这个过程必然伴随着取其精华，去其糟粕，沉积下来的终究是符合历史的，我们对此不必过于担心，只要适当使用，并加以积极引导，网络用语总归是瑕不掩瑜！

（二）付诸行动——良性引导，家校社协同育人

对网络用语的矫正与引导不可能一蹴而就，必须持之以恒；同时，不能仅靠学校或课堂，必须家校社协同努力，从语文育人、语言立人的角度协作发力，才能行之有效。

1. 家庭场域：正面引导，培养读说习惯

现如今，网络用语像“yyds”“绝绝子”“酱紫”“886”等，因其简单、通俗易懂、易传播的特点，迅速成为好多青少年的习惯用语，无论什么情境下，都能用这些词语与日常用语无缝对接，弄得不少家长一头雾水，有的家长直呼：是我不懂这世界……但同时，这些家长十分困惑——怎么做呢？

（1）让孩子多讲、多练。

语言是在实践中不断锻炼出来的，想要培养孩子的语言能力就必须多听和多练。许多生动有趣、活泼多样的语言都是书面表达和生活表达相结合的结果。在家庭场合，这种结合无处不在、无时不有，家长要注意孩子们把学校与课堂学会的语言灵活应用在家庭起居生活游戏之中，使之像网络语言一样“活色生香”。譬如，家长们可以跟孩子玩讲故事接龙游戏锻炼，引导孩子表述故事的因果与走向，让孩子充分锻炼自己的语言组织能力和想象力，发挥自己的联想，与家人一起完成故事接龙，最后家长再把故事完整复述一遍给孩子。这个过程可能就有许多孩子们喜闻乐见的鲜活语言，让他们津津乐道。同时，在日常生活中要鼓励孩子去讲述自己的所见所闻，包括生活中发生的事，听过的故事等，让自然而规范的语言占据生活中心，就不会沉迷于网络不良言语中。语言贵在表达，让孩子从容而且自在地表达，就不会舍本逐末去追求网络上“便捷”的不良表达方式。

（2）让孩子充分表达自己的意愿。

当孩子有表达意愿时，家长要学会耐心倾听，先不管孩子说的是对是错，最后结果怎样，都要听孩子表达完，切不可一开始就否定孩子，抹杀他的积极性。对于孩子来说重要的是让他“说出来”而不是说得“好不好”“对不对”，倾听完之后再对孩子进行引导。尤其要对孩子们的表达中的“网络语言套路”进行耐心分析，培优去弊，就会让孩子们养成良好的表达能力。

（3）培养孩子阅读的习惯。

远离网络不良语境，最好的方式是让孩子们从书本中寻找正确的语感。在孩提时期，家长们要培养孩子良好的阅读习惯，必须让孩子选择正规的出版物来阅读，并且让孩子对“主食”感兴趣，阅读的作用才能优化。同时家长可以和孩子一起讨论新颖有趣的词汇，试着把这些单词与孩子的生活联系起来，让孩子容易理解词语的意思和语境。当孩子足够大的时候，让他们想出一个用词的方法，试着在你的日常生活中使用这个词，或者在白天让孩子尽可能多方面地使用这个词进行造句，这样也能帮助孩子词汇量的积累。一旦孩子们的“正统”词句积累丰富，自然就会对哗众取宠的网络用词失去兴趣。

2. **学校场域：疏堵结合，巧用教学机智**

学校和课堂是引导学生正确对待网络用语的主战场。一方面，学校和语文课堂不能对网络用词充耳不闻，或一味封堵，不予引导；另一方面，学校和课堂不能对网络用词全盘接受，任其泛滥，干扰和冲击语言教学。正确的态度应该是疏堵结合、引排并济，才能奏效。

（1）识危处，堵害言。

学生对于网络用语常有盲从心理，往往不辨好坏，拿来便用。教师应当引导学生认识到某些网络“烂梗”的危害恶俗之处。教师不仅要会讲道理，更要善于“摆事实”，结合具体的样例，讲清楚“危言”之“害”，才能让学生产生深刻印象。可以采取以下措施：让学生收集网络语言及其出处，开展主题班会，集体分析其表达的含义，学会辨别网络语言的好坏；班主任可以在班中选择较有责任心正义感的学生，帮忙关注好班中的动态，如果发现某个网络“烂梗”有“风靡”的趋势，就及时告知老师，由老师来进行干预和指导，指出用语不规范的害处，引导学生规范文明用语。

（2）立语规，培文韵。

语文学科和语文课堂在面对网络语言挑战中首当其冲，重任在肩，要把它当作语文学科和语文课堂教学的重要任务。语文教师应当规范学生的日常用语，夯实语言基础知识的学习，包括音、形、义、语法等方面，做到正确、熟练地使用。语文教师要强调语“音”掌握准确能避免谐音，“字”形掌握准确能避免别字，“语”义掌握准确能避免生造词。做好以上三点的同时，语文教师还要带领学生阅读经典文史诗赋，领略中华语言的意蕴和优美，使学生胸藏文墨，自然而然地形成用语规范。此外，给学生分享名人的幽默语录，让他们感受真正的语言魅力；利用“每日一诵”“好书推荐”等形式鼓励学生多读中文经典名著，体会汉语之美；推荐学生观看聆听“诗朗诵”“演讲比赛”等节目，让学生真正领略准确发音、吐字美感，从而与各种网络语言的“变性”行为划清界限。

（3）创新语，疏正气。

当学生能辨网络语言的好坏、形成语言底蕴后，教师应鼓励学生积极创造正能量、向上向善的语言，使学生在语言使用上更加乐观积极。语文教师要带领学生对那些出现频率较高的网络用语进行语言学方面的分析，从语音、语汇、语法角度等去充分掌握它，先学会自己的灵活运用，然后去伪存真地引用到语文教学当中。在阅读和作文的教学中，教师也可以在修辞、情景展示等方面，告诉学生如何让网络用语更好地为阅读和写作服务。从而做到有破有立，对可以规范的网络用语合理使用，变“废”为宝，提升语用能力。

3. 社会场域：立标立杆，营造文明环境

除此之外，全社会都应协同推动网络语言规范化，营造文明的网络语言环境，这是赋予我们整个社会不可推卸的责任。一是要加强网络技术研发，建设网络语言监控平台，从技术上保证网络语言中反动、错误的部分能被及时纠正和清理；二是宣传正确导向，建立文明上网的道德规范，让青少年能够自觉运用标准、文明的网络语言进行交流，帮助他们建立科学的语言观；

三是政府部门的语言文字规范使用的管理部门要发挥积极引导作用，组织语言文字专家定期对网络流行语进行专业评价，分析流行语的来源和出处，让公众有更好的鉴别力，从而实现全面共识，共同净化、美化语言环境。

总之，网络语言在造福、方便人们日常交流的同时，也不可避免冲击我国的语言及语文教育。对此应予以正视，对网络语言的使用进行疏导结合，在保持宽容态度的同时，也应防止网络语言的泛化，让网络语言变成青少年语用学习的强大力量，从而树立正确价值观，增强规范意识，夯实语文基础知识，强化语用能力，促进思维发展，提升审美鉴赏能力，全面提升语文学科核心素养与综合素养，激活多样化语言文字在互联网时代的鲜活生命力。

第五章 “活力语文”之“真写作”

在中小学的课程学习中，语文始终处于首位；在中小学生成长过程中，语文始终扮演着精神发育与心灵丰盈的导向角色；在中小学生的知识掌握、能力增长和素质提升的进程中，语文更是发挥着认知与审美、思辨与感悟、交流与修炼的磨刀石作用。因此，“活力语文”研究的理论价值和实践价值都是不可估量的。前面，我们已经探讨了阅读和说话在语文教学中的重要分量，在本章中我们将关注写作在语言表达中的重要地位，以及“活力语文”如何通过写作知识的掌握和能力提升来实现价值追求，从而培养学生“真写作”的素养与能力。

第一节 “活驱动”——真实的写作动机

我们为什么要写作？观察需要表达、沟通需要陈述、思考需要记录、认知需要传递……，因此有了构思、拟稿、摘要、概述、描写、论证和行文的需要。追根究底，写作来自人的内心驱动，是自我价值实现的一个高级欲望，也是人的个性显示、生命张扬的表现。但是，对于语文教学来说，学生写作的背后动机和成年人有所不同，至少应该包括学生探究客观世界的激情定格、养成边写边想、边想边写的思考习惯、展示成长过程的心理活动轨迹、在欣赏前人思想与感情的驱动上，写作是内心感情和头脑思考的体现，写作必然伴随着学生成长的尽善尽美。理解写作的真实动机和真正动力对于我们把握学生在语文“善表达”方面的表现是很有帮助的。

一、写作是语文力量与智慧的真实体现

写作，是人类以文字作为表情达意的一种精神创造活动。写下来，是语言文字的表现和创制，是高级的“说话”。人在通过写作建构精神家园的同时，写作也成就、健全了人本身。会写作的人，才是真正发展的人、健全的人，因而也是幸福的人。“活力语文”追求的价值包括语言表达与语言传播，并且要求这种表达和传播是在深刻的思维、深厚的情感、深邃的文化背景和深度的运用技巧基础上展开。写作是书面表达，反映的是学生综合运用语言的能力，不仅在中小学语文教学中处于举足轻重的地位，而且对于学生终身成长中的核心素养与能力形成更是有着至关重要的作用。

当下，中小学语文教学中遇到的最大问题是学生写作能力不足。表现为写作意愿不强，对写作抱有明显的畏难情绪；写作者经常提笔无语，不知从何下手，且提笔无思路、行文无观点、谋篇无主题，写出来的东西让人读后不知所云；还有许多学生虽然也会“写”，但文字表达功底不扎实，写出来的文句错别字多、用词不妥帖、语法不规范、句子不通顺，让人读不下去；更有一些学生照套一些网络用语和民间俚语，甚至抄袭他人作品——如此种种，表现了文思不良、文风不正、文德不高，给汉语写作蒙上了污垢，也让我们感到语文教学的艰巨性、写作训练之重要性。

上述写作问题给当下语文教学带来严峻的挑战，最大的问题体现在三个方面：为何写？写什么？怎样写？本节先回答第一个问题，为什么要写作，即写作的现实意义有哪些？

曾经有人说，语文课的最主要目的不是让学生熟练分析语法结构，而是学会口头表达和文字表达。“活力语文”让语文教学更智性、更美好、更实用，自然也强调学生通过语文学习而更好地运用语言的表达与传播技能，除了说话和演讲，写作与行文将是学生生存与发展的基本技能。

写作，首先必须祛除伪动力。很多对写作心存畏惧的人恰恰都是因为缺乏写作的动力源泉，或者是写作的动机不纯，只是为了完成作业，通过考试，参加应聘，基本上都是强迫性和被动性，难免有消极应付的成分，下笔行文自然是勉为其难的构思、飘忽不定的主题、闪烁其词的表达、断章取义的推理、喧宾夺主的结构、贻笑大方的结论——根本就写不好作文，即使凑够字数，也是一篇没有灵魂、没有灵气、没有活力的“裹脚布”，这是我们写作的大忌。

要想写好一篇文章，首先要弄清写作的真实目的是什么？写作追求的价值目标是什么？写出文章让人看了能帮助读者感悟到什么，收获什么，解决什么问题，实现什么优化？诸如此类，可能有点“玄”，但触及写作的“本源”，又似乎从哲学的高度来判断写作的动机，与一般人写作所呈现的“理由”——“没有理由的写作”不同。但作为“活力语文”的倡导者和语文教学的多年实践者，我们还是要强调写作是有“本原”的动机。

“问渠那得清如许，为有源头活水来”，一篇好文章，通常是依赖良好而合理的驱动力而促成的。写作的动机包括需求、欲望、意图、目的、意志、兴趣、愿望、理想、信念、世界观等“形而上学”的动机作为赋能，让文章有个生长极点。在这里，“兴趣”和“愿望”是最为关键的原动机，对身边事物、对山川海天、对人间悲欢、对世事无常、对岁月蹉跎都可以因为“趣意”萌生而突发奇想，内心有实时记录、跨时回顾、延时顿悟的冲动，也就有了写作的“愿望”。这种发自内心的真实感受往往是真实行文和真实笔调的基础。

二、写作的五大功能

当然，写作的真实动机远不止于因趣而察、因察而悟、因悟而作。从前面分析人类思维的表达的视角而言，写作既然是思维表达和信息传播的媒介，也就指向了写作的社会功能的发挥了。

第一，写作是形成“高级的我”的最佳路径。

写作的成果不是“美酒佳肴”，也不是豪宅名车，但却有凌驾于精美物质之上的精彩精神。写作反映的是人的内心世界，“言为心声”，“文如其人”，说的就是这个道理。每个人都有自己的个性、主张、观点乃至思想，倘若不写下来，这些主观“意识”都还是处于混沌不清或定位不准的状态，而写作的过程即整理思绪的过程，也是提炼观点和主张的过程，更是升华和创意迭出的过程。因此，许许多多的写作者在创作过程不仅会“发现自我”，而且会“惊叹自我”——看到一个连自己都料想不到的自我！所以，写作是做最好的自己、让自己显示自己、让自己修正自己、让自己完善自己的最好途径，正是这个高大上的需求让亿万大众的一生都离不开写作，让写作的名家大师享受众人尊敬！

第二，写作是分享“特别的我”的最好方式。

“世界上没有相同的两片叶子”，“没有两人的指纹是一样的”，——每个人都是特别的存在，并且，每个人的特别存在都必须受到其他人的承认、肯定、尊重、接纳、容忍、帮助、约束、鼓励。为此，获得别人的理解是先决条件，而这种理解又必须建立在相互沟通、相互交流的基础上。那么，以文章、文本、文字的形式来获得交流与理解显得尤为重要。从表面上，分享经历、分享经验是自我成长过程中有必要的记录和整理；而从实质上看，这种分享也是唤醒别人的同情心、正义感、包容性、认可度的有效方法。因此，通过写作，不仅可以展现自我，而且可以融入社会，是自然人成长为社会人的垫脚石。

第三，写作是走向“完善的我”的有效路径。

写作与绘画在某些方面有相似之处，即某些写作形式和绘画一样都是艺术创作，但是，大多数的写作却不是在临场临摹、观察、记录、描写，而是充满了理性思考和独处静思的色彩。当人们开始写作，等于开始一次人生修行，不仅要事先阅读、思考，对素材进行筛选、取舍，而且还要整理自己内心的想法，甚至魂不守舍地苦思冥想、闭关顿悟，以期发现新思路、新观点、新结论，这个过程通常伴随着“扪心自问”“观察取意”“舍末取本”“澄怀观道”，既是一场“文以载道”“取法有道”，又是一次“明心笃志”“道法自然”。所以，能写好文章的人，通常都是见多识广、知行合一、心相淡定的人，意味着他们内外兼修达到了自我完善的较高境界。

第四，写作也是塑造“美美与共的我”的必由之路。

中国文学理论的经典著作《文心雕龙》中写道：“妙极生知，睿哲惟宰。精理为文，秀气成采。”这句话强调了写作者必须有审美的眼光，才能获得优美的文字、精美的篇章和绝美的气韵。写作者不能平铺直叙，也不可能东拉西扯，更不能杂乱无章。那么，这就要求写作者推敲字词、讲究章法、取舍构成、强调顺畅，让人读起来感觉自然、亲切，回味无穷，又爱不释手，从而达到“美文”的高阶境界。与此同时，写作者也在写作中不断修炼自己的爱美、求美、创美的眼光和心境，力求做到“与文臻美，美美与共”，亦是修成正果。

第五，写作更是提升“思辨的我”的睿智之道。

千江有水千江月，万里无云万里天。写作过程必须调整自己的心态，不走极端，既有笔走龙蛇、纸卷风云的豪迈，也须有三思而行、惜墨如金的谨慎。因此，写作人员的修炼应该包含哲学、文学、社会学、宗教学、历史学诸方面的知识储备和方法掌握。尤其在观察问题、理解问题、解决问题方面必须独立思考，以批判性思维来考察现象，透过现象看本质，抓住主要矛盾，弄清事实与逻辑，才能厘定因果、辨析真伪、比较优劣、鉴别长短，真正做到就事说理、因人而异，让人心服口服，释然安然。所以，写作过程是深度思考的过程，也是智性修炼的过程，因为写作而实现思维进阶，则是利己益他的一件好事。

“活力语文”立足以上关于写作原动力的出发点，从一开始就强调写作者要开阔视角，立意宏远，让语文中的写作承担核心素养与关键能力提升的驱动器角色，释放其中的力量与智慧，才能让写作表达的原动力充沛丰盈，为“活力语文”提供源源不断的精神力量。

三、通过写作激发言语原动力

在语文教学中，“作文课难上、作文题难教、作文本难改”是个老大难的问题。不少学生提笔难行文，行文无好句，不仅是因为没有掌握作文的技巧，更重要的是对写作没有兴趣，只是为了作文而作文，当然写不出好文章。为此，“活力语文”强调，作文命题要从“兴趣”挖掘入手，挑学生感兴趣的主题，变“逼写”为“想写”；作文内容要从“情趣”激发着眼，选学生身边或亲身经历的有兴趣的事情，变“苦写”为“趣写”；作文形式要从“妙趣”尝试着力，让学生用生动活泼和灵活多样的形式来表达，变“硬写”为“软写”，——如此等等，不仅在目标、内容、形式等方面创新，同时也改变单一的作文评价方式，让不同类型、不同风格的写作都大放异彩，才能呈现语文的“活力”所在。

1. 语文老师的使命：千金难买“我愿意”

兴趣是最好的老师。语文学习的价值观最重要。只有正确的价值观才能维持一生的兴趣。语文老师的使命就是让孩子们爱上语文，爱上写作，而且是一辈子爱阅读，一辈子喜欢语文。潘新和教授说：“不写作，非‘人’也。”他的观点是人与其他动物区别开来的标志就是写作。因此，言说欲的唤醒和培育是语文教师的首要任务。北师大附属中学的一位语文老师，每学期要求学生交一篇好作文——仅一篇的要求并不高。有一个不喜欢写作的学生说：我没内容写。顾老师说：“那你说说你不开心不痛快的事情。”学生说：我爸昨天没来由的揍我。老师说：“你把你爸爸打你的事写下来，就行了。”于是他很认真地写了一篇，写得挺好。老师看了说有些欠缺，你再改改吧。于是他改了一遍又一遍，自此这学生再也不怕写作文了。作文不外乎“我手写我心”嘛！把心里想说的话写下来就是作文。所以这个老师深知语文学习的秘诀，那就是让他愿意、喜欢、一辈子喜欢！

2. 鼓励写自由放胆文

“兴趣是最好的老师”，以动机来约束兴趣，以兴趣来维持行为。自由写作的灵魂是“心灵自由”。其核心就是“独立之精神，自由之思想”。古人有“修辞以立诚”之说，叶圣陶先生也认为作文教学最重要的是“求诚”，是培育“立诚”的基础。

自由表达文，是指让学生习作不受文体束缚，不受篇章束缚，自由表达，想说什么就写什么，想怎样说就怎样写，想写什么就写什么，想怎样写就怎样写，可以写片段，也可以写整篇，有几句话就写几句话。笔者班上的学生每人都有一本“心语本”，每天在“心语本”上记录，写下所见、所闻、所感，所喜、所忧、所惑、所获，没有字数要求，只要是真观察、真心意、真表达就行，内容可以是校园生活、班级生活、社会生活、家庭生活等等。让学生自己去选取熟悉的题材，放开思路，不拘形式，不拘内容，在心情愉快、宽松的状态中自由流露心中的喜怒哀乐。“心语本”的“知心对话”让学生想说、爱说、会说。对于新世纪的少年，作文不仅仅要关注章法和技巧，更多的要关注“生命活动”，关注人的心灵建构，关注个性的培养、人文精神的张扬和人的发展。教师在批阅时可以不做详细的批改，重点是发现亮点给予表扬，发现困惑给予解答，通过文字上的交流，让学生对老师敞开心扉，从“心语本”中及时发现学生的心理问题、学习问题、家教问题，文字上能沟通的就在本子上交流，心结打不开的就约学生、约家长当面聊，成为学生的好朋友和心理医生。在这过程中，教师不仅只是批改文字，更重要的是在精神、情感上给学生支持鼓励，只要学生在语言表达上有点滴进步的，就毫不吝啬地赞赏，让他们感觉到教师对他的关注和爱，亲其师信其道，就愿意听从教师的指导，努力往上跳一跳。这样的写，是在“润物细无声”中提升学生的语言表达能力、社会交往能力、心理调适能力，可以说是一本多用途！“心语本”不只是动笔，也可以用电脑“写”，还可以动口，用语音输入。不管用什么方式“写”，总之，就是养成有什么想说的，就尽量运用语言文字进行表达的习惯，让写作成为人生不可或缺的组成部分。

3. **鼓励写真情实感文**

“感人心者，莫先乎情”。教师要善于捕捉文章的“动情点”，引导学生理解在深远处、感悟在动情处，拨动学生的心灵之弦，当文本的情与学生的情交融在一起时，便能“情动辞发”。

教学中，教师应启发学生打开思路，挖掘他们在学校里学知识、玩游戏、搞活动的感受，与老师、同学的交往——在家里吃丰盛的饭菜，长辈的关怀的感受；在社会上逛商店、游乐园——在大自然中看到四季的景色、天气的变化、花草树木的生长的感受，捉昆虫，养动物，采矿石——捕捉自己觉得新奇有趣、最有意思的事物、人物和感受。鼓励学生说真话，说实话，引导学生关注现实，热爱生活，表达真情实感，说心里话，不说假话、空话、套话，强调言之有物，写真切体验。让他们学会用自己的眼光和心灵去感受和体验，用自己的笔写自己想说的话，从小培养学生良好的人品和文风。[①]

4. 对习作“说长道短”

潘新和教授提出：要把学生的作文当做“样本”，让学生参与进来，一起说长道短，评头品足，这种师生间的“交往与分享”，犹如一席语文沙龙。作为“案例”，就意味着提供了可探究的对象，这些文章是教学“样本”，是学生作文中较有代表性的，优点和缺点并存，可以见仁见智，不完全是欣赏、模仿、学习的对象。通过“案例研究”，对照自己的作文，促进学生“自悟”，举一反三。[②]“案例研究”的价值在于：让学生发现自己写作的优势、风格和个性；对学生有所鼓励，从而树立写作的信心，从中找到做人的尊严；使学生的表达能力有所提高，并博采众长，领悟写作真谛。

5. 让习作“发表”

苏霍姆林斯基说过：“请记住，成功的欢乐是一种巨大的情绪力量，它可以促进儿童好好学习的愿望。”习作兴趣的培养必将通过恰当的激励手段。学生的言语素养发展程度不同，情况各异，如果用统一标准来衡量，进行横向比较，势必让程度差的学生备受打击，产生对学习语文的畏惧感。为此，我们的“评价”应尽量“人本化”。其一，呵护差异，注重纵向评价。观察学生语言素养发展的脉络，有针对性地进行指导。其二，鼓励“发表”，给予激励性评价。不少写作的佼佼者对小时候得到老师的好评刻骨铭心，以至感念终身。“发表”不一定指在报纸杂志上印成铅字文章，更常态的“发表”就是在每节语文课上用5分钟时间朗读一篇学生的习作，当老师抑扬顿挫地朗读自己的习作时，学生内心是怎样的体验和成就？下课后，被“发表”的学生还被邀请到教师办公室“喝茶”，并得到老师亲自书写的“习作发表纪念书签”。

---

① 邓秀娣：《会模仿善表达打造快乐课堂》，《教育艺术》，2014年第10期，第11页。

② 潘新和：《语文：我写故我在》，福州：海峡文艺出版社，2014年8月版，第116页。

这样的激励性评价将点燃学生的言语生命，激励更自觉的言语创造。

此外，“每月班报”“每年一书”也是学生最有成就感的事，每当优秀习作编制成班报，人手一份，让学生传阅优秀习作，上榜的同学成就感满满！有的学生在原有基础上有提升进步的，可以把他们的作文中的好段落编进班报，让更多的学生受到鼓励！寒暑假期间每位同学把一学期的习作和寒暑假生活日记打印成文稿，图文并茂，编辑成册，有封面、目录、后记、插画等，装订成一本“我的作文书”。开学初举办“我的作文书”漂流展，在阅读别人的“作文书”后贴上一个标签，写上读者的姓名，这样既写了自己的“书”，又读了别人的“书”，兴趣在阅读、写作中被激发，被认可，这应该就是潘新和教授所倡导的“立言”激发言语创造，培育言语生命最好的方式了吧！思想家伽达默尔说：“谁拥有语言，谁就拥有世界。”“活力语文”要让每一个言语生命自由、茂盛地生长，使教学与人内在的存在性需要相一致，让言语生命形成言语上“不一样的自己”，让活泼泼的生命力熠熠生辉。

总之，在作文教学中要以兴趣激发写作、以生活烘托写作、以生命的真实感受和深刻理解来铺展写作，让学生感到确实有话可说、有情可抒、有论可议，既可以写出真实感人、以理服人的好文章，也为他们将来走向社会，做生活的主人和做生命的塑造者打下坚实的基础。

第二节　“活灵动”——智慧的写作方法

古人说“文以载道”。语言是可以传情达意的，文章更是可以传递思想的。“活力语文”强调语文教学的表达力、传播力、创构力，自然要求在作文写作上要实现与读者共鸣、共情、共振，强化语文教学对于学生提高人文素养与写作能力的实际效能，才能落实语文教学的新课标要求。

一、语文写作的两大偏颇

当前习作教学存在两大不良倾向：一是偏重内容，忽视技巧，只要主题正确，不注重表达方式；二是偏重技巧，轻视内容，把作文课变成纯粹的写作课，忽视内容研究、思想深化、主题探讨。这两种倾向都背离了“活力语文”的价值追求目标。

偏重内容并忽视技巧的习惯在以往的语文教学中曾经长期作为传统做法被延续下来。尤其在经历了一场又一场的“运动”之后，成人世界的文风格调就变成了“高大上”，但往往又带有“假大空”的色彩，社会上各种文章、诗歌、小说、电影、电视甚至舞蹈、绘画、雕刻等都冲着“主题正确”的“永正光”方向下大力气，而不在乎技巧上的粗制滥造、重复抄袭的问题。并且，这股不良风气也吹进了中小学校园，语文课的命题作文往往都是传统题材，即以“主旋律”选题，以“正能量”命题、以传统文化命题。不仅窄化了学生写作的题材视野，而且造成了严重的抄袭现象流行。导致许多教师指导学生写作选题不用心，学生自选题目写作也不上心。由于作文课多“旧题新作”，学生的写作往往都是按照套路去模仿，甚至连中考作文、高考作文也是押题预写。这类写作往往不需要亲身的生活体验，也不经过认真的思考辨析，更不用努力地解题创作，甚至连遣词造句、排列修辞讲究的力气都省了——其直接的后果是写出来的文章毫无真实感，也没有少年儿童的质朴和真诚，更不可能有炽烈的情感和睿智的思考，说是“废话连篇”也许语重了些，但确实是没有“活力语文”所追求的灵气和智性。

与此同时，偏重技巧而忽视内容的倾向在近年某些地区的语文教学中也有抬头的趋势。在一个互联网、移动通信、大数据技术广泛流行的时代，尤其是“复制粘贴”“拷贝下载”变得十分容易的时代，写作的技巧不再是秘密，也不是少数人掌握的专利。特别是近年来关于语文写作“捷径”“秘法”“范本”的书籍满天飞，语文教学的焦点自然被这类哗众取宠的浪潮所裹挟。结果，过度强调技巧又使得语文教学走入歧途，尤其中小学生缺乏生活体验和社会实践，更容易被导入思想不够、技巧拼凑的境地，以至于文意不清、文风不实、文体不明、文品不高，通篇作文充斥着华丽辞藻、华美修辞，但往往是立意不高、解题不深、论证不力，如此蜻蜓点水、不痛不痒，写不出酣畅淋漓之感，只能是无病呻吟！所以，光玩弄技巧而没有实质内容，恰如花拳绣腿，中看不中用，不能写出好文章，也不能满足“活力语文”的本质要求。

所以，“活力语文”的写作要避免上述两大偏误，既不能只要内容而忽视技巧，也不能滥用技巧而忽视主题，要做到有表有里、有骨有肉，才能让作文真正“站”起来，并且是有“中气”有“颜值”地站起来。

二、“活力写作”的“十大原则”

语文写作如何做到“骨健貌美”“丰神俊朗”呢？我们不仅要掌握和运用唯物主义的认识论和对立统一的辩证法，做到内容与形式、现象与本质、外表与内涵、主要与次要、静态与动态、本原与支流的有机结合，正确处理主和次、宽和窄、刚和柔、远与近的内在联系，照顾重点而不忽略细节、强调主旨而不偏废支撑，这应该是我们语文写作的指导原则。在这个前提条件下，当下语文写作要做到去弊扬善、弘恢取精、激活张力，必须以语文写作贯彻落实学生核心素养和关键能力培育这个目标为着眼点，切实促进学生的认知提高、技能掌握、情感塑造、价值观净化，从而在文化自信、语言运用、思维能力、审美创造方面更上一层楼。为此，“活力语文”着眼于语文写作方法的变革与创新，提出“活力写作”的十大原则：

第一，主题活化原则。一切写作，均以实践为基础；写作命题，须以社会实践为依据；文章主题，须密切联系生活实践、工作实践、建设实践、创造实践，只有生命之树是长青的，只有基于实践的认知才能让语文有活力。

第二，思维激化原则。一定要带着思考去写作，必须激发写作者强烈的求知欲、表现欲，把写作的目标置于弄清事实、倾听客观、明辨是非、建构合理的基础上，把写作当做独立思考、质疑反思、批判谬误、澄清迷惑的过程。这样，才能使文章充满张力——语不惊人死不休！

第三，联想强化原则。要把核心素养的好奇心、想象力培育引入语文写作中。因为写作离不开兴趣的激发，若有了趣意横生，就会想方设法地表达出来；而要兴趣转化为“妙趣”“真趣”，则要拓宽思路、放泛联想，大胆假设，出奇构思，把各种素材和各种联想结合起来，使好奇心引申、扩散、迁移，才能让写作主题掘深、立意宏远、本质显现。

第四，共情感化原则。要把人文关怀的生命至上、人本为重的现代文明准则贯穿到文章主题乃至论点阐述、案例论证、词汇运用之中，让文章写作体现人性光芒。必须强调，写作不仅是从感性认识上升到理性认识的认知过程，形象思维必不可少，共鸣与共情相随相生，而且，写作还是一种复杂的心理互动，它必须站在人的生理承受与心理需求的角度去进行想象、推理、综合、引导，才能让文章写作实现情感培育、人格健全的良性目标。

第五，言辞美化原则。孔子曾说：“言而无文，行而不远。”意思是文章写作要讲究文采，才能让行文出彩，让读者喜欢，获得时空的穿透力。为此，“活力语文”强调要让语文“活”起来，作文有感染力、“信服力”“震撼力”，就必须从修辞排比方面入手，运用各种生动的比喻、故事、名言、金句、诗歌、辞赋、典故、谚语乃至幽默有趣的段子，让文章有音韵美、语感美、格调美、哲理美，自然就强化了语文的“活力”。

第六，结构妙化原则。“庖丁解牛”那是因为熟能生巧，已是结构大师。文贵短而不在长，字贵精而不在多。其中不仅有牵涉到命题立意、论证观点、文句案例等可否出彩，也有赖于文章的结构是否合理生动。同样的情景、同样的题材、同样的故事、同样的长短要求，为什么有些人能使文章妙笔生花、可读性强，就在于结构上不是毫无悬念地平铺直叙，没有侧重地平分秋色，而是通过思维整合，让发散性思维制造悬念“吊胃口”，再通过联想、想象、推理、批判、反思等各种思维方式，进行多角度、多层次、多时节的思考，最后用收敛性思维给出最优选择或最好结论。这样，就使文章峰回路转、行云流水、跌宕起伏、柳暗花明，具有更充分的说服力，也是“活力语文”的外延表达力的充分体现。

第七，论证适化原则。论述文需要以论证来支撑，其他如记叙文等也会有案例、数据、典故等因素来辅佐，所以，我们也可以说论证方法无文不在，证实、证伪、证优、证明——在众多文章中都是通用的方法。必须注意，论证过程不能夸大其词、哗众取宠，应该实事求是，有的放矢。那么“论证”就起着“绿叶衬红花”的辅助作用，不可能追求“华丽”的存在，只是不卑不亢地“适化”存在。“适化”意味着各种假设、求证推理、判断、综合、归纳都必须尊重常识，守住底线，厘定界限，分清边界，才能让文章的论证充满科学精神，也才能让文章的结局或结论具有“靠谱”的合理性。当然，这种“适化”是低调的，锋芒不扬，但外柔内刚，属于“活力语文”的一种“适应力”“匹配力”“钝感力”，也是不可或缺的。

第八，视角奇化原则。士无肝胆不可交，语不惊人死不休。在浩如烟海的文库中，每一种题材、每一类观点、每一项事物，甚至每一处风景都有汗牛充栋的类似文章，但能留在人们心中的名篇巨著并不多，让人口口称颂的每一类别的好文章也是屈指可数。为什么？落笔千篇，好文不易。那些经典大师之所以让大家喜欢，其中一个要诀就是“不走寻常路”“独闯桃花源”。最关键的成功秘诀应该是写作的视角与众不同，包括立意不同、取向不同、观点不同、表达不同、结论不同，也就是居高临下地观照人事，精心设计了文章的布局与结构，使得文章的个性出奇、特色出彩，这应该也是“活力语文”所推崇的写作，必须秉持“人无我有、人有我强、人强我优、人优我精”的原则的体现吧！

第九，结论简化原则。文章种类繁杂，文风可咸可甜，但“再好的戏都是有收场”，不论是政论、散文、小说、诗歌，乃至电影、戏剧、曲艺的本子，都有大开大合、云舒云卷，最后的结论必不可少。俗话说，好文章是“凤头、猪肚、豹尾”，文章的结尾必须精悍有力，贯彻大道至简、以简驭繁的原则。实际上，许多作家名言中也都强调文章宜短、宜精、宜简，不可架屋叠床，无须臃肿繁琐。作为文章的首位，应该给读者一个交代，或期许或愕然或惊喜，寥寥数笔，了然于胸，同时也让全文的价值取向得到升华，也就不枉费前面的铺垫论述。所以，好的结尾，绝不应画蛇添足，而是画龙点睛，这种点穴之功，也是“活力语文”化繁为简力道的体现。

第十，价值优化原则。任何一篇文章，都有生活观、世界观、价值观包含其中。所谓“去价值化”的空洞文章是不值得倡导的。落实核心素养培育的任务，应当在语文写作中体现价值观、培养价值观、引导价值观、应用价值观。“文以载道”，我们应当鼓励学生写有理想、有观点、有情感、有用处的文章，鼓励学生有精辟独到的见解、真挚丰富的想象、精彩隽永的语言，与古人神交、与今人畅谈，可上九天揽月，可下深海寻珠，——这样的文章不仅为社会所需要，也能长时间地留存。所以，“活力语文”的风向标指向了价值体现、价值留存、价值传播，文章的展示力、表现力、创造力，也是名正言顺的“活力”维度之中。

总之，新时代的语文教学把学生的核心素养与关键能力培育放在重中之重的位置，“树人”与“树文”有机地结合在一起，这两重价值都不可或缺，这既是语文回归育人本位的要求，也是语文重构、焕发活力，更好地发展言语思维与能力的必然趋向。

三、“活力语文”写作教学的实践探索

新课标在总目标中提出要培养学生“积极观察、感知生活，发展联想和想象，激发创造潜能，丰富语言经验，培养语言直觉，提高语言表现力和创造力，提高形象思维能力”“乐于探索、勤于思考，初步掌握比较、分析、概括、推理等思维方法，辩证地思考问题，有理有据、负责任地表达自己的观点，养成实事求是、崇尚真知的态度”。[①] 这两段话对学生的表达提出不同维度的要求，一方面是形象思维，重点在于激发想象力、言语创造力，另一方面是理性思维，重点在于有理有据的表达。因此，活力语文教学把培养言语感知力、创造力和言说欲、表现欲，作为教学的重点，[②] 以感性、审美性写作

① 中华人民共和国教育部：《义务教育语文课程标准（2022 年版）》，北京：北京师范大学出版社，2022 年 4 月版，第 6 页。

② 潘新和：《“表现—存在论”语文学视界》北京：人民出版社，2014 年 10 月版，第 290 页。

奠基，辅以理性、实用性写作，引导学生"向经典学表达""记生活勤表达""做研究乐表达"，让学生心中有情、笔下有文，爱写会写，培育持续、旺盛的写作素养，为一生"善表达""真写作"奠基。

（一）向经典学表达

经典文本是写作的典范。读经典的作用是培养阅读趣味、品味，熏陶人品、文品，增进修养、学养，学习文章规范、技巧，修炼语感、语境感等。[①]古人说的"学问文章""道德文章"都是读、思（悟）、写三位一体的文章。"学问"和"道德"都是从"读"中悟出来的，将悟出来的写出来就成了好文章。阅读向写作迁移，是对写作"学问"之文、"悟道"之文的一种最好的磨砺。[②]一本语文书就是一个写作素养教学系统，教材中精选了大量文质兼美的文章，每一篇文章都有其写法上的秘妙之处，或在结构篇章、或在写作顺序、谋篇布局、说明方法等方面的巧具匠心。可以说，阅读教学的文本是写作的资源库，我们要有意识地从写法的路径来挖掘其语言文字表达上的价值，对"形式美"的探幽，品悟不同文体的语言特点；学习基本表达方式以及文体写作要素与技法；了解文章的立意、选材、结构等，统摄、择取文本中的相关内容，让学生从中获得对美文写作的认知。学生在语言文字的运用和创作上，就能做到举一反三、触类旁通了。

1. 读中认知文体。周一贯在《习作教学中的文体意识》一文中曾通俗易懂地阐释道："你想写什么，派什么用场，要达到什么目的，就不仅要有内容，而且还得有这种内容得以存在的最恰当的形体，这也就是'文体'。"可以说要写作，需识体。而这种写作的文体认知，就需要我们在阅读教学中，借助文本来教授，让学生在对作品阅读欣赏的具体的过程中，有意识地感知这是什么文体的作品，从而依据它的体式去理解和把握，获得独特的感受。这样在写作时，才会按照自己的写作意图，贴切地选择相应的体式去准确表达。

例如部编版五年级上册《新型玻璃》一课，属于说明文，紧紧扣住一个

---

① 潘新和：《潘新和谈语文教育》，南京：江苏凤凰科学技术出版社，2018 年 4 月版，第 20 页。
② 潘新和：《潘新和谈语文教育》，南京：江苏凤凰科学技术出版社，2018 年 4 月版，第 19 页。

“新”字，分别介绍了夹丝网防盗玻璃、夹丝玻璃、变色玻璃、吸热玻璃、吃音玻璃五种新型玻璃的特点和它们在现代生活中的广泛应用，鼓励人们用新的科学技术创造出更多的新型玻璃。在教学中，教师先让学生梳理每一种玻璃的材料、用途，以及文中介绍不同新型玻璃时采用的列数字、打比方、做对比等说明方法。然后引导学生关注作者的表达，引发思考：

（1）这五种新型玻璃作者分别用了什么方式让它们有序有趣地闪亮登场呢？“一石激起千层浪”，这个问题让学生有了探究的兴趣，他们再次阅读课文，发现了作者用了五种不同的方式来介绍，分别是：事例引入、对比介绍、直截了当、展望未来、列举生活中的问题。

（2）这五种方式对应的五种新型玻璃，先后顺序对调一下好吗？作者这样安排的用意何在？这个问题再次调动了学生思考的积极性，在交流讨论中，学生发现开篇用讲故事的方式是为了吸引读者，加强可读性；第二个对比介绍是在第一个介绍的基础上，和第一个有着不一样的功能；最后讲现实生活中的问题，是让我们知道科学技术是为人民服务的，发明创造是要解决生活中的问题的。因此，五种方式不可以对调，每一种都有每一种恰当的用处。

（3）教师让大家任选一种，尝试着用自己喜欢的方式介绍“折叠玻璃”，自己先动笔写，然后在小组中介绍，推选同学上台分享。

（4）课外阅读相关书籍，上网查阅资料，发挥想象力，写一篇《我发明的新型玻璃》，用上不同的介绍方式。

黎锦熙先生对教材是“形式”和“实质”并重的，“实质”的丰富，使学生增长学识、拓展心灵、发展想象力和思维力；“形式”的多样，培养学生的文体感、语感、语境感、语篇感。这种聚焦“实质”的学习，有助于涵养学问、胸襟，提升审美的人文品位；同时，重视“形式”的学习，获得更多语文知识的了解和语言文字技术运用的决窍。这两方面对于学生的语文素养都是不可或缺的。在《新型玻璃》教学中，教师引导发现说明性文本在表达中的独特之处，引发思考探究，让学生顿悟作者表达上丰富的变化，在变化中隐含着逻辑思维，让说明文有了语境感，从读学写，让习作表达有序有趣。

2. 阅读中锤炼语感。语感，是人的言语感觉、言语感受力、言语感悟力、言语审美力。无论是精读课文还是略读课文，都可以领略修辞的精彩之处。修辞使语言鲜明生动，富有感染力。对于文本中出现的精彩语段，我们要"投机取巧"，除引领学生精读细品、反复诵读之外，还要巧妙地抓住这一语言学习的"聚焦点"练笔，让学生在潜移默化中积累语言、积淀语感，提高语言表达能力。

如《桂林山水甲天下》一文中，描写漓江"水"的段落，语句优美，读来朗朗上口，画面感极强，从"意"的角度，也就是内容的角度，很容易找到作者描写了漓江水的三个特点：静、清、绿。但如果仅仅停留在理解、感悟上是不够的。还要从"言"的角度，也就是形式上去体味文字之妙。这一段的表达很有特点：

(1) 段落中第一层次是"概写一笔"，第二层次是"细写几笔"。这个读写表达的规律，在小学课文里出现的频率很高，对学生的写段表达训练非常重要。《富饶的西沙群岛》《盘古开天地》《赵州桥》《秦兵马俑》等课文中都出现这样的"概写一笔"＋"细写几笔"的段落。可以用段落集群的方式让学生知晓规律，运用规律，形成能力。

(2) 文中写漓江水的三个特点，手法也各不相同。"漓江的水真静啊，静得让你感受不到它在流动"，这里是用作者的感受写水的"静"；"漓江的水真清啊，清得可以看见江底的沙石"这里是通过作者的所见来写"清"；"漓江的水真绿啊，绿得仿佛那是一块无瑕的翡翠"，这里是用比喻的手法来写绿。表达手法多样，变化丰富。

(3) 段落中语气词的运用很有特点。教师引导朗读"漓江的水真静啊""漓江的水真清啊""漓江的水真绿啊"，思考：如果把语气词"啊"去掉行不行呢？如果把后面的逗号改为感叹号好不好呢？让学生通过"删""改"等方式进行辨析，引导学生体会"啊"这个语气词表达了作者看到漓江的水静、清、绿的特点后情不自禁地发出赞叹，由内而外地表达了内心的赞美和喜悦。再回到文本中，完整地诵读，眼前有画面，心中有情感，和作者的心贴在一起了。

(4) 仿创语段。教师播放"九寨沟"的冬天的视频，让学生用"概写一笔＋细写几笔”的方法描写看到的景色，并用上适当的修辞手法。以下是学生的语段描写：

瞧，九寨沟的瀑布真纯啊，纯得找不到一丝斑点，一色的雪白无瑕，晶莹剔透。九寨沟的瀑布真奇啊，一个个冰条一根根冰柱，如洁白的竹笋，如发光的宝剑，如珍珠的项链。九寨沟的瀑布真静啊，湖水冰冻了，岩石冰冻了，连空气似乎都冰冻了，只有偶尔传来一两声叮咚叮咚，让你感觉到瀑布还没有完全冬眠。

良好语感的形成，需要语言的积累、词汇的储备、语义的领会、语音的感觉、语法的了解——对语言的感觉、感受、感知能力，对语言做出精确、快速的判别、选择的能力。① 学生通过与作者、文本的对话与交流，潜移默化地积累写作认知与经验，才能提高写作者的灵性、智性、悟性。只有引领学生进入了文本意境，才能激发言语动机，转化、生成、写出自己的作品。学生虽然学的是他人的作品，唤醒、诱发、表现的是自己的情意。② 教学中我们聚焦特殊典型的表达形式，紧扣“怎么写”，引导学生发现语段的构成方式，通过语词、语音、语句的涵泳鉴别，形成由读到写的活动阶梯，学生在相似迁移中表现出高级的、主动的、精准的语言输出。

3. 读中激发想象。想象是丰富学生心灵语学习言语表现的助推器。想象力，属于言语智慧，是写作的核心竞争力；言语智慧重于表现技能。想象力是言语智能之母。一个人失去什么也不能失去想象力，语文教师什么都不培养，也不能不培育言语想象力。③ 在统编教科书的语文要素系统中，想象表达占据重要地位，教材也为此构建了整体设计、序列递进的习作想象运思训练系统。④

---

① 潘新和：《语文：表现与存在》，福州：福建人民出版社，2017 年 11 月第 2 版，第 183 页。

② 潘新和：《潘新和谈语文教育》，南京：江苏凤凰科学技术出版社，2018 年 4 月版，第 68 页。

③ 潘新和：《潘新和谈语文教育》，南京：江苏凤凰科学技术出版社，2018 年 4 月版，第 63 页。

④ 阎晶晶：《从“想象”走向“想象表达”——基于习作〈变形记〉“先写后教”的思考》，《教学》，2022 年 5 月，第 35 页。

表 5-1　统编教科书想象类习作要素编排

年级/册次	语文要素	话题/训练点
三年级上册第三单元	试着自己编童话、写童话。	借助词语，想象画面，试着编写童话，要求具备六要素尝试拟题。
三年级上册第四单元	尝试续编故事。	看图想象情节，续编故事，要求想象奇特，故事完整。
三年级下册第八单元	根据提示，展开想象，尝试编童话故事。	选一种动物作为主角，编写童话故事，要求抓住特点，反转想象，情节有趣。
四年级上册第四单元	展开想象，写一个故事。	我和（某童话/影视人物）过一天：改写、誊写。
四年级下册第二单元	展开奇思妙想，写一写自己想发明的东西。	想发明什么：可以先画出来，再标记功能。
四年级下册第八单元	按自己的想法新编故事。	“故事新编”：不一样的情节、结尾，可以配插图。
五年级下册第六单元	根据情境编故事，注意情节的转折。	“神奇的探险之旅”：想象探险，把遇到的困难和求生的方式写具体，写出心情变化。
六年级上册第一单元	发挥想象，把重点部分写得详细一点。	“变形记”：发挥想象把自己变成另一种东西，写下变形后的经历。
六年级上册第四单元	发挥想象，创编生活故事。	“笔尖流出的故事”：展开想象、创编故事，要求故事完整、情节吸引人。
六年级下册第五单元	展开想象，写科幻故事。	“插上科学的翅膀飞”：天马行空，不可思议、神奇的科幻世界。

由上表可知，想象类习作在“内容”和“要素”方面都具有一定的序列性，整体而言，主要指向鼓励学生进行童真的表达，大胆地发挥想象，尝试编写故事，实现有中心、有顺序、有条理的表达。中年级的想象类习作一般会给出易于学生把握的写作思维路径，如，四年级下册习作《我的奇思妙想》给出的思维导图、习作《故事新编》引导学生先列出结局，再分别就“兔子”“乌龟”两个向度设计关键情节。而高年级的想象类学习不仅需要依靠教材给出的支架，还需要结合学生的知识经验（影视作品、科技观览、阅读）、生活经验，将文学思维与科学思维相结合，让文章既合情理，又有情趣。①

以统编教科书六年级上册第一单元的想象习作训练《变形记》为例②，习作拟定的目标是：①“变得像”：把自己变成另一种东西，写下变形后的经

① 阎晶晶：《从“想象”走向“想象表达”——基于习作〈变形记〉“先写后教”的思考》，《教学》，2022 年 5 月，第 36 页。

② 阎晶晶：《从“想象”走向“想象表达”——基于习作〈变形记〉“先写后教”的思考》，《教学》，2022 年 5 月，第 35 页。

历。②“写得详”：发挥想象，把重点部分写得详细一些。“变得像”不难，学生很容易就能基于教材给出的不同角度，如大小、动静、物种等创造出蚂蚁、花仙子、蜗牛等丰富多彩的“变形”。但是难在把变形经历的重点部分“写得详”，因为“想象”是在原有感性形象的基础上创造出新形象，它要以“想象”中的物象为习作构思的原点，继而关联生活和阅读展开联想，设计引人入胜的故事情节，再加工、组织、整合，最后用具体的书面语言表达出来。为帮助学生突破难点，可以分步指导：

（1）对比辨析找优点。教师从学生的初步习作中挑选两篇文章作为比较，以“哪篇文章的‘变形’更成功”为抓手，学生在讨论中做出评价：“蜗牛”这篇习作的成功，是因为作者联系生活展开想象，让“变形”有凭有据；“蚂蚁”这篇习作的不足在于没有立足其特点来表达“变形”，所以不“像”。教师继续引导学生：“蜗牛”这篇习作是借助哪些方式把“变形”的故事、经历写得如此逼真呢？带着这样的问题，学生很快就聚焦到如何“想象”并“写得详”上：①放大经历，细致描写睡醒后的样子、爬行时的所见。②细节描写，让“蜗牛”的形象惟妙惟肖。③将关键的故事情节着重描写，让“变形”引人入胜。

（2）勾连“科学想象”，让想象更“合理”。想象类作文属于虚拟性写作的一种，虽是幻想，但也有其真实的基础。教师应引导学生将“人”的经验性科学认识和文学性情节发展融合。也就是基于“科学”，追问文学，方能达到“合理”想象。这里的“合理”主要是指“合”故事发展内在逻辑之“理”。以“蚂蚁”这篇习作为例，基于蚂蚁“身材小”“不会飞”的现实特点，让学生联系“首次尝试飞”和“成功起飞”的真实感受，并进一步展开文学思维的思考：蚂蚁为什么想飞？它是怎样成功飞上高空的？飞起来后有哪些见闻和感受？这样的追问有助于学生将“所经历的情境”想象得更加“合理”。

（3）文思联觉，实现故事“在场”。“联想”不同于“想象”，是一种关联性思维，是由一种事物想到另一种事物的心理过程。我们联想到的事物大多与自己的见闻有关，属于科学性想象思维的范畴。而循着联想展开的故事情节，则需要文学想象的介入。比如，"蚂蚁是怎么成功飞上高空的"是习作的逻辑重点——蚂蚁身形小，没有飞行的能力，想要飞上高空并不容易，这属于科学想象思维范畴；最终蚂蚁飞上高空是因为其不怕困难、善于动脑的品质，这就属于文学想象思维范畴。而后，教师再引导学生借助情节节点（遇见蒲公英、飞上高空、飞上树梢等）设"坎"，每一个"坎"的结局并不都是"成功"，关键在于呈现对应的情节，从而实现"写得详"。在这个故事创作的过程中，学生基于"科学想象"，进一步展开"文学想象"，实现文思联觉，在不知不觉中将自己当成虚构世界中的"人物"，接近物我相融的状态，而后再用文学性的语言表达故事，就能实现故事"在场"。

（二）记生活勤表达

从写作现状来看，大部分学生的习作缺乏真实细节、真实情感的根本原因在于，学生缺乏积累生活素材的意识，没有养成随时观察、思考、记录的写作习惯。《义务教育语文新课程标准：2022年版》在总目标中提出："能根据需要，用书面语言具体明确、文从字顺地表达自己的见闻、体验和想法。"① 在"实用性阅读与交流"的第三学段（5—6年级）要求中提出"能写日记，关注家庭、学校、社区生活中发生的新鲜事"。②

"生活日记"让写作成为习惯。生活日记倡导学生留心世界万事万物，去体验感悟事物的变化，触动情感的萌发，进而激发言辞表达的欲望，长期坚持记录生活中每一个有感而发的瞬间。培养写"生活日记"可以分为三个阶段：第一阶段，以兴趣为主，为降低难度可以先帮助学生定好主题。学生依据主题，留心生活，自由完成记录。第二阶段，记录并发表感想。鼓励运用学到的写作方法，记录自己的见闻并能简单地发表自己的观点。第三阶段，引导高阶思维的发展，运用联想、对比、归纳、概括等认知方法，审视生活，随时记录所思所感，并加以评论。也就是从写生活进入到写心灵，写思想。随着生活外延的扩大、生活经历的增长、能力的增强，"生活日记"记录的范

---

① 中华人民共和国教育部：《义务教育语文课程标准：2022年版》，北京：北京师范大学出版社，2022年4月版，第6页。

② 中华人民共和国教育部：《义务教育语文课程标准：2022年版》，北京：北京师范大学出版社，2022年4月版，第24页

围更加广泛（生活经历、新闻时事、影视评论、阅读体会等），今后走上社会，生活日记应用更加广泛（纸质、手机、微博、朋友圈、微信公众号、短视频等），实现从文学写作到实用写作的迁移。生活日记中，孩子们看到生活的不同方面，有平凡，有美好，亦有些许灰暗．用文字记录生活，写下了略显稚拙的评论。优秀的生活日记可以利用课前三分钟进行朗读、点评，让孩子们的微写作、微评论成为每天的营养餐，培养他们的感知力、判断力、表达力，对今后走向社会，融入生活大有益处。

（三）善观察乐表达

新课标在总目标的第二学段（3～4 年级）“梳理与探究”中指出“观察周围世界，能不拘形式地写下自己的见闻、感受和想象，注意把自己觉得新奇有趣或印象最深、最受感动的内容写清楚”①。《汉语词典》中“观察”的“察”是“细看”“看清”的意思。观察能力是写作能力的重要组成部分。学生的习作之所以文辞陈旧、情感匮乏，多数是缺乏对生活的观察与发现。因此活力语文教学提出“像科学家一样观察”“像工程师一样解构”“像作家一样写作”，对感兴趣的人、事、景，进行连续、深入的观察、心察、智察、情察，通过沉浸式思考、研究，以此发现事物的真实面目，灵活运用各种写作知识与技能，发表个性化的观点。例如四年级的学生通过观察家中饲养的小动物，写下长程观察笔记：《我的宠物——绿鬣蜥》：

目　录

1. 来自远古的生物　　　（外形）
2. 食物大盗　　　（食）
3. 笨手笨脚的爬行动物　　　（行）
4. 不一样的舌头　　　（特点）
5. 冷血动物的生存　　　（生存）
6. 性情多变的蜥蜴　　　（性格）
7. 蜥蜴的一天　　　（习性）

---

① 中华人民共和国教育部，《义务教育语文课程标准（2022 年版）》，北京：北京师范大学出版社，2022 年 4 月版，第 10 页。

8. 蜕皮——成长　　　　　（衣）
9. 蜥蜴妈妈生蛋记　　　　（繁殖）
10. 照料法则　　　　　　（饲养）

蜥蜴妈妈生蛋记

五年（1）班　何泓睿

蜥蜴生蛋是难得一见的场景。

母蜥蜴生蛋前一周是不会有食欲的，所以它的邻居陆龟的食物不但没有被偷吃，反而多了一份“快餐”。整天不吃不喝的蜥蜴，走起路来总是小心翼翼的，走一步看一步，生怕体内的蛋摔破，陆龟们见了都很纳闷。同时蜥蜴的警惕性也提高了许多，就算微风轻轻拂过，发出“沙沙”的声音，蜥蜴也要停下来，左瞧瞧右看看，直到没有了声音才会离开。此时的蜥蜴就像刚刚见到第一缕阳光似的，处于防御状态；又像进入“鬼屋”的孩子，随时提防可能遭受的“攻击”。生蛋时期临近的时候，蜥蜴总是早睡早起。补充体力、养足精神是很重要的，这样既有利于生蛋，又有利于打发生蛋前这段无聊的时间。

终于到了生蛋的时候，蜥蜴的肚子又圆又大，它待在暖和柔软的位置一动不动。马上就要生蛋了，蜥蜴前脚一抓，后脚一蹬，一粒圆溜溜光滑的蛋从妈妈的屁股里钻了出来，接着第二粒、第三粒，也紧随其后地溜了出来。蜥蜴妈妈特别高产，有一次我在晚上看的时候才看到三粒蛋，第二天清早醒来，发现就有二十几粒蛋了。

在这之后，蜥蜴妈妈恢复了常态，吃菜，晒太阳，到处串门，回到当时那有生机的样子。至于小蜥蜴宝宝，我告诉大家一个秘密，蜥蜴没有“老公”也能生蛋，但这些蛋，都是“死”的，孵不出来小蜥蜴。

像科学家一样研究是多么有趣啊！习作需要相应的感知、采集、运思、想象、表达能力等。在这篇文章中清晰地展示出来，不仅有看，有想，有情意，还有疑惑。这些蛋既然是“死的”，那么小蜥蜴又是怎么来的呢？引发他的思考，为下一步继续研究埋下了伏笔。在写作中加入了自己的思考和评论，这是极好的思维训练，从写生活逐步过渡到写心灵（写思想），培育终身受用的写作素养。

总之，写作是一种表达，喜怒哀乐、嬉笑怒骂、咏叹歌吼皆成文章。写作是一种技巧，既可以是峰回路转，曲径通幽，也可以大江东去，百舸争渡，其中的抑扬顿挫、收放拿捏都必须适可而止、止于至善；写作更是一种兴趣，众里寻他千百度，为伊消得人憔悴，但只要有兴趣、妙趣、情趣，我们总能等到蓦然回首的通透感；写作还是一种思维，伴随着感知、想象、判断、推理活动，也促使我们的认知由浅入深修行，虽劳神费力，但千万人愿往矣！

第三节　“活应用”——多元的写作价值

写作不是一蹴而成。善笔妙文往往是数年甚至数十年累积的结果。杜甫有诗言：“读书破万卷，下笔如有神。”陆游则提示：“汝果欲学诗，工夫在诗外。”而朱熹更是直言不讳地道明因果关系：“问渠那得清如许，为有源头活水来。”所以，“活力语文”强调写作的表达力、传播力、影响力，不能就事论事——“在路灯下找钥匙”，而应该跳出写作，从“大语文”的学习中去积累写作内力，从“大学科”的探究中去形成写作张力，从“大文化”的浸润中去积淀写作功力，才能让“活力语文”的动力勃发、耐力持久、功力精到。

一、“大语文”积累写作内力

所谓“大语文”是指不仅局限于语文课程、语文课堂的“语文学习”，而是跳出传统的语文教学，让学生在接触课外乃至校外的通识教育，以提升思维能力和审美能力，实现更好的言语表达和言语交流。

“大语文”的出发点是“文有道，文章有本”，要想文章写得好，先要滋养心灵、滋润心性、滋补心房，只有语言思维能力、语言认知能力、语言理解能力、语言应用能力都达到较高水平，才能使得语文的言语表达、写作表达都做到得心应手，说写自由。

“大语文”的价值目标是学生综合素养与综合能力的提高。而且这种提高并非从语文课堂的传统教学中获得，而是着眼于校内外读书活动、人际交往、自然实践和社会活动中获得“通识教育”，从更大的时空范围来提升语言文字认知、文学与人性常识、传统文化素养、科技规律认知、社会历史思辨和艺术审美情趣，等等，从而做到脑中有道、心中有爱、眼中有光、手中有术，可以在理解和掌握客观规律的基础上更好地刻画事物的外表现象、剖析其内在的必然联系，预测未来走向，给出应对策略。那么，在如此高阶认知和高维素养的基础上，语言表达自然也就胜出一筹，语文写作更是胸有成竹。

在这里，我们首先强调“大语文”的基础性作用来自“大阅读”。相对于传统的“语文阅读”或指定的“课外阅读”，“大阅读”的学科跨度和知识跨度已经大大超越了，学生的阅读范围已经从课堂阅读延伸至课外阅读，从学科的前置阅读拓展到学科的迁移阅读，从学校的人文素养阅读跳跃至社会热门的科普阅读，这样的阅读纵横传统现代，穿越经典到流行，使得学生的知识视野成倍扩展，实现“腹有诗书气自华”。何愁写不出好文章？

“大阅读”的视线并非仅仅盯着书本。古人尚且懂得“读万卷书、行万里路”，现代的读书人也在专注于读大自然的书、读大社会的书、读大世界的书。为此，全空间阅读出现了，包括校园场景阅读、家庭亲友共读、社区公益阅读，以及博物馆阅读、图书馆阅读、纪念馆阅读、科技馆阅读，还有户外观赏阅读、国外人文阅读、科考实践阅读等。同时，科学技术手段的变革，又给我们提供了线上线下融合阅读、移动化阅读、电屏阅读、AR和VR阅读、电视电影屏读等碎片化知识，这是阅读方式的巨大变化。还有，社会交往的频幅增大、形式翻新，也让我们有了会议视读、论坛辩读、沙龙论读、报刊泛读、坊巷导读、行走听读、名家访读、茶房闲读、产品研读、商场晚读等“现代耕读”“边走边读”的机会。可以说，如果我们的阅读不止停留在传统意义的“危襟正读”，那么，现代域面上的“场景阅读”可谓多姿多彩，在本质意义上并没有严重偏离古人所倡导的“世事洞明皆学问，人情练达即文章”的价值取向，但“泛阅读”的数量远超古人了！

大量阅读的结果无疑会对综合素养、认知水平、价值取向、关键能力的提升有着直接促进作用。其一，阅读开阔视野，写作不再坐井观天。俗话说，秀才不出门，全知天下事。只有视野打开之后，古今中外的信息量源源不断输入头脑，也就可以在“大信息”基础上分析判断，更接近于客观现实；可以在“大数据”基础上归纳综合，更能从质与量结合的条件下弄清事物本质。那么，我们的认知和表达更接近“真理”。其二，阅读塑造主体。什么人读什么书，什么行业偏好什么书，什么阶段需要读什么书，反之亦然。浩如烟海的书籍可以满足人们的不同需求。有些关联阅读培养道德情操，有些关联阅读塑造三观理想，有些关联阅读促进人格修养，有些关联阅读开阔思维认知，有些关联阅读丰富专业知识，有些关联阅读训练关键能力——以至于古人倡导“学富五车”“山高人为峰”，阅读让一个人走向高尚、睿智、坚强、包容、有趣、勤劳，达到人格健全发展的境界，写作自然不是难事。其三，阅读改变气质。虽然，每个人都有独特的个性，并且主要由天赋禀性决定的，但读书却是逐步改变个性、优化性格的最好途径。人生而有性，人之初性本善或性本恶，但通过读书而参照天地，阅历冷暖、明白事理，终将从“痞子气”“泼妇气”中走出，变得有“君子气”“书卷气”，注重生活品位，追求文雅气度，谈吐自然不凡，落笔也有讲究，而好性情正是好文章的前提条件。

所以，仅仅明白写作的程式、套路、技巧是不够的，应该跳出写作来谈写作动力的培养。这种功力的形成不是一朝一夕可以获得的，而是长期积累的结果，而积累的最优途径是阅读，最好的选择是“大阅读”。只有长期阅读修炼思维、修炼眼界、修炼心境、修炼人品、修炼才艺，才会真正打通“任督二脉”，让自己的写作功力陡然上升。

二、“大学科”形成写作张力

写作，既不是作家的专利，也不是语文课的专属。要把写作的广义功能和狭义功能进行区别。在宽泛的意义上，写作无非是人们通用语言文字符号以记述的方式反映事物特征、表达思想感情、传递知识信息，实现交流沟通的创造性的脑力劳动过程，这个定义适合于大多数人群。与此不同，狭义的写作是指以写作谋生就业的特殊人群，他们或者以文学艺术创造为写作的目标任务，或者是以从事报刊记者编辑为职业的人，这些人的写作有其特殊的要求，必须接受专门的训练，其要求比较复杂，我们可以撇开不论。我们在这里讨论的是，以中小学生的语文课程学习为核心，通过语文学习培养学生的语言思维、语言表达、语言交流能力的写作本领培养的问题。

弄清中小学生写作的本质，对于我们正确界定中小学生写作的目标任务，深入探讨中小学生写作效率与质量提高的问题非常有帮助。在这里，我们必须强调，中小学生的写作不同于成年人的写作，不必追求“高、大、上”花样，更不能有“假、大、空”倾向，要注意保护童心、童真、童趣，倡导质朴自然地表达真挚情感和真实想法，让人看到未成年人内心世界虽然稚嫩但充满真善美的纯粹；同时，中小学生的写作也不能死死地局限于中小学的语文课堂，应当在有计划地实现语文教学目标，培养学生的语言核心素养和关键能力的同时，鼓励学生走出课堂，迈出校门，更多地从社会实践和人际交往中强化与丰富自己的语言表达，让自己的思维与文字水平得到提高，这将有助于学生写作能力的质的飞跃，毕竟，学生将来还是要走向社会，也将接受成年人写作的一系列挑战。所以，区分不同种类的写作要求，对中小学生的写作边界做适当的划分，是有助于我们探讨“活力语文”的价值维度和中小学生写作的价值取向的。

基于中小学生的写作的价值目标，我们不仅需要强化语文的课堂教学，培养学生的“语文范畴”的写作能力，而且需要超越语文课程、语文课堂、语文课标的写作能力提升传统范围。虽然这种突破所带来的写作能力提升仍然是在学校范围之内的事情，但它的着眼点已经不仅仅限于语文学科，而是跨越语文学科，融入中小学教育的数学、英语、道法、科学、体育、美术、综合实践等学科的阅读理解，从而实现“大学科”跨越、融合、拓展，带来中小学生的认知与思维、阅读与理解、价值与态度、素养与能力的全面提升，进而获得语文写作的更大“张力”——即更好的表现力、更强的传播力和更高的创构力。

跨学科学习在今天的中小学教育中已经广泛推广。STEAM 学习、创客学习、主题式学习、项目式学习、场景式学习等都有跨学科学习的影子。重要的是，这些新型的学习方式都有一个前提条件——那就是基于跨学科的阅读、跨学科的知识融合、跨学科的问题探究、跨学科的方法应用、跨学科的成果体现，才能让跨学科学习从理解问题到解决问题，都有扎实的认知与建构的基础。并且，在这个过程中，跨学科的阅读与知识搜寻、筛选、应用尤其重要，它是提出项目核心问题、理解项目焦点与目标任务、设计项目研究流程、分析项目难点、制定项目设计方案、说明项目产生成果、给予项目合理评价都离不开的核心要素。所以，跨学科学习或研究，都会遇到“大阅读”与“大写作”，这种阅读与写作往往跳出了传统语文教学的藩篱，汲取了各个学科的知识要点和研究方法，更多体现大语文阅读与写作的内在动力，也更能体现核心素养与关键能力培育的澎湃张力。

所以，“大学科”学习对于语文教学是一个机遇，它不仅为“大语文”之阅读与写作注入了活力，更是为学生拓宽认知视野、拓展语言思维边界、丰富语言表达内容、锻炼语言交流能力。在“大学科”的学习实践中，学生的写作一定会朝着富有个性、富有创新、富有活力的方向，交出更好的语文写作好作品。

三、“大文化”为语文写作积淀功力

语文学科的诞生离不开文化的鼎力支持。在漫长的中国历史发展进程中，语文教学曾经历了多种角色的担当，如讲经、说文、解字、国文、国语等，直到 1949 年新中国成立，才正式使用“语文”这个名称。倘若望文生义，“语文”至少是“国语”“国文”的组成，也可以是“语言”与“文字”的结合，还经常被认为“语言”与“文学”的联姻。但大多数人的观点认为“语文”应该是“语言”“文字”“文学”三个要素的有机组成，而这“三要素”都与文化因子息息相关，人文价值和人文精神始终是语文的灵魂。

新课标强调，“工具性与人文性的统一，是语文课程的基本特点”。[①] 从中可以突出语文学科和其他学科最大的不同点就在于它不仅是承载语言知识工具和手段，而是蕴含着深厚的思想和强大的人格精神的一座宝库，可以让学生在汲取语文素养、语文应用能力、语文审美能力和语文探究与创新能力的同时，形成良好的思想道德素质和健全的精神人格，做到仰不愧于天、俯不怍于人，这自然是语文教学的重中之重的内容。

应该看到，语文教学中的人文素材和人文典故比比皆是，人文精神贯穿了语文教学的全过程。其一，文学故事中的生命关怀。在语文教学内容中，众多人物都展示了善良、正直、勤劳、勇敢、博爱、智慧的人性光辉，同时也展示了自强不息、厚德载物、海纳百川、止于至善等方面人生哲理，可以培养学生良好的价值观和美好的情感。其二，文字形象中的道德弘扬。语文教学中通过语言文字和诗词歌赋，给学生树立了许多惊天动地的人物形象，他们中有“烈火焚烧纹丝不动”的邱少云、有“英勇顽强视死如归”的狼牙山五壮士、有“智斗鬼子英勇无畏””的小雨来、有“蓄须明志”的爱国艺人梅兰芳、有“探索科学真理”的居里夫人……，这些英雄人物无不以高尚的道德操守为学生提供学习的榜样，自然会成为他们自觉效仿的楷模。其三，语言和文字教学中的美好情趣。在中国汉字教学和诗词教学中，淋漓尽致又多姿多彩地展示了我们这个民族的愉悦情趣和丰富的想象力、创造力，其中的经典片段和精美字词往往传递给我们各种美妙的情感、情趣和情操，同样也能给学生一种心灵慰藉和审美愉悦。其四，经典人物的英雄形象和底层关怀。在语文教学中往往会向学生介绍众多的经典作品，包括经典小说和曲艺形式，其中既有神话传说中的创世英雄，也有诗歌散文中寄情山水、心怀苍生的伟大诗人，还有史书传记中的勤勉治国、智慧英勇的风云人物，以及四大名著中各种英雄豪杰、旷世奇才，他们都成了千古风流人物，这是因为他们寄托了底层百姓众多的梦想，实现对弱势群体的人文关怀。因此，这些形象人物的英雄壮举自然也会唤醒学生心中的那份公平、正义、济困、扶危的

① 中华人民共和国教育部：《义务教育语文课程标准（2022年版）》，北京：北京师范大学出版社，2022年4月版，第1页。

人文理想。其五，历史变迁和民族融合过程所传递的多元与包容价值取向，文史从来不分家，社会史和民族史、文字史、文学史也都是息息相关，而在漫长的历史进程中留下的文字记载、文学故事不仅显示了中华民族的顽强生命力，同时让人感受到其超乎世界其他民族的包容性、融合性，因此，历史与现实都在提醒后人要尊重多元文化，以开放的心态对待外来文化，不断汲取现代文明的积极成分，才能让中华民族的伟大复兴成为时代的最强者。

所以，新时代语文教学应该要突出文化的功能和对文化特征的关注，让人文精神贯穿语文教材，提升学生的人文素养，要让《诗经》、《楚辞》、汉赋、先秦两汉散文、唐诗、宋词、元曲、明清小说进课堂，让学生跨千年的时空屏障与古人对话，从而陶冶语义精神，提高文字品位，形成良好语感，实现语文写作在传承基础上的深耕厚植，也就为“活力语文”的绵绵功力添柴加薪了！

四、“活力语文”大写作实践探索

核心素养导向的语文教学，追求让学生的精神与语文素养共生共长。“活力语文”大写作观立足语文学科，打通学科边界，基于广阔的社会生活背景，给学生丰厚的认知体验，在积极的语言实践和真实的语言运用情境中认识生活、认识社会，激发他们的言说欲，保护其自由探索的精神，培育旺盛的语言生命，使之成长为有宽厚文化基础，有高尚精神追求的人。

随着科技的发展，航天探索已成为人类不断追求的梦想。这梦想背后所蕴含的航天精神，早已超越了技术的边界，成为一种激励人心的文化力量。为了激发学生的想象力、创造力、表达力，唐老师带领四年（1）班同学开展了“我的航天梦”读写绘项目，在阅读、想象、写作中提升语文综合素养。

任务一：前置性阅读。阅读是提高写作能力的重要渠道，阅读可以把书读薄、把笔读尖、把人读厚。写作前期唐老师推荐学生阅读一系列关于航天的书籍和文章，如《太空探索》《航天器的故事》等。学生们做读书笔记、阅读小报，开展“航天知识知多少”知识竞赛。上网查阅资料，看视频，了解长二F火箭总设计师容易阿姨的故事，在阅读过程中，了解了航天科技的发展历程和太空探索的奥秘，对科技工作者充满了敬意。

任务二：想象绘画。在阅读的基础上鼓励学生发挥自己的想象力，用画笔描绘出自己的航天梦。有的学生画出了自己设计的太空飞船，有的画出了在太空中生活的场景，还有的画出了与外星生物交流的情景，这些画作充满了创意和想象力。

任务三：妙笔生花。根据想象描述自己的航天梦。教师进行了引导，拓展思维，让想象驰骋：

1. 以不同身份展示想象。"你"可能是任何与中国航天有关的元素或象征，也可以是那块记录"玉兔号"神奇飞行的月球岩，还可以是那本记载中国航天史精彩瞬间的相册，甚至可以是那个装载了从1956年至今的中国航天成就的太空回忆录胶卷；你可能是中国航天发展的见证者，也可能是中国航天梦想的承载者。无论是什么，只要是和中国航天相关的角色或象征，都体现了中国航天人的奋斗和成就。

2. 从不同角度展示想象。

(1) 航天与传统文化融合：想象一下古代神话传说中的飞天神话与现代航天技术相结合，会碰撞出怎样的火花？嫦娥仙子搭乘现代火箭前往月球，与玉兔号月球车相遇会有怎样的奇妙经历？

(2) 航天教育普及：构思以航天教育为主题的创意故事，亲手参与航天模型制作、观看航天主题动画片、参与航天知识竞赛等活动，激发对航天的兴趣和梦想。

(3) 航天与环保：在当前全球关注环保的背景下，构思一个如何利用航天技术解决地球环境问题的故事，比如通过卫星监测环境污染、利用太空资源助力地球可持续发展等。

(4) 航天与日常生活：将航天科技引入人们的日常生活，想象一下如果我们的衣食住行都和航天科技有关，生活会有什么样的变化吗？比如，用航天材料制作的衣服、由卫星导航辅助的智能交通系统、通过太空种植技术培育出的新型食物等。

（5）航天与未来社会：构思一个未来的社会景象，描述在航天科技高度发达的年代，人们的生活方式、社会结构、国际关系等方面发生的新变化。

（6）航天与外星文明：跳出地球的空间，想象人类与外星文明的首次接触是如何发生的？这次接触会给人类带来怎样的影响？人类将如何应对这一历史性的时刻？

3. 拟新颖别致的标题。题目是文章的“眼”，好的题目是文章成功的关键之一，孩子们的创意标题有：《星辰之约》《从地到天》《银河编织者》《破晓之光》《星辰探索者》《中国少年的航天梦》《太空课堂》《中国航天员的科普之旅》《星辰大海中的中国红》《冬奥与航天的美丽邂逅》《太空“邮”递员》……这些标题融入了创意和想象，引发读者的注意力。

4. 多种方式结尾。文章结尾是总结，是升华，可以通过不同的方式来升华航天精神，让读者在感动与共鸣中感受到航天梦的伟大与深远。以下是部分孩子的创意结尾：

（1）诗意升华：“当星辰在指尖舞蹈，当梦想在太空绽放，我们回望那片浩渺的宇宙，心中充满了对未来的无限憧憬。航天梦，不仅是探索宇宙的壮举，更是中华民族自强不息、勇于探索的精神象征。让我们携手同行，继续书写星辰大海中的辉煌篇章。”

（2）深情告白：“在这片星辰大海中，每一个航天人都是勇敢的航海家，他们用汗水和智慧书写着属于中国的航天传奇。航天梦，不仅是对未知世界的渴望，更是对祖国的热爱与忠诚。让我们铭记那些为航天事业付出过努力与牺牲的英雄们，他们的精神将永远照耀着我们的前行之路。”

（3）哲思启迪：“航天梦的实现，离不开严谨务实的科学态度、自力更生的奋斗精神、艰苦奋斗的拼搏意志以及无私奉献的高尚品质。这些精神品质，不仅是航天事业的宝贵财富，更是推动社会进步的重要力量。让我们以航天梦为引领，不断追求卓越，为实现中华民族伟大复兴的中国梦贡献自己的力量。”

（4）呼唤共鸣：“当我们在夜空中仰望那闪烁的星辰时，不妨想象一下那些正在太空中执行任务的中国航天员们。他们的勇敢与智慧，正是航天精神的最好诠释。让我们携手共筑航天梦，为人类的未来探索之路贡献更多的力量与智慧。在这个充满无限可能的时代里，让我们一起成为追逐梦想的勇士吧！"

通过"我的航天梦"主题读写绘，学生们不仅提升了阅读力，深入了解了航天知识，还充分发挥了想象力、表达力和创造力。他们在阅读和写作的过程中激发了对航天事业的热爱和对未来的憧憬，体现了"大阅读"中学生写作的精彩。

如果说中年级侧重文学性写作，强调观察能力、想象能力的培养，注重自由表达，那么高年级侧重实用性写作，强调理性思考和表达，通过写作解决生活上的问题。新课标在第三学段（5～6年级）"梳理与探究"中指出"初步了解查找资料、运用资料的基本方法。利用图书馆、网络等渠道获取资料，解决与学习和生活相关的问题。尝试写简单的研究报告"①。研究报告是语文综合能力的体现，也是培养核心素养的学习活动。活力语文教学倡导以真实生活情境为写作资源，引导学生围绕生活中的小现象、小细节、小场景、小问题，做调查研究报告。鼓励学生去发现、探究，在调查研究过程中可以提高观察力，锤炼思考力，提升表达力。

例如：笔者所在的学校地处福州核心街区鳌峰坊，这里有鳌峰名人故居，同时又是幼儿园、小学、高中名校一条街。为传承坊巷文化，区政府计划把鳌峰坊进行改造，打造成旅游打卡地。为配合坊巷改造计划，学校给六年级同学布置了一份特殊的作业——"鳌峰坊"是同学们上学路上的必经之道，和大家的学习生活密切相关。鳌峰坊的美好靠大家，同学们利用寒假当一回小记者，走进坊巷，从文物保护、教育、商业、民生、交通等方面深入了解鳌峰坊的现状，为建设更美好的鳌峰坊贡献你的一份智慧和力量吧！同学们纷纷行动起来，自发组成小分队进行调研，并写出了改造方案。我们来看看同学们的研究报告（有删改）：

① 中华人民共和国教育部：《义务教育语文课程标准：2022年版》，北京：北京师范大学出版社，2022年4月版，第13页。

“家在鳌峰”调查研究报告

六年（2）班第二小组

（一）问卷调查

调查形式：书面问卷发了30份，收回有效问卷20份。

调查群体：鳌峰坊商铺的店主和店员。

我们进行简单分析，这一次调查从问卷制作到分析，用了6天时间，共花费120元。

（二）鳌峰坊现状

1. 从去年起，政府大力整治鳌峰坊，对鳌峰坊店铺的门面进行了统一装修。结果，鳌峰坊变得更像一个仿古式步行街，缺少了应有的生活气息和文化氛围，走在街上很难让人觉得这是一条有历史的古街。时下，鳌峰坊的店铺正在一步步流失掉传统的韵味和特色。虽然还有一部分地方传统工艺品店，但是真正具有福州特色内涵的店铺却为数不多，木梳店、脱胎漆器店、字画店、手工花灯店、手工纸伞店这些福州特色老店也因为资金等问题，缺乏实力回到鳌峰坊，留下很多与鳌峰坊不太符合且毫无福州特色的店铺，光咖啡店就有好几家。原本老牌“鼎鼎肉松”店，也已经改成了魔方培训机构。

2. 部分商铺店长反映，因为租金昂贵，使得难以留住好的经营商家和人员。对于大部分商铺来说，那些有一定经验的工作人员因为待遇条件较差而并不愿意待在鳌峰坊。这是制约鳌峰坊大多数商铺发展的重要原因之一。

3. 我们发现平时热闹非凡的鳌峰坊街道，寒假期间却门可罗雀，两边不少店铺大门紧锁，倒闭了。也许是因为鳌峰坊街道的店铺主要消费群体是学生，而学生主要喜欢好玩、好看、好吃的，那些倒闭的传统文化的店铺大多都不符合学生的喜好；并且鳌峰坊周边都是学区房，一旦学生放假，人流量就稀少，没什么人消费，而店租不能少，店铺自然支撑不住。所以开在鳌峰坊的店铺其实很受消费群体和时间的限制！

（三）鳌峰坊发展建议

鳌峰坊最重要的坊巷功能是要让来这里游览的人们感受真正的传统文化气息，同时也要让商铺更好地发展。每一个游客都希望买到那些代表福州文化产品，吃到传统地道的小吃，欣赏福州传统工艺。这就是他们为什么愿意漫步鳌峰坊而不在高楼大厦中穿行的原因。为此，学生们建议：

1. 适当降低鳌峰坊铺面的租金，好让一些低成本的传统手工小店可以入驻鳌峰坊。这些传统手工小店可以开展手工体验活动，吸引附近的中小幼学生来体验传统手工艺，让这些技艺更好地传承下去，也能营造出良好的文化氛围。

2. 开展文创活动。可以挖掘鳌峰坊自身的资源，比如说日常在鳌峰坊中来来往往的学生们，通过学校社团和街区联谊，让学生进行文创活动，绘制和鳌峰坊相关的画作，也可以用亚克力等材料制作成钥匙扣等成品，让鳌峰坊有更浓厚的地域文化气息。

3. 鳌峰坊既然有这么多故居和景点，是否可以开个相关的鳌峰坊街道展览馆？鳌峰坊是个人文旅游景点，可以通过人文宣传，增加旅游人数，这样整条街的商业也会被带动起来，人文与商业互补，就可相辅相成！

生活处处皆学问。在调查研究中，孩子们对传统文化有了更多的认同感。这些文字是孩子们独立思索、由心而发的声音，是他们实践探究、思考表达的成果，这样的文字是有重量的，是有活力的，有生命的。在真实生活的情境中，孩子的主体学习的能动性被激发，小主人翁意识得以凸显，用文字表达出新时代少年的思考力、共情力、沟通力、表达力，蓬勃的文字体现了“活力语文”大写作的生命力！

第六章 “活力语文”的教学实施

语文是什么？语言本身是一个活生生的、有着活力的有机体，语言是具有创造性的，是一个永恒变化、动态的、有活力的进程。胡适说：“国语文既是一种活的文字，就应当用活的语言做活的教授法。”[①] 活力语文教学以学生主体为起点，以整体性、系统性建构大单元整体设计，以“四学五步六法”为实施路径，探究不同学段阅读能力培养策略，打造生本活力课堂，促进语文核心素养的培育，形成从学生到教师的活力蕴蓄，达成“以文化人，文以育人”的目标。

第一节 学生主体显“活力”

语文教育从“双基”到“三维目标”再到“核心素养”，语文学科的发展过程体现了学科本位到人本位的转变。语文教育不仅要让学生在学习过程中学会知识，更重要的是学会如何学习，并在学习过程中实现自我成长，激发创造力和生命力。活力语文教学紧紧围绕“言语表现”这一核心任务，让学生在自主、积极状态下学习。“四学”是以学生的“自学”为起点，以“学会”为过程，以“会学”为目标，从课前、课中到课后，通过批注式预学、

① 潘新和：《福建师范大学文学院百年学术论业（第二辑）》，台北：万卷楼图书股份有限公司，2015年12月版，第6页。

开放式问学、归类式理学、体验式延学，全方位地培养主动学习、主动求知、主动发展的语文学习品质，形成并发展儿童的语文能力，促进学生语文核心素养的整体提升。让语文知识“活”在自主学习中，“活”在语言探究中，“活”在实践体验中，“活”在积极的语言建构中。

一、批注式预学

俗话说：“凡事预则立，不预则废。”预习对于学生自主学习能力的培养起到重要作用。读、批、问、查等是预习的好方法。叶圣陶先生说：“学生经过课前预习，自己动了天君（指大脑），有了自己的体会，在课堂上讨论的时候，见到自己的理解与讨论的结果相吻合，便有独创成功的快感——这种快感、思索与注意力，足以鼓动阅读的兴趣，增进阅读的效果。”① 其中，学会阅读批注是学习语文的重要能力，阅读在本质上是读者自主与文本对话。通过批示注解，引发学生自主思考，将被动思维转为动态思维的阅读方式。在预习中，学生自主阅读，自主思考文章的语言、内容、写作技巧、思想、主题，将自己的看法和观点标注在字里行间，不但能激发思维活力，更为学生打开了广阔自由的解读空间，帮助学生在潜移默化中形成良好的阅读素养。学生进行自主批注，还可以减轻教师的教学负担，提高语文课堂的教学效率。

图 6-1 “四学”模式

“批注”分为“批”和“注”两个部分，“批”指的是用语言表达自身的阅读感受，“注”指的是用圈点、勾画等方式，标注、阐释和说明。新教材也对批注这一阅读方法有明确的要求。如一年级上册课文《青蛙写诗》的课后习题提出了“青蛙写的诗里有逗号和句号，请你圈出来”的要求，旨在引导学生以圈画的方式作批注，这是统编版小学语文教材中首次出现批注式阅读的要求。而到二年级下册课文《大象的耳朵》课后习题提出了“画出课文中大象的话，

① 柳汉维，张枝利：《非教他们预习不可——有感于叶圣陶先生关于预习的论述》，《辽宁教育》，2014 年第 10 期，第 90 页。

说说大象的想法是怎么改变的"，由此可见，阅读的要求有所提高，已经从简单标记文本过渡到了理解文本。到了四年级上册第六单元，此单元指出通过"学习用批注的方法阅读"，直接将批注式阅读视为阅读单元整体内容的方法。可见，新教材、新课标对于批注的要求是螺旋上升，逐步培养的。

教师可依据新教材的特点，教给学生批注的方法。不同学段批注的要求不一样，要有层次。低年级：用符号批、画；中高年级：要带着思考读、有质疑、有个人的见解。批注的形式有不同：重点句式画横线、摘抄的优美语句画波浪线、关键词画三角号、存在疑问的语句画问号等。引导学生用好三色笔：黑笔写感悟，红笔写疑问，荧光笔画出好词佳句。三色笔，三轮读，反复读。为什么要反复读？《周易》说"反复其道"；老子《道德经》说"反者道之动"；苏东坡说"好书不厌百回读"；朱熹说"书读百遍，其义自见"，都在告诉我们任何事物都有一个反复的过程，读完几遍，挑选经典的地方做批注。那么可以在文中哪些地方批注呢？

1. 批注题目，思考题目在文中的作用。有的题目是文章内容的概括，如《富饶的西沙群岛》《董存瑞舍身炸暗堡》等；有的题目是点明主要人物，如《我的伯父鲁迅先生》《少年闰土》等；有的是以地点为题目，如《记金华的双龙洞》《颐和园》等；有的题目让人充满好奇和疑问，如《最大的书》《铺满金色巴掌的水泥道》等；有的题目比较有特点，如《"精彩极了"和"糟糕透了"》《父亲、树木和鸟》等。要让学生预习时对题目进行研究，多加思考，写下对题目的理解。俗话说"题目是文眼，是文章的灵魂"，培养学生对题目的敏感性，对学生的习作表达是大有帮助的。

2. 批注文章主要内容，进行简要概括。批注结构，不管文章多长，尽量分为三四个部分，言之有理即可。这有助于学生对文章的整体感知，尝试着用自己的话写下文章的主要内容，要求在五句话以内，学会用简练的语言概括。文章的结构、分段可以用思维导图来呈现，培养学生的结构化思维。

3. 批注文中有价值、有品位、有新鲜感的词语，并查字典写出解释、赏析。新课标在第二学段（3～4 年级）的阅读与鉴赏部分中就提出"积累课文中的优美词句、精彩句段，以及在课外阅读和生活中获得的语言材料"。第三学段（5～6年级）提出"能联系上下文和自己的积累，推想课文中有关词句的意思，辨别词语的感情色彩，体会其表达效果"[①]。这些都是对加强阅读积累和语感培养提出了要求，因此要指导学生阅读时把文章中有新鲜感的词语、成语、歇后语等找出来，不理解的查找工具书，养成日积月累的好习惯。

4. 批注文中的重要句子，如修辞句、描写句、哲理句、关键句等。让学生自主地品评语言，体会感情，阅读的品质提高了，对写作表达的感知和运用也才会更加贴切凝练。这就要求学生细读慢读，品味体悟。这些句子有的在段落开头，有的在文章结尾，有的是承上启下句，找到这些有价值的句子写下个性化的理解，培养自主阅读的能力，表达自己独特的体验与思考。

5. 批注阅读中让你怦然心动的内容。当你被震撼，深受触动的时候，这样的内容就值得关注并记录自己的思考和心得。这样的批注有助于学生感受文学语言和形象的独特魅力，培养想象力、解析力，获得个性化的审美体验和感受。

例如，统编版五年级下册《军神》，学生在题目旁批注："以'军神'为题，一下子吸引了读者的注意。为什么称'军神'？体现在哪儿？"（能思考、审视题目的妙处，会读书！）"冷冷－惊疑－柔和－愣住－惊呆－慈祥－肃然起敬"，学生圈画出沃克医生的神情变化词语，并批注："这些神情描写体现了沃克医生对刘伯承从冷淡到敬佩的态度变化，从侧面烘托刘伯承的坚强意志。"（学生能主动结合课后思考题，静心品读课文，并关注到文章侧面描写的表达形式，善于学习，了不起！）。在文章空白处，学生还用文字＋图式把手术前、手术时、手术后分别对应哪些自然段做了思维导图。（这是对文章的整体感知，说明头脑中已经有疏理文章结构的意识了。）在手术后沃克医生与刘伯承的对话旁，学生批注："刘伯承拒绝使用麻醉剂，手术时忍着剧痛一声不吭，在沃克医生的眼里，他是'一块会说话的钢板'，是'军神'！"（能批注这句话，说明学生关注到人物的对话并能联系上文相关语句，来理解沃克医生为什么称赞刘伯承是"军神"。）

我们可以看出，在这一过程中，学生自主批注时关注的内容是很全面的，

---

① 中华人民共和国教育部：《义务教育语文课程标准（2022年版）》，北京：北京师范大学出版社，2022年4月版，第10、12页。

对于课文细节也有更多自己的见解看法，批注既是学生阅读的思考结果，也是阅读理解的思维轨迹。学生对语言文字的关注和解读，是个性化的表达，是思想的种子，不仅提升学生的阅读理解力，而且对语言文字的品评也是对表达能力的训练和涵养。批注式阅读读出各自不一样的思想和灵性。

教师通过学生的个性化批注，可了解学生的自主阅读情况和学习的起点，根据他们产生的疑问、遇到的问题等设计、调整课堂教学方案，增强阅读教学的针对性和实效性。在批注式阅读的应用过程中，由于个人的知识构成、理解能力、思维能力等都存在着差异，所以学生的批注也是千差万别的。有的学生批注得非常详细，而有的学生则批注得比较简单，甚至有些敷衍。为此，教师需要对学生批注的具体内容加以点评，激发学生的批注兴趣，指导学生进行有效批注，从而调动学生的阅读积极性。比如，部编版小学语文四年级上册第六单元的主题包括“学会用批注的方法阅读”“通过人物的动作、语言、神态体会人物的心情”“记一次游戏，把游戏过程写清楚”。这一单元中所选取的3篇文章，其标题、文章内容等多处都有大量的留白，赋予学生自由批注的空间。在《牛和鹅》一文的阅读中，教师在浏览学生批注的内容时，发现某学生的批注非常详细，包括：文章运用了比较法、文章中动词使用准确、文章中精彩句子的阅读感受。教师对这名学生认真、严谨的学习态度进行了表扬，同时，教师还为他提供了另一种思路，即利用提纲式批注或绘制思维导图，将牛和鹅进行对比。通过教师的适当点拨，学生茅塞顿开，并及时对批注内容进行了完善。

二、开放式问学

许慎的《说文解字》里这样解释“问”：“问，讯也。从口，门声。”“问”是形声字，是开口说。言为心声，开口言说了，心门自然就打开了。“问”是打开知识殿堂的“金钥匙”，是通向成功之门的“铺路石”。古往今来，许多名人都曾谈及“问”的重要性。明代文人陈献章说过：“前辈谓学贵有疑，小疑则小进，大疑则大进。疑者，觉悟之机也。一番觉悟，一番长进。”此话道出了质疑问难是生成觉悟、获得长进的学习之道。① 质疑能力不是天生就有的，教师是学生“问”“学”活动的组织者和引导者，要让学生掌握一些基本的方法：

1. 让学生“敢问”

要创设安全的课堂。美国科学家罗杰斯认为：一个人的创造力只有在他感觉到“心理安全”和“心理自由”的条件下，才能获得最佳表现和最优发展。课堂上要创设民主的学习氛围，形成平等的师生关系，让学生有放松的心灵空间，有表达的欲望。因为民主课堂的本真就是一种精神的、思想的、心灵的自由。有民主平等的氛围，少一些师道尊严，多一些相互尊重；少一些告知和灌输，多一些发现和感悟。有民主平等的氛围，学生的思维才会处于最佳的状态，思接千载，心游万仞；才能使学生集中思想，驻足凝视，沉潜其中；才能使学生消除顾虑，敞开心扉，快乐表达，快乐分享。

教师对学生的提问要尽量予以呵护。不要因为学生提出的问题肤浅、幼稚而随意嘲笑或是责备，逐步引导学生提出更有价值的问题。善用语言激励学生，可引用名言激励：“孔子曰‘学而不思则罔，思而不学则殆。’你真是善于思考、善于学习的孩子！”可总结方法激励：“你看，这位同学懂得联系旧知识提问题，这真是好方法！”可树立榜样激励：“这位同学预习时，进行了深入的思考，提了三个很有价值的问题，太了不起了！”教师对善于发现问题、提出问题的学生予以表扬，激发学生的探究欲望，把学生发现问题、提出问题作为一种习惯来培养，让学生在不断尝试和大胆探索过程中解决问题，学习的主动性明显增强，潜能得到开发，思维得以展开，自信得到彰显。问既是起点，又是过程；学既是过程，更是目的。

2. 让学生“会问”

在课题上问。题目是文章的“眼”，抓住文眼能帮助学生了解整篇课文。引导学生抓住课题质疑，往往就抓住阅读课文的关键。统编版三年级上册《铺满金色巴掌的水泥道》学生针对课题提问：“水泥道怎么会铺满金色巴掌呢？金色巴掌指的是什么？”“巴掌怎么会是金色的呢？”这是个多么富有想象

① 潘文彬：《还学习本来的样子——潘文彬儿童问学课堂十讲》，上海：华东师范大学出版社，2022年10月版，第3页。

力的题目啊！如果换一个词“铺满落叶的水泥道”“铺满金色落叶的水泥道”，和“铺满金色巴掌的水泥道”哪一个题目更好呢？教师引导学生通过增删对比品味题目包含的意蕴。

在矛盾的地方问。在学习古诗《独坐敬亭山》中，有学生提出“相看两不厌，只有敬亭山”。这句诗中的“厌”在《唐诗三百首》中解释为“厌弃、厌烦”，而在课本注解中“厌”的解释为“满足”。到底哪个是正确的呢？这是个非常有思考价值的问题。教师引导学生把字放到诗句中去体会，感悟作者对敬亭山的喜爱之情，从而明白了“厌”的真正含义。

在文本内容理解上问。学生深入探究课文时，会不断地产生新的认知冲突。教师要指导学生在阅读中抓住文章中重点词语、句子或段落质疑，从而更深入地理解课文。例如统编版三年级上册《灰雀》一课，一个学生提了三个高质量的问题：灰雀到底去哪里了？男孩为什么那么肯定灰雀会飞回来的？列宁为什么要问灰雀，而不问男孩？这些问题，都是学生在阅读的基础上根据自己的认知经验产生的疑问，具有探究的意义。

在语言表达上问。选入教材的文章都是文质兼美，许多语言文字都值得细细品味，欣赏模仿。在教学统编版四年级下册《乡下人家》时，有学生提出疑问：芍药，凤仙，鸡冠花，大丽菊，它们依着时令顺序开放，朴素中带着几分华丽——这里的“朴素”和“华丽”不是矛盾了吗？教师马上意识到这个问题指向作者的表达，对学生的提问给了肯定：“你是个用心读书的孩子。这个问题提得好！”同时，把问题抛给学生：“大家觉得这么写矛盾吗？说说看法。”这对于四年级学生，理解起来显然存在一定的困难。教师适时引导学生联系生活，思考：乡下人家门前场地上的花，和花店、公园看到的花有什么不一样？学生的思维立刻被激活了，直观、具象地理解到“朴素”指的是乡下人家场地上的花很常见、不名贵，但它们一样热烈地依着花期绽放，那各异的姿态，艳丽的色彩装点着乡下人家的生活，所以说“朴素中带着华丽”。在问中学，学生深刻体悟到作者用词的精妙，锤炼了语感，再读这个句子时自然水到渠成，读出了韵味、读出了情趣，让文字的情意深入内心。

在文章情感处问。在教学古诗《赠汪伦》时，学生质疑：“为什么汪伦早不送，晚不送，偏偏等到李白上船要走的时候才来送呢?""人一般离别时都很伤感，为什么汪伦送别李白时却高高兴兴地踏歌相送呢?"联系生活实际思考，学生感受到李白与汪伦的深情厚谊。

在文章结尾处问。许多文章结尾意味深长，给人许多想象的空间。统编版三年级上册《总也倒不了的老屋》一课，学生提出：小蜘蛛的故事一直没讲完，老屋到现在还站在那儿。后面还会发生什么故事呢？最后，老屋会倒吗？由此可以展开丰富的联想，对故事进行了续编，学生的思考力、表达力都得到了锻炼。

3. 课堂上教师如何解决学生提出的问题

首先，简单的问题可以发挥学生的自主能动性，让学生当小老师发表看法，相互交流，相互启发，互相补充，找出问题的答案。其次，对于需要教师引导来解决的问题，教师要采用不同方式导问促学：

（1）聚焦矛盾问题，突破难点

现行语文教材容量大，教学课时少，这就要求教师精准把握本课教学目标，把握文本精髓，聚焦矛盾问题，引导学生深入解读，突破重难点，达成教学目标。如教学古诗《独坐敬亭山》片段：

生1：我在预习中查阅了《唐诗三百首》，发现"相看两不厌，只有敬亭山"的"厌"解释为"厌弃、厌烦"，而课本中的注释"厌"的解释为"满足"。到底哪个是正确的呢？（预习中能发现学习资料与课文相矛盾的地方，大胆质疑，非常善于学习!）

生2：我认为是讨厌的意思，因为诗句中有个"不"，也就是不讨厌。（呼应同学的观点，说出自己的见解。）

生3：我不同意。"不讨厌"和"不满足"意思完全不一样。"不满足"是看也看不够，"不讨厌"只是表示还可以。（反驳同学的观点，敏锐发现同学的理解不到位，很有自己的判断力、理解力。）

师：大家能提出疑问，并充分发表各自的观点，很好！现在我们把这个字放到整首诗中去理解。谁来说说诗句的意思？

生：一群鸟在空中高飞直到无影无踪，孤云飘来飘去自在悠闲。我静静地凝视着敬亭山，敬亭山好像也在看着我，总是看不够，整个世界好像只有我和眼前的敬亭山了。

师：“怎么也看不够”表达出作者对敬亭山怎样的感情？

生：喜爱敬亭山。

师：作者为什么如此喜爱敬亭山呢？

生1：因为写这首诗时，是李白被流放期间，心情不好，此时只有敬亭山能理解他，这是借景抒情。

生2：我知道《中国历史8》中的《极乐之宴》故事：李隆基叫高士力跟李白说，为杨贵妃写首诗，李白写完诗，李隆基也写了一首，但听高士力说杨贵妃更喜欢李白写的那首诗，李隆基由于嫉妒，把李白永远地逐出长安了。这首诗就是李白在逐出长安后流放途中写的。所以心情很孤独、无奈，“孤云独去闲”说的就是李白自己的遭遇。（学生借助历史资料了解诗人背景，帮助理解诗人所表达的情感。）

生1（刚开始提问的那个学生）：我现在明白了，因为李白被流放心情无奈孤独，此时眼前的敬亭山静静地看着他，李白觉得只有敬亭山能够理解他，和敬亭山好像有交流不完的情感，所以这里的“厌”应该是满足的意思。（该学生能够与自己之前的学习进行比较，发现差距，即时纠偏，这就建构了新的学习意义。）

以上教学片段中学生问得主动，教师引导适度、适切、适时。在问学中理解了作者的心情和诗歌的主旨，学生的学习经历了“自读提问—共享交流（倾听、呼应、反驳）—深入解读—主动纠偏—获得共识”这样的学习过程，教师则充当引导者、鼓励者，帮助学生获得正确理解。

（2）关联零散问题，归类解疑

问学课堂鼓励学生发问，但不能被学生的问牵着鼻子走，天马行空，导致课堂效率低下。遇到零散的问题应迅速做出判断，找重点归类解决。例如一位老师执教六年级下册《金色的鱼钩》，新课伊始，教师引导学生提问：

生1：鱼钩是谁的？课文围绕“金色的鱼钩”写了一件什么事？

生2：老班长是一个怎样的人？课文中从哪儿看出？

生3：作者为什么说“在这个长满了红锈的鱼钩上，闪烁着灿烂的金色的光芒”？

生4：文章主要写的是老班长，题目为什么却叫《金色的鱼钩》呢？

学生一连串问了四个问题，照顾了不同学生的学习水平，四个问题关联到三个层面，第1个问题属于文章内容；第2个问题直指文章内涵、意蕴；第3和第4个问题属于写作表达。教师略加思索，提醒学生对问题进行梳理、提炼，并板书：“内容？情感？写法？”这也正是本节课的学习任务。随后，学生从这三个方面逐层深入进行自读自悟。学生个体独立完成问题1，用自己的话简要概述大意，把握文章主要内容。问题2则通过个人写批注与全班交流、补充的方式，深刻感悟老班长的高贵品质与革命精神。有了前两个学习环节的铺垫，原来理解起来有点难度的第3和第4个问题，便迎刃而解。此时学生稍加思索，得出结论：鱼钩长满红锈，却闪烁着金色的光芒，这“光芒”指的是老班长忠于革命、舍己为人的革命精神将永放光芒。“金色的鱼钩”是文章的线索，鱼钩见证了老班长的光辉事迹，象征着老班长崇高的革命精神永垂不朽。所以要用“金色的鱼钩”为题，升华文章中心，可见题眼是文章的灵魂！

语文学习离不开对话交流，语言文字的情感温度、作者布局谋篇、遣词造句的精妙、作品背后的内涵底蕴等都离不开学生的个性化解读，在问学中实现思想碰撞、观点交锋、情感共鸣，创生教学的意义。

(3) 发现边缘问题，有效引导

学生是个性独有的个体，对文本阅读有各自的理解，当遇到学生对陌生化的语言有感悟，但又表达不太明确时，就需要教师引导。如笔者在教学四年级《桂林山水》一课时，有学生提出：文中最后一段“这样的山围绕着这样的水，这样的水倒映着这样的山，再加上空中云雾迷蒙，山间绿树红花，江上竹筏小舟，让你感到像是走进了连绵不断的画卷，真是‘舟行碧波上，人在画中游’”。是什么意思？以上这段话是文章的总结，是重点段。学生能围绕重点段提问，说明有很好的文章结构意识。可是他把整段话都念了一遍，问题不明确。于是老师追问：“到底是什么不明白？是哪个词不理解？或哪句话有疑问吗?”学生思考后再一次发问:“这样的山围绕着这样的水,这样的水倒映着这样的山,这里为什么要用重复的词语?这样的……这样的……去掉行吗?”终于找到问题的核心部分!学生觉察到这段话句式有点奇怪,这个语感非常重要!因为这里指向文章的表达,即为什么要这样写?于是教师出示句式让学生对比:

“山围绕着水,水倒映着山……”

“这样的山围绕着这样的水,这样的水倒映着这样的山……”

在反复朗读、对比中,学生体会到原文的句式读起来很有节奏感,“这样的山,这样的水”让人感觉到桂林的山水之美是独一无二的,把山与水连接起来了,抬头望望山,低头看看水,山水相连,作者不由自主发出感叹:“舟行碧波上,人在画中游。”学生联系上下文体会反复手法的运用,把作者对桂林山水的赞美表达得淋漓尽致。

问学课堂消解教师“独白式”教学,借助文本建构开放互动的对话交流场,使课堂学习从传统的“对象一元式”向现代的“关系多元式”转变,师生由“上下级”走向“合作者”。教师不再是单一的讲授者,而是成为组织者、合作者、引导者、信息反馈处理中心,在学生不明白时讲解,在学生说不清楚时指点,在学生说得不够完整时补充,在学生出现错误时纠正,在学生说得不着边际时调控,在学生争论不休时引导,在学生展示后反馈评价等,都是激趣维持和促进学生阅读活动,知识在对话中生成,思维在交流中重组,能力在共享中倍增。

(4)问学课堂需处理的关系

预设与生成的关系。以教为主的课堂是“对象式”的,教学是静态性、约束性的,教学流程相对固定。而问学课堂是“关系式”的,教师是平等中的首席,生成具有动态性、开放性、创造性,这就对教师的智能化结构提出挑战,备课中教师应对话题的开放性、情境的易变性、时机的把控性方面要有充分的预设,以保证教学目标的达成。

教师“问”与学生“问”的关系。教师的“问”应当是依据文本精要设计的“核心之问”,学生的“问”参与到课堂学习当中,这种关系并不是“1

＋1"的"两层皮"的学习样态，而是将学生的"问"嵌入到教师的"教""问"环节之中的，由教师与学生共同推进学习进程，生成一些具有思维含量和探究价值的问题，展开深度而有意义的学习。在这过程中，教师应结合教学目标和教学内容，密切关注并灵活掌握"问学"话题的延伸与转移、话轮的移交与获取、话权的掌控与授予等问题，并给予解疑、释疑。教师的"问"应该与学生的"问"相得益彰的。

理性与感性的关系。问学是以问启学，以学促问，组织结构跳跃性大，需要根据教学目标和重点，适时调整切换。而语文是感性的学科，语言文字充满温度和感情。因此在教学中，还应该找准契机披文入情，带领学生感情朗读，读中感悟，读中品味语感，读中掌握方法，读中传承优秀传统文化。让学生在美的语言文字中徜徉，沉淀文学素养。

个体与群体的关系。由于学生的思维水平、理解能力、生活经历以及个性特征的差异，导致学生介入互动交流的积极性、参与性不同。不同学生扮演着"飞翔者""奔跑者""跟随者""旁观者"的角色。教师要在教学中关注不同学生的需求，采取相应的教学策略，组织小组讨论、同桌互助等，让尽可能多的思想在课堂上交融、碰撞，产生新的理解和意义，促进不同层次学生的发展。让"问""学"比翼齐飞！

三、归类式理学

《义务教育语文课程标准（2022年版）》学段要求中专门设置了"梳理与探究"板块。第一学段（1～2年级）的要求是"观察字形，体会汉字部件之间的关系。梳理学过的字，感知汉字与生活的关系"。第二学段（3～4年级）的要求是"尝试分类整理学过的字词"。第三学段（5～6年级）的要求是："初步运用多种方法整理和呈现信息"。[①] 从以上的"尝试分类整理"和"呈现信息"就指出了知识梳理的重要性和必要性。对于学生来说，学习过程是把

① 中华人民共和国教育部：《义务教育语文课程标准（2022年版）》，北京：北京师范大学出版社，2022年4月版，第8、10、13页。

书读“厚”，课后的梳理是把书读“薄”，课后梳理能使学生对已学过的知识和技能进行归纳总结、回顾收集、整合的过程，使知识系统化、规律化、结构化、提高学习的效果。那么如何分类整理和呈现信息呢？可以教给学生导图式梳理、表格式梳理、专题式梳理这几种方法。

导图建模

学习者的阅读能力由三种图式决定：语言图式、内容图式和形式图式，这几种图式与文章的语言、内容和表现形式共同协调、交互作用，最终实现对语篇的理解。思维导图是形式图式的一种。思维导图是基于脑科学理论的一种思维工具，它将左脑的推理、数字、语言等逻辑思维和右脑的符号、图像、色彩等形象思维相结合，从而共同促进思维能力的发展。① 不同内容的文章体裁形式，有不同的组织结构和框架，特定的内容往往需要特定的思维导图才能实现。读者头脑中形成了各种思维导图，熟悉了各种类型的文章体裁及其结构特点，会有效提高阅读速度，增强对材料的理解。引导学生导图建模有三步骤：

第一步，回头看。指的是上完课后，趁热打铁，对照书本、笔记，及时回忆有关信息，进一步熟悉文章内容和背景知识等，这是梳理的重要前提。

第二步，分类提取。阅读材料包含基础的语言知识和有关的主题内容、表达方法。学生根据文本材料中的字、词、句、篇提取重要的文字信息，从而启动大脑中的形式图式和内容图式，达到对文章的理解。单篇课文可以从“难读字音”“易错字词”“内容结构”“特色”等方面去整理。整个单元可采用横向对比的方法，如“知识要点一览”“表达方法异同”“主旨意义统整”等方面来梳理。期末时整理“阅读题答题方法”“应用文要点一览表”“错字错词重温习”等，既可以全面整理，也可以抓重点来整理，做到有侧重，有归类，把看似无序的信息通过整合，归类为系统化的知识。

第三步，导图绘制。在内容整理上不同文体有侧重，说明文多数可以用“泡泡图”；记叙文可以用“单线图”“树状图”“双线并行图”等来呈现。在梳理过程中，可以用彩色笔来建构。绘制导图是经历了从“意义支持”到

---

① 闫国娇：《基于思维导图的小学语文高学段阅读教学的实验研究》，山西师范大学硕士学位论文，2020 年 5 月，第 10 页。

“意义建立”的过程，能更有效地理解阅读材料。

④修改。课堂上教师让学生展示所绘导图中的内容，师生点评反馈，进行补充性修改。

根据不同类型的文本选择与使用不同的思维导图，文本特点与导图相匹配、相契合，更易于知识的梳理与呈现。以下是几种常用的思维导图：

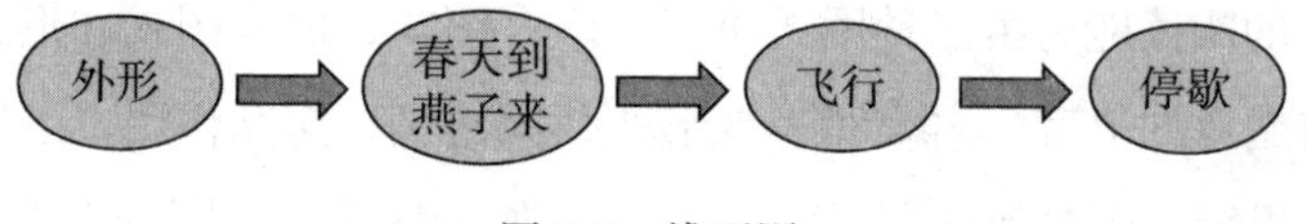

图 6-2　线型图

线型图适用于按事情发展的顺序来记叙的文章。例如《燕子》一课，写了燕子的外形，春天到燕子飞来了，燕子飞行时的特点和停歇时的特点。这几个段落内容之间是平行关系。

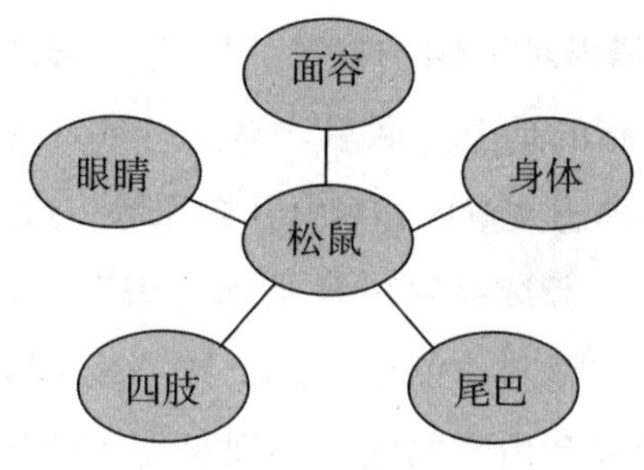

图 6-3　气泡图

气泡图一般是围绕一个核心主题，介绍不同方面的特点。例如《松鼠》分别从面容、眼睛、身体、四肢、尾巴等方面介绍松鼠的外形特点。

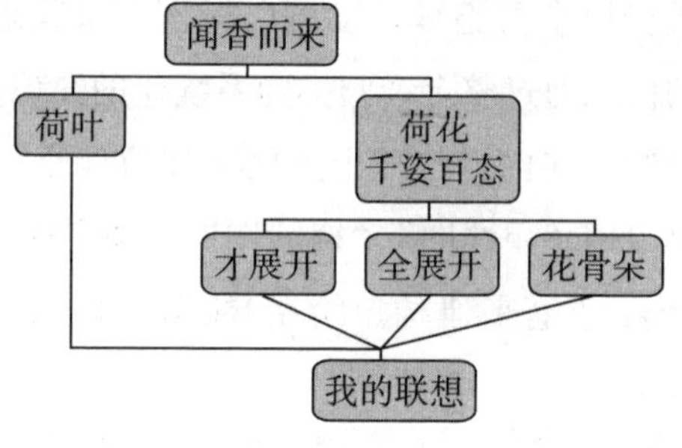

图 6-4　树状图

树状图一般用于文章结构有总有分，有的是先分后总，有的是先总后分，有的是总分总结构。例如《荷花》一课，就是先总后分。先讲作者闻香而来，接着描写看到的荷叶和荷花，进而具体描写了荷花千姿百态的样子，有的才展开两三片花瓣，有的全展开了，有的还是花骨朵。最后讲自己看着一池的荷花产生的联想。

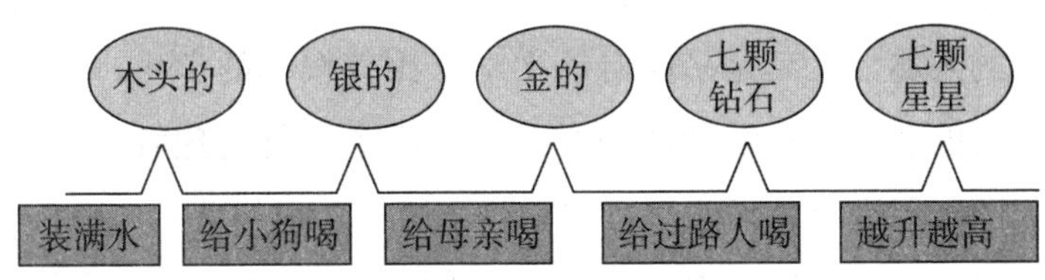

图 6-5 桥状图

桥状图一般是文章有两条线索，一条线索是事件的起因、经过、结果，另一条线索是人物的心情变化等。如《七颗钻石》的一条线索是小姑娘把水给小狗喝、给母亲喝、给过路人喝，另一条线索是随着情节的发展，水罐发生的变化，从木头的、银的、金的，到变成七颗钻石，最后升上天空变成七颗星星。

除了这些图式，还有双气泡图、双圈图、鱼骨图等，可以依据不同的内容和文章特点采用不同的思维导图。

表格规整

运用表格能够让知识的重难点更清晰，让知识的复盘更有整体性。可以进行横向、纵向的对比，打通板块间的联系，从而进行统整。以复习应用文为例，不同类型的应用文需要注意什么，可以罗列成表格，复习时一目了然。以下是应用文注意事项一览表：

表 6-6 应用文注意事项

应用文	注意事项
请假条	要注明什么人向谁请假，署名写在日期上面，写在最后几格。
留言条	不要写“留言条”三个字。
通知	要写清楚活动或会议的时间、地点、人物、内容、注意事项。
寻物启事	寻物启事要把物品的特征、名称写具体，并写明交给谁。
信件	称呼顶格写。要写“此致，敬礼”。换行写祝福语。

续表

应用文	注意事项
日记	中间写几月几日，周几，天气等，从第二行才是正文，没有署名。
表扬	表扬稿要有明确的目的，事情一定要真实，不能虚构。
建议书	“建议书”三个字写在中间，建议内容要有条理地列出，这样更加醒目。
感谢信	必须扣住感谢来写，叙事简洁明了，写出真情实感。

以绘制思维导图和表格的形式总结文章思路及重难点，一方面激发了学生自主学习的兴趣，尤其是平时对语文学习比较被动的学生，绘制图表使他获得语文学习的意义，在解读图表时会有自己个性化的理解和表现。另一方面通过绘制图表促进有意义的学习、厘清知识点之间的关系，整合新旧知识、建构知识网络、浓缩知识结构，使学生能从整体上把握文章。坚持导图建模，可以培养学生系统建构知识的能力，让学生学会有意义学习的方法和技能，提升学生可持续发展的学习能力。教师要检查学生导图作品并进行补充讲解，以完善学生的知识架构；最后要收集学生的作品，对优秀的作品进行展示，让语文学习因绘图而有趣、增效。

专题梳理

语文能力分为识字与写字、阅读与鉴赏、表达与交流、梳理与探究这几个方面。教师引导学生在日常学习中分类整理和归纳，将大大提高学习效率，提升学习品质，形成这个专题的知识链。以识字写字的“梳理与探究”为例，新课标在第一学段（1～2年级）的要求是“观察字形，体会汉字部件之间的关系。梳理学过的字，感知汉字与生活的关系”。第二学段（3～4年级）的要求是“尝试分类整理学过的字词。尝试发现所学汉字形、音、义和书写的特点，帮助自己识字、写字”。第三学段（5～6年级）指出：“分类整理学过的字词，发现所学汉字形、音、义和书写的特点，发展独立识字能力和写字能力。”① 不同学段在汉字的梳理与探究的要求上是螺旋上升的。梳理的内容一般有几种：字词的梳理、句式修辞手法的梳理、文章主要内容的梳理、习作表达的梳理、阅读答题技巧的梳理、错题的梳理等。根据不同年级可以采取

① 中华人民共和国教育部：《义务教育语文课程标准（2022年版）》，北京：北京师范大学出版社，2022年4月版，第8、10、12页。

不同的形式来梳理：

“大字报”。即写大字，用于梳理难写易错生字。适用于中低年级。一个单元学完后，把难写易错的生字整理出来，用 A4 纸画格子进行大字提醒，重点笔画用不同颜色的彩笔标注，并在下方的格子中写上“注意!”特别提醒要写好的笔画。每个单元都有一张“大字报”，除了提醒易错笔画，还可以写上拼音、部首。期末复习时装订成一本，就是“易错字大字报”专辑，由于是大字，学生的有意注意被调动起来，在梳理中强化了对重点笔画的记忆，提升了书写的正确率。

“字族小报”。即同一部件的汉字进行归类整理。如含“鸟”字部件的“鸡、鸭、鹅、鸣、鸥”；含“隹”字部件的“难、雀、集、售、雅、雕、藿、隼”。学生还把“鸟”“隹”字的演变从甲骨文、金文、大篆、小篆、隶书、楷书按序写了出来。做到图文并茂，有的让“生字宝宝”一家坐上火车去旅行，有的用剪贴画做成立体的树叶画，有的字族串联在情境故事中，生动有趣。同学们发挥聪明才智，在梳理中对字形、字音有了更准确的认知，对汉字的演变有了更多的了解，更加热爱祖国语言文字，争做中国汉字文化的传承人。

“生字表我做主”。教材中生字表是按课文顺序逐课呈现的，到了期末，可以按照音序排列或部首来归类梳理，在梳理中复习了生字的读音和字形，提升了复习生字的兴趣，又培养了归类整理的意识和系统思维。

“单元梳理小报”。适用于中高年级。集合了“难写生字词提醒”“词句段运用”“文章内容的思维导图”“文章表达方法”“单元习作提示”等模块。单元语文要素的归纳整理也是不可缺的。例如四年级第八单元，语文要素是“了解故事情节，简要复述课文”。学生归纳整理了复述的方法：①读课文；②抓主要；③删次要；④说通顺。还总结了复述的支架：①利用课文插图；②借助思维导图（阶梯图、鱼骨图、树形图等）；③借助表格。一张小报在手，重难点一目了然，既是对语文知识的巩固，又是归类整理的综合运用。

“活页本梳理”。适用于中高年级，从课内到课外的知识进行全面系统的梳理、归类。有 12 项内容可以归类：①易错词汇总，重点笔画用彩色；②课堂听写、默写；③家庭听写、默写；④课前预习—课堂笔记—课后补充；⑤语文园地中“词句段运用”；⑥文章作者、作品；⑦单元内容梳理；⑧应用文格式；⑨习作提纲；⑩阅读题答题技巧；⑪常见题型；⑫错题反思。这些内容随着学习的进程不断完善，补充，及时归档到相应的模块。由于是活页本，归档整理非常方便实用，也避免了多种本子的使用，集听写本、默写本、预习本、听课本、家庭本、复习本、错题本为一体，可以随时增页、调整，上交批改时只要把活页纸取下即可，也方便教师批改、携带，批改发下来后及时归档，大幅提升语文学习效率，学霸笔记就是从小培养出来的。

四、体验式延学

生活是丰富多彩的，语文生活与学生个体息息相关。每一个学生都是一个生命个体，他们的理解能力、感悟能力、生活经历、经验积累各不相同，因此对事物的感受和体验也不尽相同。活力语文教学充分利用课后、周末、假期，拓展语文学习的宽度，创设“语文＋”课后体验式延学课程，把语文学习放在一个广阔的自然背景、社会背景和文化背景中，设计丰富多彩的语言实践活动，通过“小小体验，大大梦想”的实践课程，让学生在生活体验中学习，在生活实践中运用，获得真切的言语实践感受，让口语表达和习作有血有肉，有声有色，有情有意，让语文素养提升与精神成长熠熠生辉。

“我是小小配音师”

学习了《风娃娃》后，教师提供了一个《风娃娃旅行记》短视频（默片），学生根据课文内容，结合自己的理解，发挥想象，给短视频配音。视频中风娃娃的动作、表情活灵活现，小朋友的表达也生动形象。有的说：“风娃娃来到了森林，他看见森林里的小树叶子黄黄的，大部分都掉了。他深深地吸了一口气，用力向那些遮住太阳的云一吹——‘呼’，云雾瞬间消失了，太阳光照到小树上。霎时间，小树生机勃勃地长满了绿叶。小树纷纷对风娃娃说：‘谢谢你，风娃娃。’”动感的画面让小朋友对讲故事充满了兴趣，不仅说好故事情节，还用自己的语言来表达情感，而且和画面的角色产生共情，绘声绘色，童趣盎然！

“我是小作家”

课外读绘本《尼克叔叔的假发》，故事的主人公尼克叔叔的假发像足球场、鸟窝、意大利面、织好的毛线团、飞机场——学生的想象力被激活，有的动笔写：哎哟哟，草地里摘几朵花插在头上，正好引来小蜜蜂，哎哟哟，那可不行，蜜蜂来叮我怎么办？有的写：哎哟哟，这可不行，快把薯条换上去，金黄喷香又酥脆，放学小孩流口水。有的写：哎哟哟，这可不行，快把羽毛戴上去，引来一群百灵鸟，又唱歌来又跳舞。还有的想象成尼克叔叔头上有滑滑梯，有剑龙，有糖果，有胡萝卜……学生还把这些内容画出来，集结成创意版的《新尼克叔叔的假发》，在班上轮流阅读，作品集充满童真童趣。这不仅让孩子们感受到绘本故事丰富的内容，也激发了他们对阅读和写作的热情，启发思维能力！

“我当小演员”

教育家黎锦熙说：“表演”在国语教学上最关紧要，实在是“读法”中的“应用”了。“表演”的好处多多：从儿童心理学上说，化装演剧引发他们的兴趣。演剧能使儿童设身处地，把书中的人物与自身合而为一。书中人物的感情、意志，就是自身的感情、意志，不但亲切有味，而且感发甚深。儿童对于教材能够彼此自由地讨论、辩驳，或者将文本进行“创作”“活用”，儿童认定做课文中的什么人，就引起他一番选择的考虑，课文的精彩处，多由此触发出来。例如：学了《小马过河》一课后，让学生再入情入境地读读课文中描写不同角色的语言，引导学生自由选择角色，自由选择表演伙伴，组成表演小组，利用课外活动时间，把课文的语言变成自己的语言，再加入合理想象，配上动作、表情，进行课本剧表演练习，然后在班上展演，由学生评出最佳创意奖、最佳演员奖、最佳合作奖、最佳编剧奖等奖项，让每个参与的学生都享受到成功的喜悦。

“我是小小观察员”

可以观察植物，在小阳台种植豆芽，观察豆芽从一颗种子到生根发芽不断长大的过程；种植花卉，赏花的形、色、味，了解花开、花落的自然规律。

可以观察小动物的生活习性，了解它的外形、吃食、睡觉等，猜测动物的内心世界。可以观察天气，从天气晴朗到骄阳似火，到下雨的变化过程。可以走出家门，走进社会，看一看街道、上学路上的景象，骑车的人、走路的人，小商店老板在不同时刻有哪些不一样的表现。可以观察家人的外貌特点，记录家长干家务时的情景；可以观察家里的家具摆设和自己心爱的小物品等，用笔记录生活中的观察所得，写观察日记，培养细致观察、连续观察、多角度观察、边观察边思考的能力。

"我是劳动小达人"

让学生从小爱劳动，养成劳动好习惯。可以帮家人做一些力所能及的家务活，如：叠被子、叠衣服、扫地、洗碗、洗袜子、炒菜、做点心、整理自己的书桌等。低年级开展劳动体验，分享"我学会了……"；中年级尝试家务劳动，从洗红领巾到整理收纳，种花养鱼，写一写《我会做……》；高年级学做一道菜，从阅读菜谱到了解菜名来历，经历制作过程，写一写《我最拿手的一道菜》，和同学分享，参与评选"家务小能手""班级环境小卫士"等劳动小达人。在劳动中培养了观察、表达、合作的能力，实现课内与课外、语文与劳动教育之间的融合，让学生爱上语文、爱上劳动，将劳动光荣印刻到每个孩子心中，将言语实践融合于生活体验中。

"我是小小研究员"

鼓励学生参观昆虫博物馆，观看科普类视频《你好！昆虫》和《昆虫小世界》，阅读《昆虫记》《毛毛虫的日记》《昆虫运动会》等相关绘本，同学们依据名称、种类、习性等制作成昆虫名片，绘制昆虫的线描画，小组合作制作 PPT 汇报研究过程和成果。从学习昆虫知识到讲解礼仪，从实践练说到独立演说，从磕磕绊绊到流利顺畅，同学们越讲越自信。班级中一位学生对蟋蟀表现出极大的兴趣，在父母的支持与鼓励下，与父母前往充满生物多样性的武夷山进行实地考察。他连续三周对蟋蟀饲养和监测，从虫卵到幼虫到成虫，深入了解蟋蟀的生态环境和多样性。他通过自制的小视频展示了他的发现，分享了他的研究收获。最后，大胆想象、创意构思，和班上同学自编自导了趣味情景剧——《昆虫旅馆奇妙夜》，充满童趣的昆虫形象，精致而不失俏皮的粪球旅行箱，神态和动作的戏剧化呈现，这些都让剧中的小昆虫们真正地“活”了起来。在活动后，同学们用文字记录下点滴收获。同学们共写、共读、共演，感受昆虫这个庞大的家族赋予人类的力量。既丰富了课余生活，提升了语言表达能力和自信心，又收获了丰富的昆虫物种知识，科学的种子在孩子们的心中萌芽。

“我是小小讲解员”

一年级在初识汉字的基础上，运用识字方法，联系生活，举办“我的姓名牌”“我来介绍我自己”“我身边的汉字朋友”“我最喜欢的季节”等主题活动，在“小小讲解员”星级挑战中，提升观察、思维、表达等能力。二年级围绕“家乡”这一主题，创设“跟着课本去旅行，介绍大美家乡”活动，利用课余时间搜集景点图片、资料，到实地录制讲解视频。中年级依托“祖国河山”这一人文主题开展“小导游配乐朗诵”“绘制观景游览图”“我是小小旅游推荐官”等活动，为美景发声，为家乡代言。高年级依托“让非物质文化遗产‘火’起来，争当艺术推荐官”“博物馆藏品推荐”，以及实地探访等实践活动，制作成家乡艺术推荐手册。“小小讲解员”不仅开阔了学生们的眼界，提升了语言运用能力，树立了文化自信心和责任感，还使学生们主动成为中华优秀传统文化的继承人，发展了同学们的综合素养。

“我是小小设计师”

我国航天事业飞速发展，神舟系列载人飞船成功升空，“嫦娥”“天问”等太空飞行器探测了月球和火星，天宫空间站核心舱初步建成。未来的航天器会是什么样子的呢？围绕这个主题，学生们阅读了《太空日记》《神州巡天》《100亿光年宇宙漫游》《中国儿童太空百科全书》等书籍，制作思维导图、小报。同学们上网查资料追“星”：航天强国梦的精英代表容易阿姨，是运载火箭总设计师，了解她的故事后内心充满敬佩之情。同学们巧手设计并搭建心目中的航天器，进行创意写作。《我是水星》《我是一块月球岩的日记》《我是一本太空回忆录》等，同学们的文题新颖，角度不同，充满想象力。作文的内容也丰富多彩：想象中的科幻世界；太空垃圾“旅行记”；太空旅馆；中国人设计的小行星计划……文章结尾更是精彩，提炼出特别能吃苦、特别能战斗、特别能攻关、特别能奉献的“载人航天”精神！

“我是小小评论员”

“胸怀天下事，我手写我心”，引导学生观看新闻联播，听中国之声等，结合当下社会事件、热点，梳理观点、事实与材料，辨别是非、善恶、美丑，负责任、有中心、有条理、有证据地表达，培养理性思维和求真精神。利用语文课前三分钟交流分享，“新冠疫情”“俄乌战争”“冬奥会”等话题都让同学们感兴趣，教师引导评价，鼓励同学们发表自己的见解，在说与评中提升了表达力、思维力、见解力。

“我是小小鉴赏家”

新课标在“跨学科学习”的第三学段指出“积极参加校园文化社团，参与学校和社区举办的戏曲、书法、篆刻、绘画、刺绣、泥塑、民乐等相关文化活动，体验、感知、传承中华优秀传统文化，运用多种形式分享自己的经验与感受”。这就告诉我们高年级学生要拓宽学习的场域，增加多方面的体验，用自己喜欢的方式来表达所获。因此，学校在暑假前夕给学生发出了“发现艺术之美”的号召：

假期是轻松休闲时光，更是一段滋养性灵、丰厚学养、开拓视野的积淀期。当我们走进生活的课堂，听一曲弦音，赏一方文物，品一幅名画，观一场展览……时光便在与文化、艺术的碰撞中变得厚重而美好。

听一场音乐会，看一场剧。拉上爸爸妈妈的手，一起走进剧院，观看精彩纷呈的音乐剧、儿童剧、舞剧等，享受一场视听的盛宴。推荐《白雪公主与七个小矮人》、儿童剧《狗狗总动员》《魔法钢琴与肖邦短篇》、芭蕾舞剧《死水微澜》、唐诗宋词少儿沙画试听音乐会、原创3D杂技魔幻剧《金箍棒》、儿童剧《小邋遢奇遇记》等。观赏结束后记得留存入场券票根和音乐会简介，开学后和老师同学们分享。

游览博物馆。博物院举办的“长江流域青铜器展”，展出了不少中华文明史上著名的青铜器，三星堆的黄金面具、宝鸡的秦公镈和伯各卣……赫然在列。在爸爸妈妈的带领下，跟随讲解员走进展馆，听一堂博物馆中的历史和艺术课，再把你印象最深的场景写下来吧。

赏美术馆里的非遗艺术。美术馆主办的“格物致道——闽学视阈下的非遗作品展”值得一看。艺术展集中展示了福建特色的传统美术类非遗作品，涵盖金石篆刻、福州脱胎漆器、白瓷、建盏、浦城剪纸、漳州木版年画、古琴等多个非遗门类的九十余件古今精品佳作。这些作品承载着深厚的中国传统文化与地域文化，诠释着闽人精益求精的工匠精神，生动展现福建非遗的风雅与精致，令人大饱眼福！学生从中感受历史、文化、艺术带来的熏陶和洗礼，提升了艺术素养。

逛“数字故宫”听鉴赏课。登录“数字故宫”小程序，畅游“艺术大观园”“数字文物库”“云上紫禁城”……观赏故宫展览、聆听艺术故事、鉴赏名作名画……足不出户，亦可回望历史，畅游古今，放眼世界。

阅艺术书籍中的文化。《你好，艺术！》13 册艺术启蒙绘本，将给大家介绍 13 位艺术大师，以及来自全世界 50 座博物馆的 165 幅经典画作。活泼优美的文字带领学生感受画家的精彩人生，拉近名家、名画的距离，是一段不容错过的艺术文化之旅！

假期结束后，同学们分享了各自的作品：有习作《向你推荐一幅画》《发现艺术之美》《和蒙娜丽莎的会面》等，写出各自审美见解；有的是拍摄小视频，当一个小小解说员讲解名画；有的是录音作品，配乐朗读自己的赏美习作……学生们徜徉在艺术的殿堂，情感受到触动，心灵得到润泽，灵感得以激发，文化的自信流露于文字与表达之中。

第二节 单元统整见“活力”

核心素养是一个人的综合能力，不是单一方面的素养。核心素养视域下的语文教学，要在学科以及学科间建立纵横联系。要具备结构化学习内容、联结性学习设计、主体性学习任务、开放性问题情境、综合性学习评价，学习方式有较大变化，提供学生更多自主探究、合作分享、深度交流的机会，实现能力的多元覆盖。[①] 活力语文教学是以大单元为抓手落实任务群教学。以教材的单元为基本内容，以相关专题或主题为导引，改变传统的碎片化教学样态，统整学科内教学内容的诸要素（主要是知识、能力、方法、情意），建立起单元内各部分内容的联系，通过以下五个步骤的统整，实施大单元整体设计，以实现整体（单元）大于部分（单篇）之和的语文学习效应，培育核心素养。

1. 整体关照找关联——联结
2. 主题目标情境化——创境
3. 逆向设计结构化——重组
4. 实践任务一体化——活动
5. 作业评价多样化——支架

一、整体关照找关联——联结

语文教学要高效提质，目标定位必须精准。教师要突破微观单元、孤立文本的狭窄视野，备课时从宏观到微观上把握教材文本"是什么?""教什么?"要"上挂下连，左顾右盼"，用日本教育专家佐藤学的"三只眼"来俯瞰教材，即"飞鸟之眼""蜻蜓之眼"和"蚂蚁之眼"。"飞鸟之眼"高瞻远瞩，对整个单元的文本有宏观的、整体的把握；"蜻蜓之眼"更多地发现、思考、反映文本中目标、策略的问题；"蚂蚁之眼"精确细致，聚焦文本细节。这样备课有全局观、系统观，更加明确教材的定位，做到教学目标精准。以三年级上册第五单元童话主题单元为例：

这个单元以"童话"为主题，选编了四篇中外童话，这些童话都充满了丰富而神奇的想象，引人入胜的同时又发人深思。《卖火柴的小女孩》五次擦亮火柴看到不同的景象；《那一定会很好》中的主人公心中心愿不断涌现；《在牛肚子里旅行》中小蟋蟀青头和红头惊险刺激的经历；《一块奶酪》中蚂

① 周璐：《在设计中突围——核心素养导向的语文教学新论》，杭州：浙江大学出版社，2022年7月版，第182页。

蚁队长的激烈思想斗争……都带领读者进入一个个惊险奇妙的世界。除了这四篇课文，“快乐读书吧”还推荐阅读《安徒生童话》《稻草人》《格林童话》等。童话因其情节曲折，内容和表现形式浅显生动，常常采用拟人化手法，是儿童喜闻乐见的体裁。如何引导学生感受童话神奇的想象，并创作出属于自己的童话呢？首先要整体备课，对教材精准定位，要关照以下几种关联：

单元与学科的关联。整体看，童话体裁占比集中在中低年段。在二年级上册第一单元“快乐读书吧”中，就提出“要读一读童话故事”，三年级上册的第三单元、三年级下册的第五单元和四年级下册的第八单元，都是完整的童话单元，都有单元导读，以单元模块呈现，要做好整体设计。

单元与学段的关联。统编版教材根据学生的身心发展规律，不同学段围绕同一主题，设计了螺旋上升的学习内容：以“童话”单元语文要素为例。三年级上册是“感受童话丰富的想象，试着自己编童话、写童话”。这里的要求只是“感受”“试着”；到三年级下册“走进想象的世界，感受想象的神奇；发挥想象写故事，创作自己的想象世界”。这里的要求是“感受神奇”“创作”；到四年级是“感受童话的奇妙，体会人物真善美的形象；按自己的想法新编故事”。这里要求是“新编”。从学段要求中可以看出教学内容随着年级升高螺旋上升，因此要求教师授课时不要一味求“深”，要把握一个度，要根据不同阶段的不同要求来教学，不要盲目拔高。如下表：

表 6-7　不同学段间童话体裁的语文要素

册次	单元主题	课文	语文要素
三年级上册 第三单元	童话王国	《卖火柴的小女孩》 《那一定会很好》 《在牛肚子里旅行》 《一块奶酪》	感受童话丰富的想象；试着自己编童话，写童话。
三年级下册 第五单元	大胆想象	《宇宙的另一边》 《我变成了一棵树》 《一支铅笔的梦想》 《尾巴它有一只猫》	走进想象的世界，感受想象的神奇；发挥想象写故事，创造自己的想象世界。
四年级下册 第八单元	童话之美	《宝葫芦的秘密（节选）》 《巨人的花园》 《海的女儿》	感受童话的奇妙，体会人物真善美的形象；按自己的想法新编故事。

单元文本之间的关联。同一单元内四篇童话的教学内容也有关联。在课后问答中，同样是“说”童话，第一篇《卖火柴的小女孩》是“说印象深刻的部分”；第二篇《那一定会很好》是“说完整的历程”；第三篇《在牛肚子里旅行》是“把这个故事讲给别人听”；第四篇略读课文《一块奶酪》是学会“评价蚂蚁队长”，“说”的要求也是逐课递增。教学中依纲据本，给教师指导“说”的能力训练提供了标尺，做到心中有数。

单元与课标的关联。童话单元在《义务教育语文课程标准（2022 年版）》中属于“文学阅读与创意表达”任务群，第二学段（3～4 年级）的要求是：阅读富有想象力和表现力的儿童文学作品，欣赏富有童趣的语言与形象，感受纯真美好的童心，学习用口头或者图文结合的方式创编儿童诗和有趣的故事，发展想象力。本单元的语文要素是“感受童话丰富的想象”和“试着自己编童话，写童话”。任务群的教学要求与本单元语文要素是匹配的。本单元语文园地中的“交流平台”、习作《我来编童话》都和语文要素相契合，因此，读写结合，以读带写成为这个单元很重要的教学策略。

单元与跨学科的关联。从教材内容上看，除了要在单元、学段、课标上找关联，还要向外看、向远看，寻找单元内容与跨学科的关联。例如六年级上册第七单元“艺术”主题，要关联到音乐、美术、书法，要思考语文与跨学科之间的关联，教师应该有跨学科的意识，不同学科的教师可以进行沟通，音乐老师可以进行名家名曲欣赏，激发学生在音乐中展开想象力，更好地体会作家笔下的《月光曲》；美术老师可以进行《书戴嵩画牛》等名画鉴赏，可以更好地帮助学生理解文言文中的故事；书法老师可以给学生介绍历代书法家的故事，理解书法家的人生遭遇与书法作品之间的关系；还可以和综合实践老师一起布置小组探究任务，听家乡戏曲，采访艺术大师，推荐家乡美食，撰写研究报告等综合性学习活动。当语文学习与跨学科相联系时，学习的宽度、厚度不一样了，突破学科壁垒，激活横向、纵向的关系，统整思维，培养核心素养。

单元与现实世界的关联。例如六年级上册第六单元“人与自然”主题，《古诗三首》写了黄河、江南春天美景；《只有一个地球》告诉学生要精心保护地球，保护地球的生态环境；《青山不老》说明了人与土地、人与自然相互依存。我们要思考“这个单元学生掌握的内容在现实世界的价值是什么?”，让学生在阅读中学会审视个人行为和社会问题对大自然产生的影响。内化为行动，从身边的小事做起，减少塑料制品的使用，遵守垃圾分类，低碳出行，节约水电等。让语文学习与学科、与现实生活之间搭建起桥梁，实现学科育人的目标。

二、主题目标情境化——创境

统编版教材每个单元都有人文主题和语文要素，但教学中很多老师要么只关注了人文主题，要么以语文要素为指导却忽略了人文性的引导。如何做到人文性与工具性的统一呢？在大单元背景下设立大主题、大任务，就能很好地解决这一个问题。大情境、大任务是指在整个单元的教学中，通过创设真实的生活大情境，激活学生的生活经验，激发他们学习的动机和兴趣，让他们能够围绕生活中真实的问题、真实的任务去学习和探究。我们来看几个大主题：

1. 一下第六单元：“分享夏天的故事”
2. 二上第四单元：“我为家乡代言”
3. 三下第四单元：“科学的实验和表达”
4. 四上第七单元：“追寻英雄足迹，讲好中国故事”
5. 四下第二单元：“做个问不倒的博士”
6. 五上第一单元：“编写童年故事”
7. 五上第七单元：“评选金牌解说员”
8. 六下第四单元：“奋斗的历程”主题展览馆

从以上主题名称可以看出，单元大主题名称是从单元的人文主题和单元要素中提取的，既体现实际应用，又反映育人意义和价值。大主题有两个特征：1. 真实的学习情境。包含人物类：可以是纪录片、人物访谈、制作人物卡片等；事件类：故事屋、新闻追踪报道、电影脚本、事件回音壁等；景物类：当小导游、拍风景宣传片等。2. 完成生活中实际的任务。比如“评选”“编写”“演讲”“推荐”“分享”“设计”“创作”等体现语文在生活中的实际运用。

再来说目标的设定。教学目标是教学的方向、目的、纲领和统帅，是教学改革的起点和第一要素。确立基于核心素养的教学目标是实施大单元教学的第一前提和基础。[①] 具体而言，教师必须在施教以前认真研读整套教材、掌握整套教材的内容和体系，明白一篇课文在一个单元中的地位和作用、一个单元在一册课本中的地位和作用、一册课本在整套教材中的地位和作用，据此，设计出整套教材的教学目标体系。在这个目标体系中，每篇课文、每个单元、每册课本都有各自的目标定位。这样就是形成了教学目标序列化。能够克服“只见树木，不见森林”的通病，改变教学中“东一榔头，西一棒子”的盲目与随意的状态。[②]

核心素养导向的教学强调基于单元进行设计和实施，一个相对独立、完整的单元才能够清晰、完整地体现该课程所要培养的核心素养。[③] 目标编写体现以下几个特性：一是方向性，所有目标都要指向核心素养的形成和发展。二是主体性，即所有目标都是通过学生并经学生的努力而实现的。三是整体性，各个目标之间有逻辑递进的关系，体现目标之间的进阶性和发展性。四是过程性，教学目标的编写要体现目标的实现过程。五是明确性，即教学目标的表述应该是清晰的、具体的、可测量的、可操作的、可观察的，不能用含糊的、抽象的语句进行陈述。[④] 进阶式学习目标可以将学习目标组织成非常有用的结构，它是一个连续统一体，能清楚地说明与具体标准相关的不同层次的知识与技能。因此，我们将目标分为知道、理解、应用、综合四个层级。

---

① 余文森：《新时代中国课堂教学改革与创新》，北京：北京师范大学出版社，2024 年 1 月版，第 41 页。

② 余文森：《新时代中国课堂教学改革与创新》，北京：北京师范大学出版社，2024 年 1 月版，第 54 页。

③ 余文森：《新时代中国课堂教学改革与创新》，北京：北京师范大学出版社，2024 年 1 月版，第 70 页。

④ 余文森：《新时代中国课堂教学改革与创新》，北京：北京师范大学出版社，2024 年 1 月版，第 74 页。

以四年级下册第三单元为例：

四年级下册第三单元是一个以现代诗歌为内容和主题的单元，同时是一个综合性学习（跨学科学习）的单元。人文要素是“诗歌，让我们用美丽的眼睛看世界”。阅读表达要素是“初步了解现代诗的特点，体会诗歌的情感。根据需要搜集资料，初步学习整理资料的方法。合作编小诗集，举办诗歌朗诵会”。语文园地中“交流平台”和“词句段的运用”是进一步了解诗歌的特点，“识字加油站”是了解古代文人，“日积月累”是积累诗句。综合性学习是“轻扣诗歌大门”，要求编写诗集、举办诗歌朗诵会。新课标在“跨学科学习”任务群第二学段，提出“尝试运用科学、艺术、信息科技等相关知识和技能，富有创意地设计并主动参与朗诵会、故事会、戏剧节等校园活动”。本单元将围绕诗歌主题开展综合性学习。本单元课后题安排了搜集诗歌资料，摘抄诗歌；推进阶段要求学生试着写诗，表达出自己的感受；成果阶段要求学生进一步根据需要整理资料，合作编诗集，办诗歌朗诵会等。这些不仅需要运用到语文学科的知识和技能，还需要运用信息技术、美术设计等学科的知识和技能。因此，由此制定本单元 KUD 目标：

1. **知道** K（Know）

（1）学习生字、新词，读准多音字，正确规范书写。

（2）正确、流利、有感情地朗读本单元的现代诗，背诵《短诗三首》《绿》《在天晴了的时候》，默写语文园地中的“日积月累”。

（3）现代诗是一种有魅力的文学体裁和表达方式。

2. **理解** U（Understand）

（1）通过多种方法理解重点词语在语境中的意思。

（2）通过诵读、品悟、想象、补白等方式感受现代诗的音韵美、画面美、意蕴美，体会现代诗的韵味和情感。

3. **应用**（Do）

（1）能依托句式，抓住意向，展开想象，仿写诗歌片段。

（2）在阅读、仿写的基础上尝试创作现代诗，与同学交流分享。

4. **综合**

（1）搜集诗歌资料，摘抄诗歌。

（2）小组合作编写小诗集，加强对诗歌的积累、理解和创作，进一步提高学生对现代诗歌的兴趣，并培养学生的策划、编辑、合作能力。

（3）举办诗歌朗诵会"走进诗歌的大门"，进一步感受诗歌的魅力，在活动中培养策划、合作等能力。

以上的第 1 点是语文学科的常规目标，第 2 点是该单元的独特目标，第 3 点、第 4 点体现了综合性、实践性和跨学科学习等特征。通过梳理与整合，这些目标变得具体、分层、可测。正如郭允漷所讲的，单元教学目标既要立足于"走得到的景点"，又要瞄准"看得到的风景"，还要仰望"想得到的美丽"。①

三、逆向设计结构化——重组

教学是达到教育目标的一种方式，计划应先于教学。《追求理解的教学设计》一书倡导逆向设计："我们的课堂、单元和课程在逻辑上应该从想要达到的学习结果导出，而不是从我们所擅长的教法、教材和活动导出。"基于这一"学为中心"的基本观点，大单元课程逆向设计可以分为"三阶段"，即确定预期结果、确定合适的评估证据、设计学习体验和教学。设计前要思考：这个单元学完后对学生的影响是什么？最终希望形成的能力是什么？要达到这样的目标需要经过哪些路径？这些问题都需要在单元教学前做好整体设计，就像盖房子一样，需要设计师事先画好房子结构图，包含细节设计。"设计师思维"让单元教学结构化，系统化，整体化。以三年级上册第五单元"美好童话我来编"为例：

① 余文森：《新时代中国课堂教学改革与创新》，北京：北京师范大学出版社，2024 年 1 月版，第 72 页。

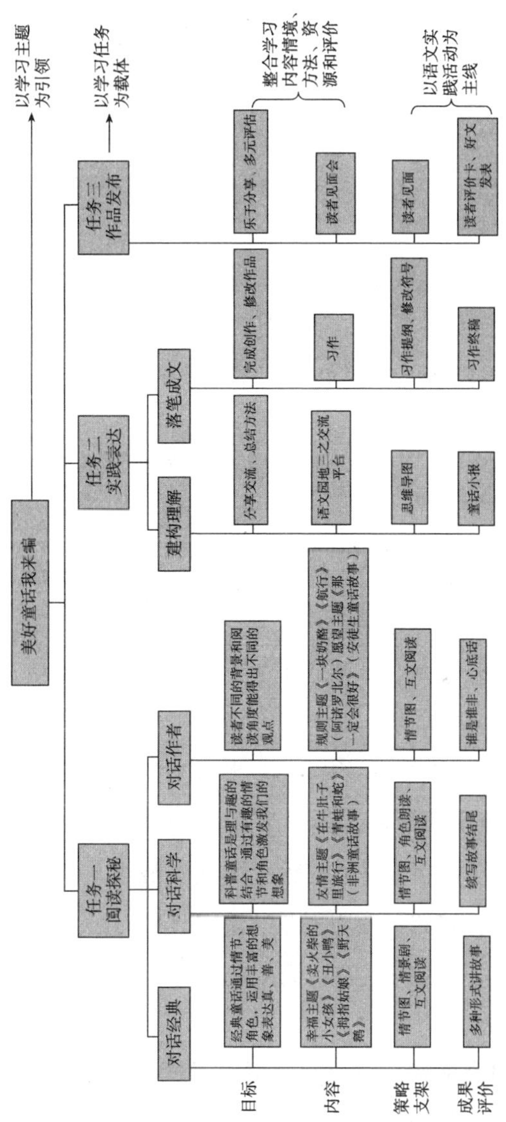

图 6-8　三年级上册第五单元整体设计方案

在这张图中，我们看到了一个比“课”更大的结构化、系统化的整体框架，走出单篇文本孤立备课的视野。整体设计方案包含了单元的学习主题、情境任务、学习目标、学习内容、策略支架、成果评价，做到六位一体，指向素养达成。

在大单元整体设计中，文本之间是具有关联的组织关系，有循序渐进式，有并列式，有复合式。可以把不同的文本进行组合、优化，实现文本使用的最优化，提高教学效率。

“关联阅读”组合文本。1. 单元内同作家的文本可以组合阅读；2. 课后有阅读链接的可以延伸阅读；3. 课文内容与交流平台中有关联的可以合并阅读。例如四年级上册第四单元（动物主题单元）可以这样安排教学内容，文本之间互相呼应，相得益彰：

表 6-9　四上第四单元课时任务划分一览表

目标	内容	课时
在人格化描写中感受语言特色	《猫》＋阅读链接＋语文园地“交流平台”	1、2
在对比性描写中感受语言特色	《母鸡》＋资料袋＋《猫》＋语文园地“词句段运用”	1、2
在趣味化表达中感受语言特色	《白鹅》＋阅读链接＋语文园地“交流平台”	1、2
在个性化叙述中学会趣味表达	语文园地“识字加油站”“书写提示”＋习作《我的动物朋友》	1、2

“拓展阅读”组合文本。如果是名家名篇，可以阅读完这篇课文拓展到这位作家写的一本书，再阅读这位作家一系列的书，这样的进阶式阅读让学生对一位作家的写作风格有深度的感知，形成对作家、作品的结构性、表达规律性的了解。例如五年级下册《刷子李》，学生学完课文意犹未尽，教师推荐阅读冯骥才的作品《俗世奇人》。然后围绕冯骥才和他的作品《雪夜来客》《雕花烟斗》《铺花的歧路》展开研究，绘制情节连环画，尝试通过“说书”还原书中的情境，书写片段鉴赏，完成好书推荐，一系列的拓展阅读让学生获得丰厚的文学素养。

“对比阅读”组合文本。对比阅读可以是同题材不同作家、同作家不同题材的内容，在对比中品读语言的精妙，结构的精巧，领悟表达的特色。例如统编版教材五年级上册《四季之美》，作者是清少纳言，这篇文章是清少纳言《枕草子》一卷中的开篇第一段。《枕草子》的译本有很多，最著名的是周作人先生的译文。统编版教材中选编的文本是卞立强先生的译文。台湾作家林文月也有一份译本。三个人的译文，虽然大致意思差不多，但在语言风格和细节上，区别比较明显。从题目上看，周作人先生的译文题目是《四时的情趣》。“情趣”一词，是染着诗意的，而《四季之美》，相比较显得平淡了。从文辞上看，卞立强先生的译文，语言优美，用词讲究；而周作人先生的译文，语句朴素平和，每一段的语言节奏相对口语些。从文章的意蕴来看，清少纳言笔下的四季，是生动、闲适、恬静，给人带来“慢”而“静”的、时光悠然的韵味；卞立强先生的译文中“夕阳斜照西山时，动人的是点点归鸦急急匆匆地朝窠里飞去”。“急急匆匆”一词有点破坏了那份美好的意境。“落雪的早晨当然美，……也要生起熊熊的炭火。”“熊熊”一词，过于热烈了些。台湾林文月先生的译文，保留了不少文言词汇，无论是用词还是句子的节奏，仿佛都恰到好处，字字句句都渗透着古朴雅致的诗意。教学时，教师可以引导学生进行译文的对比阅读，在品读、对比中感受语言的风格差异。

四、实践任务一体化——活动

新课标在“课程理念”中指出“以生活为基础，以语文实践活动为主线，以学习主题为引领，以学习任务为载体，整合学习内容、情境、方法和资源等要素，设计语文学习任务群”。① 语文核心素养是学生在积极的语文实践活动中积累建构的，并在真实的语言运用情境中表现出来的，是文化自信和语言运用、思维能力、审美创造的综合体现。这就告诉我们要把学习内容安排在典型的学习场景之中，由一个贯穿始终的大任务来统领、驱动，围绕目标、内容、实施与评价设计“完整的学习事件”，而不再是按照一个一个知识点来组织教学。

五年级上册第七单元的人文主题是“父母之爱”，阅读表达要素是“体会作者描写的场景、细节中蕴含的情感”。单元安排了两篇精读课文《慈母情深》和《父爱之舟》，一篇略读课文《“精彩极了”和“糟糕透了”》。每一篇文章都紧紧围绕“父母之爱”，很容易链接到学生的生活体验。本单元的口语交际“父母之爱”和习作《我想对您说》也都是围绕人文主题来编写的，与语文要素是匹配的。这个单元属于“文学阅读与创意表达”任务群，第三学

---

① 中华人民共和国教育部：《义务教育语文课程标准（2022 年版）》，北京：北京师范大学出版社，2022 年 4 月版，第 2 页。

段“教学提示”中提出，可以围绕“爱与责任”等主题展开，“在主题情境中，开展文学阅读与创意表达活动，引导学生感受文字之美，表达自己的独特感受，促进学生的精神成长。”为此，五年级老师设计了以“感受爱表达爱”为大情境的结构化具体任务。

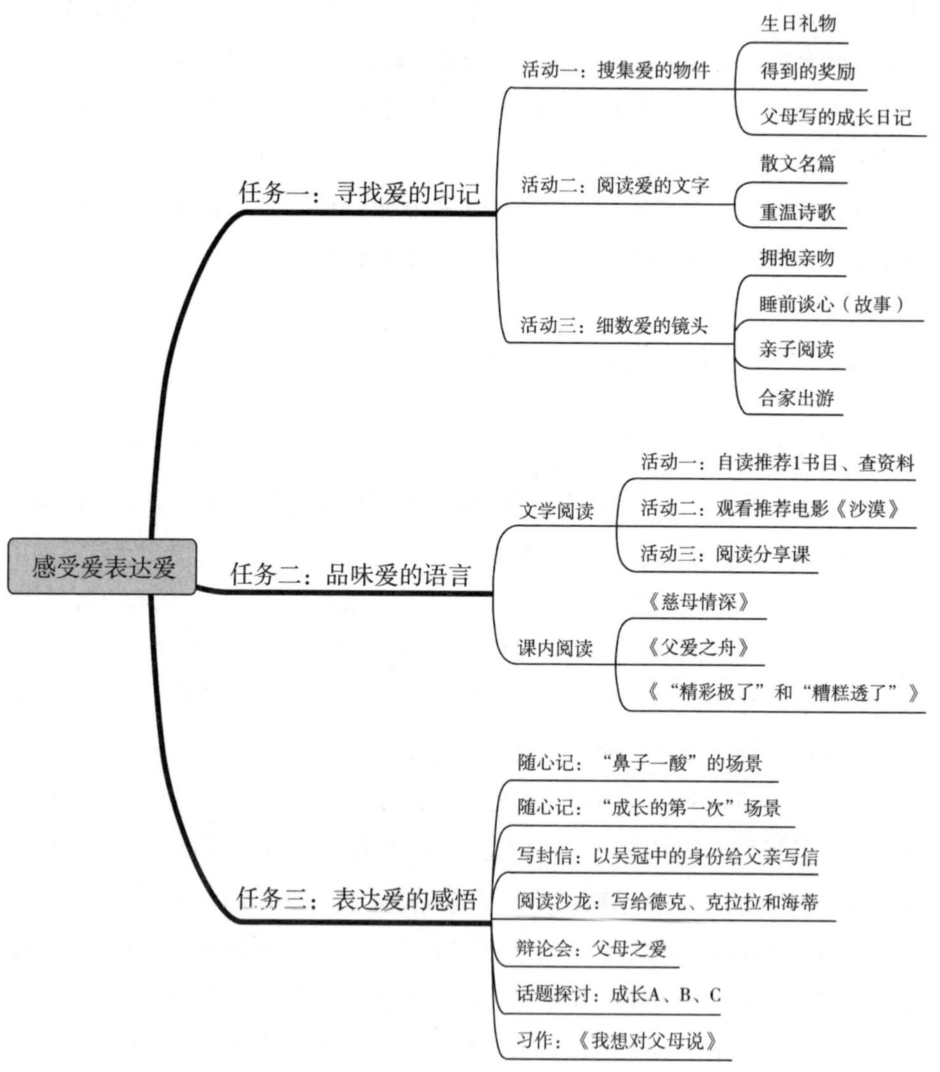

图 6-10　五年级上册“感受爱表达爱”情境任务设计结构图

任务一：寻找爱的印记。开启本单元学习时，教师引导学生开始回忆、收集父母送的生日礼物、小物件，查找小时候的照片，和爸爸妈妈一起开启记忆的闸门，并用笔记录下礼物、小物件背后的故事，触摸流淌在血液里的爱和温暖。

任务二：品味爱的语言。教师引导品读一篇篇文本，在饱含深情的文字中感悟深深的父母之爱。教学中，教师充分调动学生生活的经验，链接文中的故事、情感，通过朗读、互动分享、细节品析等语言实践活动，学生对父母之爱有了更深的理解，心灵受到触动。课后教师推荐阅读吴冠中传记、散文。在阅读中进一步走近作者，了解作者成长的轨迹与父亲爱的力量；推荐阅读朱自清的《父亲的背影》，在不一样的故事场景中体会父母爱的不同方式；推荐观看电影《沙漠迷童》，影片讲的是钢琴家德·弗赖斯的儿子德克因为身体不好，坐飞机去农场休养。飞行途中，飞机迫降在无边的沙漠。军方投入了紧张的搜救工作，但没有找到德克。他的父亲请求军方扩大搜救范围，延长搜救时间。父亲变卖了所有家产，带上干粮，开着车来到沙漠，在沙漠里发放传单，传单上写着：“爸爸爱你！爸爸一定会来救你！”传单上还写了沙漠生存法则。最终在浩瀚的沙漠中找到了奄奄一息的儿子。影片震撼人心，让学生对父母之爱有了更深的体悟。

任务三：表达爱的感悟。从学习第一篇精读课文《慈母情深》开始，学生就开始写“随心记”，回忆生活中“鼻子一酸”“成长的第一次”的场景并记录下来，调动学生的生活经历和体验，文字的记录是为单元习作做铺垫。不仅写自己的故事，还以成年后吴冠中的身份给他父亲写信，表达了对父亲的深深的感激和怀念。在一篇篇文章的叙写中，作者、读者的心因“父母之爱”融在了一起。在此期间，班级还开展辩论会“父母之爱”，与口语交际结合进行话题探讨“成长的 ABC”，在案例陈述、讨论中学生从不理解父母到理解父母，明白了宽容是爱，严格也是爱。生活中的小小细节、点点滴滴，都是父母爱的表达。最后完成单元习作《我想对您说》——给父母写一封信，此时的学生有许多事、许多话要和父母说，笔尖流露出的文字真切感人，实现了从书本阅读到生命阅读的提升。

在以上单元任务链中，我们可以看到一以贯之的是语文实践活动。学生语文素养的形成，离不开充分的听说读写、品味感悟、迁移运用等言语实践活动。大单元设计以宏观、整合的课程视野，凭借教材，超越教材，给学生以言语实践的场景。从课内的听说写，到课外的阅读、观影、写作、辩论、分享，持续开展，在生活场域中汲取鲜活的源泉，激发内心的情感，运用语言表达自己的声音。这样的场景与学生的真实言语生活产生意义关联，在真切的语用情境中，教学内容由零碎走向统整，并产生切实的附着点和生长点。这就是在“做事中”活学语文、活用语文。

五、作业评价多样化——支架

大单元理念下的作业设计，是为学生语文核心素养发展服务，是任务驱动下的“语文实践活动”的重要组成部分，兼顾基础性、拓展性、开放性和实践性。新课标指出“教师应树立‘教—学—评’”一体化的意识，科学选择评价方式，合理使用评价工具，妥善运用评价语言，注重鼓励学生，激发学习积极性。大单元作业设计与评价与大单元教学的设计思路是一致的，实施逆向设计，先确定预期学习结果，再根据预期学习结果确定评估证据，然后为评估证据产出而设计学习任务和活动。这一系统性的设计思路，正是教学评一致性的最充分最直观的体现。大单元教学中一般有三种评价类型：

表 6-11　大单元教学中的三种评价类型

评价类型	内涵	评价标准
过程性评价	为了推进学习而进行的评价	具体
结果性评价	为了评定学习水平，达成目标程度而进行的评价	公平
自省性评价	为了让学生学会学习而进行的评价	自省

过程性评价：学生在语文学习过程中表现出来的学习态度、参与程度和核心素养的发展水平。越具体的学习评价越能促进学习、改进学习。

结果性评价：根据学生在一段特定时间内的学习情况、成果进行评定、分类和筛选，公平、公正地做出评定，并向家长、学生传达结果。

自省式评价：目的是让学生在学习中学会评价。它重点关注学生评价能力的培养，通过自我评价调整学习方法，反思学习过程，为下一目标的学习打下基础。

在大单元整体设计中，需要提前设计好评价量规，主要是突出学生对学习过程和结果的自主评价和自我监控，有了评价量规，学生才有成果意识，知道标准是什么，该怎么去努力达标。也就是让学习“可见”，对自己的学习“可看见”“可体验”“可评价”，这是在真实性学习中让学生成为“学习的主人”，达到以评促学的目的。评价的设计先于学习活动设计和课堂学习，评价量规的运用一般与具体的学习活动任务紧密相连，也就是呈现任务的同时给出评价量规。以四年级上册第五单元为例：

四年级上册第五单元的语文要素是“了解作者是怎样把事情写清楚的”“写一件事，把事情写清楚”。这是教科书第一次集中指向于“记事”的习作单元。精读课文两篇《麻雀》和《爬天都峰》，《麻雀》是学习按照一定顺序把事情写清楚；《爬天都峰》是学习在写清楚基础上把经过写具体，突出重点部分。“交流平台”引导学生梳理、总结把事情写清楚的方法。“初试身手”中看图写话要引导学生根据图画展开想象，学习按顺序、抓动作把过程写清楚。习作例文《杏儿熟了》按说杏、数杏、打杏、分杏把事情写清楚，《小木船》提示学生围绕主要事情来写，不记流水账。习作“生活万花筒”要求学生运用本单元学到的写作方法进行习作。

本单元教材属于发展型学习任务群的“文学阅读与创意表达”，第二学段（3～4年级）的教学要求中提出“阅读描绘大自然、表现人类美好情感的诗歌、散文等文学作品，结合自己的生活经验，尝试用文学语言表达自己热爱自然、珍爱生命的情感”。根据此学习任务群的定位和要求，创设“编辑《七彩童年》习作集”的学习主题，在主题情境中，开展文学阅读和创意表达活动，引导学生感受文学之美、表达自己独特感受，促进学生的精神成长。根据教材内容，我们制订了任务型作业，以及相关的评价量规。

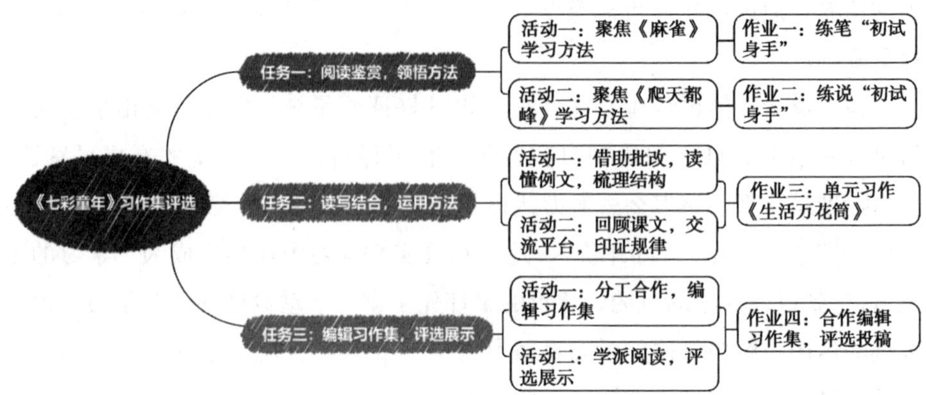

图 6-12　四上第五单元整体设计

1. 实践型作业一

练说"初试身手"第一题：看图并发挥想象，把图片的内容说清楚。

表 6-13　练说"初试身手"第一题评价单

评价内容	评价等次（1 颗星代表 1 分，以此类推）			教师评价
	★（待提升）	★★（拟采用）	★★★（很出色）	
看图并发挥想象，把图片的内容说清楚。	能初步了解图片内容，把图片的内容基本说清楚。	能较完整地表述图片内容，并发挥想象，有条理地把图片的内容说清楚。	能完整描述图片内容，充分发挥想象，添加合理的细节把图片的内容说得很生动有趣。	

2. 实践型作业二

练写"初试身手"第二题：观察家人炒菜、擦玻璃或者做其他家务的过程，用一段话把这个过程写下来，注意用上表示动作的词语。

表 6-14　练写"初试身手"第二题评价单

评价内容	评价等次（1 颗星代表 1 分，以此类推）			家长评价	教师评价
	★（待提升）	★★（拟采用）	★★★（很出色）		
观察家人做家务的过程，用一段话把过程写下来，用上表示动作的词语。	能观察家人做家务的过程，用一段话把过程基本写下来，再用上一两个表示动作的词语。	能观察家人做家务的过程，用一段话把过程较清楚地写下来，并用上比较准确的表示动作的词语。	能观察家人做家务的过程，用一段话把过程很清楚地写下来，用上准确的表示动作的词语。		
总评（　　）★					

3. 实践型作业三

单元习作《生活万花筒》：每天都会发生各种各样的事情，有些是我们亲身经历的，有些是我们看到的，还有些是我们听说的。选一件你印象最深的事，按一定的顺序把这件事情写清楚。写完后，读给同学听，请同学说说这件事是否写清楚了，再参考同学的建议修改。设计的评价表如下：

表 6-15 习作《生活万花筒》评价单

评价内容	评价等次（1 颗星代表 1 分，以此类推）			教师评价
	★（待提升）	★★（拟采用）	★★★（很出色）	
恰当选题	能在教师指导下选取生活中有意义的事件进行写作。	能自主地选取生活中有意义的事件（如新奇、有趣、印象最深、最受感动等）进行写作。	能自主地选取生活中有意义的事件（如新奇、有趣、印象最深、最受感动等）进行写作，选题视角独特，令人印象深刻。	
具备要素	具备要素，但不全面。	具备全部要素，且表述正确。	具备全部要素，且表述正确，能清晰准确地叙述起因、经过、结果。	
清晰表述	基本能按一定顺序组合要素。	较好地按一定顺序组合要素，并进行表述，能把过程写得较清楚。	按科学的顺序组合要素，并表述正确。过程写得清晰，准确，逻辑通畅。	
详略得当	重点部分基本能写清楚（看到的、听到的、想到的有写到一些，但较简单）。	重点部分能写得比较清楚（看到的、听到的、想到的写得均比较具体）。	能把重点部分写得很清楚（看到的、听到的、想到的写得很具体），详略得当。	
措辞优美	基本上能运用平时积累的语言材料，用上个别好词好句。	较好地运用平时积累的语言材料，用上一些新鲜感的词句。	能积极运用平时积累的语言材料，特别是有新鲜感的词句，习作可读性强。	
流畅表述	基本能把自己的习作与他人分享交流，基本能参考同学的建议进行修改。	把自己的习作与他人分享交流，较好地参考同学的建议进行修改。	乐意把自己的习作与他人分享交流，很好地参考同学的建议进行修改。	
			总评（ ）★	

在表 6-15 中，除了评价“把一件事写清楚，把过程写具体”以外，增加了三项评价内容，一是“选取生活中有意义的事情来写（新奇、有趣、印象最深、最受感动）”。二是“能用上平时积累的语言材料，特别是有新鲜感的词句”。这是根据新课标在第二学段（3～4 年级）的“表达与交流”中的要求：“观察周围世界，能不拘形式地写下自己的见闻、感受和想象，注意把自

己觉得新奇有趣或印象最深、最受感动的内容写清楚。尝试在习作中运用自己平时积累的语言材料，特别是有新鲜感的词句。”三是增加“能把自己的习作与他人分享交流”。这是根据新课标在第二学段（3～4 年级）的“表达与交流”中的要求：“乐于用口头、书面的方式与人交流沟通，愿意与他人分享，增强表达的自信心。”题目中也有分享的要求：“写完后，读给同学听，请同学说说这件事是否写清楚了，再参考同学的建议修改。”这也为后面“习作漂流、评选展示”做好准备。

4. **实践型作业四**

合作编辑《七彩童年》习作集：个人习作进一步完善修改誊写后，班级组成 8 个学习小组，分工合作，编辑一本小组的《七彩童年》习作集，在全年段漂流阅读，老师给同学们准备了三张贴图，同学们阅读完 8 本习作集后，给自己最喜爱的习作集投票（把贴纸粘在该文集目录页后面的空白处，同时在贴纸上签上读者的名字）从拥有的“粉丝”数（即贴纸的数量），评选出“最受欢迎”的习作集。教师和学生共同来制订这项实践型作业的评价量规。以下是作业四的评价表：

表 6-16　编辑《七彩童年》习作集评价单

评价内容		评价等次（1 颗星代表 1 分，以此类推）			同学评
		★（待提升）	★★（拟采用）	★★★（很出色）	
作品质量	作品格式	习作主题恰当，六要素完备，习作逻辑基本通顺，事件过程基本完整。能根据教师评价进行修改，并誊写。	习作选题有一定意义，六要素完备，按一定顺序写，能根据教师评价进行认真修改、誊写排版清晰可读。	习作选题特点鲜明，能对习作集进行分类，六要素完备，逻辑顺序清晰，能根据教师评价修改生动，誊写完善。	
	作品内容	重点部分写得基本清楚，基本能运用积累的语言材料，有部分新鲜感的词句。	重点较突出，过程较具体。能运用积累的语言材料，有一定新鲜感的词句。	重点突出，过程具体。能运用积累的语言材料，新鲜感的词句运用得当，可读性强。	
	作品呈现形式（由学生补充）	有封面、目录、封底设计。	有封面、目录、封底设计。设计美观，得体。	有封面、目录、封底、前言、后记、插图设计。设计美观，得体。	

续表

评价内容		评价等次（1颗星代表1分，以此类推）			同学评
		★（待提升）	★★（拟采用）	★★★（很出色）	
团队配合	团队分工	能根据任务要求进行大致分工。	能根据任务要求，至少安排三个（含）不同类型的分工任务。	能够根据任务要求和成员个人特点，安排三个以上不同类型的任务。	
	任务完成	能根据分工基本完成各项任务。	能在分工基础上，较好地完成各项任务，任务完成率达到80%，任务完成质量较好。	能在分工基础上较好地完成各项任务，任务完成率达到100%，任务完成质量高。	
	任务展示	能在教师指导下对完成的习作进行展示。成果作品有主题。	能较自主地完成习作集展示。成果作品主题明确，有较好的形式。	能自主地完成习作集展示，展示特点鲜明，令人印象深刻。成果作品主题新奇有创意，形式多样。	
总评（　　）★					

在这一个习作单元中，实践型作业有练说、练写、当小编辑等，共安排了四次，相应的评价量规也有四个，做到了教学评一体，以评促教，以评促学。在这样实践性、层递性语文学习中，学生深切感到自己的学习是有意义、有价值的，作为主观能动性的学习主体意识得以激发，亲近、学习语言，从而真正实现从知识到素养的积极转化，落实了任务群的教学。

第三节　单篇教学融“活力”

单篇课文教学承担着以文本为载体，从语言文字中获取信息，认识世界，体悟情感，濡染品性，汲取精神，增长智慧的重要任务。在单元统整视角下更要重视教好单篇，既要站在单元视角俯瞰整体，循要素之举联内容之核，形成相互关联、融通、递进的教学内容，更要立足单篇课文特色，把握课文内在逻辑，将语文教学变成一个个动态的语文活动，探寻单篇课文的语言之妙、思维之奇、情感之美，让学生在语文学习中发挥联想和想象，激发创造潜能，丰富语言经验，培养语言直觉，提高语言表现力和创造力，提高形象思维能力。

活力语文教学以培植“言语生命”为目标，提升课堂教学艺术，选择适切的教学策略，以“创设情境”“浸润品读”“问学相生”“实践活化”“拓展延伸”“妙笔生花”为教学策略，引导学生品读语言文字，在语言文字的浸润中质疑问难、潜心会文、咂摸涵泳，以身体之，以心验之，以情悟之，以行践之，在切己体察中生成经验，阅读力、想象力、思考力、表达力得到有效地发展，学生的“语文学习”与“语文生命”心心相印！

一、创设情境：激活语文生命之情

情境教学是在语文教学过程中，教师根据选文需要有目的地创设形象、生动并且具有一定感情色彩的具体场景，以引起学生的情感共鸣和态度体验，从而帮助学生更好地理解文本，并使学生的心理机能得到发展的一种教学方法。情境教学能够引起学生积极的、健康的情感体验，使语文学习活动成为学生主动进行的、快乐的事情。当学生持久地、多角度地从语文学习中获得美感，就会一次又一次产生对客观现实的美好情感体验，随着这种体验的不断深化，他们的审美情感、理智情感和道德情感都受到很好的陶冶，作为相对稳定的价值取向逐渐内化、融入学生的人格之中。

活力语文教学致力于培育学生学习语文的情感，以情造境，以情启思，用炽热情感来酿造以文化人的浓度。通过三个路径实现情境导学：带入情境，感知美的表象；赏析情境，理解美的实质；再现情境，表达美的感受。所创设的情境本身的丰富美感、鲜明的形象，伴以教师情感的抒发、沉浸，主客观的一致，智力、非智力因素的和谐，使整个情境成为一个多向折射的心理场，教师与学生之间、教材与学生之间、学生与学生之间，以情激情，以情启智，给学生道德和审美的启蒙，感染学生的心灵。学生在识字与写字、阅读与鉴赏、表达与交流、梳理与探究的实践中，揣摩和感受语言文字的张力和魅力，习得语文方法，生成语文能力，进而对语文产生一种美好的情感。

我们来看统编版六年级下册《北京的春节》片段：

师：同学们，刚才我们一起学习了除夕那守岁团圆的场景。请问，在文章中，哪一个日子的描写也有欢乐的场景呢？

生：（齐）元宵节。（课件：描写元宵节的段落）

师：下面请一位同学读一读这段！大家想一想，假如这一段让你读成一个词，会是什么？

生：（有感情地读段落中的文字）

师：好，谢谢你，读得非常好！如果把这段文字读成一个词，你读出了什么？

生：热闹。

师：好，还有？

生：张灯结彩。

生：红火。

生：高潮。

生：美丽。

师：请问是从哪些地方体会到的？

生：几百盏灯。各形各色。有的“一律”是玻璃的。

生：整条大街、办喜事、通通、火炽。

（课件——将体现热闹红火的词语标示颜色）

生：还把元宵节和除夕、大年初一作比较，说：“除夕是热闹的，可是没有月光；元宵节呢，恰好是明月当空；大年初一是体面的，家家门前贴着鲜红的春联，人们穿着新衣裳，可是它还不够美。”元宵节既有月光又很美。

师：你真会读书，从对比的语句读出作者对元宵节的喜爱。这段话中的每一个词，每一句话，都在表达这样的感受。现在你看。

（课件——只剩下标出颜色的几个词）

师：请同学们透过这几个词展开丰富的想象，这条街，那条街，整个北京城，在元宵节的这个晚上，会是一幅怎样壮观的景象呢？你仿佛看到了什么，听到了什么？

（学生踊跃举手）

生：整条大街处处张灯结彩，几百盏灯高高悬挂在屋顶上，都红火美丽，各形各色的灯吸引了许多观众，人潮涌动，彩灯闪烁，好一派欢乐的场景！

生：整条大街热闹非凡，红火而美丽，卖灯的店铺老板吆喝着，忙碌着，小朋友在爸爸妈妈带领下来买灯，有的是莲花灯，有的是兔子灯，有的是走马灯，各式各样……

师：你看！她从灯想象到了人，观灯的人，卖灯的店铺，这个思维视角很独特，视野就打开了，很好！谁还要继续说？（学生踊跃举手）

生：在空中俯瞰北京的每一条街，每一条大街上都挂满了几百盏灯，每一条街都张灯结彩，灯火通明，街道成了火龙……

师：啊！说得真好！他的角度已经是航拍了，从天上看北京城，那是一个不夜城啊！元宵节的北京城就是灯的海洋、欢乐的天堂。

师：同学们，下面就让我们带着这美好的想象，老师给你画面，给你音乐，咱们来一个课文段落的配乐朗读。好不好？来，请一位同学来领读一下，咱们全班一起读中间的部分，谁来试一下？好，请那位女同学。全班同学看屏幕，带着美好的想象，一起去那热闹红火的北京城看元宵灯会吧！

（出示：视频——精美的元宵节画面，张灯结彩，热闹非凡的场景，欢乐音乐响起，字幕呈现，学生配乐朗读，老师引导齐读和个别配乐读穿插进行，全班都被此情此景陶醉了。）

师：多美的景象啊，同学们，如果说除夕有那么多的活动，那么多的场景，那么元宵，其实作者就写了一个事物。那就是——

生：（齐）灯！

师：是的，唯一的灯。

师：你看，同样是场景描写，观察的角度不同，表达的方式也不同，多么富有变化呀，老舍先生用自己的语言自己的笔，向我们描绘了除夕那——（老师提示学生读板书）

生：（齐）守岁、团圆的场景。

师：元宵那——（老师提示学生读板书）

生：（齐）热闹、红火的场景。

师：以及描绘了整个——（提示学生读课题）

生：（齐）北京的春节！

师：让我们深情地读老舍先生的这句话，读。（出示：课件——我真爱北平，老舍。播放背景音乐）

生：（齐）我真爱北平！

老舍先生描写除夕和元宵节时呈现的场景不同，除夕是用简练的语言写出丰富的内容，而元宵节的热闹抓住一个事物，描写了元宵节各式各样的灯，材质不同、样式不同、画面内容不同，呈现了老北京元宵节特有的热闹场景。老师引导学生做了三件事：1. 把这段读成一个词，让元宵节的“红火”“热闹”“喜事”整体感知进入学生视野，一下子让人有去现场看灯的期待了。2. 调动生活积累，激活想象，在这样的场景中，你仿佛看到了什么？将语言文字还原成特定的情境、意境、心境，学生的生命就会有在场的感觉，想象让画面有了张力，充满了魅力，用自己的语言描绘看到的、听到的、想到的——除了课文中描写的灯，还看到了各种观灯的人，各种动态的看灯场景，老人、大人、小孩，开心的、欢闹的、幸福的——北京城成了欢乐的海洋。元宵看灯的热闹场景如临其境，学生置身于这样特定的心理场中，在情感的触动下，想象力、表达力都生动感人，所谓“情动而辞发”。3. 教师提供音乐、画面、文字，让学生配乐朗读。这个情境创设太有氛围感了！当元宵节欢乐的音乐响起，各式各样的灯从屏幕闪过，欢乐的看灯人，人潮涌动。此情此景，令人情绪飞扬。在这样的场景中，学生产生一定的内心体验和情绪，从而加深对文字的理解和感悟，音诗画创设，整体和谐热烈的氛围，给学生带来知识、能力以及心理品质协同发展的令人愉快的效果，入眼入脑入心入耳，教学效果太好了！文字划过屏幕，情境所传递的温度留在学生心中，北京的元宵节那看灯热闹的场景、老舍先生对北京的热爱已经镌刻在学生心中。

二、浸润品读：触摸语文生命之美

语文是生命的符号，语文是生命的存在方式，语文与生命是相融共生的。“活”的教学既能深入文本的内部世界、领略文本世界构成的绚丽风光，也能理解和建构文本意义，赋予文本以“活”的生命。在建构文本的同时建构自我世界，激活“每个人灵魂里的诗的情感”，引导学生多角度、多层面去理解、鉴赏作品，细读语言、亲近语言，涵泳品味，获得对文本意义的主动建构、深度理解，产生对文本的情感美、文体美和语言美的认同与赞赏，并产生强烈的阅读欲、创作欲，培养学生的语感和美的感受力，丰富学生的精神世界，久而久之，内化为深厚的文化底蕴和丰富的人格内涵，让生命变得更加美丽、更有力量。

统编版四年级上册《“诺曼底号”遇难记》第一课时教学片段：

《“诺曼底号”遇难记》是法国作家雨果根据历史上的真实事件改编创作的微型小说，讲述了“诺曼底号”游船在英伦海峡发生撞船事故，船长哈尔威镇定地指挥人员脱险，而自己却与船一同沉入大海的故事。课文篇幅较长，作者巧妙地通过环境的衬托，生动的语言、动作描写来刻画哈尔威船长的崇高形象。我们在教材内容选择上，大胆取舍，选取了文本中船长的“第一次发话”“第一组对话”“唯一补充的一句话”这三个片段，聚焦三次对话，勾连上下文，引导学生朗读、思考、表达，在文字中感悟船长的品质。这样的设计与教学目标契合，教学板块很清晰，避免了什么都教，什么都没学透的现象，实现了长文短教。

师：请大家默读全文并思考，文中有哪些描写哈尔威船长的语言描写？画下来并试着读一读。这也是课后思考题第一题对我们的要求。

生默读并思考、批注。

（聚焦第一处语言描写。屏幕出示第十一自然段）

师：我们先来看第一处语言描写。这是哈尔威船长在整个事件中第一次说话。拿起笔来，在文中标一标，船长一共说了几句话？

生：四句话。

师：请4位同学来读一读这四句话。

生依次朗读。

师：你们觉得这四句话中哪一句比较重要？说说你的理由。

生1：我觉得第一句重要。因为在这么混乱的情况下，如果不安静下来船长就没法儿指挥救援，这句话是后面救人的前提。

师：是的，要救人首先就要有秩序。这时船开始下沉，场面是怎样的？大家听——（屏幕出示画面，播放音频），你听到了什么？

生1：我听到了海水哗哗往里灌的声音。

生2：我听到了报警的钟声。

生3：我听到了女人的尖叫声。

师：是的，此时的甲板上一片混乱，男人、女人、小孩都奔到了甲板上，人们奔跑着、尖叫着、哭泣着，惊恐万状，一片混乱。此时甲板上的情景如果用一个字来形容那就是？

生：乱！

师：可是，船长“乱”了吗？你从这句话中感悟到了他身上怎样的品质？

生1：我感受到了哈尔威船长的镇定自若。

生2：我感受到了他的临危不乱。

师：（板书：临危不乱）谁来说说还有哪句话你觉得很重要？

生1：我觉得第2句比较重要。因为这句话里船长告诉船员们怎么把人救出去。

生2：我觉得第3句比较重要。因为如果大家都乱哄哄地一拥而上，小艇可能就翻了，谁也逃不掉。

生3：我也觉得第3句重要。因为逃生的时候秩序很重要。

生4：我觉得第4句比较重要，因为这句话里我看出了哈尔威船长的心里只有别人，没有自己。

师：船上真的只有60人吗？

生：不，课文中有一句话“实际上一共有六十一人，但是他把自己给忘了”。

师：从这句话中你感受到哈尔威船长身上的什么品质呢？

生 1：先人后己。

生 2：舍己救人。

师：（板书：舍己救人）我有一个问题，救人非得要“舍己”吗？

生陷入沉思。

（屏幕出示课件：邓世昌）

师：大家看，这是清政府北洋水师的舰长邓世昌。在中日甲午海战中，他的铁甲舰致远号身负重伤，他和哈尔威船长一样，没有撤退，而是选择和他的军舰一起沉入了大海。同学们，在那个时代的船长看来，船就是他的生命，与船共存亡是他们的职责所在。当船沉没的时候，他们同样都选择了用生命去忠诚于自己的职责，这样的精神，在文中有一个词叫做——忠于职守！（板书：忠于职守）

师：刚才大家就船长的第一次发话畅谈了自己的感受，现在我们把这四句话连起来读一读，把你的感受融入朗读之中。

生朗读。

以上教学片段聚焦人物对话，引导学生品读交流，读中感悟，鼓励学生畅所欲言，辩证思考，在充分交流中不断地联系文本，感悟船长高超的指挥能力和卓越的职业素养，同时思维得到挑战，锻炼了学生思辨能力、表达能力。针对文本中船长的第一次发话，教师设计了几个环节：（1）数一数：这一段有几句话？（2）谈一谈：船长的每句话重要吗？为什么？（3）品一品：学生从这几句话中感悟船长的哪些高尚品质？（4）捋一捋：这几句话能不能对调顺序？感悟这几句话的内在逻辑，进而由衷地佩服船长镇定自若、关爱妇女儿童的人道主义精神。（5）拓一拓：聚焦“必须把六十人救出去”“实际船上有六十一人”这两句话，探究此时船长的想法，“救人”一定要“舍己”吗？一石激起千层浪，将思考引向深入，教师适时出示课件，联系甲午海战，了解邓世昌“与船共存亡”的英雄壮举，从而感悟船长高超的指挥能力和卓越的职业素养。这一连串丰富的语言文字实践活动，紧紧围绕教学目标展开，在文字的品读中习得思维方法和对人物精神品质的内涵提升。

聚焦第二处语言描写。（屏幕出示第十一至二十九自然段）

师：接下来看大家找到的第二处语言描写。这是一组对话，请同桌两个人分角色读一读，一个人读红色字部分，一个人读黑色字的部分。

生自读、同桌互读。

师：请一位同学朗读。

师：接下来全班和我一起读，你们读船长说的话，我读其他部分，把你的评价，你的感受，融入朗读中。

师生分角色读。

师：从这一组对话中，你感受到了船长怎样的品质？

生1：在这么危急的情况下，哈尔威船长能从一片混乱的人群中找到最重要的负责人，说明他非常镇定，是一位了不起的船长。

生2：他在这样的时候，关注的是船怎么样了，人怎么救，却没有想到他自己，我感受到了他舍己为人的品质。

生3：在一片黑暗和混乱中，他没有逃跑，而是坚定地履行一个船长的职责，我感受到了他忠于职守的高贵品质。

师：是的，读好人物的对话，能让我们更好地体会人物的品质。

朗读，既是感知文本内容的必要手段，也是激发学生情感，更好地体会文本内涵的有效策略。语文是表情达意的学科，有声朗读能让语言文字在脑海中产生画面感。第二组对话运用朗读教学策略，落实课后要求“读好对话”。让学生自读、同桌对读，然后师生共读，老师的语音语调，渲染了当时喧嚣的场面、紧张的气氛，简短有力的对话一下子让学生进入情境之中。船长坚定有力、指挥若定的形象在学生脑海中呈现，此时的读是指向深度理解后的主观表达，即时感怀，言为心声，从而达到“使其言皆若出于吾之口，使其意皆若出于吾之心”。课堂教学在朗读中进入高潮，令读者动容，听者动情。此时不需要任何的解读，学生在读中感悟，在读中体会，在读中培养语感和美的感受力、表达力。

（聚焦第三处语言描写）

师：接下来，我们看大家找到的第三处语言描写。（课件：第三十四、三十五自然段）这是哈尔威船长唯一补说的一句话。请一位同学来读。

生朗读。

师：大家读读这句话，有什么问题要问吗？

生静默了一会儿。（屏幕出示句子）

1. 过了一会儿，他喊道："把克莱芒救出去！"克莱芒是见习水手，还不过是个孩子。

2. "妇女先走，其他乘客跟上，船员断后。"

生：第一句话似乎和第二句话有点矛盾？

师：能有这样的思考真是太难得！谁来说说你的理解？

生1：我觉得并不矛盾。因为在哈尔威船长的眼里，克莱芒首先是一个孩子，然后才是一个船员。作为孩子他有权利先走。

生2：我也觉得并不矛盾，因为这句话体现了哈尔威船长重视孩子的生命。

师：保护妇女和儿童，不仅是一个人素质的体现，更是一个国家文明进步的标志，这叫做人道主义精神。通过对船长三处对话的探讨，我们感受到了他的——临危不乱、舍己为人、忠于职守以及人道主义精神等伟大的品格，所以，作者在文章中发出感慨——

生：（齐读）哪里有可卑的利己主义，哪里也会有悲壮的舍己救人。

在以上教学中，教师根据教学难点，创设质疑平台，引导学生大胆质疑，提出富有探究价值的问题，从而训练学生懂得并且善于抓住重点语句展开阅读的意识和能力，随后联系上下文展开充分的探究和交流，更进一步深入感受船长卓越的职业素养和伟大品质。

好的语文教学，是师生共有一种植根于语言人文精神的人伦情怀、人生体验、人性感受，充分激活语言，充分施展个性，使情感交融，造成一种痴迷如醉、回肠荡气的人化情境，从中体悟语言妙处，学会语言本领。这节课上，老师围绕三次对话，展开丰富的语言实践活动，学生生命意识的激活，对生命内涵的思考，很多感受都在课堂上生成。既有师生平等的对话，又有激活情感的思维流程；既有酣畅淋漓的师生品读，又有陶冶情感的文本升华。

语文的生命、学生的生命都在品读、朗读、析读、思辨中润泽濡化。[①]

三、问学相生：探寻语文生命之思

问学是把学生立于课堂中央。尊重学生的主体性，激发学习的主动性和创造性，让学生在课堂上能够想问就问，敢问会问，善问会学。新课标在“思辨性阅读与表达”任务群中指出“引导学生在语文实践活动中，通过阅读、比较、推断、质疑、讨论等方式，梳理观点、事实与材料及其关系；辨析态度与立场，辨别是非、善恶、美丑，保持好奇心和求知欲，养成勤学好问的习惯；负责任、有中心、有条理、重证据地表达，培养理性思维和理性精神”。

问学课堂，变接受式教学为参与式教学，从吸收性学习走向思辨性学习，从以“教师的教”为主走向以“学生的学”为主。启发和引导学生在“问”“学”的实践活动中，真实阅读，真实思考，真实发问，真实探究，真实表达，学会解释、思辨、推理、验证、应用，切实让学生在亲历语文学习过程中，认识自我，学以致用，提升言语智慧，丰富精神世界。特级教师潘文斌在执教《鸟的天堂》一课时，用学生的问题链有效激活学生思维，帮助学生深入阅读思考、发现表达规律，建立整体联系，完善语言结构。我们来看一下部编版五年级上册《鸟的天堂》教学片段。

《鸟的天堂》是五年级上册课文，单元语文要素是“初步体会课文中的静态描写和动态描写”。潘文彬老师以一个核心问题“课文分别写了傍晚和早晨两次看到‘鸟的天堂’的情景，说说它们有哪些不同的特点”。引发阅读、批注和思考。[②]

师：在阅读批注过程中，如果有问题，你就在旁边打上问号。批注完了之后，小组成员之间说一说，并且读一读相关的段落，小组之间自行展开

① 潘新和：《语文：表现与存在》，福州：福建人民出版社，2017年11月第2版，第143页。

② 潘文彬：《还学习本来的样子：潘文彬儿童问学课堂十讲》，上海：华东师范大学出版社，2022年10月版，第179页。

交流。

生阅读批注，小组交流。

师：大家刚才讨论得非常热烈。学贵有疑。你们在阅读批注的过程中有没有生成一些问题？所生成的问题，刚才在讨论过后依然是问题的，可以提出来。

生：第9自然段有一句话：“有许多鸟在这树上做巢，农民不许人去捉它们。”为什么农民不许人去捉它们呢？

师：这是一个颇有意味的问题。请你在那个地方打上问号。还有什么问题吗？

生：我的问题是在第5—8自然段。课文写的是“鸟的天堂”，为什么一开始要对榕树描写这么多呢？

师：是啊，作者为什么要花那么多笔墨来描写榕树呢？这是一个值得思考的问题。

生：我的问题也是在第9自然段。我们看这一句——“‘鸟的天堂’里没有一只鸟，我不禁这样想”，再看第14自然段这一句——“那‘鸟的天堂’的确是鸟的天堂啊”。我想问，这两段中作者的思想感情有什么变化？

师：你关注作者思想情感的变化，问题提得真好。

生：为什么题目是“鸟的天堂”，而不是“鸟的家”？“鸟的天堂”又是谁创造出来的呢？

师：同学们提的这些问题，或许在我们讨论交流的过程中就能够得到解决。希望同学们在接下来的学习过程中能关注刚才提的问题。

教师的核心问题紧紧围绕单元语文要素，避免了串讲碎问，提高教学效率。学生在自读、批注后提出的问题也很有价值，分别指向文章内容的理解，作者的表达。问题链在课堂上形成一种张力，围绕这些问题展开学习，让学习真实发生。

师：我们知道，作者两次去“鸟的天堂”，一次是傍晚去的，一次是清晨去的。描写两次看到的情景时有哪些不同的特点？

生：第一次写的是静态，第二次写的是动态。因为第一次写的是榕树的样子，第二次写的是那些鸟的动作和叫声之类的。

师：你概括得很准确。描写方法不一样。第一次去，写大榕树，是静态描写；第二次去，写鸟的活动，是动态描写。那么，大榕树给你的感觉是什么呢？

生：大榕树很茂盛很美。

师：你从哪些具体的语言文字中体会到的？

生：我觉得第5自然段最能体现大榕树的美：“一簇簇树叶伸到水面上。树叶真绿得可爱。那是许多株茂盛的榕树，看不出主干在什么地方。”这几句话写出了大榕树特别大，非常绿，十分茂盛，这样就可以引来更多的鸟居住。

师：你体会到大榕树与鸟儿之间的关系，非常好。

生：第7自然段“真是一株大树，枝干的数目不可计数。枝上又生根，有许多根直垂到地上，伸进泥土里”这两句话，也充分地表现出榕树的大。这样壮观的大榕树，能让鸟儿们居住得非常舒适。

师：这种静态之美，你们都发现了吗？

生：我觉得，这种静态之美是一种优雅自然之美。

师：这里有一个字，把大榕树的静态之美充分表现了出来，而且写活了。哪个字能找到吗？

生：请大家看第7自然段的最后一句话：“一部分树枝垂到水面，从远处看，就像一株大树卧在水面上。”我发现这句话中的“卧”把大榕树的静态之美写活了。

师：好一个“卧”字啊！能不能具体说说你的理解？

生：大树“卧”在水面上，“卧”字是躺下来睡觉，很安闲的样子，就像一个人在安静休息。所以，“卧”字写出了大榕树的静态之美。

师：是呀，大榕树的这种美丽就是这样从字里行间流淌出来的。还有要说的吗？

生：请大家看第8自然段：“那翠绿的颜色，明亮地照耀着我们的眼睛，似乎每一片绿叶上都有一个新的生命在颤动。”我从“明亮地照耀着我们的眼睛”，看到大榕树翠绿的颜色，十分明亮。

师：说得很好！对于这句话的理解，同学们有没有要补充的？

生：我要补充的是，一般的树都是有点像那种葱绿色，特别深的那种颜色，但是这棵榕树是翠绿色的，显现出勃勃的生机。

师：这是充满着生机和活力的大榕树，所以，似乎每一片绿叶上都有一个新的生命在颤动。一起读！

生：(读）那翠绿的颜色……生命在颤动。

师：刚才，我们从字里行间感受了大榕树的静态之美。那么，动态之美又是从哪些词句当中流淌出来的呢？

生：请大家看第12自然段：“接着又看见第二只，第三只。我们继续拍掌，树上就变得热闹了，到处都是鸟声，到处都是鸟影。大的，小的，花的，黑的，有的站在树枝上叫，有的飞起来，有的在扑翅膀。”这几句话让我想到了大榕树上有很多鸟，大小不一，五颜六色，非常热闹，而且这些鸟非常自由。

师：这么多的鸟儿在这株大榕树上生活得怎么样呢？

生：生活在大榕树上的鸟儿无拘无束，没有天敌威胁它们，生活得非常安心幸福。

师：好一个“安心幸福”啊！学到这儿，你觉得这里可以不可以称为“鸟的天堂”呢？

生：可以。现在，我知道为什么这个地方被称作“鸟的天堂”了，这个地方对于鸟儿们来说就是一个真正的天堂。用“家”不足以表现这种美好，“天堂”有一种比“家”更深的安稳和美好。所以，课文的题目叫“鸟的天堂”是很恰当的。

师：给他掌声！他的困惑，他的问题，在交流的过程中就这样自己解决了。这就是学习。下面，我请两个同学来把这两个部分朗读给大家听。语言是有形象、有画面的，其他同学闭上眼睛倾听，根据课文的描写去想象“鸟的天堂”的迷人景象。

两生朗读课文。

师：听了他们的朗读之后，你的脑海当中有没有出现一些画面？用一两句话把你脑海当中所出现的画面说给大家听一听。

生：我想象到的是那棵大榕树的树叶在随风摆动，就像一个个小精灵在欢唱，在舞蹈。

师：好美丽的意境！你真切地感受到了每一片叶子上都有新的生命在颤动。真好！

师：为什么会有如此美好的画面呢？

生：是因为“鸟的天堂”充满了生机，充满了美好，所以，让我想象到这么美丽的场面。

师：借用作者的一句话来说，那就是——

生：（读）那“鸟的天堂”的确是鸟的天堂啊！

师：同学们，读了这句话，你们有没有产生新的问题？

生：这一句中有两个“鸟的天堂”，为什么第一个要加双引号，第二个却不加呢？

师：这是一个非常有意思的问题。谁来说一说？

生：因为前面“鸟的天堂”指的是美丽的榕树，后面是指鸟儿生活的美好家园。

师：说得非常好！两个“鸟的天堂”的意蕴不一样，所以，第一个加了双引号。把这句话再读一遍。

生读。

师：刚才，我们是从内容上来看，找出了它的不同的特点。傍晚写树，主要是写它的静态之美；早晨写鸟，写出了它的动态之美。从全文来看，就呈现出了一种动静结合之美。

在课堂这个特定时空里，面对学生的“问学”，教师能够结合教学目标和教学内容，密切关注并灵活掌握“问学”话题的延伸与转移，话轮的移交与获取、话权的掌控与授予等问题。这个片段在学习进程中解决了学生的两个问题，一个是预学时提出的“为什么这里被称作‘鸟的天堂’？”另一个是在课堂上学生自然生成的问题“为什么第一个‘鸟的天堂’要加双引号，第二个却不加呢？”学生提出的这两个问题也是课后思考题，教师都给了充分的关注与回应，及时点评、引导，在语言文字间品析、涵泳，学生的思维更有效地发展，阅读力、解构力得以提升。

探究了"动静之美"，老师又引导学生进入文本，对"远近结合""点面结合""长短句结合"等表达秘妙进行了自主探究，在这过程中老师没有忘记学生之前提出的问题，在恰当的时候抛出来，促思考深阅读。请看这一片段：

师：(出示第7、8自然段）大家看，这是写树的，(出示第12自然段）这是写鸟儿活动的。再细细比较一下，还有什么不一样的特点？提醒大家要去关注遣词造句。

生："大的，小的，花的，黑的，有的站在树枝上叫，有的飞起来，有的在扑翅膀。"这是用排比的手法写出了这里的鸟有很多颜色、很多样子，还写出了它们的动作。

师：这样的句子，你读起来感觉怎么样？读一读，体会体会。

生：我感觉有一种跳跃的感觉，就好像看到鸟儿在枝头活蹦乱跳。

师：很有节奏，是不是？为什么这样的句子读起来会有强烈的节奏感呢？

生：我发现，大的，小的，花的，黑的，都是短句子。

师：你们再看看，描写大榕树的部分能找到类似的句子吗？

生：描写榕树的部分找不到这样的短句子，都是比较长的句子。

师：长句子，我们读起来是什么感觉？读一读，体会体会。

生：我觉得，长句子读的时候要缓慢一点，抒情一点，而读短句子，要活泼轻快一点，像跳跃一样读出来。

师：下面我再请两位同学来读这两个部分，把这种语言的美、语言的韵味、语言的节奏给读出来。

生读。

师：刚才，两位同学再一次给大家朗读了这两段文字，大榕树的那种美丽和"鸟的天堂"那种热闹的景象，仿佛就在我们眼前。我们再来读第9自然段，看看有什么发现和感悟。

生读第9自然段。

师：对于这一自然段，我记得有两位同学提出问题的。第一个问题是谁提的?

生:(举手示意)是我提的,为什么农民不许人去捉它们呢?

师:现在,你能回答这个问题吗?

生:因为这样的话可能会破坏生态环境,导致鸟不在这棵榕树上面生活了,不会给人带来乐趣。

师:谁来补充?

生:因为农民很喜欢这种美丽的景象,他们不想让人破坏这美丽的景象,所以不许人去捉那些鸟。

师:用现在的话来说,当地的人有一种生态保护的意识。“鸟的天堂”之所以能成为鸟的天堂,就是因为有当地农民的保护。你看,人与自然的和谐之美是不是表现了出来?还有补充的吗?

生:我认为农民不许人捉它们,还有一个原因。因为他们也想给鸟一个安宁的地方,给它们创造一个温馨的家园。

师:说得非常好!让它们有一种家的温馨感和安全感。所以,生态需要我们去共同守护。当地的农民就有这样的意识。这也是“鸟的天堂”能成为鸟的天堂的重要原因之一。

在以上真实学习过程中,教师的导与学生的学相融相生,不仅在朗读中发现长、短句的句式不同,表达的情感不同,习得了语言秘妙,还在讨论中引发思考,对之前提出的问题进行回应,学生用自己的思维去勾连课文内容与生活经验,引发对人与自然关系的深刻思考,内心的丰盈程度可见一斑。因为有了儿童主体性的确立和生命唤醒,有了“问学”的理念和精神,课堂彰显出强大的磁场效应和育人活力。正如潘文斌所说:“问学课堂之所以具有思维的活力,是因为它追求教学目标、教学内容、教学策略三者之间的有效整合、协同作用。”这种整合是以“问”为载体,让儿童自主联结任务、情境、策略和资源,以“冰山露在水上的八分之一”去探究“隐藏在水下的八分之七”,这就给语文学习带来解放的东西,让语文课充盈着生命的活力。

四、实践活化：创生语文生命之慧

学习语言文字运用的内核是用语言文字表达思想。文字闪着思想的亮光。"活"的知识是能力，是智慧，是语文素养。因此，听说读写能力的培养是知识转化为智慧的过程，是内化为学生语文素养的过程。活力语文教学以文本为载体，以丰富的语言文字实践为路径，教学中引导学生关注、揣摩、品味、领悟词语、句子的表达，写法的秘妙，在听、说、读、写、思中，文字活化成学生可带得走的语文能力，内化为生命的智慧。以统编版三年级上册《搭船的鸟》为例：

统编版三年级上册《搭船的鸟》以儿童的口吻，描写了作者在去乡下的路上留心观察翠鸟的过程。课题中的"搭"字，赋予翠鸟以人性和灵性，让读者感悟到人和动物相处的融洽与和谐。课文第二自然段抓住翠鸟色彩鲜艳的特点写出外形美丽；第三自然段以连续的问句写出作者边观察边思考；第四自然段抓住翠鸟捕鱼时的一系列动作，突出翠鸟动作敏捷。这是习作单元的第一篇精读课文，是引导学生学习细致观察和写作的范本，是落实单元语文要素的重要载体。读中学写，因写促读，使读写成为有机的教学整体，从而实现习作单元精读课文的独特教学价值。我们设计了"读文，知观察""品文，会观察""写文，用观察"三个活动板块，引导学生从例文中学习作者是如何细致观察的，梳理发现作者写作的奥秘，即抓特点、有顺序、分镜头和动作的连续性。学生在品读文字的同时丰富语言积累，习得方法，迁移运用，实现素养提升。请看教学片段：

统编版三年级上册《搭船的鸟》教学片段①：

学习任务一：跟着作者去观察（屏幕出示）

轻声读读第 2 自然段，再看看图片中"搭船的鸟"，说说作者对鸟的哪些部分做了细致观察。

---

① 胡媛媛，高玉：《探索语言密码，落实任务群教学》，《海峡读写研究》，2024 年第 1 期，第 15 页。

生：“它有翠绿的羽毛，翅膀带着一些蓝色，还有一张红色的长嘴。”这句话是对翠鸟羽毛的色彩进行了细致观察。

生：这句话中还说到“一些”，说明翠鸟翅膀并不全是蓝色的。

师：你读得真仔细！“一些”表示只有一部分，从岸边观察翠鸟时是有一段距离的，作者还能留意到，观察得真仔细！

生：“一张红色的长嘴”，看出翠鸟的嘴巴“长”的特点，这也看得出作者细致观察。

师：说得真好，作者抓住翠鸟的外形仔细观察，这是观察的好方法！

师：作者按什么顺序观察的？

生：从整体到局部的顺序来观察的。

师：的确，观察有顺序，这真值得我们学习呀！全班把这段话读一读。（配乐朗读）

紧紧围绕“观察”这一个核心任务，本环节老师引领学生从文本中学习作者留心观察的具体方法。对于“抓特点，有顺序”学生并非零起点，教师引导学生通过自主阅读，发现观察角度之妙，文本表达之妙。这样的发现是学生对语言材料的辨识、分析和归纳，既达成了学习的目标，又充分关注了表达，为完成单元习作做好铺垫。

学习任务二：学习作者再观察（屏幕出示）

自由读一读第4自然段，然后想一想：这一段从哪儿看出作者观察是很细致的？圈出相关内容，小组中交流自己的发现。

生1：在第4自然段，作者看到了翠鸟捕鱼时“冲”“飞”“衔”“站”“吞”等一系列动作。翠鸟捕鱼的动作这么快，作者都看得清楚，可见观察细致！

师：你不但找到了一连串动词，还作了一番解释，真棒！

生2：“一下子”“没一会儿”都说明翠鸟捕鱼的动作是瞬间完成的，作者都能准确记录下来，观察很细致。

生3：“一口”说明翠鸟不愧是捕鱼达人，吞小鱼的动作只有一口，是那么快速，可见作者多么认真观察啊！

师：这几个描写动作的词，你最喜欢哪一个呢？说说好在哪里？

生：“冲”这个词用得最好，写出了速度很快。

生：快得像子弹一样……

生：像火箭一样……

师：对，迅雷不及掩耳之势，转瞬即逝。

生：我喜欢“衔”，看得出翠鸟是用嘴含着或叼着。

生：我喜欢“吞”字，可以看出翠鸟不经咀嚼，整个地咽下去……

师：品读得真好！正是因为作者观察仔细，才能把翠鸟捕鱼的一连串动作像演电影一样分镜头、连续性地展示在我们面前。让我们读一读这一段文字，加上手势来演一演，感受翠鸟捕鱼的连续动作吧！

播放视频，学生边读边做手势演示，共同感受翠鸟捕鱼的精彩瞬间。

语文的语感是怎么培养的？需要沉浸式品读。引导学生发现、感悟词句的妙趣，在揣摩、涵泳间习得语文能力。老师先放手让学生自主读文、品文，去寻找文中描写翠鸟捕鱼的语句，抓住动词来欣赏作者用词之准确，表达之精妙。微视频的引入，既能增加课堂的趣味性，也让学生对翠鸟捕鱼有直观的感受。通过动态的画面与静止的文字之间的切换，学生习得用连续性动词表达动态画面的方法。“活教法”促进了“活学习”，达成“活运用。”

屏幕出示：

翠鸟蹬开苇秆，像箭一样飞过去，叼起小鱼，贴着水面往远处飞走了。只有苇秆还在摇晃，水波还在荡漾。

——菁莽《翠鸟》

师：我们来看看，同样是翠鸟，不同作家笔下的翠鸟又是怎样的。请大家自由读一读这段话，说说你的发现与感受。

生：这段话连续用上“蹬”“飞”“叼”“贴”“飞”几个动词，特别具体生动。

生：我特别喜欢生动的比喻句，把翠鸟比作箭，写出它速度极快。

生：我觉得“蹬”这个动词用得好，写出了翠鸟用力的样子。

生：我喜欢“贴”这个动词，看得出作者观察得真仔细。

师小结：同是翠鸟捕鱼，两位作家有着异曲同工之妙，都用上“分镜头”“连续性”的方法将翠鸟敏捷的动态之美栩栩如生地展现在我们面前。

活力语文教学倡导语文教学要言意兼得，不仅读懂内容，更要有一双发现的眼睛，探究作者是怎么把内容写出来的，也就是明白表达的秘妙。教学片段中互文的意义在于与其他文本进行参照对比，在对比发现中调动学生的思维，激发了积极的情感，在理解课文、感悟文字、欣赏语言中，实现了与文本、作者、读者之间的智慧对话。

学习任务三：我用笔来写观察（屏幕出示）

观看视频，试着用分镜头观察的方法，记录下青蛙捕食昆虫的动作，并和同桌交流。

播放视频，学生仔细观察，用笔记录下青蛙捕食昆虫的动词。

小组交流，全班分享。

小组代表1：我们记下的是“跃、探、盯、扑、张、卷、吞”。

小组代表2：我们记下的是“探、扎、游、盯、跳、抱、伸、粘、吃、游”。

小组代表3：我们记下的是“蹿、抓、张、伸、勾、吞”。

师：这一连串的动词让我们身临其境。大家还有补充的吗？

生：老师，我觉得“跃”比“跳”更加准确，体现青蛙跳得高，速度快。

生：我们小组发现青蛙是先伸出舌头粘住昆虫后才卷进嘴里的。所以我们的顺序是“跳、张、粘、卷、吞”。

师：真棒！不仅观察细致，动作分解也十分准确。还能说出各自的理由，说出了自己的发现和思考。这就是学习的意义所在！

师：现在把这些动词放到句子中，在小组内练说，再现青蛙捕捉昆虫的画面。

小组交流。请小组代表上台说一说，屏幕出示：

青蛙爱吃小昆虫，它捉虫可真有趣……

学生汇报：

生1：青蛙爱吃小昆虫，观察它捉虫可真有趣！只见小青蛙探出头来看到叶子上的小虫子，它立马把头扎进了水里，快速地游了过去，两只眼睛紧紧地盯着。突然它跳出水面，张开大“手”抱住猎物，伸出舌头，牢牢地将虫子粘住，一口卷进嘴里吃掉了，随后又落入水中，游走了。

生2：青蛙爱吃小昆虫，观察它捉虫可真有趣！只见小青蛙一下子跃入水中，没一会儿又把头探了出来，两只眼睛紧紧地盯着一只小蜻蜓，猛地向前一扑，张开大嘴，伸出长长的舌头，卷住蜻蜓，一口吞了下去。

生3：青蛙爱吃小昆虫，观察它捉虫可真有趣！只见小青蛙猛地跳进水中，蹬了蹬腿，不见了。可是，没一会儿，它又蹿出水面，张开大嘴，伸长舌头轻轻一勾，一口咬住了小虫子，把它卷到了嘴里，以迅雷不及掩耳之势吞了下去。

师：善于观察，大胆表达，能用上系列动词，让青蛙捉虫的画面给人留下深刻的印象。掌声送给他们！

习作单元的教学最重要的是引领学生聚焦表达，向作者学习观察的方法，活力语文教学倡导用好鲜活的教材从读到写，仿创表达，在语言文字实践中学语文，用语文。课文的第二、四自然段是两个很有画面感的文字。第四自然段聚焦翠鸟捕鱼动作，引导学生自读课文，圈画动作词，交流分享，感受动词的准确恰当，然后播放“一只美丽的翠鸟在小溪边迅速冲入水中捕鱼”的视频画面，轻柔的音乐与灵动的画面极具感染力，学生一下子被吸引，对翠鸟捕鱼的动作有了直观的印象。而后出示另一段描写翠鸟捕鱼的文本，进行对比阅读，发现两篇文本共同的表达秘妙：都是分镜头、连续性的细致观察。最后为学生搭建语言支架，进行仿写训练，提供“青蛙捕食”视频，小组合作仿创表达，学生兴致高涨，精准、生动的表达令人赞叹，实现迁移运用的教学目标。这里运用了对比阅读、图像化阅读、小组合作、提供习作支架等策略，与文本内容契合，在涵泳文字间习得方法，观察的方法内化为学生的能力和智慧，人文性和工具性完美结合，达成“活学”“活用”的目标。

五、拓展链接：丰厚语文生命之境

阅读是读者对视觉输入的语言文字材料进行解码而获取信息、提取意义的心理过程。接受理论认为，文学作品未经读者阅读，只是一种潜在的文本，只有通过读者阅读，才能成为现实的文本。可见，阅读是一种带有强烈主观色彩的学习活动。阅读中，作品的历史语境、读者视野以及相应的阅读经验都会影响学生对作品本身意义的理解。因此，教学中最为关键的是要适时、适机地填充文本的“陌生地带”，对文本进行拓展链接，为学生营造广阔的思维空间，拉近学生与文本间的距离，消除认知隔阂，加速情感体验，产生积极能动的“再创造”。因此应精心选择拓展文本的内容，拨动学生的情感之弦，帮助学生感悟课文中蕴含的人文思想，理解文本的价值取向。

统编版四年级上册《延安，我把你追寻》教学片段：

四年级上册第七单元的人文主题是“家国情怀”，《延安，我把你追寻》是一首富有革命精神的现代诗歌，全诗以“追寻”为线索，追忆、歌颂并呼唤延安精神。一、二两节写对于延安精神的追寻；三、四两节写现代化建设需要延安精神；五、六两节写追寻延安精神的重要性。这是一篇略读课文。工作室的何老师执教这课时，通过三个板块的学习引导学生追寻延安精神：一是“跟着诗人去延安”，通过读诗，感受延安精神，学习像诗人一样诉说内心的真情；二是“追寻延安悟精神”，指导学生结合资料理解诗歌的典型意象，体会延安精神的内涵；三是“仿创诗歌颂祖国”，充分挖掘革命题材课文的红色基因，渗透课程思政教育，将“追寻”的视角从“延安精神”拓展到“航天精神”“长征精神”“抗疫精神”等中国精神，以时代精神激发爱国情感，激励学生励志学习，为国争光。由于“家国情怀”的主题和革命圣地延安距离学生遥远，何老师运用了拓展链接这一教学策略，拉近了革命题材与学生的距离，在读诗、品文中升华了对革命文化的认同感和国家发展的自豪感。

片段一：

追寻你，延河叮咚的流水，
追寻你，枣园梨花的清香，
追寻你，南泥湾开荒的镢头，
追寻你，杨家岭讲话的会场。

师：这节诗中多次提到追寻，他是在追寻什么？

生自读。

师：哪位同学结合课前查找到的资料说说对这一节诗的理解?

生分享交流，师补充提升。

生1：延河。延河被称为"中国革命的母亲河"。它流经延安，当年许多革命者常在延河边散步，讨论革命的道理。

教师出示两张"延河边上革命青年"的黑白旧照片，充满年代感；再出示经典的木版油画作品《延河边上》，赏析油画中革命领袖与老百姓肩并肩走在延河边上的动人情景。学生体会到诗人"追寻延河叮咚的流水"其实是在追寻人们在延河边度过的美好的革命岁月。

生2：枣园。枣园在延安西北，曾是中共中央驻地。枣园有毛泽东主席居住的窑洞，在窑洞前有几棵梨树，追寻"梨花的清香"其实是在追寻毛主席及中央领导同志在枣园开展的革命工作。

教师补充历史资料：毛泽东主席在枣园写下了《为人民服务》等著作。

师：正是毛主席和中央领导同志的坚持不懈，全心全意为人民服务，才有了新中国的成立，才有了现在的幸福生活。

生3：杨家岭。杨家岭是中央领导在延安居住时间最长的地方。毛泽东主席等中央领导在此期间，指挥了抗日战争、解放战争，领导了大生产运动和整风运动。党的"七大"等许多重要会议在这里召开，暗指党中央和毛主席对中国革命的正确领导。

教师补充资料：杨家岭讲话会场重大会议、重要决策和重要著作对中国革命产生的影响。

生4：南泥湾。南泥湾是延安的南大门，王震带领八路军第三五九旅进驻这里，艰苦奋斗，短短三年，将贫瘠的南泥湾变成了遍地牛羊、处处庄稼的"陕北的好江南"。

师：镢头又代表什么呢?

生：当时革命者耕种劳作、收获的情景。

教师补充视频资料。

师：这节诗诗人反复用"追寻"一词，其实是在追寻什么?

生：追寻延安精神。

师：是啊，追忆在延安发生的一幕幕场景，其实就是追寻自力更生、艰苦奋斗的延安精神，表达了作者迫切的心情。

师：大家再读一读，发现这四句诗有什么特点？

生：前面都是“追寻”，后面都是什么地方什么事件。

师：对，作者采用了“典型事物表达情感”的方法。诗歌是浓缩的精华，我们带着诗人对延安精神深厚的情感，一遍遍深情地呼唤，追寻延安精神吧。

生集体朗读，教师指导。（读好排比句。读出节奏。读出作者追寻延安精神的迫切心情。）

运用典型意象抒发情感是本首诗歌表达的主要特征之一。教学时，何老师运用了拓展链接法，引导学生借助查找到的资料理解典型意象背后的故事或事件，教师再补充相关的图片、视频，拉近了历史与学生之间的距离，丰富学生的情感认知，从而更准确地把握经典课文中革命文化的时代价值与精神力量。在激情荡漾的诗歌朗读中表达诗人对延安精神的迫切追寻和怀念之情。

接着教学三、四节诗歌，何老师鼓励学生提问，学生有的问：“我们丢掉了老牛破车，却不能丢宝塔山顶天立地的脊梁。这里‘宝塔山顶天立地的脊梁’是指什么？”有的问：“我们已住进了高楼大厦，进入了电子时代，为什么还需要发扬延安精神？”学生自由讨论，交流分享，得到共识：艰苦奋斗的延安精神，过去到现在都是需要的，现在条件好了，但不能忘记延安精神，幸福都是奋斗出来的！

课的最后从“延安精神”荡开一笔，将“追寻”的视角从“延安精神”拓展链接到“航天精神”“长征精神”“抗疫精神”等中国精神，让学生更加完整地认识家国情怀的丰富内涵。

师：同学们，中国共产党走过了102年的风雨历程，在这一百多年中，他带领我们的祖国走出危难，走向繁荣富强，在这过程中，不仅有延安精神，还有——（出示图片资料、视频资料）看：有“欲与天公试比高”的航天精神，有顽强拼搏不服输的女排精神，有逆行而上舍生忘死的抗疫精神，有坚定革命理想的长征精神——这些就是中国精神！（播放视频：中国精神）

师：我们学习作者运用“典型事物表达情感”的方法，以“抗疫精神”为例，仿写诗句。

屏幕出示：

追寻你，抗疫英雄不畏艰险，奔赴前线的身影，

追寻你，白衣天使，____________

追寻你，科学家们，____________

追寻你，女排姑娘，____________

师：小组合作创编诗句，与同学分享。

师生分角色有感情诵读全诗。

新时代需要延安精神吗？诗人给了我们答案，科技的发展，祖国日新月异的变化，人民的幸福生活都是延安精神的传承与发展。教师充分挖掘革命题材课文的红色基因，拓展链接“航天精神”“长征精神”“抗疫精神”等图片、视频，使延安精神的内涵、外延更加丰富，从延安精神到中国精神的传承与发展，把“延安精神”这本书读“厚”了。结合现实生活情境，在仿创表达中讴歌时代大精神，渗透课程思政教育，增强学生的文化自信和民族自豪感，实现语文课程育人。

六、妙笔生花：传承语文生命之脉

语文的根脉是什么？是文化。语文是文化的载体，是文化的一种形态，荟萃着人类文化的精华，闪烁着人类文化的光彩。王崧舟老师说：“我们的语文课不仅仅是要让学生掌握字、词、句、段、篇，我们的语文课不仅仅是要让学生学会听、说、读、写、思，我们的语文课也不仅仅是要让学生知道语、修、逻、文、章，其实，在这一切之上，语文还有更高远的追求，即追求我们的文化之根、精神之根、民族之根，而这个追求是跟每个人的生命成长紧紧地连接在一起的。”① 活力语文教学倡导在特定的语境中，开掘语言文字背后的价值取向、精神母体和文化传承，就是让学生浸润在文化中，感悟、体

① 王崧舟：《美其所美》，上海：上海教育出版社，2019年10月版，第166页。

验，受到熏陶，得到滋养。

统编版六年级下册《北京的春节》教学“除夕”这一片段：

师：除夕这一天，作者观察到人们都在忙什么？请你自由放声地读，读完后用笔画出关键词。

生自读圈画、交流。

生：有做年菜、穿新衣、贴对联、贴年画、放鞭炮……

师：真是热闹啊！我们来看第一件事：做年菜。（课件点击：“年菜”）按道理说这年菜是一年中最重要的，最隆重的，可是奇怪，这么重要的事老舍先生却只用了两个字。老舍先生为什么不像前面那样具体地介绍呢？（课件出示：到年底，蒜泡得色如翡翠，醋也有了些辣味，色味双美，使人忍不住要多吃几个饺子。）谁来读？你也有最爱吃的年菜，能不能也像老舍先生这样，写上几句，向大家做个介绍？

生练笔，交流。

师：后排的同学举手的比较多，有的同学没信心，试试看，来，请你！第一盘年菜端上来啦！

生：那就是我们家过年不可缺少的年菜——糖醋鱼。糖醋鱼装在一个透明的盘子，金灿灿的鱼身上，露出白嫩嫩的鱼肉，吃上一口，就在嘴里化开了。旁边还摆着几根翠绿色的葱，鱼身上还有橙色的胡萝卜片，吃了以后让人流连忘返。（全班学生齐笑）

师：（笑）呵呵，哪一个词用得不对？流连忘返。应该用什么词来说？

生：回味无穷。

师：对了！请继续说。糖醋鱼是福州的特色美食，有其他地方的年菜吗？

生：五香鸡卷是我们家年夜饭上必定有的一道美食。妈妈用五花肉、地瓜粉、鸡蛋、马蹄、豆腐皮等原材料，拌匀，加上各种调料，把肉馅包在豆腐皮上，鸡卷就做好了，上锅蒸，蒸好后再下锅炸，金黄的鸡卷就上桌了，外面是脆的，里面的肉是嫩嫩的，太好吃了！

师：你这么一描述，真是让人垂涎欲滴呀。请问你介绍的是哪里的年夜菜？

生：泉州的。

师：闽南特色年菜，好！还有谁也来介绍一下你家乡特有的年菜？再请一位。第三盘年菜端上来啦！

生：我老家在莆田，年菜上肯定有一道特色菜：红团。红团的外皮由糯米粉制成，里面是豆沙、芝麻、花生等馅料，包成扁圆形，外皮上还涂上一层红色的天然染料，放入蒸笼中蒸熟。甜甜糯糯的，好吃极啦！寓意是团团圆圆、红红火火！

师：你真是家乡美食代言人啊！不仅介绍了红团的制作过程，还说出它的寓意，太棒了！还有特色年菜吗？

生：小葱拌豆腐。

师：哇，他们家可注重健康绿色食品。（全班学生齐笑）

师：好的，让我们来听听他的“小葱拌豆腐”。

生：（富有感情）两块洁白如玉的豆腐，浇上酱油，再配上几截小葱段，这道菜绝对是主角。其他菜吃腻了，尝尝这道菜，配上那软软的丝丝的小葱段……

师：哇，丝丝的小葱段，有感觉了，好！

生：吃下去，犹如到人间仙境一般！

师：一盘小菜吃出了人间仙境，真是会表达！此菜只应天上有，人间难得几回尝。都到他家去尝尝，掌声啊！（全班学生齐鼓掌）

师：同学们，这简简单单的菜却是不简单的内涵，各地的年菜代表了各种吉祥的寓意，不同地方有不同的习俗，只要像老舍先生那样，细细品味生活，就能说得那样生动。回到课文，老舍先生为什么“做年菜”不展开写呢？

生：如果说这一段都在写做年菜的话，那变成除夕晚上都是在吃年菜，所以这只能一笔带过。

生：除夕还要写上其他活动，才能证明除夕晚上是很热闹的。

师：非常好！正因为除夕晚上的活动非常多，所以这里就不能具体地展开了。只能用上怎样的语言？

生：简练的语言！

师：是的。一句话一个场景，我们通过朗读，来体会老舍先生笔下那忙碌的除夕，那热闹明快的感觉。读——（出示：课件——变换了句式的段落）

除夕真热闹。
家家赶做年菜，
到处是酒肉的香味，
男女老少都穿起了新衣，
门外贴上了红红的对联，
屋里贴好了各色的年画，
除夕夜灯火通宵，不许间断，
鞭炮声日夜不绝！
（课件播放鞭炮声）

师：这是举家团圆的除夕之日，这是灯火不熄的不眠之夜啊！在这一天，在外做事的人，除非万不得已，都要——（课件——一个大大的“家”字）

生：（齐）回家！

师：是啊！做年菜是在对新年祈福，是为了——

生：（齐）家！

师：年画装扮的也是——

生：（齐）家！

师：灯火通宵的还是——

生：（齐）家！

师：家！回家！就是要和亲人——

生：（齐）团圆！（播放歌曲《国家》：“一玉口中国，一瓦顶成家。都说国很大，其实一个家。……，有了强的国，才有富的家……”）

出示课件——必须赶回家吃团圆饭

师：是啊，在一年的最后一天，出外打工的兄弟姐妹们，除非万不得已——

生：（齐）必须赶回家吃团圆饭！

师：漂泊在外的游子，除非万不得已——

生：（齐）必须赶回家吃团圆饭！

师：远在异国他乡的父老乡亲们，除非万不得已——

生：（齐）必须赶回家吃团圆饭！

师：在这一天，每一个中国人，除非万不得已——

生：（齐）必须赶回家吃团圆饭！

师：家，守家，文章里没有这个词，但有一个词——

生：（齐）守岁！

师：守岁。是什么意思？究竟他守的是什么？

生：他们守的是平安。

生：他们守的是浓浓的亲情。

生：他们守的是幸福。

生：他们守的是吉祥。

师：非常好，多么具有积极意义的习俗啊！这是我们祖祖辈辈，年年代代，从古至今流传下来的习俗。这就是北京的——

生：（齐）春节！

师：（富有感情）也是我们每一个中国人的——

生：（齐）春节！

"除夕"是《北京的春节》一文中最有年味、最能体现中华民族传统节日特色的一个段落。作者用非常简练的语言浓缩了除夕时人们的活动，一个个活动就像一个个场景，一幅幅画面。我在教学设计中，用小练笔让"做年菜"这个活动伸展开，丰富起来，让各地不同的年菜在同学们的笔下有声有色地呈现在大家面前。然后回过头来思考"为什么老舍先生不对"做年菜"进行具体生动的描写"？让学生感悟作家简练表达是因为除夕活动的丰富！学到这，"人文性"和"工具性"都得到了和谐发展。如何加深感受除夕是"家""回家"的情结和文化内涵，我们创设情境：大写的"家"和"一口玉中国……"这首歌，并通过教师引读，复沓，把"回家"的意念层层叠加、融合、升华，让学生在浓浓的年味中领悟中华民族过春节的文化内涵。

第七章　学习任务群“活力”教学大单元设计

义务教育语文课程内容主要以学习任务群组织与呈现，课程按照内容整合程度不断提升，分三个层面设置了六个学习任务群，分别是“语言文字积累与梳理”“实用性阅读与交流”“文学阅读与创意表达”“思辨性阅读与表达”“整本书阅读”“跨学科学习”。语文学习任务群教学强调以学生为主体的过程性体验，因此，在教学过程中需要关注两个问题：一是学习情境，二是语文实践活动。在核心素养语境下，大单元教学的整体性、实践性、情境性与任务群教学的目标高度契合，因此，我们以大单元整体设计为抓手落实任务群教学。

第一节　厚积促薄发　善理致通达

——基于“语言文字积累与梳理”任务群二年级上册第二单元整体设计

“语言文字积累与梳理”学习任务群旨在引导学生在语文实践活动中，积累语言材料和语言经验，形成良好语感；通过观察、分析、整理，发现汉字的构字组词特点，掌握语言文字运用规范，感受汉字的文化内涵，奠定语文基础。[①]

① 中华人民共和国教育部：《义务教育语文课程标准（2022年版）》，北京：北京师范大学出版社，2022年4月版，第20页。

"语言文字积累与梳理"定位为基础型学习任务群，直接指向语文核心素养的"语言运用"方面，《义务教育语文课程标准（2022年版）》指出"引导学生增强语言积累和梳理的意识，教给学生语言积累和梳理的方法，注重积累、梳理与运用相结合"。这就意味着，语言文字的积累和梳理需要渗透方法，指导学生在有效积累与梳理的基础上，逐步建立积累与梳理意识，形成基础的学习能力。"活力语文"价值观充分契合了这一点，其终极指向是培育旺盛而持久的"言语生命力"。[①]

一、"语言文字积累与梳理"任务群的活力教学策略

基于"语言文字积累与梳理"任务群的核心意涵，该任务群的"活力语文"大单元教学实践可以采取以下策略：

1. **"创境"：在理解中积累，在发现中梳理，以课程育人为"经"**

新课标指出，语文课程要立足学生核心素养发展，充分发挥课程的育人功能，而"活力语文"正是把"以文化人，文以育人"作为价值追求。在开展"语言文字积累与梳理"学习任务群教学活动时，"创境"能让学生经历"理解意义"和"发现关联"的过程，把语言积累与梳理落到实处，进而实现语文课程育人功能。

以统编版小学语文教科书二年级上册第二单元为例，本单元教学目标之一为"认识'隹'字旁"。我们在教学中创设"大自然漫游之旅"这一单元学习情境，组织学生在漫游"动物馆"等情境中积累"'隹'字旁"的汉字。教师首先引导学生圈画动物名字、发现动物名字秘密，即通过"感知语言文字"和"理解语言文字"的方式，从整体入手，抓住"'隹'字旁"这一积累点，统整语境下不同角度的信息资源，形成多维理解的合力，在"雀、雁、鹰"汉字的彼此印证、相互补充中，准确理解了"'隹'字旁"与鸟类有关。其次，将"发现"作为"梳理"的推手："做爱鸟人，写鸟儿名字牌"，将学生对语料的认知从感性升级为理性，利用词串之间的联系，使原本零散的语料

---

① 高玉：《指向核心素养的活力语文》，《教育评论》，2018年第8期，第54页。

以完整的意义体，融入自身语言体系之中。如此，情境作为载体引导学生将汉字的认知具象化和结构化，符号性接受与体验性建构相融合转变了育人方式，课堂的有限空间与课外的无限空间相耦合拓宽了育人渠道。

2. “统整”：在整合中积累，在重组中梳理，以单元要素为“纬”

在新课程改革的背景下，单元统整以一种全新的教学方式应用于小学语文课堂教学过程之中，① 这也是“活力语文”价值理念的选择和实施。对于教材资源，我们可以进行有机的“统整”，以单元要素为“纬”构筑立体交叉的语文学习网络，建立生动活泼、开放自由的课堂教学模式，从而有效落实单元要素。

鉴于“活力语文”的学理依据，我们对统编版小学语文教科书二年级上册第二单元进行横向整合重组，例如：将部首查字法和单元生字表组合在单元开启课中，结合“组建自然之旅小队”的学习情境，将“日积月累”有关《论语》《孟子》中的名言也统整在其中。学生在这样横向拓展整合后的开启课中，主动识写单元生字，学习部首查字法，还能以语文园地二“日积月累”的名言为内容，理解并选择小队共同目标，拓展相关体现诚信、友善等中华传统美德的名句。而在单元任务中，继续以此为抓手，将《树之歌》与“我爱阅读”中的《十二月花名歌》重组到“漫游植物馆”的任务中，将“‘木’字旁”“‘草’字头”语言材料进行积累和梳理，形成序列化、结构化的整体，在“掌握语言文字运用规范”的同时，感受汉字丰富的文化内涵，科学有效地实现单元要素的“活”着陆，落实“语言文字积累与梳理”的目标。

3. “联结”：在分类中梳理，在运用中积累，以核心素养为“脉”

联结是一种语文学习策略，也是一种思维方式。② 学会以联结的策略学习语文，改变的是学生学习语文的素养模式。“语言文字积累与梳理”学习任务群的联结学习，就是从学习材料的纷杂中捕捉落实核心素养“线头”的功力。教师可先激活学生的梳理需要，再引导学生结合对语言材料的理

---

① 荣维东，于泽元：《语文教学要坚持素养导向整合取向实践路向——〈义务教育语文课程标准（2022 年版）〉“教学建议解读”》，《语文建设》，2022 年 5 月上半月，第 9—10 页。

② 沈玉芬：《联结：用语文的方式学语文》，《语文建设》，2022 年 5 月下半月，第 41—44 页。

解分类整理，组织学生对梳理的语言材料进行实践运用，提升梳理与积累的整体效益。

统编版小学语文教科书二年级上册第二单元的教学活动中，我们在任务一中布置学生给"自然万物名字牌"归类。这时，便可渗透不同的分类标准，比如，根据名字牌对象分类，可以梳理出直接表示动物、植物、气象等不同字词。分类梳理之后，教师以点带面，紧扣最具代表性的"'木'字旁"和"'鸟'字旁"，引导学生感受不同部首在构字中的意义，在触类旁通中彰显梳理的整体性价值。再如，我们将评价进程与学习进程的评价时间线联结，在"任务一"中进行"自然万物名字牌"展示和认读；在"任务二"中让学生给树木挂上名字牌；在"任务三"中给小区、校园里的树木花草亲手制作名字牌；在单元测评的游戏中摸取三张偏旁字牌，说出三个带有该偏旁的字。学生在一系列运用中，便可进一步实现对语言材料的理解与领会，并将其内化为自己的语言，从而完成积累。"联结"从理论和实践结合的角度，为提升任务群学习的整体质量提供了通达之"脉"。

4. **"活动"：在实践中梳理，在探究中积累，以生本发展为"络"**

新课标明确指出，"义务教育语文课程培养的核心素养，是学生在积极的语文实践活动中积累、建构并在真实的语言运用情境中表现出来的，是文化自信和语言运用、思维能力、审美创造的综合体现"。[①] 语言文字的学习，要引导儿童在实践探究活动中学会积累和梳理。在统编版小学语文教科书二年级上册第二单元的教学活动中，可引导分小组对自己喜欢的大自然事物探究实践，通过观察小区、校园里的树木花草，给它们挂上亲手制作的名字牌；为喜欢的动植物绘制专项小报，图文结合，继续探究"木"字旁、"鸟"字旁、"隹"字旁等偏旁不同的表意功能，尝试认识新的植物动物名称，在生活中主动识字；找到自己拍的风景照，配上一小段"场景歌"。当然，如果教学环境允许，还可以设计"为了让更多的人了解大自然，学校将在校园网站上创建'大自然汉字博物馆'"的学习情境，并和整本书阅读

---

① 中华人民共和国教育部：《义务教育语文课程标准（2022年版）》，北京：北京师范大学出版社，2022年4月版，第4页。

任务群、跨学科任务群的学习有机整合，发挥现代信息技术的作用，拓展语文学习的时空，增强语文课程实施的探究性和实践性，让儿童在语文活动中学习语言文字，传承中国优秀传统文化，落实课程的生本立场，促进儿童的健康成长。[①]

二、“语言文字积累与梳理”任务群的活力教学实践

“语言文字积累与梳理”是学生自主探究梳理的过程，也是感悟语言、形成语感的过程。为激发学生积累与梳理的兴趣，引导学生通过梳理探究语言规律，我们设计了“品汉字之趣　赏自然之美”的活力教学实践。

（一）二年级上册第二单元整体解读

二年级上册第二单元是继一年级字族文识字、字谜识字之后的又一个集中识字单元，编排了《场景歌》《树之歌》《拍手歌》《田家四季歌》四篇课文及查字典（部首查字法）等贴近儿童生活的学习材料，课文为喜闻乐见的歌谣形式，旨在引导学生于朗朗上口、富有节奏感和音韵美的诵读中完成学习任务，指向语文核心素养的发展。

本单元课文主题是“自然中的场景与事物”。《场景歌》描绘了大海沙滩、山村田园、公园景色以及少先队员活动四个场景，画面中的事物组成一幅幅清新生动的风景画。《树之歌》介绍了祖国大江南北常见的十一种树木及树木形貌、颜色、习性等特点，大自然树木种类之丰富令人赞叹。《拍手歌》是根据传统歌谣改编的儿歌，通过孩子们喜爱的拍手游戏串联起八种动物生活的场景，渗透人与动物和谐相处、保护动物的生态意识。《田家四季歌》选自民国时期国语教材，诗歌按照春夏秋冬的顺序展现了乡村四季的美丽景色并介绍了四季中农民的农事活动，时令鲜明、农家生活气息浓郁，可以帮助学生了解农作物生长和农事活动常识，感受辛勤劳动带来的欢愉。这四篇课文，有助于帮助学生亲近自然，初步感受大自然的丰富美丽，对生活中的景物投

① 史春妍：《“语言文字积累与梳理”学习任务群内涵解读及教学实操》，《小学教学设计（语文）》，2022年第11期，第9—12页。

以更多关注，激发学生对自然的亲近和喜爱之情。

语文园地二安排了三个内容：一是部首查字法的学习，是在儿童阅读遇到的生字障碍中自然展开的真实性学习；二是在“日积月累”中编排了《论语》《孟子》中的名言；三是“我爱阅读”中编排的《十二月花名歌》，按照时间顺序写了正月至腊月每个月中开花的花名及特点。

这些内容按照如上顺序组合在一起，从一个场景，到一些树木，再到一些动物，讲述一年农事，学学部首查字法，积累《论语》《孟子》中的名言，读读《十二月花名歌》，这种多类别的情境式识字，可以让学生悟到一些识字规律，分类别、散点式的读背写记之编排，能在一个个真实的情境中集中识得一定数量的汉字。

纵观第二单元的识字表，《场景歌》中出现了很多形声字，如内声外形的“园”，左形右声的“艘、舰、铜”等。利用形声字的构字规律，能将前期学生已有的识字经验加以唤醒。《树之歌》中呈现了 15 个生字，其中 8 个生字（梧、桐、枫、松、柏、桦、杉、桂）与树木有关。在实际教学中，教师可以引导学生仔细观察，自主发现汉字字形方面所呈现的共同点（左右结构，左边是表示与树木有关的木字旁，右边表示字的读音），并结合课文插图利用形声字的构字规律归类识字。《拍手歌》课后第二题结合 6 个鸟类词语的名称和图片，引导学生发现认识“鸟”字旁和“隹”字旁，知道它们与鸟类有关，既以“黄鹂、天鹅”等强化了形声字构字归类法，又渗透部件识字方法为后续学习做了铺垫。

通过以上分析不难发现，本单元对于汉字的学习要求是结合课文文字和图片线索，在创设的教学情景中进一步理解形声字的形旁和声旁相结合的构字规律，强调学生自主发现、探究、总结的学习过程。结合儿童识字规律，反复审视教材内容，我们将本单元学习主题定为“品汉字之趣赏自然之美”，对原单元教材内容的编排顺序整合重组，创造真实学习情境，以更有效地展开识字活动。

（二）二年级上册第二单元学习目标

基于以上解读，本单元在课程内容上属于典型的“语言文字积累与梳理”

学习任务群。旨在引导学生“在语文实践活动中，积累语言材料和语言经验，形成良好语感；通过观察、分析、整理，发现汉字的构字组词特点，掌握语言文字运用规范，感受汉字的文化内涵，奠定语文基础”。① 这个单元的最根本目标，是聚焦于识字写字的。

而作为二年级上册唯一一个识字单元，本单元在识字写字方面的语文要素承载着十分重要的职能。就一、二年级识字单元设计的纵向联系来看，一年级上下两册书，每册书共计 8 个单元，各包含 2 个识字单元。二年级上下两册书，每册书共计 8 个单元，各包含 1 个识字单元。随着年级的升高，学生逐渐掌握自主识字的能力，到三年级不再单独设置识字单元。

表 7-1　部编教材识字单元识字要素基本信息对照表

册序	单元	课文主题	课文体裁	识字要素
一上	一	传统文化渗透	图片、韵语、象形字、对子	在有趣的情境中认识象形字，感受汉字的音韵特点
	五	童趣情景	图片、古诗、儿歌、韵文	初步认识全意字，进一步了解汉字偏旁表意的构字规律
一下	一	传统文化渗透	图片、韵语、字族文（儿歌）、字谜	借助汉语拼音，自主识字、主动识字
	五	贴近生活 渗透传统文化	图片、童谣、韵语	学习运用形声字的构字规律识字，感受识字乐趣
二上	二	自然中的场景与事物	歌谣	运用形声字形旁表义、声旁表音的特点归类识字
二下	三	弘扬传统文化	童谣、传统民谣、故事文章	利用韵语、形旁与字义的联系、借助图片识字，初步感受汉字的魅力

从识字单元的课文主题来看，识字教学活动与儿童生活密切相关，且传统文化的渗透一脉相承。课文的体裁多样，其中歌谣韵语是贯穿两个年级的重要课文体裁。在第一学段的 6 个识字单元中，仅明确涉及形声字相关的识字训练要素共计 3 个单元。以贴近儿童喜闻乐见的童谣为载体，形声字教学

① 中华人民共和国教育部：《义务教育语文课程标准（2022 年版）》，北京：北京师范大学出版社，2022 年 4 月版，第 20 页。

活动草蛇灰线、伏延千里地渗透在第一学段的识字教学活动中。聚焦到二年级上册第二单元来看，形声字的识字教学活动是本单元的教学重点。

梳理本单元编排的学习内容，结合《义务教育语文课程标准（2022 年版）》对第一学段“识字与写字”等学习实践领域的目标要求，本单元 KUD 教学目标大致可以表述如下。

1．知道（Know）

（1）形声字具有形旁表意、声旁表音的特点。认识“隹”字旁，知道它与鸟类有关。

（2）懂得什么是部首，阅读时遇到不认识的字可以用部首查字法查字典。

（3）了解量词在不同的情境中有不同的用法。

2．理解（Understand）

（1）汉字具有独特的构字组词特点及规律。

（2）汉字的音、形、义中均蕴含着独特的文化内涵。

3．应用（Do）

（1）运用多种方法，学习独立认识有关自然万物的常用字，学会用部首查字法查字典。

（2）结合图画识字学文，自主发现汉字规律，运用形声字形旁表意、声旁表音的特点归类写字，书写规范、端正、整洁。

（3）能通过为植物做“名字牌”、为动植物做专项小报等活动，初步将学到的汉字进行整理分类，表达自己对大自然的认知。

（4）能通过诵读比赛，自主积累与大自然有关的成语、格言、儿歌等，感受大自然的美丽，表达对大自然的热爱。

（三）二年级上册第二单元整体设计框架及说明

1．单元整体设计框架

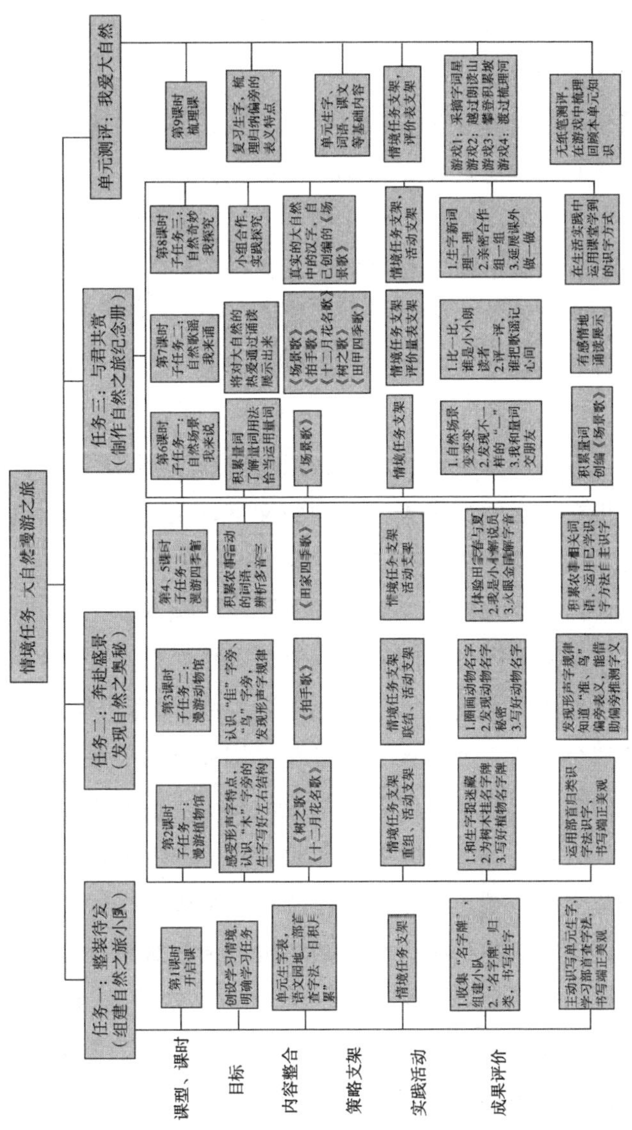

图 7-2　二年级上册第二单元整体教学框架

2. **二年级上册第二单元设计说明**

根据与现行教材的关联，一般学习主题有遵循、调适、创生三种构建方式，本主题采用调适加创生的建构方式，以统编版教科书小学语文二年级上册教材为基础，以课文《场景歌》《树之歌》《拍手歌》《田家四季歌》及语文园地"日积月累"查字典（部首查字法）为主要学习内容，运用线上资源、相关物品以及学生的生活经验等丰富的资源，引导学生关注大自然有关的汉字词语，培养学生主动识字的愿望。为此，我们基于"大自然漫游之旅"的情境，设计了具有内在逻辑进阶关联的三项任务和一个测评活动：

任务一：整装待发（组建自然之旅小队），是对大自然文字的初步认知，通过收集"自然万物名字牌"和"自然万物名字牌"归类两个活动，带领学生认读并归类识字写字，不认识的生字用部首查字法查字典。

任务二：奔赴盛景（发现自然之旅奥秘），这个任务带领学生走进文本阅读，在植物馆、动物馆和四季馆中，发现形声字形旁表义、声旁表音的特点。

任务三：与君共赏（制作自然之旅纪念册），这个任务基于任务一和二，引导学生进一步在生活中探索大自然中的文字，在实践过程中遇到不认识或不理解的字时，继续用上音序查字法、部首查字法来解决。

无纸笔测评：我爱大自然，在游戏中梳理回顾本单元知识，关注单元生字、词语、课文等基础内容，同时重点梳理本单元形旁表义的字，引导学生交流并积累，在生活中实践运用，感受语言文字的无穷乐趣。

本任务群三个活动一个测评之间呈现螺旋递进的关系，遵循学生学习逻辑和生活逻辑的统一。将学习内容与学生的真实生活紧密相连，重在引导学生能运用多种方法，学习独立识字，能通过观察，初步体会汉字的结构特点，归类写字，书写规范、端正、整洁。在"自然奇妙我探究"活动中，分小组对自己喜欢的大自然事物继续探究实践，可以通过观察小区、校园里的树木花草，给它们挂上亲手制作的名字牌；可以为喜欢的动植物绘制专项小报，图文结合，继续探究"木"字旁、"鸟"字旁、"隹"字旁等偏旁不同的表意功能，尝试认识新的植物动物名称，在生活中主动识字；还可以找到自己拍的风景照，配上一小段自编《场景歌》。实践过程中遇到不认识的字，继续用上音序查字法、部首查字法来解决，探究成果也将在测评中引导学生交流讨论。

（四）二年级上册第二单元学习活动实施

表 7-3　二年级上册第二单元学习活动与课时安排表

课时安排	学习活动	课时目标	任务活动	达成评价	教学实施要点
第 1 课时	任务一：整装待发（组建自然之旅小队）	目标 1：学习部首查字法。 目标 2：初步认识大自然，激发热爱大自然情感。 目标 3：书写时注意间架结构，把字写端正，写美观。	1. 收集“自然万物名字牌”，组建小队。结合单元生字表开展收集“自然万物名字牌”活动，以“日积月累”的名言为内容，拓展相关体现中华传统美德的名句。 2. “自然万物名字牌”归类，书写生字。把自己收集的“自然万物名字牌”进行分类，说说分类的原因，在分类的基础上集中识字写字。	1. 能主动识写单元生字；能在展示活动中学习部首查字法。 2. 能初步给“自然万物名字牌”分类，对大自然有整体认识。 3. 能在活动中识字写字，书写时能注意间架结构，把字写端正、写美观。	1. 用多种方法引导学生收集“自然万物名字牌”，提高学习积极性。 2. 部首查字法的教学在认读“自然万物名字牌”时实施，一方面巩固音序查字法，一方面引出部首查字法的教学。
第 2—5 课时	任务二：奔赴盛景（探寻自然之旅奥秘）	目标 1：认识与“木”字旁、“隹”字旁、“鸟”字旁有关的生字新词，诵读儿歌，丰富语料积累，培养自主积累的好习惯。 目标 2：发现形声字规律，发现“隹”字旁、“鸟”字旁形旁表义的作用，并能在生活中实践运用。 目标 3：自主交流识字方法，培养热爱汉字的情感。	1. 漫游植物馆，探形声字奥秘。通过和生字捉迷藏、为树木挂名字牌、写好植物名字牌等活动，认识相关生字新词，感受形声字特点。 2. 漫游动物馆，寻偏旁的奥秘。通过圈画动物名字、发现动物名字秘密、写好动物名字等活动，认识“隹”字旁、“鸟”字旁的生字新词，通过积累认读和归类梳理，发现形声字规律。 3. 漫游四季馆，了解多音字奥秘。通过体验田家春与夏、我是小小解说员、火眼金睛解字音等活动，识写生字诵读儿歌，初步掌握相关识字方法。	1. 能利用部首归类识字法认识“木”字旁的字。通过观察笔画位置，写好左右结构的生字。 2. 通过观察动物图片和名称，发现很多鸟的名称里有“隹、鸟”，了解“隹”的原义。 3. 了解田家四季农事，积累农事活动的词语，自主学习识字。	1. 充分发挥课文插图作用，联系学生生活实际，将汉字的音形义结合，激发学生的学习兴趣。 2. 多音字的辨析要在具体的语境中进行。汉字的归类指导有助于学生在观察比较中发现共性与个性。

续表

课时安排	学习活动	课时目标	任务活动	达成评价	教学实施要点
第6—8课时	任务三：与君共赏（制作自然之旅纪念册）	目标1：积累量词，了解数量词的不同用法。 目标2：有感情地诵读展示。 目标3：分类课内外认识的字，实践过程中遇到不认识或不理解的字，用上查字典方法解决。	1. 阅读《场景歌》，初步感受自然场景展示的美丽景色，了解不同事物数量词的不同表达。仿照课文，创编属于自己的《场景歌》。 2. 以拆盲盒形式引导学生个性诵读。通过小组诵读赛、班级诵读赛，选出诵读大赛优秀选手。 3. 分小组对自己喜欢的大自然事物继续探究实践，在生活中主动识字。实践过程中遇到不认识或不理解的字，继续用上音序查字法、部首查字法来解决。	1. 能够通过积累认读，了解数量词的不同用法，并能在生活情境中恰当运用数量词。 2. 能有感情地朗读课文和自己积累的名言警句。 3. 能用上音序查字法、部首查字法来解决生活实际中的识字问题。	1. 诵读大赛评价结果以生生互评、教师评价、学生自评综合结果为主。 2. 分小组对自己喜欢的大自然事物继续探究实践时，引导运用课堂学到的识字方法，使语言训练生活化、情境化。
第9课时	无纸笔测评：任务四：我爱大自然	目标1：回顾单元学习内容。 目标2：复习“木”字旁、“隹”字旁、“鸟”字旁等生字，梳理归纳偏旁的表意特点，并能拓展应用。	游戏1：采摘字词星——认识本单元生字词。 游戏2：越过朗读山——正确、流利、有感情地朗读课文。 游戏3：攀登积累坡——熟练背诵《树之歌》《田家四季歌》。 游戏4：渡过梳理河——积累并梳理“木”字旁、“隹”字旁、“鸟”字旁等字。	1. 能通过游戏测评，回顾本单元字词与课文。 2 能自主梳理“木”字旁、“隹”字旁、“鸟”字旁、“草”字头的字，知道偏旁的表意特点，并能拓展运用。	本课时设计为无纸笔测评，在游戏中梳理回顾本单元知识，关注单元生字、词语、课文等基础内容，同时重点梳理本单元形旁表义的字，引导学生交流并积累，在生活中实践运用。

（五）二年级上册第二单元学习任务评价

1. 过程性评价

表 7-4　“自然歌谣我来诵”评价表

评价项目	评价等次（1 颗星代表 1 分，以此类推）			教师评价
	★（合格）	★★（良好）	★★★（优秀）	
诵读本单元与大自然有关的课文、歌谣。	字音准确，吐字较清晰；声音响亮，表情较大方。能用恰当的语气诵读课文，读得不太流利。	字音准确，吐字清晰；语调自然，语速恰当；声音响亮，表情大方。能用恰当的语气有感情地诵读课文，将自己对大自然的热爱通过诵读展示出来。	字音准确，吐字清晰；语调自然，语速恰当；声音响亮，表情大方。能用恰当的语气有感情地诵读课文，将自己对大自然的热爱通过个性化诵读展示出来。	（　　）★

2. 学习成果评价

（1）“采摘字词星”：将考查内容分序号写在星空大转盘背面，学生通过转动大转盘抽取转盘背面的相应卡片，卡片上有本单元需要会认的八个生字词。

表 7-5　“采摘字词星”等级评价表

评价项目	评价等次（1 颗星代表 1 分，以此类推）			教师评价
	★（合格）	★★（良好）	★★★（优秀）	
认读本单元生字词。	相应时间内正确认读七个以下生字或词语。	相应时间内正确认读七个生字或词语。	相应时间内正确认读八个生字或词语。	（　　）★

（2）“越过朗读山”：将课文编号贴在不同颜色树木、花朵造型卡片背面，学生任选两张卡片，正确、流利、有感情地朗读出来。

表 7-6　“越过朗读山”等级评价表

评价项目	评价等次（1 颗星代表 1 分，以此类推）			教师评价
	★（合格）	★★（良好）	★★★（优秀）	
正确、流利、有感情地朗读课文。	能用普通话正确朗读课文。	能用普通话正确、流利地朗读课文。	能用普通话正确、流利、有感情地朗读课文。语调自然，声音洪亮，如能带上适当的动作更佳。	（　　）★

（3）“攀登积累坡”：将本单元要求背诵的课文分别编号做成书签，放在“跳格子”游戏的格子中，学生通过“跳格子”结果选定书签，背诵相关

篇目。

表 7-7 "攀登积累坡"等级评价表

评价项目	评价等次（1颗星代表1分，以此类推）			教师评价
	★（合格）	★★（良好）	★★★（优秀）	
背诵《树之歌》《田家四季歌》"日积月累"。	背诵不太流利，但能正确背诵出来。	背诵正确流利，声音响亮。	背诵正确流利，吐字清晰，停顿恰当，声音响亮，有适当的语气和表情。	（　　）★

（4）"渡过梳理河"：蒙上眼睛"过河"，摸取三张偏旁字牌，说出这三个偏旁表示的意义。给每个偏旁举例，说出三个带有该偏旁的字，梳理归纳形旁的表意特点。

表 7-8 "渡过梳理河"等级评价表

评价项目	评价等次（1颗星代表1分，以此类推）			教师评价
	★（合格）	★★（良好）	★★★（优秀）	
认识"木"字旁、"隹"字旁、"鸟"字旁。	只知道一两个偏旁的含义，只能说出个别带有这些偏旁的字。	能大致说出三个偏旁的含义，能分别说出带有这些偏旁的字，但每个偏旁的字没说满四个。	能准确说出三个偏旁的含义，能分别说出四个带有这些偏旁的字。	（　　）★

第二节　融通"文学阅读"　鲜活"创意表达"

——基于"文学阅读与创意表达"任务群

四年级上册第七单元整体设计

"文学阅读与创意表达"学习任务群旨在引导学生在语文实践活动中，通过整体感知、联想想象、感受文学语言和形象的独特魅力，获得个性化的审美体验；了解文学作品的基本特点，欣赏和评价语言文字作品，提高审美品位；观察、感受自然与社会，表达自己独特的体验与思考，尝试创作文学作品。①

从“文学阅读与创意表达”的目标定位可以看出其核心价值指向审美创造，其独特价值在于通过文学阅读、欣赏和评价，建立语言与审美之间的联系，提高学生的语言运用和审美创造能力，形成追求真善美的审美取向，涵养高尚、健康的审美情趣，以及积极端正的人生态度。②

一、“文学阅读与创意表达”任务群的活力教学策略

基于该任务群注重“言语内涵与表现”的核心特性，我们认为进行该任务群大单元教学实践可以采取以下策略支架。

1. 创设审美情境，激活言语表现

本任务群的“教学提示”指出：“在主题情境中，开展文学阅读和创意表达活动，引导学生感受文学之美、表达自己的独特感受，促进学生的精神成长。”③ 这是因为，主题情境的创设，有助于学生从整体角度把握文学文本的形象、情感和语言，有助于调动学生的综合信息资源、多样人生经验参与理解和表达，有助于融合各种阅读策略和学习方式。

例如，统编版小学语文四年级上册第七单元围绕“追寻英雄足迹，讲好中国故事”这一主题，创设“爱我中华人物风采”主题展大情境，统领单元教学，学生将在任务背景下展开整个单元的学习活动和语言实践。与此同时，我们还根据每篇课文特点，为单篇课文设计个性化的审美情境。如教学《延安，我把你追寻》，创设“跟着诗人去延安”的活动情境，通过图片、视频和语言描述，将学生带入课文意境中，与文本中的人物产生思想交流、思维碰撞，并在积极主动的“问学”探究中激活语言表达力，让言语表现在审美情境中“亮活”起来。

---

① 中华人民共和国教育部：《义务教育语文课程标准（2022年版）》，北京：北京师范大学出版社，2022年4月版，第26页。

② 郑国民，李宇明：《义务教育语文课程标准（2022年版）解读》，北京：高等教育出版社，2022年版，第146页。

③ 中华人民共和国教育部：《义务教育语文课程标准（2022年版）》，北京：北京师范大学出版社，2022年4月版，第28页。

2. 注重实践活动，"融活"语文能力

语文核心素养是学生在积极的语文实践活动中积累建构，并在真实的语言运用情境中表现出来的，是文化自信和语言运用、思维能力、审美创造的综合体现。

"活力语文"立足语言文字的深刻底蕴，通过丰富的语言实践挖掘言语构成的无穷魅力。可以说，只有在"语言实践活动"中生长出来的能力才是带得走的"活"的语文能力。以《梅兰芳蓄须》为例，为了达成"制作梅兰芳海报"这一"创意表达"任务目标，我们聚焦"主要人物、主要事件、人物形象"三个关键要素，设计了三个语言实践活动，分别为：（1）选一选梅兰芳风采照；（2）写一写爱国故事简介；（3）赞一赞梅兰芳民族气节。这三个语文实践活动指向学习主题，融合课标"创意表达"中的"阅读、讲述、欣赏、评价"等实践要素，推进语文要素和人文主题同步进阶。同时，我们在实践活动过程中借助故事情节支架、背景资料等策略，"融活"听说读写语文实践活动，将文学阅读与创意表达的"实践性"特征落到实处，让"创意表达"在语言实践活动中"鲜活"起来。

3. 巧用"活力"教法，"育活"核心素养

浸润品读。文学作品的审美体验离不开对文学语言和形象的整体感知和深入感受。通过联想想象，品读浸润是深入文本内部世界，理解和建构文本意义，赋予文本以"活"的生命的重要方法之一。

教学《延安，我把你追寻》，我们以"追寻"为主线，设计四个不同层次的品读：第一，整体感知读。先"认读词语"发现诗歌韵脚，再分节读诗感受诗歌节奏和韵律之美。第二，情境引读。学生结合查阅的资料了解"延河""枣园""南泥湾"和"杨家岭"典型意象背后的精神内涵，教师适时创设情境，由延安精神勾连到"燕子追寻春光""小树追寻雨露阳光"，体会作者"追寻"延安情感的热切与坚定。第三，对比品读。抓住"忘不了""不能丢"，对比延安过去与现在的不同面貌，体会继承延安精神的重要性。第四，角色诵读。通过师生对读、男女生合作读、集体诵读，学生对文本的理解和感悟化作有声语言和情绪情态，表达对延安精神的崇敬与赞美。浸润式品读，可以促进诗歌语言的形象性和审美化，激活学生的诗意思维和情感，让学生感受文学语言和形象的独特魅力，获得个性化的审美体验。

问学相生。活力语文教学紧紧围绕“言语表现”这一核心任务，实施“四学”教学策略，让语文知识“活”在自主学习中，“活”在探究中，“活”在体验中，“活”在积极建构中。问学相生，让儿童站在课堂的中央，变接受式教学为参与式教学，从吸收性学习走向思辨性学习。如《为中华之崛起而读书》一文，学生提出疑问“在自己的国土上，妇女的丈夫被外国人轧死，为什么无处说理，为什么围观的群众敢怒不敢言”，教师抓住“困惑点”引导学生结合资料探究“中华不振”的原因所在；《梅兰芳蓄须》一文，学生的疑问集中在“梅兰芳为什么放弃优越的条件拒绝登台演出”，教师引导学生勾连时代背景，探究拒演原因和人物所蕴含的内在品格；《延安，我把你追寻》则聚焦诗题“追寻”引出：追寻什么，为什么追寻，怎么追寻等问题，帮助学生梳理作者情感脉络主线。教学中以问促学，问学相生，使学生的主动探究能力得以充分体现。

拓展延学。活力语文注重“融活”课程资源，通过适度拓展课外资料，帮助学生更好地理解课文。拓学的方式有两种：第一种是理解式拓学，如抓住学生普遍存在的问题“围观的群众为何敢怒不敢言”，拓展补充“关于鸦片战争时期落后中国的背景资料”；抓住“周恩来立志振兴中华而读书”，勾连课后习题青年周恩来的诗歌《大江歌罢掉头东》，提升对周恩来远大志向的理解；抓住梅兰芳“卖房度日”“装病打针”等重要情节，补充“梅兰芳出场费”“日本侵华战争”等资料，理解梅兰芳拒绝登台演出的原因，体会他蓄须明志的民族气节。第二种是体验式延学，即课后“语文＋”体验式延学课程，如本单元学生参加“爱我中华人物风采”主题展前，要设计海报、练习当讲解员、练习诗歌朗诵等。这些语文实践活动从课内延伸至课外，属于体验式延学，让学生在生活体验中学习，在生活实践中运用，获得真切的言语实践感受，学生从学习“解题”到学会“解决问题”的过程中“燃活”了学习热情，“育活”了核心素养。

二、“文学阅读与创意表达”任务群的活力教学实践

“文学阅读与创意表达”是发展学生审美素养、积淀文化底蕴、建构精神世界的重要文化载体，为激发学生的想象力和创造力，培养学生高尚的审美情趣和积极向上的人生态度。我们设计了“颂民族精神　赞家国情怀”的活力教学实践。

（一）四年级上册第七单元整体解读

四年级上册第七单元以“家国情怀”为主题，编排了两篇精读课文《古诗三首》《为中华之崛起而读书》，两篇略读课文《梅兰芳蓄须》《延安，我把你追寻》，展示了不同历史时期的人们在家国大义面前的不同风采：有戍边将士建功立业、保家卫国的情怀；有个人与国家民族共存亡的精神气概；有少年周恩来为中华之崛起而读书的远大抱负；有京剧艺术家梅兰芳蓄须罢演的民族气节；还有在我国革命和建设时期发挥了巨大动力的延安精神。

本单元还编排了习作《书信》，“语文园地”的“交流平台”“词句段运用”“日积月累”等相关内容，与单元主题“家国情怀”有着或多或少，或隐或显的关联。其中，习作《书信》，属于应用文写作范畴，写作内容与单元主题“家国情怀”关系不大。为呼应大单元主题情境下的目标任务，将写信的内容转变为与他人分享爱国故事，交流阅读和观展后的感受，表达自己对英雄人物、爱国志士的敬仰之情，不仅契合单元人文主题，也更有助于学生表达真情实感。

本单元的阅读要素是“关注主要人物和事件，学习把握文章的主要内容”，进行大单元教学时，应了解不同学段同类语文要素之间内在关联的逻辑性，使学生的语文能力进阶发展螺旋上升。本单元语文阅读要素与相关联的同类语文要素编排情况见表 7-9。

表 7-9　统编版语文教材关于“概括文章主要内容”的单元梳理

册次	单元主题	课文	语文要素
三（下）第八单元	有趣的故事	《慢性子裁缝和急性子顾客》《方帽子店》《漏》《枣核》	了解故事的主要内容，复述故事
四（上）第四单元	神话故事	《盘古开天地》《精卫填海》《普罗米修斯》《女娲补天》	了解故事的起因、经过、结果，学习把握文章的主要内容

续表

册次	单元主题	课文	语文要素
四（上）第七单元	家国情怀	《古诗三首》《为中华之崛起而读书》《梅兰芳蓄须》《延安，我把你追寻》	关注主要人物和事件，学习把握文章的主要内容
四（下）第六单元	成长的故事	《小英雄雨来》《我们家的男子汉》《芦花鞋》	学习怎样把握长文章的主要内容
五（上）第八单元	读书明智	《古人谈读书》《忆读书》《我的“长生果”》	阅读时注意梳理信息，把握内容要点
六（上）第六单元	保护环境	《古诗三首》《只有一个地球》《青山不老》《三黑和土地》	抓住关键句，把握文章的主要观点
六（下）第二单元	外国文学名著	《鲁滨逊漂流记（节选）》《骑鹅旅行记（节选）》《汤姆·索亚历险记（节选）》	借助作品梗概，了解名著的主要内容。就印象深刻的人物和情节交流感受

纵向解读语文要素，发现本单元“关注主要人物和事件，学习把握文章的主要内容”是三年级下册第八单元“了解故事的主要内容”，四年级上册第四单元的“了解故事的起因、经过、结果，学习把握文章的主要内容”这一概括能力训练的延续和提升，并为后续“学习把握长文章的主要内容”作好过渡与铺垫。

横向解读要素可以发现：本单元内“把握文章的主要内容”的学习路径也非常清晰。《为中华之崛起而读书》一课侧重引导学生通过先弄清每件事情讲了什么，再把几件事情连起来的方式把握文章的主要内容；《梅兰芳蓄须》一课侧重引导学生运用多事件串联法把握课文的主要内容；《延安，我把你追寻》一课在引导学生查找资料时，也可以运用“关注主要人物和事件，学习把握文章的主要内容”的方法，了解延安革命，搜集爱国故事，为“爱我中华人物风采”主题展做准备。本单元的“交流平台”以对话交流的形式，引导学生回顾梳理“把握文章主要内容”几种常见的方法，明确“一人一事件”与“一人多事件”在概括主要内容时的方法、步骤。

（二）四年级上册第七单元学习目标

《义务教育语文课程标准（2022年版）》将革命文化题材课文归属于“文学阅读与创意表达”学习任务群。该学习任务群的第三学段是“阅读、欣赏革命领袖、革命先烈创作的文学作品，以及表现他们事迹的诗歌、小说、影视作品等，感受革命领袖、革命先烈伟大的精神世界和人格力量，认识生命的价值；运用讲述、评析等方式，交流自己的情感体验”。[①] 综合考虑学段要求，梳理本单元编排的学习内容和目标指向，结合本单元重点读写训练目标，运用“KUD”教学目标大致可以表述如下。

1. **知道**（Know）

（1）班级将举办“爱我中华人物风采”主题展，要制作爱国人物海报，讲述爱国仁人志士的故事。

（2）在阅读中独立识字，会写二十三个生字，会写十六个词语。

（3）阅读写人记事的文章要关注主要人物和事件，把握主要内容。

（4）阅读诗歌可以通过查阅资料，联系时代背景理解课文内容，感受人物的爱国情怀。

2. **理解**（Understand）

（1）把握文章主要内容有多种方法。当遇到“一人多件事”时要先弄清每件事情讲了什么，再把几件事情连起来概括文章的主要内容。

（2）明白制作人物海报作品时，要从“人物照片、故事简介、人物评价”三方面进行创作，做到主题突出，图文搭配，构思新颖。

（3）知道书信是互通消息、交流情感的重要方式，可以通过书信，表达自己对英雄人物、爱国志士的崇敬和赞美之情。

3. **应用**（Do）

（1）能够根据文章特点运用具体的方法把握主要内容，感受人物的爱国情怀。

（2）完成爱国人物海报制作，能从“人物照片、故事简介、人物评价”三方面入手美化版面设计，做到主题突出，图文搭配，构思新颖。

（3）能够结合“爱我中华人物风采”主题展，用书信的方式与他人分享爱国故事，表达自己的感受和想法。做到书信格式正确，内容清楚；懂得正确书写信封，学会投递信件。

---

① 中华人民共和国教育部：《义务教育语文课程标准（2022年版）》，北京：北京师范大学出版社，2022年4月版，第26、27页。

（三）四年级上册第七单元整体设计框架及说明

1. 单元整体设计框架

围绕“爱我中华人物风采”主题展活动，依据单元学习目标，将整个单元的学习任务设计为：策划主题展、制作爱国人物海报、爱国人物风采展三个子任务（见图 7-10）。

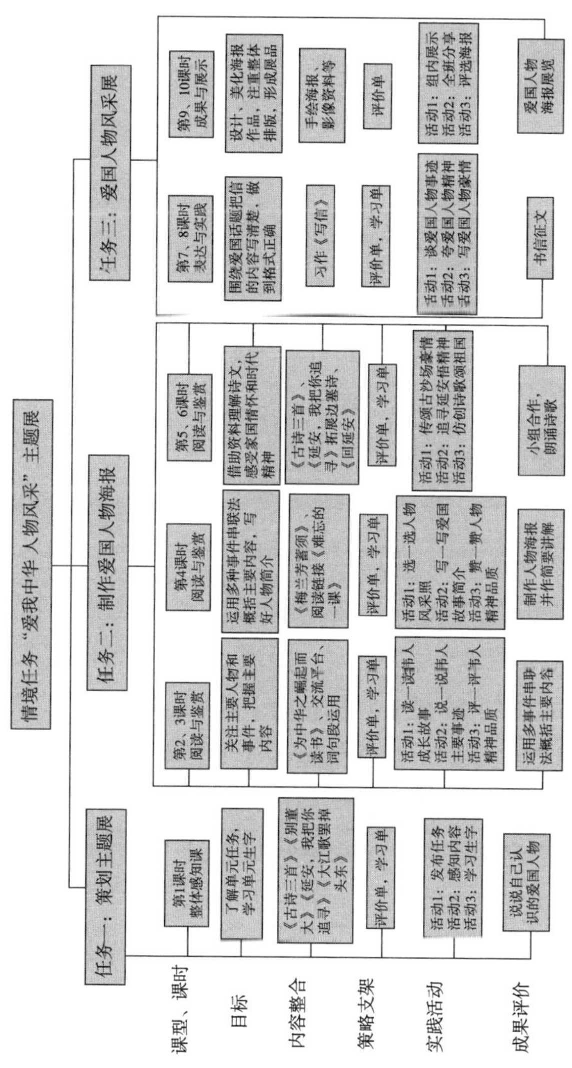

图 7-10　统编版语文四年级上册第七单元整体教学框架

2. 四年级上册第七单元设计思路

（1）整合课程内容，丰富教材资源。本单元教学调整了原教科书的编排，对教材内容进行有机整合：一是将同主题的爱国古诗和反映时代精神的现代诗歌整合为一类，让学生感受到中华民族跨越千年生生不息的爱国情；二是把“语文园地”中的交流平台、词句段运用与精读课文教学内容有机结合，彰显语文课堂的活力与生机；三是以“爱我中华人物风采”主题展为任务驱动，贯穿教学始终，为本单元习作教学《书信》搭建有效的交流平台和提供鲜活的习作素材。

（2）聚焦语文要素，培养关键能力。“关注主要人物和事件，学习把握文章的主要内容”，这一要素指向语文核心素养的“语言运用”，即培养学生概括能力。聚焦这一关键能力，以制作“爱国人物宣传海报”为任务驱动，设计了“一选、二读、三写、四评”语文实践活动，让学生从多角度去阅读与理解，在多篇阅读的训练中，实现“学习概括”到“运用概括”的跨越。同时，将评价标准嵌入教学过程，让学生对标学习、改进和提升，真正发挥评价的诊断、反馈和提升的功能。

（3）加强语文实践，实现学以致用。《义务教育语文课程标准（2022 年版）》指出：“语文课程是一门学习国家通用语言文字运用的综合性、实践性课程。”① 即语文学习的核心任务是“学习语言文字运用”，而实施的路径则是“综合性、实践性”的语文实践活动。围绕“爱我中华人物风采”主题展共设计了三个子任务，每个子任务对标语言、思维、文化和审美语文核心素养，并以“可视化的学习成果”，增强学生在真实情境中学语文、用语文的意识。

（4）设计任务情境，推进素养进阶。单元整体教学在主题情境任务的统摄下，单篇之间的目标任务具有关联性和层递性。《为中华之崛起而读书》一课侧重引导学生先弄清每件事情讲了什么，再把几件事情连起来的方式把握文章的主要内容；《梅兰芳蓄须》一课侧重引导学生运用多事件串联法把握课文的主要内容；《延安，我把你追寻》一课在引导学生查找资料时，阅读延安

① 中华人民共和国教育部：《义务教育语文课程标准（2022 年版）》，北京：北京师范大学出版社，2022 年 4 月版，第 1 页。

革命故事，运用“关注主要人物和事件，学习把握文章的主要内容”的方法，单篇之间“要素”的关联、进阶，富有逻辑性和层次性。

（四）四年级上册第七单元学习活动实施

表 7-11　统编版四年级上册第七单元学习活动与课时安排表

课时	课时目标	任务活动	达成评价	课时作业
第 1 课时	目标 1：掌握本单元生字词，整体感知单元内容。 目标 2：了解不同历史时期的人们在家国大义面前的不同风采。 目标 3：知道有些故事是由多件事情组成，事件之间有一定的关联。	活动 1：发布情境任务，明确学习目标。 活动 2：阅读《为中华之崛起而读书》《梅兰芳蓄须》，初步了解课文内容，感受人物的爱国情怀。 活动 3：自主识字，正确书写本单元的生字词。	能准确认读本单元的生字词。 能正确书写本单元生字。 能简单说出爱国人物的主要事件。	查找资料，了解更多爱国人士的事迹，为制作人物海报参加“爱我中华人物风采”主题展做准备。
第 2、3 课时	目标 1：阅读时，关注主要人物和事件，把握故事的主要内容。 目标 2：抓住文中感人的细节描写，体会人物的情感。 目标 3：能够按照一定的顺序，复述故事主要内容。	活动 1：精读《为中华之崛起而读书》，按时间梳理事件，并概括课文主要内容。 活动 2：品一品文中感人细节，感受伟人的爱国情怀。 活动 3：写一段少年周恩来励志读书的故事简介（80 字左右），练习讲述课文故事。	能在阅读中找到关键人物和事件，并梳理出事件的前因后果。 能抓住感人细节体会人物爱国情怀，对人物做出恰当的评价。	必做：设计海报版面，加入人物照片、画像、爱国故事简介等。讲述课文故事。 选做：阅读红色经典系列丛书。
第 4 课时	目标 1：运用串联法概括课文的主要内容。 目标 2：能够给梅兰芳写一段爱国故事简介，配上恰当的照片，完成海报制作。 目标 3：独立阅读《难忘的一课》，概括主要事件，感受台湾人民对祖国的热爱。	活动 1：略读《梅兰芳蓄须》，运用串联法概括主要内容。 活动 2：品读感人细节，感受艺术大师的民族气节。拓展阅读《难忘的一课》，独立概括主要内容。 活动 3：写一段梅兰芳爱国故事简介（80 字左右）。练习讲述课文故事。	能运用串联法概括主要内容。 能抓住爱国人物的感人细节描写体会人物的爱国情，对人物做出恰当的评价。	必做：完善海报版面设计，抓住主要人物、主要事件写爱国故事简介。语言简洁，书写工整。 选做：阅读红色经典系列丛书。

续表

课时	课时目标	任务活动	达成评价	课时作业
第5、6课时	目标1：有感情朗读诗歌，读出诗歌的韵律和节奏。 目标2：能借助资料理解诗句，体会诗人表达的情感。 目标3：学习现代诗歌，融合思政教育。能抓住现代诗歌的特点，结合材料，创编诗句。	活动1：学习《古诗三首》《延安，我把你追寻》，借助资料理解诗句，体会诗人的情感。 活动2：比较阅读，体会三首古诗表达的情感。探究延安精神与祖国的发展的关系。 活动3：仿创诗句，讴歌时代精神。	能借助注释和相关资料理解诗句，体会诗人的情感。 能关注现代诗歌的韵脚，读出节奏和韵律。 能运用典型事物表达情感的方法仿创诗句。	必做：有感情地朗诵古诗三首，小组合作分角色朗诵《延安，我把你追寻》。 选做：阅读《凉州词》《从军行七首·其四》《关山月》《塞下曲》《使至塞上》。
第7、8课时	目标1：能围绕爱国话题，把信的内容写清楚。 目标2：信的语言自然得体，如同与对方对话。 目标3：书信格式正确，能正确书写信封。	活动1：“爱我中华人物风采”阅读交流会。 活动2：写给“我心中的英雄”，用书信表达对英雄的崇敬之情。 活动3：书信寄深情交流会。	正确掌握书信格式，会写信封。 能围绕爱国人物风采展话题，结合人物主要事件，表达自己的感受。 能在信中用自然得体的语言，与收信人对话。	必做：完成爱国人物海报制作；完成书信征文。 选做：有条件地完成电子海报制作，通过网上宣传，让更多的人了解爱国志士。
第9、10课时	目标1：在班级举办爱国人物风采展活动，学生在参观过程中阅读、交流感受。 目标2：根据评价表，评出最佳海报，推荐到学校展览。	活动1：海报设计展览会。 活动2：海报讲解员展示。 活动3：最佳海报投票评选。	能大方自然地向同学介绍自己设计的海报。 能按照评价标准客观公正地评出最佳海报。	必做：进一步美化海报作品。 选做：阅读《红星照耀中国》。

（五）四年级上册第七单元学习任务评价

1. 过程性评价

表7-12　把握文章主要内容的评价表

评价项目	评价等次（1颗星代表1分，以此类推）			自评	互评
	★（合格）	★★（良好）	★★★（优秀）		
关注主要人物和事件，学习把握课文的主要内容。	能基本关注主要人物和事件，把握课文主要内容。	能关注主要人物和事件，用事件串联法，把握课文的主要内容。	能关注主要人物和事件，按一定的顺序，用适合的词语串联事件，说清课文的主要内容。	（　　）★	（　　）★

表 7-13　《书信》习作评价表

评价项目	评价等次（1颗星代表1分，以此类推）			自评	互评	师评
	★（待提升）	★★（拟采用）	★★★（很出色）			
学习写书信。	书信格式基本正确；能基本围绕话题写清楚信的内容；信的语言不够得体；有个别错别字，标点符号使用基本正确；能书写信封。	能关注主要人物和书信格式正确；能围绕重点话题写，信的内容清楚明白；信的语言比较得体；没有错别字，标点符号使用比较正确；能正确书写信封。	书信格式正确；能围绕重点话题写，信的内容清楚明白；信的语言自然得体，如同与对方对话；没有错别字，标点符号使用正确；能正确书写信封。	（　　）★	（　　）★	（　　）★

2. 学习成果评价

表 7-14　“爱我中华人物风采”主题展览讲解员评价表

评价项目	评价等次（1颗星代表1分，以此类推）			自评	互评
	★（合格）	★★（良好）	★★★（优秀）		
“爱我中华人物风采”主题展览讲解。	基本能抓住主要人物和事件，讲解故事。	能抓住主要人物和事件，按照一定顺序讲解故事并体现人物的爱国情感。	能抓住主要人物和事件，按照一定顺序讲解故事并体现人物的爱国情感，讲述时表情生动，流畅大方。	（　　）★	（　　）★

表 7-15　“爱国诗歌朗诵会”评价表

评价项目	评价等次（1颗星代表1分，以此类推）			自评	互评	师评
	★（合格）	★★（良好）	★★★（优秀）			
爱国诗歌朗诵	读音正确，节奏较清晰。精神饱满，声音响亮，表情较大方。能基本把握诗歌的内容，表达诗歌的情感。	读音正确，节奏清晰，精神饱满，声音响亮，表情大方。能准确把握诗歌的内容，朗诵抑扬顿挫，较好地表达诗歌的内涵。	读音正确，节奏清晰，精神饱满，声音响亮，表情大方。能准确把握诗歌内容，朗诵抑扬顿挫、声情并茂，富有表现力，很好地表达诗歌的内涵。	（　　）★	（　　）★	（　　）★

第三节　立足实践　指向实用　服务生活

——基于“实用性阅读与交流”任务群五年级上册第五单元整体设计

“实用性阅读与交流”学习任务群旨在引导学生在语文实践活动中，通过倾听、阅读、观察、获取、整合有价值的信息，根据具体交际情境和交流对象，清楚得体表达，有效传递信息，满足家庭生活、学校生活、社会生活交流沟通需要。①

从“实用性阅读与交流”的目标定位可以看出其核心价值指向“实用”，让语文回归生活，学以致用，知行合一。作为发展型任务群，它上承“语言文字积累与梳理”基础性任务群，因为实用性阅读与交流都需要运用语言文字；下启拓展型任务群，因为“整本书阅读”“跨学科学习”必然涉及并且融入“实用性阅读与交流”。因此，要引导学生带着实用性的目的去阅读文本、发现有价值的信息，帮助自己更好地与他人沟通或解决生活中的难题，提升实用性阅读能力和交流能力，有效支撑语言运用素养。

一、“实用性阅读与交流”任务群的活力教学策略

统编版教材五年级上册第五单元是习作单元，以介绍某一事物为主题。阅读要素是“阅读简单的说明性文章，了解基本的说明方法”，习作要素是“搜集资料，用恰当的说明方法，把某一种事物介绍清楚”。因而我们将本单元学习置于“实用性阅读与交流”任务群。那么，教学中如何紧扣“实用”功能，进行整体架构，实施任务群教学呢？我们认为可以以四“有”为抓手，从以下四步走：

① 中华人民共和国教育部：《义务教育语文课程标准（2022年版）》，北京：北京师范大学出版社，2022年4月版，第23页。

1. 有心式整合，“盘活”资源

本任务群强调实用性阅读与交流，含有两篇精读课文《太阳》《松鼠》，两篇习作例文《鲸》《风向袋的制作》。“交流平台”的内容对于本单元说明性文章的作用、说明方法、语言风格作了清晰的梳理和解释；“初试身手”的第一题是让学生试着用多种方法来介绍电视塔的特征，第二题则是让学生将《白鹭》中的散文表达改写成说明性文字。这两道练习题，从语言实践的角度落实本单元的语文要素，为单元习作学习作了铺垫。“活力语文”注重探究文本之间相关联的组织关系，鼓励创造性使用文本，实现文本使用的最优化，提高教学效率。因而教学时，可以整合教材内容，运用群文阅读的方法分阶段学习说明方法，体会说明文的不同风格，并把初试身手的第一道题前置。这样创造性使用教材，不仅符合“实用性”交流的目的，更体现了活力语文灵活、灵性的教学策略，也是活力语文教学五步中的“整体观照找关联”的具体呈现。

2. 有用性情境，“活化”语心

活力语文教学倡导在特定的语境中，开掘语言文字背后的价值取向、精神母题和文化传承。本任务群的“教学提示”也指出：应紧扣“实用性”特点，结合日常生活的真实情境进行教学。何为实用性？根据《现代汉语词典（第6版）》解释，实用性指的是“有实际使用价值的”。这就意味着，创设情境时不仅要真实，更要有实际作用。因而，创设情境时要链接学生的生活，基于学生视角设计活动，才能充分激发学生的学习兴趣，让学生带着满满的活力走上学习旅途。例如五上第五单元围绕着“说明文以‘说明白了’为成功”主题，创设了“‘云端物博会’超级推荐官评选活动”的主题大情境，统领整个单元教学。并在这个大情境下分设“推荐任务发布会”“推荐技能训练营”“推荐物产直播间”三个子任务。这个情境巧妙连接了社会生活中的元素“物博会、直播间”，让学生在学习之余又能模拟性参与社会生活，于真实情境中探寻语文表达的技巧，激活学语文、用语文之心，使语文学习成为富有情感体验且充满活力的活动。

3. 有序化实践，“活创”语慧

在实用性阅读与交流任务群中，要借助文本情境，学语文，用语文，从中练习阅读与交流的策略、方法，综合提升听、说、读、写能力。单元整体教学中，各子任务一定是逻辑递进关系，设计的各子活动前者应是后者的基础，后者是前者的发展与进阶。例如，在任务一"推荐任务发布会"中，学生在情境驱动下整体感知单元内容、初步了解课文内容，为后续的细致学习打下基础。在任务二"推荐技能训练营"中学习说明文的四种表达方法，并体会两种不同的语言风格，充分利用数字资源将阅读、收集处理信息、表达等融为一体，深度落实"实用"，创生言语智慧。在任务三"推荐物产直播间"中完成单元作文，展示学习成果。这样的有序化实践过程体现了整体到部分再到整体、由理解到运用的思维过程，能促进学生创生语言生命之慧。

在单课时教学中也要注意进行有序化实践。再如，在《松鼠》一课的学习中，设计了"理一理，记录信息""比一比，感受风格""用一用，初试身手""做一做，巩固提升"四个环节，让学生的学习经历由扶到放，由表及里，由理解到运用的真实的学习过程，发展了分析、比较、综合等高阶思维能力，学生学得有趣、有效，言语智慧在实践中达到融会贯通。

4. **有效性评价，"活承"语脉**

新课标指出"评价应注重学生在真实生活情境中语言运用的实际表现，围绕个人生活、学校生活、社会生活中阅读与交流的实际任务，评价学生实用性阅读与交流的能力"。[①] 因此，教师在教学中设计基于学习过程观察的表现性评价量规，以统编版五年级上册第五单元为例，教师在每一个学习模块后都设计了评价量规，帮助学生发现说明文学习的特点，并反思学习过程，改进学习方法，最终实现了解说明方法，运用说明方法，把事物说明白了的学习目标，提升学生交际能力，有效促进学生核心素养的提升。有效性评价让学习"可见"，让学生对自己的学习"可看见""可体验""可评价"，在真实性学习中，学生不仅成为"学习的主人"更是感悟，体验，滋养，提升，传承了语脉。

---

① 中华人民共和国教育部：《义务教育语文课程标准（2022 年版）》，北京：北京师范大学出版社，2022 年 4 月版，第 26 页。

二、“实用性阅读与交流”任务群的活力教学实践

“实用性阅读与交流”是学生获取实用信息、综合阅读能力、自主探究梳理的过程，也是学生综合关联阅读、思辨阅读、想象阅读，提升语文核心素养的过程。为此，我们设计了“探寻说明密码，学会清楚表达”的活力教学实践。

（一）五年级上册第五单元教材整体解读

五年级上册第五单元是习作单元，主要学习写说明性文章。本单元的人文主题是叶圣陶先生的名言“说明文以‘说明白了’为成功”。教材编排了《太阳》《松鼠》两篇精读课文，《鲸》《风向袋的制作》两篇习作例文。《太阳》是一篇科普性说明文，语言朴实，通俗易懂；《松鼠》则是一篇文艺性说明文，以叙事和抒情的笔调展开生动活泼的说明。两篇不同风格的说明文，丰富学生不同的阅读体验。“交流平台”的内容对于本单元说明性文章的作用、说明方法、语言风格做了清晰的梳理和解释；“初试身手”的第一题是让学生试着用多种方法来介绍电视塔的特征，第二题则是让学生将《白鹭》中的散文表达改写成说明性文字。这两道练习题，从语言实践的角度落实本单元的语文要素，为单元习作作了铺垫。

本单元的阅读要素是“阅读简单的说明性文章，了解基本的说明方法”，习作要素是“搜集资料，用恰当的说明方法，把某一种事物介绍清楚”。在阅读理解上，侧重于让学生理解说明方法、语言风格与表现事物特点之间的关联，了解说明方法在表现事物特点中的作用；在习作实践中，侧重于让学生掌握运用不同的说明方法把事物说清楚。

无论是阅读还是习作，都应该围绕说明文的说明方法展开学习。

本单元语文要素并不是孤立的，它与相关联的同类语文要素编排情况见下表。

表 7-16　各学段指向介绍事物的习作要点

册次	习作内容	习作要点
三（上）第五单元	我们眼中的缤纷世界	将观察时印象最深的一种事物和一处场景写下来。
三（下）第一单元	我的植物朋友	按照名称、颜色、气味等方面写一写你的植物朋友。
三（下）第七单元	国宝大熊猫	围绕几个方面，查找资料，介绍一下大熊猫。
四（下）第四单元	我的动物朋友	写出动物特点，表达喜爱之情。
五（上）第一单元	我的心爱之物	介绍事物与叙述事情相结合，表达喜爱之情。
五（上）第五单元	介绍一种事物	从几个方面，用上恰当的说明方法，写清楚事物的特点。
六（上）第三单元	让生活更美好	说明与叙述相结合，加入议论。
六（下）第一单元	家乡的风俗	分清主次，详略得当，介绍家乡的风俗。

纵向解读语文要素可以发现，关于“说明方法”，学生并不陌生，在中年级《花钟》《蟋蟀的住宅》《飞向蓝天的恐龙》《纳米技术就在我们身边》等课文中对“说明方法”已经有了初步的认知和感悟。关于习作要素“搜集资料，用恰当的说明方法，把某一种事物介绍清楚”，学生在三年级下册第一单元“按照名称、颜色、气味等方面写一写你的植物朋友”，第七单元习作“围绕几个方面，查找资料，介绍一下大熊猫”等习作练习中已经初步掌握运用简单的“说明方法”介绍事物。因此，本单元习作的重点应放在根据写作目的，恰当运用说明方法，清楚明白、有条理地介绍事物。

从横向看语文要素可以发现，《太阳》《松鼠》两篇课文的课后题都与习作要求紧密联系，为单元习作做准备。“交流平台”梳理总结了说明性文章的作用和它在表达上的一些特点。“初试身手”两个写说明性文段的练笔活动，鼓励学生在语言实践中体会表达方法的运用。“习作例文”通过两篇不同类型的说明文，重点引导学生如何恰当地使用说明方法，有条理地进行表达。“单元习作”意在对本单元所学说明性文章的作用与写作特点进行综合运用，结合自己搜集的资料，用恰当的说明方法，把某一种事物介绍清楚。

（二）五年级上册第五单元学习目标

本单元属于“实用性阅读与交流”学习任务群。本学习任务群在第三学段的“学习内容”中提出：阅读科技说明文、科学家小传等文本；学习通过口头表述和多种形式的书面表达，分享观察自然、探索科学世界的所见所闻、所思所感。本学习任务群教学应注重结合日常生活的真实情境，以学生所喜闻乐见的形式进行教学。

根据学段要求、说明性文章的特征与作用，以及习作单元的功能定位，梳理本单元编排的学习内容和目标指向，运用 KUD 教学目标大致可以表述如下。

1. **知道**（Know）

（1）说明性文章的基本特点。

（2）说明性文章说明方法的类型与使用效果。

（3）说明性文章的语言风格和表达效果。

2. **理解**（Understand）

（1）说明性文章的主要作用：帮助认识事物，获取知识。

（2）恰当的说明方法能把事物的特点介绍得更清楚。

（3）选择合适的语言风格能使说明对象的特点更加鲜明，能增强文章的可读性。

3. **应用**（Do）

（1）学生能分条记录信息，获取说明性文章的主要内容。

（2）学生能发现说明方法、语言风格与表现事物特点的关系。

（3）学生能根据搜集到的资料，运用恰当的说明方法，把一种事物介绍清楚。

（三）五年级上册第五单元整体设计框架及说明

1. **单元整体设计框架**

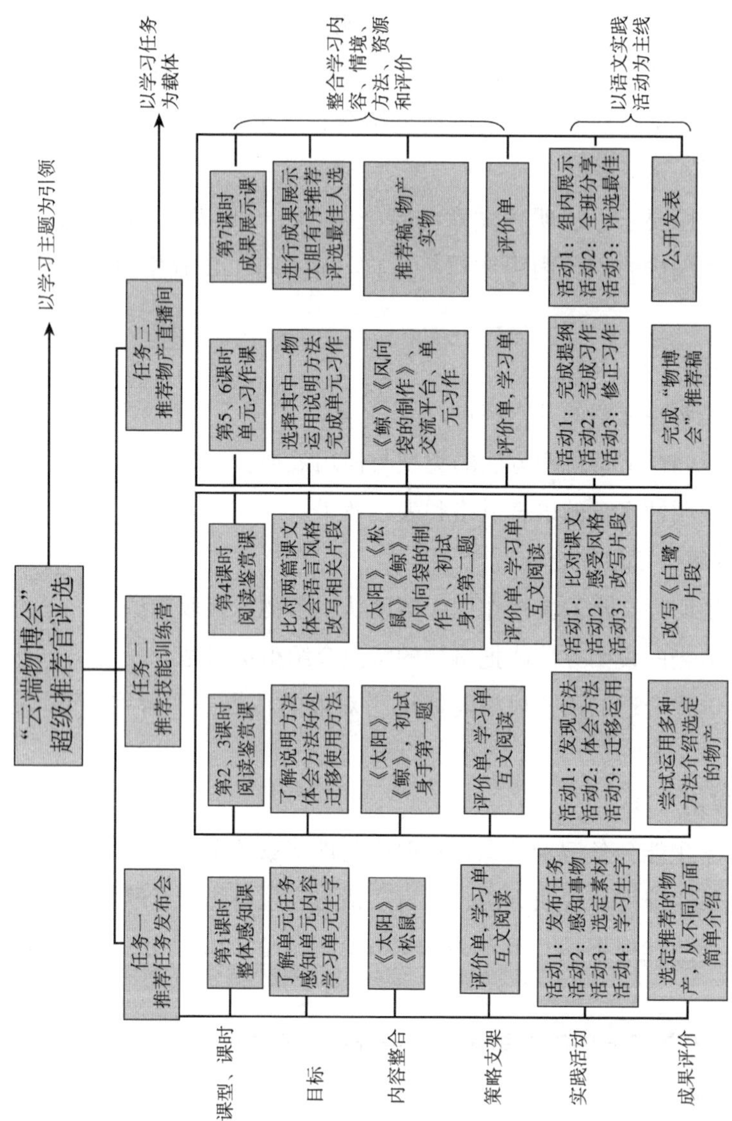

图 7-17 统编版语文五年级上册第五单元整体教学框架

2. 五年级上册第五单元设计思路

根据"实用性阅读与交流"任务群的教学提示，本单元从学生的生活实际出发，创设了"'云端物博会'超级推荐官评选"的情境任务，并展开单元整体设计。

情境任务一：推荐任务发布会。通过精读《太阳》《松鼠》两篇课文，引导学生发现说明文的基本特点及作用，并能够利用图表分类记录信息，感知这两篇说明文的主要内容。

情境任务二：推荐技能训练营。本任务分两个内容。第一，体会说明方法的作用。以《太阳》为样本，引导学生发现说明方法的不同类型和不同作用，体会说明方法的表达效果。同时，进行迁移习作例文《鲸》，学生通过梳理印证说明方法在说明事物特点方面的重要性。最后，进行学习成果的巩固与提升，整合初试身手第一题，学生能运用恰当的说明方法，尝试选择一样事物进行说明，以确保学习目标的有效实现。第二，感知说明文语言的不同风格。通过将《太阳》《松鼠》两篇课文进行对比，引导学生关注说明性文章语言表达风格特点，并进行语言实践，改写《白鹭》片段，在对比中体会说明文语言风格的特点。

情境任务三：推荐物产直播间。本任务单元结果性目标：搜集资料，运用恰当的说明方法，推荐家乡的一种物产。借助两篇习作例文《鲸》《风向袋的制作》，关注交流平台，引导学生明晰如何把一种事物介绍清楚的方法。在全程写作中，借助学习单，帮助学生顺利完成习作。最后，回归大情境任务，进行“最佳推荐官”的评选，小组内先进行推荐，评选出小组内的最佳推荐官，进行全班展示评选。在全班展示环节，整合实物资源，根据搜集到的资料和推荐稿进行推荐，其他同学进行点赞投票，选出班级最佳推荐官。

(四) 五年级上册第五单元学习活动实施

表 7-18　五年级上册第五单元学习活动实施与课时安排表

课时设置	课时目标	任务活动	达成评价	课时作业
第1课时	目标 1：掌握本单元生字词，整体感知单元内容。 目标 2：能分条记录，获取主要信息，从不同方面了解事物。 目标 3：发现说明性文章的基本特点。	活动 1：发布单元情境任务，明确单元的学习目标。 活动 2：阅读《太阳》《松鼠》两篇课文，借助学习单，获取事物的主要信息。了解课文内容，体会说明性文章的特点。	能准确获取事物的主要信息。 能准确说出说明性文章的特点。 能正确认读、书写本单元的生字。	必做：设计一本“家乡物产”宣传册，把搜集到“家乡特产”相关的资料，如视频、图片、文字、实物等，分类记录在宣传册上。 选做：阅读《妙不可言的位置》，分条整理相关的信息。

续表

课时设置	课时目标	任务活动	达成评价	课时作业
		活动3：自主独立识记、正确书写本单元的生字。		
第2、3课时	目标1：了解基本的说明方法及好处。 目标2：能迁移运用说明方法，完成初试身手第一题。	活动1：精读《太阳》，发现说明方法。小组合作，梳理《鲸》的说明方法。 活动2：品读说明性语言的风格。 活动3：完成“初试身手”第一题，尝试介绍一种事物。	能准确找出并判断不同的说明方法。 能说出不同说明方法的好处。 能运用说明方法介绍一种事物。	必做：继续完善“家乡物产”宣传册，选择其中一种事物，用上恰当的说明方法，介绍一个方面的特点，配上图片。 选做：阅读《妙不可言的位置》，批注说明方法及作用。
第4课时	目标1：体会说明文语言的不同风格。 目标2：迁移方法，完成初试身手中的第二题。	活动1：比较《太阳》《松鼠》两篇课文，体会不同文体语言表达风格。 活动2：拓展阅读《鲸》《风向袋的制作》及文艺性说明文《昆虫记》，感受说明文语言的风格特点。 活动3：运用说明方法改写《白鹭》。	能说出说明文语言的不同风格。 能体会到说明文语言不同风格的作用。 能用说明方法恰当改写《白鹭》片段。	必做：继续完善“家乡物产”宣传册，选择合适的语言风格，完成一篇简短的“家乡物产”宣讲稿，可以请家长录制成短视频，上传在网络平台进行宣传。 选做：阅读《妙不可言的位置》，尝试以“我是地球”的角度，用活泼的语言风格，进行改写。
第5、6课时	目标1：借助学习单，完成习作。 目标2：根据评价单，修改、校正习作。	活动1：交流资料，确定介绍对象。 活动2：借助学习单，梳理事物特点及选择的说明方法，完成习作提纲。 活动3：根据评价表的内容，修改、完善习作。	能恰当地选择一样事物作为介绍对象。 能准确抓住事物特点，从不同方面进行介绍。 能恰当地运用说明方法清楚介绍事物的特点。 能选择合适的说明语言，引人兴趣。	必做：完成推荐稿和“家乡物产”宣传册。 选做：把推荐稿编辑成电子稿，配上插图，补充到“家乡特产”宣传册中。

续表

课时设置	课时目标	任务活动	达成评价	课时作业
第7课时	目标1：展示学习成果，结合实物，进行推荐。 目标2：根据评价表，评选出最佳推荐官。	活动1：产品展示推荐会。 活动2：产品模拟直播间。 活动3：最佳推荐视频评选。	能大胆、大声进行推荐。 能认真听取建议，及时调整。 能恰当运用多种说明方法，把事物的特点说明白、清楚。	必做：根据推荐稿和“家乡物产”宣传册，录制推荐小视频，向更多的人宣传“家乡物产”。 选做：阅读《昆虫记》。

（五）五年级上册第五单元学习任务评价

1. 过程性评价

表7-19　说明方法技能评价表

评价项目	评价等次（1颗星代表1分，以此类推）			自评	互评
	★（合格）	★★（良好）	★★★（优秀）		
阅读简单的说明性文章，了解基本的说明方法	能从文章中准确找出部分基本的说明方法；基本能判断不同的说明方法；基本能结合文章说出不同说明方法的好处。	能从文章中准确找出大部分基本的说明方法；能较准确判断不同的说明方法；能结合文章较准确地说出不同说明方法的好处。	能从文章中准确找出所有基本的说明方法；能准确判断不同的说明方法；能结合文章准确、流利地说出不同说明方法的好处。	（　）★	（　）★

表7-20　《介绍一种事物》习作评价表

评价项目	评价等次（1颗星代表1分，以此类推）			自评	互评	师评
	★（合格）	★★（良好）	★★★（优秀）			
介绍某一种事物	围绕要介绍的事物搜集并筛选资料；能从不同方面介绍事物；较恰当地运用2—3种说明方法较准确、清楚地介绍事物的特点。有个别错别字，标点符号基本使用正确。	围绕要介绍的事物搜集并筛选较适合的资料；能从不同方面介绍事物；恰当地运用3—4种说明方法准确、清楚地介绍事物的特点。没有错别字，标点符号使用正确。	围绕要介绍的事物搜集并筛选适合的资料；能从不同方面介绍事物；灵活、恰当地运用4—5种说明方法准确、清楚地介绍事物的特点，引人兴趣。没有错别字，标点符号使用正确。	（　）★	（　）★	（　）★

2. 终结性评价

表 7-21 “最佳推荐官”评价表

评价项目	评价等次（1颗星代表1分，以此类推）			自评	互评	师评
	★（合格）	★★（良好）	★★★（优秀）			
评选“最佳推荐官”	能较大胆、大方、大声地推荐家乡物产；介绍时有一定的条理，重点较突出；能较恰当地运用说明方法把家乡物产的特点说得较清楚、明白。	能大胆、大方、大声地推荐家乡物产；介绍时条理清晰，重点突出；能恰当运用多种说明方法把家乡物产的特点说清楚、说明白。	能大胆、大方、大声地推荐家乡物产；介绍时条理清晰，重点突出；灵活恰当地运用多种说明方法把家乡物产的特点说清楚、说明白，引人兴趣。	（ ）★	（ ）★	（ ）★

表 7-22 “家乡特产”宣传册评价表

评价项目	评价等次（1颗星代表1分，以此类推）			自评	互评	师评
	★（待提升）	★★（良好）	★★★（优秀）			
“家乡物产”宣传册	封面完整规范；能从2—3个方面推荐“家乡物产”；宣传册内的物产推荐文章能用上说明方法介绍物产的特点；排版工整、规范。	封面大方美观；能从3—4个方面推荐“家乡物产”；宣传册内的物产推荐文章能较恰当地运用说明方法突出物产的特点，并配有物产插图；排版工整、规范。	封面美观新颖；能从多方面推荐“家乡物产”；宣传册内的物产推荐文章能恰当运用多种说明方法突出物产的特点，图文并茂；排版有创意、有特色。	（ ）★	（ ）★	（ ）★

第四节 激活思维之趣 提高思辨之力

——基于“思辨性阅读与表达”任务群五年级下册第六单元整体设计

“思辨性阅读与表达”任务群旨在引导学生在语文实践活动中，通过阅读、比较、推断、质疑、讨论等方式，梳理观点、事实与材料及其关系；辨析态度与立场，辨别是非、善恶、美丑，保持好奇心和求知欲，养成勤学好问的习惯；负责任、有中心、有条理、重证据地表达，培养理性思维和理性精神。①

“思辨性阅读与表达”任务群的核心是“思辨”，注重理性的逻辑思维、辩证思维、创新思维，指向语文核心素养内涵中的“思维能力”，对接语文课程总目标第七条，从方法、能力、习惯、精神四个方面设计：一是思维方法，包括比较、分析、概括、推想等；二是思辨能力，辩证地思考及有理有据、负责任地表达自己的观点；三是思考习惯，乐于探索、勤于思考等；四是理性精神，养成实事求是、崇尚真知的态度。②

一、“思辨性阅读与表达”任务群的活力教学策略

“活力语文”教学主张以“三主”催生“三活”，打造“活力语文”课堂新样态，让学生置身课堂思维的场域，提升思辨能力，涵养思辨品质。通过“关联－创境－重组－活动－支架”为单元整体教学设计提供科学的策略。“活力语文”教学理念为“思辨性阅读与表达”任务群大单元教学实践，指出了明晰的教学路径。

1. 巧设任务情境，激活思辨火花

单元学习任务的设计，呼应的是大单元教学。一个优质的单元学习任务的设计，离不开真实且有意义的任务情境的创设，它让学生产生主动学习、解决现实问题的欲望，学习任务也就赋予了驱动力、向心力。学生在单元大任务、大情境的整体观照下，或自主学习或合作探究，在丰富的语文实践活动中激活思维、发展思维，提升思维能力。

第六单元围绕“解锁思维密码，探寻神秘之旅”这一主题，创设“少年冒险王修炼之路”的主题大情境，贯穿整个单元教学，并分步推进“讲好智慧故事”“规划探险之旅”“修炼探险智慧”“制作《少年冒险王》（专刊）”4

① 中华人民共和国教育部：《义务教育语文课程标准（2022年版）》，北京：北京师范大学出版社，2022年4月版，第29页。

② 刘亚雄：《“思辨性阅读与表达”学习任务群的教学要旨与实施策略——以五年级下册第六单元为例》，《语文建设》，2023年第20期，第61页。

个子任务。该单元任务情境的创设，符合学生好奇心强、喜欢探险的年龄特征，学生积极开展思辨性阅读与表达实践活动。同时，在这一单元任务情境视域下，教师还结合单篇课文特点，巧妙创设教学链中某一环节情境，点燃学生思辨热情，通过角色代入，以故事中智者的视角去进行观察、分析、推理、判断，深入了解人物的思维过程。如教学《自相矛盾》，创设情境让学生穿越时空，仿佛置身楚国热闹非凡的集市，角色扮演楚人叫卖、路人质疑，在一次次对话中发现楚人的思维漏洞和思维矛盾。教学《跳水》一课，教师讲述了"哈德逊河奇迹"——高空中航行的飞机上两具引擎都遭受鸟击而失去动力，萨伦伯格机长如何急中生智，拯救了机上164人的性命，这一话题充分调动学生的学习情绪，直面文本中遇险男孩的境遇与脱险经过，逐层探析船长命令男孩跳水背后的直觉思维。学生在与文本、与人物多元对话、交流碰撞中，呈现鲜活、生动的学习样态，让思维更具张力。

2. 提炼思维方式，培养理性精神

"阅读哲人故事、寓言故事、成语故事等，感受其中的智慧，学习其中的思维方法。"① 这是《义务教育语文课程标准（2022年版）》对"思辨性阅读与表达学习任务群"第三学段的学习提示。本任务群教学中，要让文中人物思维亮出来，使得隐匿的思维过程可视、可教、可学；让学生个体思维立起来，从低阶思维过渡到高阶思维；让学生思维活起来，尝试灵活运用恰当的思维方式解决实际生活中遇到的问题、困难，提升学生个体的综合素养，抵达教育的本质——育人，这也正是"思辨性阅读与表达"学习任务群的意义所在。

依据课标精神，结合单元要素，本单元将学习重点聚焦在路人、田忌、船长三位主人公遇到问题（发现问题）、解决问题的思维路径的探究与理解上。如《自相矛盾》中，紧扣楚人与路人两者的对话以及楚人"弗能应也"的表现，通过比较、猜想、推理，得出结论"不可陷之盾与无不陷之矛，不可同世而立"，学生从中学习人物的缜密思维，培养思维的敏感性。《田忌赛

① 中华人民共和国教育部：《义务教育语文课程标准（2022年版）》，北京：北京师范大学出版社，2022年4月版，第30页。

马》通过对阵图演示、讲解，呈现孙膑的逆向思维过程后，教师提出问题，将思维引向深处：“除了调换马的出场顺序外，还有哪些客观条件，使得第二场比赛转败为胜?”学生运用逆向思维展开思考，发现转败为胜的必备条件，诸如，双方每个等级的马脚力相差不多；齐威王没有相应地调整马的出场顺序等，并回扣“探险故事”中，可否运用求异思维来解决遇险困难或问题，进而培养思维的灵活性。整个单元的学习始终聚焦思维过程，引导学生活学活用，提炼思维方式，表达思维智慧，从而有目标、有过程、有方法、有标准地实现思维的发展与提升，培养学生的理性思维。

3. **实施“活力”策略，推动思辨进阶**

（1）撬动工具，活力思辨

常用的思辨性学习工具有两类。一是表格，将问题、现象、特征、结论、发现等分类罗列，探究其中的变化或关系；二是思维导图，将事物异同、思考路径、文本结构等，用不同形态的思维导图呈现。如教学《自相矛盾》时，通过表格形式激活学生的发散思维，呈现“以子之矛攻子之盾”的四种可能，以此梳理现象与结论之间的关系，分析、推测路人当时的思维过程，并借助表格完成课后思考题3“用自己的话讲这个故事”。教学《田忌赛马》时，借助课后思考题2中的齐威王与田忌赛马的对阵图，讲好田忌赛马的故事。教学《跳水》一课时，利用故事情节发展思维导图，理清故事起因、经过、结果，讲好孩子遇险跳水故事。三篇智慧故事紧扣各自的文本特点，分别运用不同的学习工具，力求讲清楚人物的思维过程，让故事讲述更加具体、生动。学生在积极、主动的思辨性阅读与思辨性口语表达中，让思辨精神“活”起来。

（2）类文延学，拓展思辨

类文阅读有助于学生自主学习，提高阅读理解和思维逻辑分析能力，在语言文字、情感体验、文章特点、写作特点等方面有更丰富的积累。“活力语文”要激活学生的言语生命，拓宽学生的言语视野，适时适度地拓展链接，无疑是有效的途径。本单元，教师先后安排了《郑人买履》《空城计》《鲨鱼》，引导学生自主阅读交流，尝试运用本单元的学习方法，独立说清楚故事中的人物思维过程，进一步感悟思辨的重要性。

（3）读写相依，锤炼思辨

活力语文教学倡导读中学写、以读促写、读写结合，让学生个体在读写中传承语文生命之脉，这与本任务群中提到的“负责任、有中心、有条理、重证据地表达”是不谋而合的。教学中，借助“规划探险之旅”“修炼探险智慧”“制作《少年冒险王》（专刊）”三个写作分层任务，与单元文本阅读双线并行，以思维导图的方法“规划探险之旅”，并在学习《自相矛盾》中探究其合理性、矛盾处，辩证思考遇险、脱险的客观条件的合理性。在学习《跳水》一课后，回扣“探险之旅”初稿，学习作者如何描写、表现人物的思维品质。在言语实践中，学生的言语表现力被激活，思维朝更加理性、严谨的方向发展。

二、“思辨性阅读与表达”任务群的活力教学实践

“思辨性阅读与表达”任务群引导学生把握“事”与“理”的关系。提高逻辑思维能力，培养深刻灵活的思维品质。以五年级下册第六单元“思维的火花”主题单元为蓝本，我们设计了“少年冒险王修炼之路”为情境任务开展的活力教学实践。

（一）五年级下册第六单元整体解读

本单元以“思维的火花”为主题，编排了《自相矛盾》《田忌赛马》《跳水》三篇精读课文，前两篇来自中国古典文集，后一篇是俄国作家列夫·托尔斯泰的短篇小说。从故事内容来看，涵盖了古今中外不同人物的思辨智慧：路人质疑“以子之矛陷子之盾”，让楚人无言以对的缜密思维；孙膑巧调出场顺序，让田忌转败为胜的求异思维；船长危急时刻缜密思考，沉着应对的直觉思维。三篇课文都指向思维，彰显人物思辨智慧。

本单元还编排了习作《神奇的探险之旅》，借助人物、场景、装备、险情等提示，展开丰富合理的想象，把遇到的困境、求生的办法写具体。“探险之旅”情节想象要丰富合理，体现着故事构思的理性思维，而困境与求生则要

前后呼应，展现人物面对困境、解决问题的思维火花。该命题习作也意在培养学生思维的创造性和思维的严密性。此外，本单元语文园地“交流平台”“词句段运用”“日积月累”等相关内容，与单元主题“思维的火花”也有着隐性或显性的关联。

本单元的阅读要素是“了解人物的思维过程，加深对课本内容理解”，习作要素是“根据情境编故事，把事情发展变化的过程写具体”。纵向梳理教材，我们发现从小学第一学段“有趣的小短文”就开始有计划地安排与“思维发展”有关的训练要素，并根据学生的认知规律和心理特点，在第二学段的“科学短文”，第三学段的“短论、简评、科技发明故事、哲人故事”等方面循序渐进地编排了有关思维习惯、思维方法、思辨能力训练的相关文本。小学阶段关于“思辨能力”训练单元及要素纵向分析，见下表7-23：

表7-23 统编版教材小学语文关于“思辨能力”训练及要素纵向分析

册次	单元主题	课文	思辨能力
一（上）第八单元	可爱的动物	《乌鸦喝水》	遇到问题想办法，求变思维
二（上）第三单元	儿童故事	《曹冲称象》	善于观察，求变思维
二（下）第五单元	警示故事	《画杨桃》	换个角度看问题
三（上）第八单元	美好品质	《司马光》	求异思维
三（下）第二单元	寓言故事	《守株待兔》	把偶然事件当作必然现象
四（上）第六单元	童年回忆	《牛和鹅》	换个角度看问题
四（上）第八单元	历史名人	《王戎不取道旁李》	逆向思维
五（上）第六单元	父母之爱	《“精彩极了”和“糟糕透了”》	辩证地思考生活中的现象和事件
五（下）第六单元	思维火花	《自相矛盾》《田忌赛马》《跳水》	缜密思维、逆向思维、直觉思维
六（下）第二单元	科学精神	《学弈》《两小儿辩日》《真理诞生于一百个问号之后》《表里的生物》《他们那时候多有趣》	创新思维、批判思维

通过对单元教材纵向梳理，我们发现各学段在培养学生“思辨能力”的任务维度上呈螺旋式上升，从第一学段的“通过阅读、观察、请教、讨论等

方式，积极思考、探究，乐于分享自己解决问题的办法”，到第二学段“尝试运用列提纲、画思维导图等方式，表达故事中的道理”“学习辨析、质疑、提问等方法”，再到第三学段的“学习有理有据地口头或书面表达自己的观点”“体会猜想、验证、推理等思维方法”，[①] 学生的思维能力在阅读实践中不断提升。

横向梳理教材，我们发现本单元阅读要素“了解人物的思维过程”的进阶训练也很清晰。《自相矛盾》一课为文言文，在“古今互文”理解文义的基础上，聚焦人物语言矛盾处，质疑问难，启发思维，明白思维缜密的重要性；《田忌赛马》一课侧重引导学生分析客观条件，运用对阵图帮助学生理清田忌赛马转败为胜的思维过程；《跳水》一课重在引导学生抓住人物处境的语句，结合环境描写，运用思维导图进行综合分析、比较和判断，体会人物的思维过程。“语文园地”进一步强调了解人物思维过程是加深对课文内容理解的关键；习作《神奇的探险之旅》要求学生“根据情境编故事，把事情发展变化的过程写具体”是思维能力物化为语言表达的具体体现。

（二）五年级下册第六单元学习目标

《义务教育语文课程标准（2022 年版）》将思维的智慧故事课文归属于“思辨性阅读与表达”学习任务群。关于思辨性阅读，围绕“事物、事实与观点”的辨别，第三学段重在“分析证据和观点之间的联系”，旨在辨别与把握总分、并列及因果等逻辑关系，发展逻辑思维。关于思辨性表达，围绕“看法、观点”的表达，第三学段提出了“有条理地表达观点、鼓励评价文本”，旨在锤炼学生的理性表达能力，发展批判性思维。[②] 综合考虑学段要求，梳理本单元编排的学习内容和目标指向，结合本单元重点读写训练目标，运用 KUD 教学目标大致可以表述如下：

1. **知道**（Know）

（1）在阅读中独立识字，会写 23 个生字，会写 20 个词语。

---

① 中华人民共和国教育部：《义务教育语文课程标准（2022 年版）》，北京：北京师范大学出版社，2022 年 4 月版，第 29—30 页。

② 中华人民共和国教育部：《义务教育语文课程标准（2022 年版）》，北京：北京师范大学出版社，2022 年 4 月版，第 31 页。

（2）了解人物的思维过程，有助于深入理解课文内容。

（3）故事中的人物和生活中的人物都有思维的能力。遇到问题时，要先分析具体情况，再选择适合的办法解决问题。

（4）制作《少年冒险王》专刊，树立结合实际思考问题的意识。

2. **理解（Understand）**

（1）故事中人物的言行折射出了人物的思维过程，有助于深入理解课文内容。

（2）思维方式决定一个人对事物的判断和认识，故事中的人物怎么思考，决定了故事情节的发展。

3. **应用（Do）**

（1）能清楚、完整地讲述故事内容，并生动地呈现故事中人物的思维过程。

（2）在生活中遇到问题、困难时，缜密思考，尝试变通思维方式来解决问题。

（3）能展开丰富合理的想象，按照事情发展的顺序写一个探险故事，把遇到的困境、求生的方法写具体，并运用修改符号加以修改、润色。

（三）五年级下册第六单元整体设计框架及说明

1. **单元整体设计框架**

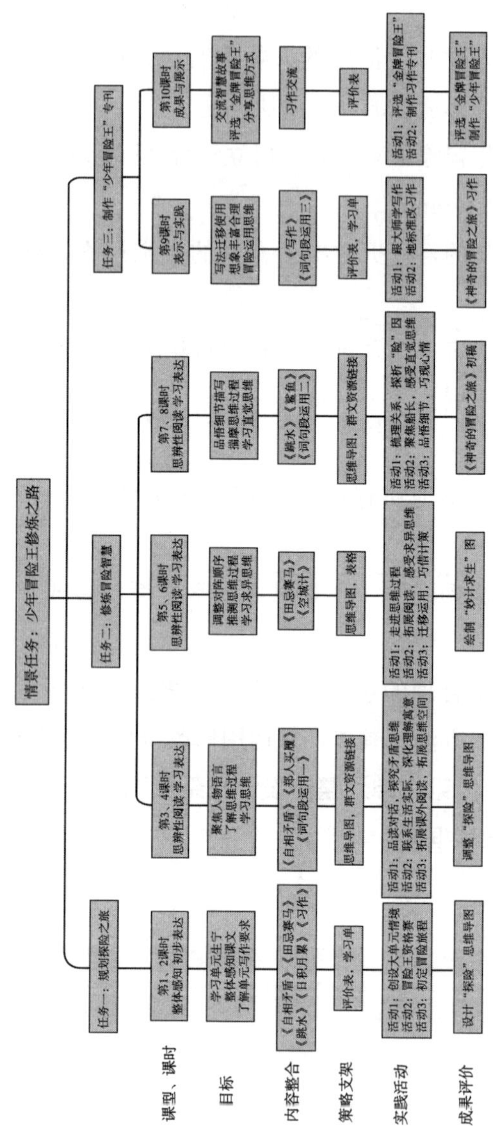

图 7-24　统编版语文五年级下册第六单元整体教学框架

2. 五年级下册第六单元设计思路

①活用教材资源，突出单元重点。本单元教学对教材内容进行梳理、调整和重组：一是将园地中的日积月累、词句段运用整合到相关联的单篇课文

中去，让园地的训练有文本依托；二是以“如何制作一本冒险王专刊”为任务驱动，进阶式习得思维和写作的方法，最终形成习作单元的完整结构。

②关联语文要素，连贯实践活动。本单元阅读要素指向对人物思维方式的学习，习作要素旨在运用思维智慧解决探险途中遇到的险情，教学中以“少年冒险王修炼之路”的主题大情境，串联“规划探险之旅”“修炼探险智慧”“制作《少年冒险王》（专刊）”三个写作分层任务，与三篇课文的学习双线并进，从课文中学习人物的智慧思维，在写作中运用智慧思维构思情节，着力体现以读促写、读写共进的学习过程。

③学习思维策略，促进素养提升

本单元的阅读要素指向了语文核心素养的“思维能力”，即培养学生在语文学习过程中的联想想象、分析比较、归纳判断等理性思维和理性精神。聚焦这一关键要素，学生在学习课文的过程当中，多角度阅读、理解、分析故事中的思维，并在阅读和表达中实践，实现从“学习”到“运用”的跨越。

（四）五年级下册第六单元学习活动实施

表 7-25　五年级下册第六单元学习活动实施与课时安排表

课时	课时目标	任务活动	达成评价	课时作业
第1课时	目标1：正确认读、书写本单元生字词。 目标2：整体感知单元课文内容，学会借助插图、图示说故事。	活动1：借“少年徐霞客”创设探险情境，引出“冒险王资格赛”的学习任务。 活动2：单元字词挑战赛。 活动3：课文内容挑战赛。	能准确认读、书写本单元的生字词。 熟读课文，能借助插图、图示把课文内容说清楚。	必做：正确书写单元生字词。 选做：选择喜欢的课文，用自己的话说故事，参加“故事大王展播赛”。
第2课时	目标1：了解单元习作要求，明确探险故事要素，明白各要素之间的联系。 目标2：初步制订冒险行程，设计冒险环节。	活动1：阅读习作要求，明确习作要点。 活动2：自主选择探险要素，用两三句话说说探险故事，并在组内交流、择优推荐。 活动3：设计冒险环节思维导图。	能明白习作要点，选择合适的探险要素进行关联。 能运用思维导图清晰地呈现冒险过程。	必做：完善冒险环节思维导图。 选做：阅读《海底两万里》或观看电影《亚马逊丛林探险》。

续表

课时	课时目标	任务活动	达成评价	课时作业
第3、4课时	目标1：正确、流利地朗读课文。背诵课文。 目标2：借助不同方法理解字义。说出“其人弗能应也”的原因。 目标3：了解人物的思维过程，明白思维缜密的重要性。	活动1：朗读文言文，读准字音，读出节奏。 活动2：勾联“词句段运用一”，猜测古文字义，想一想“其人弗能应也”的原因。 活动3：聚焦楚人与路人的对话，探究人物的思维过程。 活动4：合作辨析习作探险导图是否存在漏洞。	能正确、流利地朗读课文。能理解课文大意。 能了解人物思维过程，能运用思维发现探险导图中的漏洞，并调整、修改。	必做：运用缜密思维的逻辑，互查“冒险环节导图”中的情节漏洞。 选做：阅读《郑人买履》。
第5、6课时	目标1：借助图示，梳理思维过程。 目标2：阅读《空城计》，感受用计之妙，了解求异思维。 目标3：习作中的冒险情节，运用求异思维脱离险境。	活动1：调整对阵图的顺序，梳理孙膑的思维过程。 活动2：阅读《空城计》，感受诸葛亮用计之妙。 活动3：合作探究，认真分析习作中的冒险情节，选择合理对策，解决险情。	能借助图示，梳理思维过程。 能在习作的冒险情节中，运用求异思维脱险，体现人物智慧。	必做：巧妙运用妙计，绘制求生图。 选做：搜集古代妙计故事，制作“妙计排行榜”。
第7、8课时	目标1：理解“笑”对推动故事情节发展的作用。 目标2：明白船长所用办法的好处，感受船长沉着果断、机智过人的形象。 目标3：品悟细节描写，感受时间词的精妙，仿照例句写出关于时间很快或很慢的内心体验。	活动1：探讨：是谁将孩子推向险境？ 活动2：对比可能有的脱险方法，感受船长在危急关头的智慧。 活动3：捕捉细节描写，感受文章对时间词的妙用，感受人物的内心世界，并进行仿写。	能说出“笑”对推动故事情节发展的作用。 能通过对比分析明白船长办法之妙，感受船长沉着机智。 能通过细节描写，感受时间词的精妙。	必做：完成“神奇的探险之旅”初稿。 选做：阅读列夫·托尔斯泰《鲨鱼》。
第9、10课时	目标1：学习叶圣陶先生修改文章的方法。 目标2：根据评价表，修改习作。	活动1：阅读“词句段运用三”，学习叶圣陶修改文章的方法。 活动2：制订评价标准，修改习作。组内展示，互相评	能运用正确的修改符号修改习作。 能大方地向同学介绍自己的探险故事。	必做：制作《少年冒险王》（专刊）。 选做：阅读彭绪洛《少年冒险王》

续表

课时	课时目标	任务活动	达成评价	课时作业
	目标3：分享探险故事，评选“金牌冒险王”，制作《少年冒险王》（专刊）。	价，提出建议。 活动3：分享探险故事，投票选出“金牌冒险王”。 活动4：制作《少年冒险王》（专刊）。	能按评价标准评出“金牌冒险王”。	丛书。

（五）五年级下册第六单元学习任务评价

1. 过程性评价

表7-26　讲述故事挑战赛评价表

评价项目	评价等次（1颗星代表1分，以此类推）			自评	互评	师评
	★（合格）	★★（良好）	★★★（优秀）			
用自己的话讲一讲课文故事	基本能抓住故事的起因、经过和结果，把故事讲述清楚，基本说清楚人物的思维过程。	能抓住故事的起因、经过和结果，按照一定的顺序把故事讲述完整，能够说清楚人物的思维过程。	能抓住故事的起因、经过和结果，按照一定的顺序把故事讲述得完整、生动，能够说清楚人物的思维过程。讲述时表情生动，流畅大方。	（　）★	（　）★	（　）★
总评（　）★						

2. 学习成果评价

表7-27　《奇妙的探险之旅》习作评价表

评价项目	评价等次（1颗星代表1分，以此类推）			自评	互评	师评
	★（待提升）	★★（拟采用）	★★★（很出色）			
习作《神奇的探险之旅》	基本能根据自己选择的场景展开较合理的想象，把遇到的困境、求生的方法、曲折的过程写清楚。能写出心情的变化。有个别错别字，标点符号使用比较正确。	能根据自己选择的场景展开合理的想象，把遇到的困境、求生的方法、曲折的过程写具体，并能把心情的变化融入其中。没有错别字，标点符号使用比较正确。	能根据自己选择的场景展开丰富合理的想象，把遇到的困境、求生的方法、曲折的过程写具体、生动，并恰当地把心情的变化融入其中。没有错别字，标点符号使用正确。	（　）★	（　）★	（　）★
总评（　）★						

表 7-28　小组合作制作《少年冒险王》专刊

评价项目	评价等次（1颗星代表1分，以此类推）			自评	互评	师评
	★（待提升）	★★（良好）	★★★（优秀）			
小组合作制作《少年冒险王》（专刊）	刊头规范完整；专刊内的探险文章情节较具体，语言较流畅；文章点评栏的评价语中肯；专刊版面较大方、有插图。	刊头规范完整、简洁大方；专刊内的探险文章情节具体，想象合理，语言较生动；文章点评栏的评价语中肯、具体；专刊版面大方、插图形象。	刊头规范完整、美观新颖；专刊内的探险文章情节惊险曲折，想象丰富合理，语言生动；文章点评栏的评价语中肯、有深度；专刊版面大方、插图形象、活泼。	（　）★	（　）★	（　）★
总评（　）★						

第五节　"整本书阅读"学习任务群

——基于"整本书阅读"任务群五年级下册第二单元整本书阅读设计

"整本书阅读"学习任务群旨在引导学生在语文实践活动中，根据阅读目的和兴趣选择合适的图书，制订阅读计划，综合运用多种方法阅读整本书；借助多种方式分享阅读心得，交流研讨阅读中的问题，积累整本书阅读经验，养成良好阅读习惯，提升整体认知能力，丰富精神世界。[①]

审视"整本书阅读"的目标定位，发现本任务群教学是对语文课程中单篇阅读、群文阅读的必要补充与提升，是培养学生终身阅读能力的必由之路，也是全面提升学生语文课程核心素养的必然要求。有助于激发并培育学生的阅读兴趣，有效地发展并提升学生的语言能力、思维能力、审美能力及传承传统文化的能力，培养学生良好的阅读习惯。

① 中华人民共和国教育部：《义务教育语文课程标准（2022年版）》，北京：北京师范大学出版社，2022年4月版，第31、32页。

一、“整本书阅读”任务群活力教学策略

“活力语文”倡导“融阅读”，提出：要加强整本书阅读的方法指导、策略引领；要立足学生整本书阅读的能力需求和未来发展，从个体终身学习、终身发展的角度，突破场域限制、学科壁垒、形式圈囿，从单一阅读向综合性阅读拓展，从单纯的语文素养范畴转向学习能力体系，开展多维度、多样态、实践性的阅读，提升阅读的广度、深度、效度，培养阅读素养和综合学习能力。这一理念为整本书阅读的有益实践，指出了明晰的路径。

1. **主题引领，激活“想读”的欲望**

活力语文教学理念主张教师基于生情，根据阅读的文本对象，提炼出学生感兴趣的、具有挑战性的、能激活学生思维并有利于学生阅读生命成长的阅读主题，充分激活学生“想读”的欲望，保障学生整本书阅读走真、走实。

比如《水浒传》整本书阅读活动，围绕“品一百零八好汉　赏水浒英雄本色”这一主题，按照启动课、推进课、分享课三个阶段，依次创设“漫话水浒走近好汉”“巧思妙笔趣识英雄”“忠义梁山评说英雄”三个主题情境。在主题情境的驱动下，学生根据自己对“英雄”的不同认知，根据不同的阅读任务展开个性化的阅读，获得对水浒英雄的感知、见解，在深度阅读理解中走向“真”阅读。

2. **鲜活形式，激发“乐读”的兴趣**

整本书阅读的形式，最常用的方法就是通读。但是只有通读很容易造成走马观花的浅阅读。那么如何提升阅读的层次呢？需要借助整体性的阅读活动，引领学生多次走进同一个文本，在丰富多彩的阅读活动中，应用阅读策略，在书中走上几个来回。每次都像走进新鲜的文本，有新的阅读发现，产生新的阅读体验，获得新的阅读动力。

如组织《水浒传》的整本书阅读，导读课制订阅读计划后，引导学生自读、绘制导图、探究提问，促进学生如期完成既定的阅读任务；推进课中采用共读的形式，品读、鉴赏最为欣赏的描写英雄的片段，在多元交流中对人

物的理解更加全面，进一步激发学生持续阅读的热情；分享课上组织学生通过演读、评说等方式，将自己对感兴趣的水浒英雄的理解、认同，通过课本剧、读书报告等方式展示、表达，丰富多样的阅读形式让学生阅读兴趣得到保值的同时，更达到阅读兴趣的增值，实现属于生命个体的“乐读”。

3. **融活策略，掌握“会读”的方法**

整本书阅读有别于篇章阅读、群文阅读，核心特点在于一个“整”字。为达成这一个“整”，要运用已学的浏览、精读、猜读等多种方法，通过读回目、读插图、读相关资料等，达成不同阅读阶段的阅读目的。在阅读方法不断转化的过程中，学生的兴趣、情感持续投入，伴随着文本语境的变化，学生徜徉在“深”阅读的场中，阅读思维得以操练和提升，达成“会读”的目的。

以《水浒传》整本书阅读的指导过程为例，围绕“品一百零八好汉　赏水浒英雄本色”这一主题，在阅读的初始阶段，采用目录导读法、情节猜读法等初知水浒英雄人物大致形象；在深入阅读阶段，指导学生采用精读细节、品读语言的方法，真切感知水浒英雄的鲜活形象；在对整本书充分阅读后，引导学生采用对比读的方法，走近性格特征相近的人物，读一读《三国演义》中的英雄，在对比阅读中达到对“英雄”的理性认知。不同阅读方法的结合，促成学生阅读逻辑思维走向纵深。

4. **用活评价，分享“阅读”的收获**

整本书阅读跨度长、容量大、涉及面广，只有将阅读规划的制订、阅读任务的落实、阅读策略的运用、阅读心得的分享、阅读成果的反思、阅读习惯的养成等纳入评价范畴，才能真实反馈学生阅读整本书的全过程。随着学生整本书阅读的启动，评价便相伴相随。教师要针对学生阅读的不同阶段，设计评价量表、制作阅读反思单、阅读问卷等，以了解学生的阅读兴趣、阅读态度、阅读习惯、阅读方法、阅读进度、阅读收获、阅读困惑等，分析整本书阅读过程中的成效及不足，及时作出相应的调整和改进。

《水浒传》整本书阅读的评价体系包括：阅读初期的“阅读计划推进”的量表，让学生根据阅读评价的标准适时地作出自我评价；在精读、深读过程中，对水浒英雄的人物形象认知以及阅读方法的运用上进行自评与互评，促进了阅读的理解；在阅读活动后期，为检验阅读的成效，进行“分享课展示评价”“英雄卡制作评价”“水浒英雄剧评价”，多角度评测阅读的成效，让学生在过程性评价中获得阅读的成就感。

二、“整本书阅读”任务群活力教学实践

作为拓展型学习任务群之一的“整本书阅读”，是对语文课程中单篇阅读、群文阅读的必要补充与提升。开展整本书阅读实践是学生积累阅读经验，养成良好阅读习惯的重要路径。为此，我们以五年级下册第二单元“快乐读书吧”为例，设计了“品一百零八好汉　赏水浒英雄本色”活力教学实践。

（一）五年级下册第二单元“快乐读书吧”解读

“品一百零八好汉　赏水浒英雄本色”整本书阅读设计是基于统编版五年级下册第二单元“快乐读书吧”的学习要求。本读书吧以“读古典名著，品百味人生”为主题，引导学生阅读中国古典名著。这是“走近中国古典名著”单元的拓展与延伸，旨在使学生更全面地了解、感受古典名著的魅力。教材由导语、“你读过吗”、小贴士和“相信你可以读更多”四部分组成。导语从《三国演义》《水浒传》《西游记》《红楼梦》四大名著中各选取了一个典型人物，激发学生阅读古典名著的兴趣。选取《水浒传》作为本设计的目标读本，是因其塑造了众多生动活泼的人物形象，正如金圣叹在《读第五才子书法》中说：“别一部书看过一遍即休，独有《水浒传》只是看不厌。无非为他把一百八个人性格都写出来。”学生徜徉《水浒传》间，感受鲜活人物的同时，激发名著阅读的热情，丰厚传统文化的积淀，坚定文化的自信。

“观三国烽烟，识梁山好汉。叹取经艰难，惜红楼梦断。”单元导语页开宗明义地呈现了本单元的学习内容，点明了古典名著单元学习的特点。阅读训练要素是“初步学习阅读古典名著的方法”。透过课文课后习题、语文园地交流平台以及口语交际所呈现的内容，我们可以从三个角度梳理阅读古典名著的方法：其一，阅读古典名著过程中不可避免会遇到一些难懂、生僻的词，除了可以运用看注释、查阅字典、联系生活、近义词、反义词来理解之外，

本单元还提供了两种新的方法：猜读和联系上下文理解。其二，在梳理故事情节、把握故事主要内容上，除了按照起因、经过和结果的顺序，梳理故事主要内容外，还可借助可视化的情节图来整体梳理。其三，感知人物形象，可以通过人物的动作、语言、神态、心理等描写把握人物特点，还可以联系阅读经历、查阅资料等方法深入理解人物性格。在“快乐读书吧”的编排中，增加了对章回小说章回体的认识，利用回目进行故事内容的猜测，也是阅读的一种方式。合理运用阅读策略，引导学生建构融入、信息建档、自我提问等，有效推进深度阅读。

（二）《水浒传》整本书阅读目标

整本书阅读学习任务群总体目标为：“旨在引导学生在语文实践活动中，根据阅读目的和兴趣选择合适的图书，制订阅读计划，综合运用多种方法阅读整本书；借助多种方式分享阅读心得，交流研讨阅读中的问题，积累整本书阅读经验，养成良好阅读习惯，提高整体认知能力，丰富精神世界。”第三学段要求是“阅读文学、科普、科幻等方面的优秀作品，学习梳理作品的基本内容，针对作品中感兴趣的话题展开交流；梳理、反思小学阶段的阅读生活，运用口头或书面方式，与同学分享自己整本书阅读的经历、体会和阅读方法”。

综合考虑《水浒传》及教材单元解读、整本书阅读总体目标与学段要求，运用 KUD 教学目标大致可以表述如下：

1. **知道**（Know）

（1）《水浒传》是四大古典名著之一，是中华优秀传统文化的代表作品之一。

（2）古代长篇小说多是章回体，回目能体现这一章节主要内容。

（3）运用一定的阅读策略，能够让阅读更加流畅。

2. **理解**（Understand）

（1）阅读古典名著能欣赏文学语言，丰富自己的精神世界。

（2）古典名著的魅力不仅体现在文字之中，也体现在多样化的艺术表达中。

（3）运用阅读古典名著的方法，是为了帮助我们对名著的理解，获得阅读乐趣。

3. **应用**（Do）

（1）喜欢并愿意阅读《水浒传》及其他三部古典名著。

（2）依据自己的阅读需要，自主选择并运用阅读古典名著的方法，从而了解故事内容，分析人物形象。

（3）阅读后能运用多种方式，分享自己真实、具体的阅读感想与阅读收获。

（三）《水浒传》整本书阅读活动整体设计框架

1. 阅读活动整体设计框架

为鼓励学生积极参与“品一百零八好汉　赏水浒英雄本色”整本书阅读实践活动，依据整体阅读目标，整合本单元学习内容，我们将学习活动分解为“漫谈水浒，走近好汉”“巧思妙笔，趣识英雄”“忠义梁山，评说英雄”3个子任务（见下表。）

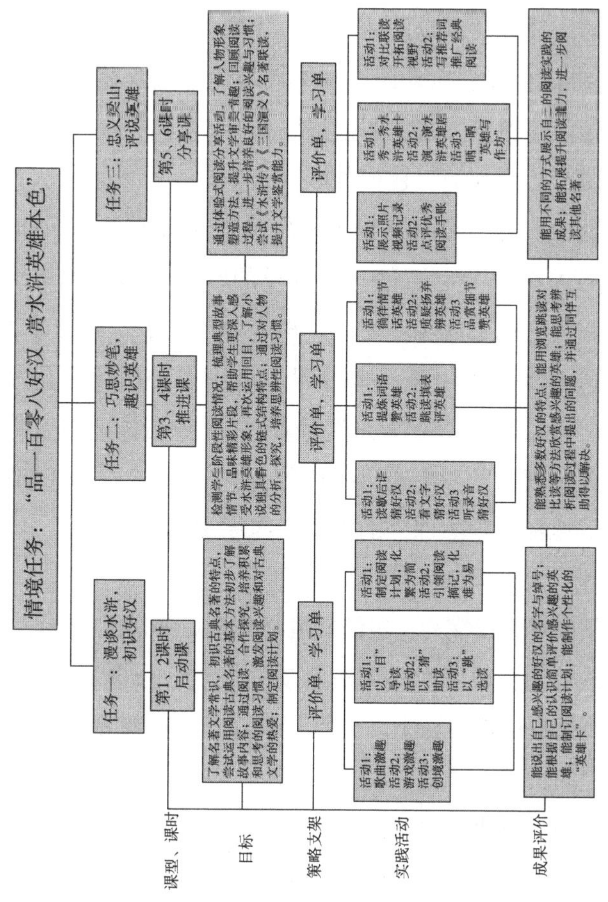

图 7-29　统编版语文五年级下册第二单元整本书阅读教学框架

2.《水浒传》整本书阅读活动设计思路

(1) 启动课：漫谈水浒，走近好汉

启动课，旨在通过初知人物、情节、创作背景等激发学生阅读兴趣，创设一定的情境，明确阅读活动开展的要求，合理制订阅读活动的计划。基于这样的理解，启动课上创设"论天下谁是英雄"的读书节情境，设计制作英雄榜。依托这个情境，首先以打开阅读思路为目的，通过歌曲、游戏、创境等方式引导学生了解作者、认识梁山好汉、关注精彩情节，从而激发学生的阅读兴趣；接着以指导阅读方法为目的，开展"以'目'导读法""以'猜'助读法""以'跳'选读法"三个引领阅读策略为主的活动；最后以指导制订阅读计划为目的，开展"制定阅读计划，化繁为简""引领阅读摘记，化难为易"，为阅读任务做保障。启动课以激发兴趣为基础，在整本书的阅读策略上给予必要的指导，让整本书自主阅读得以开启。

(2) 推进课：巧思妙笔，趣识英雄

推进课，是在整本书阅读过程中，教师进行必要的组织和指导，是持续开展阅读活动的关键。学生经过一个阶段的阅读，对小说有了一定的认识，但还只停留在阅读的浅层体验。为此，推进课创设了"巧思妙笔，趣识英雄"主题任务情境，引发学生走进经典片段，运用多种阅读方法品味语言文字。为此，设计了"浏览跳读，感受侠义英雄""思辨精读，品鉴英雄本色""迁移运用，再探英雄真谛"三个递进的学习活动。通过环环相扣的课堂阅读活动的推进，有效地促进学生课外的阅读走向纵深。

(3) 分享课：忠义梁山，评说英雄

分享课，是在学生读完后，组织交流与分享，并适度引导学生进行更丰富、深入的阅读实践。为检验学生的阅读活动的成效，分享课创设了"忠义梁山，评说英雄"主题任务情境。课上，为真实再现学生的整本书阅读的过程，分享他们的阅读过程的快乐，开展了"展示照片、视频记录""点评优秀阅读手账"两个活动；为丰富多样地展示阅读成果，分享阅读收获的喜悦，有效培养学生的文学鉴赏能力和审美情趣，开展了"秀一秀水浒英雄卡""演一演水浒英雄剧""晒一晒英雄写作坊"三个不同领域的分享活动；为进一步提升学生阅读活动的效度，开展了“对比联读，开拓阅读视野”“写一写水浒推荐词”活动。这样多层次、多领域的体验式阅读分享与探究性阅读，既培养学生的文学鉴赏能力和审美情趣，又深刻理解《水浒传》的主题思想和文化内涵。

（四）《水浒传》整本书阅读活动实施

1. 阅读活动实施阶段安排

表 7-30　《水浒传》整本书阅读活动实施与课时安排表

课时设置	课时目标	任务活动	达成评价	课时作业
第 1、2 课时	目标 1：了解《水浒传》的文学常识，初步认识古典名著的特点，用导读法、猜读法和跳读法阅读。 目标 2：通过对名著片段的阅读，培养积累和思考的阅读习惯，制订阅读计划。 目标 3：感受《水浒传》的艺术魅力，启迪智慧，产生对古典名著的阅读兴趣。	任务一：趣味导入，激发阅读兴趣。 活动 1：歌曲激趣。 活动 2：游戏激趣。 活动 3：创境激趣。 任务二：搭建桥梁，指导阅读方法。 活动 1：以“目”导读。 活动 2：以“猜”助读。 活动 3：以“跳”选读。 任务三：制订计划，布置阅读任务。 活动 1：制订阅读计划，化繁为简。 活动 2：引领阅读摘记，化难为易。	1. 能制订阅读计划。 2. 能饶有兴趣地阅读《水浒传》，认识感兴趣的英雄。 3. 制作个性化的“英雄卡”。	必做：制订阅读计划表；按照阅读计划展开整本书阅读。制作“英雄卡”。
第 3、4 课时	目标 1：回顾检测学生阶段性阅读情况，了解学生自主阅读的情况。 目标 2：梳理典型故事情节、品味精彩片段，深入感受水浒英雄形象。运用回目，了解小说独具特色的链式结构特点。 目标 3：通过对人物的分析、探究，培养思辨性阅读习惯。	任务一：回顾检测，了解阅读情况。 活动 1：读歇后语猜好汉。 活动 2：看文字猜好汉。 活动 3：听录音猜好汉。 任务二：浏览跳读，感受侠义英雄。 活动 1：提炼词语，赞英雄。 活动 2：跳读填表，评英雄。 任务三：思辨精读，品鉴英雄本色。 活动 1：徜徉情节，话英雄。 活动 2：质疑扬弃，辨英雄。 活动 3：品赏细节，赞英雄。 任务四：迁移运用，再探英雄真谛。	1. 能熟悉多数好汉的特点。 2. 能用浏览、跳读、对比读等方法欣赏感兴趣的英雄。 3. 能思考辨析阅读过程中提出的问题，并通过同伴互助得以解决。	必做：运用恰当的阅读方法，品鉴《水浒传》中其他的英雄好汉。 选做：将水浒英雄和三国英雄、现代英雄进行对比。

续表

课时设置	课时目标	任务活动	达成评价	课时作业
第5、6课时	目标1：回顾阅读过程，培养持续阅读的习惯。 目标2：通过体验式阅读分享活动，了解人物形象塑造方法，提升文学审美情趣。 目标3：尝试《水浒传》《三国演义》名著联读，提升文学鉴赏能力。	任务一：过程展示，重温阅读心路。 活动1：展示照片、视频等过程性资料。 活动2：点评优秀阅读手账。 任务二：趣晒成果，提升阅读感悟。 活动1：秀一秀"水浒英雄卡"。 活动2：演一演"水浒英雄剧"。 活动3：晒一晒"英雄写作坊"。 任务三：对比联读，与《三国演义》进行对比阅读。 任务四：写推荐词，推广经典阅读。	1. 能用不同的方式展示自己的阅读实践的成果。 2. 拓展提升阅读能力，进一步阅读其他名著。	必做：分享自己的阅读收获。 选做：尝试用这样的方法阅读《三国演义》。

2. 阅读活动阶段导读单

阅读单1：初识《水浒传》

记录时间：____年____月____日

一、设计"作者名片"

《水浒传》作为中国历史上第一部用白话文写成的长篇小说，关于它的作者还有一些有趣的考证史。快动手查阅作者的相关资料吧，你一定会有所发现！利用查到的资料，完成独属于你的"作者名片"。

作者：____________
朝代：____________
成就：____________

生平：____

____

二、《水浒传》知多少

《水浒传》是我国第一部歌颂农民起义的长篇章回体小说。章回体小说每一回的标题往往是一个对仗工整的概括性词句，能简要概括出每一回大致的内容。

读着目录部分的三十三个回目，你对哪一回目最感兴趣？准备用什么方法阅读？阅读期待值有多高呢？让我们从回目开始，走进引人入胜的梁山好汉的传奇故事中吧。

阅读项目	内容
最感兴趣的回目	
阅读方法选择	精读（　）　略读（　）比较读（　）　读回目（　）【适合的打"√"】
阅读期待值	★★★★★

阅读单 2：奇人鲁智深

记录时间：____年____月____日

一、识图忆文对对碰

右图是“拳打镇关西”这　回故事中的插图。请仔细观察，并按要求作答。

本回中鲁达的身份是________，请用自己的话描述图片相关情节：

____

____

二、名著人物对比读

有人认为，鲁达是个有担当的人。在《西游记》《红楼梦》《三国演义》这三部名著中，也不乏有担当的人物形象。请你从这三部书中找出一个这样的人物，并做简要分析。

____

____

____

阅读单 3：团队的力量——智取生辰纲

记录时间：____年____月____日

一、了解“智取”的过程

细读智取生辰纲的情节，了解“智取”的过程，然后用简练的语言概括故事情节，完成下面的思维导图。根据思维导图，用自己的话将故事说给感兴趣的人听。

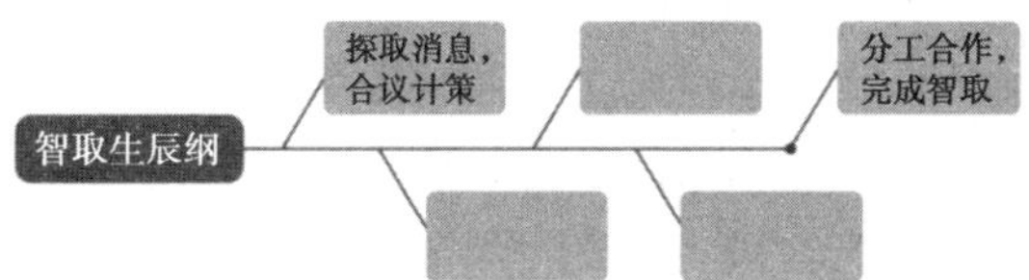

二、品读杨志的形象

杨志为了成功押送生辰纲，可谓殚精竭虑。他采取了哪些措施？请你在书中找一找。从这些措施中可以看出他是一个怎样的人？

措施	具体做法	人物形象
智藏行踪	这杨志把礼物都装做十余条担子，行货也点十一个壮健的厢禁军装做脚夫挑着；他与老都管并两个虞侯，却打扮做客人，悄悄连夜送上东京交付。	
智变行程		

阅读单4：武松赞

记录时间：____年____月____日

一、寻武松之"行"

请你找出第十回至第十二回中展现武松英勇威武形象的动作描写，并将它们填在蓝色方框中。

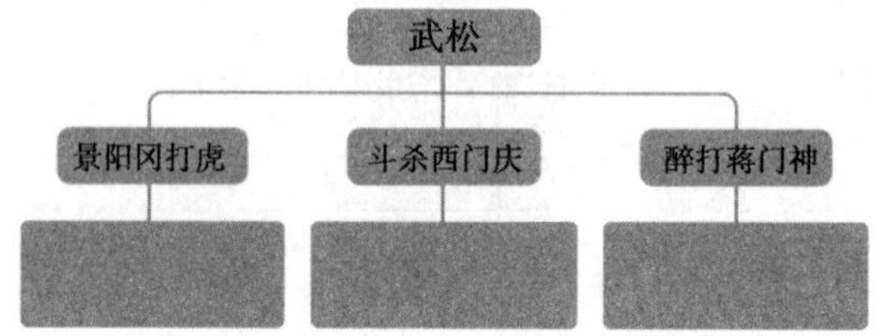

二、找武松之"形"

《水浒叶子》是明代后期著名画家陈洪绶为梁山泊英雄们创作的四十幅版画精品。观察这幅武松的插画，从"大闹飞云浦"这一回中找出这种形象的由来，并说一说武松为什么要这样乔装打扮。

____

____

____

____

阅读单5：聚焦卢俊义和燕青

记录时间：____年____月____日

一、吴用以妙计赚玉麒麟

吴用笑道："哥哥何故自丧志气？若要此人上山，有何难哉！"宋江答道："他是北京大名府第一等长者，如何能够得他来落草？"吴学究道："吴用也在心多时了，不想一向忘却。小生略施小计，便教本人上山。"宋江便道："敢问军师用甚计策，赚得本人上山？"吴用不慌不忙，说出这段计来。

1. 选段中的"此人"指的是谁？

____

2. 吴用赚得此人上山的计策是什么？请联系书中内容简要回答。

____

二、卢俊义和燕青情义比金坚

在《水浒传》中，卢俊义和燕青可以说是一对关系非同一般的主仆，不是亲人胜似亲人。请从书中找出证明他们关系的语句。

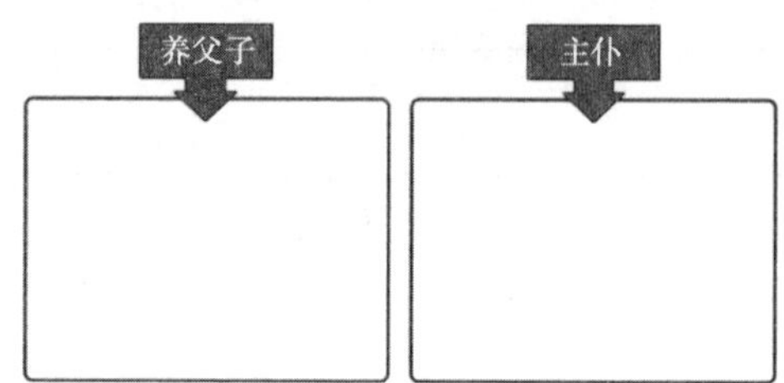

阅读单 6：说说《水浒传》的结局

记录时间：____年____月____日

一、蓼儿洼冤魂意难平

回顾故事内容，将下表中人物的结局写下来．并说说你的感受。以及你觉得造成这样结局的原因。

人物	人物结局	我的感受
宋江		
卢俊义		
李逵		
吴用		
我觉得造成这样结局的原因是：		

二、论水浒结局惜好汉

不同版本的《水浒传》有不同的人结局：一种是众好汉各有各的死法；一种是开放式结局，讲到梁山泊大聚义，一百单八将到齐，小说也就结束了，至于梁山后来怎样，就留给读者们去猜。那么这两种结局，你更喜欢哪种呢？为什么？

____

____

阅读单 7：水浒人物绰号找规律

记录时间：____年____月____日

一、绰号——人物对对碰

请根据书中内容，将人物与对应的绰号连一连。

人物	绰号
张顺	鼓上蚤
吴用	九纹龙
时迁	豹子头
林冲	浪里白条
史进	智多星
李逵	浪子
公孙胜	母夜叉
燕青	黑旋风
杨志	入云龙
孙二娘	青面兽

二、绰号——人物分分类

有研究者从不同角度把《水浒传》人物绰号进行了分类，请依据示例，完成下图。

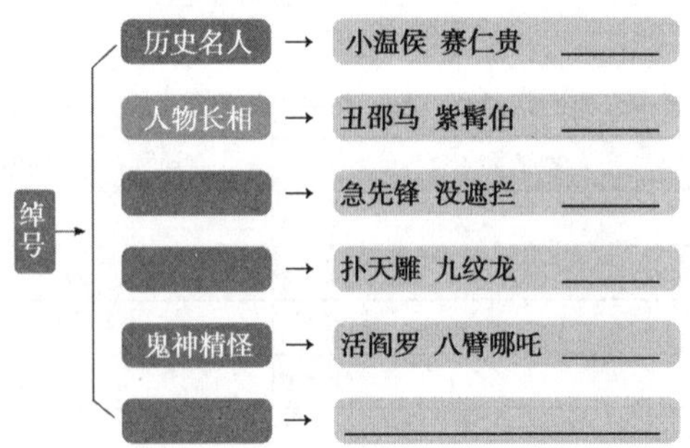

三、绰号——人物塑形象

书中宋江的绰号有四个，充分展示出宋江的多面性。读懂这些绰号，有助于更好地理解人物形象。阅读书中内容，并查阅相关资料，写一写宋江的不同绰号所代表的含义。

黑宋江：______

孝义黑三郎：______

及时雨：______

呼保义：______

阅读单8：水浒人物"最"评选

记录时间：____年____月____日

一、水浒人物最强武艺篇

1. 根据故事内容，将书中人物与各自使用的武器连一连。

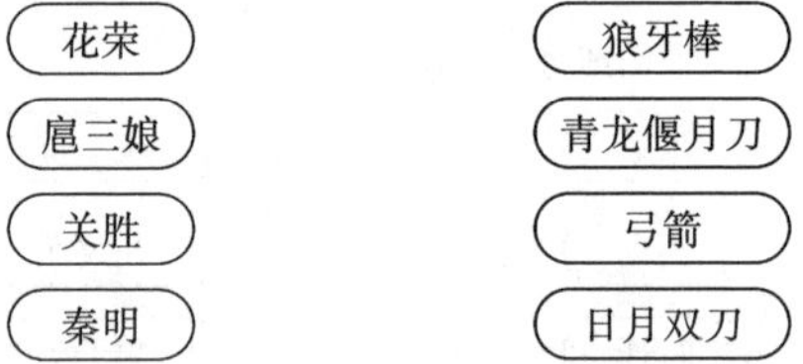

2. 梁山好汉个个身怀绝技，武艺超凡。在众多高手中，你认为最强的是谁？请结合事例说明理由。

______

______

二、水浒人物最有谋略篇

明代刘基说过："故力之用一，而智之用百。"《水浒传》中有不少含"智"字的回目，请将下列内容补充完整，并选择其中一个做简要介绍，写在方框中。

智取______（军队） 智取______（物名） 智取______（地名） 智赚______

（五）《水浒传》整本书阅读活动任务评价

表 7-31 按计划阅读评价标准

阅读时间	阅读内容	阅读要点	完成情况（自我评价涂★）
第 1—6 天	第一回至第八回	1. 思想与主题：善良、机智、冷静、细心。 2. 用自己的话说一说“智取生辰纲”的经过。 3. 体会鲁提辖帮金家父女脱困时的细节描写，分析鲁提辖的性格特点。	是否完成 是（ ） 否（ ） 自我评价 ★★★★★
第 7—12 天	第九回至第十八回	1. 思想与主题：勇敢、机智、冷静、正义。 2. 回顾故事内容，概述武松打虎的经过。 3. 秦明、黄信为什么能够和宋江等人化敌为友，你能从宋江身上发现哪些优点？	是否完成 是（ ） 否（ ） 自我评价 ★★★★★
第 13—18 天	第十九回至第二十七回	1. 思想主题：善于观察、善良、友情。 2. 体会燕青与卢俊义之间的深厚情谊。 3. 思考为争取卢俊义上山，吴用用了怎样的计谋，试着对这一计谋进行评价。	是否完成 是（ ） 否（ ） 自我评价 ★★★★★
第 19—24 天	第二十八回至第三十三回	1. 思想与主题：正义、坚持、勇敢。 2. 结合宋江的生平事迹，说一说他是一个怎样的英雄。 3. 思考造成英雄悲剧结局的原因有哪些。	是否完成 是（ ） 否（ ） 自我评价 ★★★★★
第 25—28 天	总结梳理、评测	1. 和身边的人分享书中你最喜欢的英雄人物故事，并谈一谈你对英雄人物的看法。 2. 对书中精彩的人物描写或场景描写进行赏析。 3. 对读过的内容进行回顾、梳理、归纳总结；完成阅读单及阅读测评。 4. 进行拓展阅读，搜集感兴趣的英雄人物资料，了解更多的英雄人物故事。	是否完成 是（ ） 否（ ） 自我评价 ★★★★★

表 7-32 “水浒英雄卡”制作评价表

评价项目	评价等次（1 颗星代表 1 分，以此类推）			自评	互评	师评
	★（合格）	★★（良好）	★★★（优秀）			
“水浒英雄卡”制作	能用文字较准确、简洁地提炼人物外貌、性格、主要事件等相关信息；人物画像基	能用文字准确、简洁地提炼人物外貌、性格、主要事件等相关信息；人物画像形	能用文字精准、简洁地提炼人物外貌、性格、主要事件等相关信息；人物画像形	（ ）★	（ ）★	（ ）★

续表

评价项目	评价等次（1颗星代表1分，以此类推）			自评	互评	师评
	★（合格）	★★（良好）	★★★（优秀）			
	本能体现人物的主要特征；版面设计普通。	象，能体现人物的主要特征；版面设计大方。	象、逼真，并能突出人物的主要特征；版面设计大方新颖。			

表 7-33　“水浒英雄剧”表演评价表

评价项目	评价等次（1颗星代表1分，以此类推）			自评	互评	师评
	★（合格）	★★（良好）	★★★（优秀）			
“水浒英雄剧”表演	剧本编排较合理。表演较自然，台词较生动，表情、动作较到位，基本体现剧中人物性格。表演过程较流畅完整，演员间配合较默契，有团队精神。服装、道具与剧情较匹配。	剧本编排合理。演员情感投入，表演自然，台词较生动，表情、动作较好地体现剧中人物性格。表演过程流畅完整，演员配合默契，有较好的团队精神。服装、道具与剧情匹配。	剧本编排合理。演员情感投入、表演自然，台词生动，表情、动作到位，很好地体现剧中人物性格。表演过程流畅、紧凑、完整，演员间配合默契，有良好的团队协作精神。服装、道具有特色。	（　）★	（　）★	（　）★

第六节　跨学科引领　“跨”向新活力

——基于“跨学科学习”任务群《一路一牌的闽都文化故事》案例设计

新课标在跨学科学习任务群中指出要：“引导学生在语文实践活动中联结课堂内外、学校内外，拓宽语文学习和运用领域；围绕学科学习、社会生活中有意义的话题，开展阅读、梳理、探究、交流等活动，在综合运用多学科知识，发现问题、分析问题、解决问题的过程中，提高语言文字运用能力。”①

从跨学科学习任务群的目标定位可以看出其核心内涵是立足于语文学科，

① 中华人民共和国教育部：《义务教育语文课程标准（2022年版）》，北京：北京师范大学出版社，2022年4月版，第34页。

以语言文字运用为核心。其操作要义在于从传统的教师为中心的静态语文学习转向以学生为中心的语文活动学习。设计与实施本任务群时需要关注四个要点：一是聚焦“有意义的话题”，“话题”的选择应该来自学生的学习生活和社会生活，是生活中的真实现象与问题。解决问题的过程中学生学得的知识与技能是可以迁移的，可以解决当下或未来的生活问题；二是着眼于“跨”。跨学科学习要以语文为基础，从语文学科“跨”向其他学科，从课堂“跨”向课外，从校内“跨”向校外，综合运用多学科知识，发现、分析、解决问题，学生获得的不是单项学科知识技能，而是搜集整理信息、合作探究、团队协作、思辨分析、审美创造、社会责任感等综合素养。三是立足语文实践活动。跨学科学习的方式应该以活动为主，引导学生在课内外、校内外等更加广阔的生活领域中阅读、探究、梳理、表达与交流，提高语言运用能力。四是注重以评促学。跨学科活动强调通过表现性评价，评价学生在真实任务情境中表现出的探究与解决问题能力、创造能力、语言运用与表达能力。

一、“跨学科学习”任务群活力教学策略

1. 主题统领策略，“跨”出言语生命力

跨学科学习任务群的实施，往往建构于真实情境中，通过“大主题”的统领，将主题任务细化为多个小主题，分阶段逐步推进以达成最终的学习目标。活力语文教学强调主题情境的创设既要源于现实生活的需要，又要有一定统整性、挑战性和融通性，激发学生探究的兴趣，锤炼思考力、培养创造力。

以“我是小小旅行家”跨学科学习为例，为了培养学生的策划能力、表达能力，以及综合解决问题的能力，我们以统编教材六年级下册第六单元综合性学习主题“依依惜别”为切入口，创设“旅行”这一大主题，以“当一名旅行家”为任务主线，确定旅行目的地、策划旅行方案、撰写策划书、梳理旅行成果等一系列小主题、小任务，在主题的统领下进行多样化的语言实践活动，提升学生的语言运用能力。

2. 实践体验策略，“跨”出学习探究力

活力语文教学强调以实践为主线，引导学生在情境中实践探究，通过实

地观察、采访调研等实践活动提升学生运用语文的能力。在“为家乡道路设计路名牌”的跨学科学习任务中，我们聚焦“为家乡道路设计特色路牌”这一具有挑战性的真实问题，创设了系列实践活动，从项目启动、方案制定、活动实施到成果展示，学生亲历现场调查、查阅文献、收集资料、访谈人员、分析研究、撰写解说词、创造性设计、动手制作等过程。这些活动在坚守语文学科课程功能的同时，进行跨学科多领域的学习，极大激发了学生的学习兴趣，开阔了学生视野，也打破了教师单一布置任务的教学方式，更多地将自主权交给学生，引导学生自主计划、决策和组织协调，在团队中锻炼自己思辨能力，创新能力，发展互助合作能力、人际交往能力、口语表达能力等，满足了学生体验式学习的快乐，实现了言语学习与儿童生活的有机融通。

3. **综合运用策略，“跨”出学科融合力**

“跨学科学习”任务群与以往综合性学习不同，它是以语文学科知识的综合运用为中心，主动融合多学科知识，以解决问题，达成学习任务，提高学生语文运用能力、发展学生跨学科素养的一种学习活动组织形式。在“跨学科学习”任务群中，注重多学科融合、多学科学法的互通以提升学生的问题与探究、设计与表达，提升问题解决、团队合作、实践创新等综合素养。[①]

在“一路一牌的闽都文化故事”和“我是小小旅行家”这两个跨学科学习任务中，学科的互通与融合都贯穿了活动始终，跨学科学习的整个活动设计从任务启动到成果应用，都将语文学习领域延伸到学校、社会。如到图书馆、阅览室阅读资料，利用信息技术与更为广阔的世界相连；在成果汇报会上的分享交流，综合了语文、美术和信息技术等多方面学科知识，拓展了语文学习的外延，开阔了儿童言语实践的空间，促进学生核心素养的全面发展。

4. **以评促学策略，“跨”出学习创造力**

评价即学习，评价的过程就是学生学习的过程。实施表现性评价，是“跨学科学习”任务群的重要内容与必要环节。一个好的表现性评价任务，一方面基于真实情境中学生的学习行为与表现，评价学生学习态度、参与程度

---

① 王崧舟，崔丽霞：《生活即语文　世界即课程——“跨学科学习”解读》，《语文教学通讯》，2022年12期，第22—26页。

与关键能力表现；另一方面对接学习目标内容，引导学生整合运用多学科知识解决问题、达成任务。①

“一路一牌的闽都文化故事”跨学科学习对学习小组整体建构进行评价，包括活动参与、制订方案、搜集整理资料、成果展示等几个方面进行自我评价、同伴评价和教师家长共同参与评价。评价促发展，在评价中更加重视学生能力的发展，如组内成员能做到人人参与，相互合作；制订计划详实，分工明确，操作性强；搜集资料全面，并能有序梳理；展示形式新颖且互动性好。这些评价体现学生的适应力、整合力以及创新力，指向学生的整体思维、实践思维的发展，发挥着整体育人的作用。

二、“跨学科学习”任务群活力教学实践

《义务教育语文课程标准（2022 年版）》“跨学科学习”在第三学段的学习内容提出：“综合运用语文、道德与法治、科学、劳动等多方面的知识和技能，通过小组研讨，集体策划、设计参观考察活动方案，运用跨媒介形式分享研学成果。”这个学习内容旨在引导学生利用学科和生活中的语文资源，在更广阔的空间里学语文、用语文；引导学生学习运用跨媒介展开有效的表达和交流，分享学习成果；引导学生在语文实践的过程中，积极参与优秀文化的传播和交流。

（一）《一路一牌的闽都文化故事》设计背景

道路是城市的一张名片，是城市文化的表现形式。随着经济的发展和科技的进步，福州这座历史文化古城的道路也发生了翻天覆地的变化，现代化的快速推进，轨道交通的快速发展，给人们出行带来快捷方便，但一条条街巷道路背后的故事和曾经的记忆也逐渐被人淡忘。为探寻家乡道路文化，我们设计了“一路一牌的闽都文化故事”这一学习主题，主要有以下几个思考：

第一，跨学科学习倡导利用学科和生活中的语文资源，在更广阔的空间

① 林其雨：《任务驱动整合学习——“跨学科学习”任务群的教学解读与设计》，《福建基础教育研究》，2022 年 9 月，第 6—9 页。

里学语文、用语文。家乡的道路是学生熟悉的生活场景，让他们了解道路背后的历史故事，拓展了语文学习外延，为学生搭建起语文学习与生活的桥梁。因此，在这一主题学习中，学生从语文学科走向多学科，从课堂走向图书馆，从校内走向校外，在观察、探寻、体验过程中，融合不同学科的知识和能力，形成整合性的学习成果，进而提升综合素养。

第二，道路是城市的一张名片，是城市文化的另一种表现形式。为了让学生进一步了解家乡，了解隐藏在城市道路中的文化内涵，我们挖掘社会教育资源，设计了“给家乡道路设计特色路牌”的创意活动，在综合运用语文能力的同时，培养学生热爱家乡的优良品质，增强学生的创新意识与参与社会实践的能力。

第三，“一路一牌的闽都文化故事”是以语文学科为基础的跨学科学习活动。融合了语文、美术、地理、信息技术等多学科知识，拓展了语文学习的外延，开阔了儿童语言实践的空间，促进学生语文素养的全面发展。

（二）《一路一牌的闽都文化故事》设计思路

1. 教材关联

在统编版小学语文教材中，对学生提取信息能力有阶段性的要求。五年级上册第五单元和五年级下册第三单元、第七单元的语文要素均指向搜集资料的方法，和运用方法介绍熟悉的事物。我们设计的“给家乡道路设计特色路牌”的活动，学生通过搜集道路的相关资料，整理成道路解说词，并创意设计路牌。通过这个活动落实语文要素，提升语文综合实践能力。

表 7-34　统编版小学语文第三学段搜集整理资料能力梳理表

册次	语文要素：提取信息、搜集资料
五（上）第四单元	结合资料，体会课文表达的思想感情。
五（上）第五单元	搜集资料，用恰当的说明方法，把某一事物介绍清楚。
五（下）第三单元	学习搜集资料的基本方法。
五（下）第七单元	搜集资料，介绍一个地方。
六（上）第八单元	借助相关资料，理解课文主要内容。
六（下）第四单元	查阅相关资料，加深对课文的理解。
六（下）第六单元	学习整理资料的方法。

2. **学情分析**

随着课程改革的不断推进，学生学科核心素养的培养受到了空前的重视。“文化自信”“审美创造”作为语文学科核心素养的一个重要方面，对学生的全面发展至关重要。在语文教学中，生活是学生进行语言创造的源泉。小学生年龄比较小，兴趣是他们对事物进行深入探究的出发点，是他们进行跨学科学习的基础。道路在我们生活中随处可见，与学生生活紧密相关，学生对道路的探究简单易行且兴趣浓厚。在语文和信息技术学科的整合学习中，学生学会利用网络查找资料，提取重要信息，撰写道路解说词，有助于充分了解家乡道路名称的由来，探寻家乡多元的文化内涵。四年级的美术课上学习了“造型和表现”的课程内容，习得了用不同形式对事物进行记录与描绘，对于路牌的设计构图也有了一定的认知，创意设计路牌有一定的能力基础。综上所述，语文学科的跨学科学习，指向学生真实的生活，开展真实的学习，整合多学科知识能力，促进语言在实践中的运用，助力学生全面发展。

3. **文化背景**

道路名称看似很小，但其背后的文化是非常丰富的：它是历史的符号，串起一段段城市的故事；它是城市的记忆，反映了时代特征。深入挖掘路名背后的内涵，重新唤醒学生对路名文化的认识，并能结合自己的经验，理解欣赏道路的美，丰富自己的情感体验和精神世界。学生在传承家乡文化的基础上表达自己的见闻和感受，形成健康的审美情趣。

（三）《一路一牌的闽都文化故事》学习目标

1. **知道**（Know）

（1）介绍家乡道路，可以从不同角度搜集资料，如道路历史文化、时代风貌、本土特色等，并对资料进行筛选整理，发现和感受道路的美。

（2）可以运用不同的艺术形式对不同的道路文化进行描绘和展示。

（3）了解家乡的道路文化，感受家乡的发展变化，热爱家乡。

2. **理解**（Understand）

（1）留心观察，积累丰富的资料是写好道路解说词的基础。

（2）运用搜索资料、提取信息的方法，在真实生活情境中运用语言文字，获得多样的文化体验。

3. **应用（Do）**

（1）搜集资料、筛选整理资料，借助图片、表格等形式，清晰地、有条理地解说路名。

（2）组成小组，同伴合作，记录研学过程，形成简单的研究报告。

（3）学生能够用不同的形式设计特色路牌，并动手绘制。

（四）《一路一牌的闽都文化故事》活动计划

1. **整体规划**

“为家乡道路设计路牌”是一个具有挑战性的真实问题，学生需要亲历现场调查、查阅文献、搜集资料、访谈相关人员、分析研究、创造性设计、动手绘制、修改美化等一系列活动，最终呈现一个有文化内涵的路牌设计作品。在这过程中，学生运用搜集整理信息能力，撰写路名解说词，撰写简单的研究报告，并运用文字、图片、视频等多种形式，进行展示和交流，培养在真实情境中运用语文、审美创造的能力，热爱家乡文化。

表 7-35 “一路一牌的闽都文化故事”整体规划表

活动名称	一路一牌的闽都文化故事
活动时长	1个月
学生学段	第三学段五年级学生
核心任务	给家乡道路设计特色路牌
涉及范围	一个主题：特色路牌设计 多个学科：语文、美术、信息技术、地理 核心素养：口头表述、团队合作、思考探究、创意创作
技术使用	学习技术：调查、采访、查阅、整理、归类、总结 网络技术：移动终端、微信公众号
活动范围	校外（走访各条道路）、课堂、图书室
合作伙伴	本班同学组成的合作小组；语文、美术、信息等学科教师；城市道路规划办专业人士
成果观摩者	本班同学和全校同学、部分教师、家长群体及更广泛的公众号关注群体

2. 活动进程

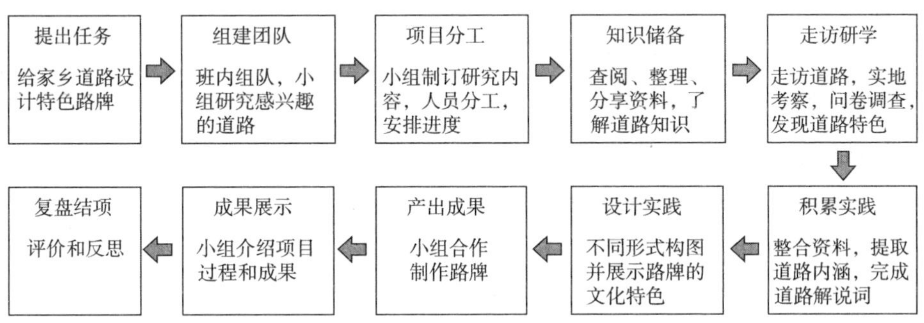

图 7-36　“一路一牌的闽都文化故事”活动进程图

3. 活动实施框架

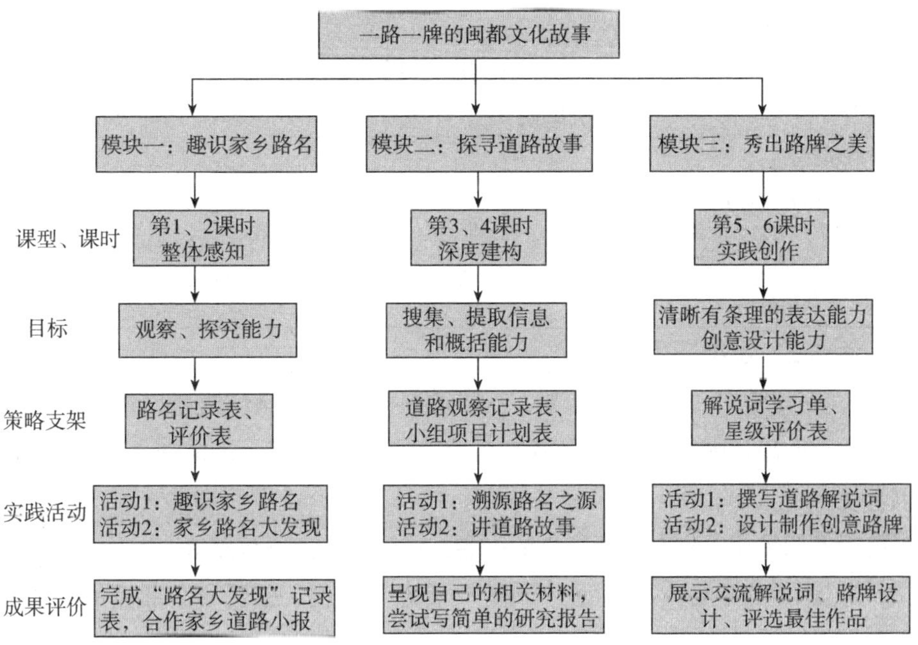

图 7-37　“一路一牌的闽都文化故事”活动实施框架

（五）《一路一牌的闽都文化故事》活动实施

第一模块：整体感知——趣识家乡路名。包含课外学习两周，课堂学习 2

课时。主要任务：查阅、整理、分享资料，了解福州路名是如何产生的，了解福州著名道路的历史文化和时代特色。

活动一：初识家乡路名

1. 学生分组到阅览室、图书馆查阅有关书籍，搜索、摘录相关资料并尝试整理信息。

2. 阅读本市各类地图资料，了解路名、地名状况。

3. 走街串巷、实地考察，用相机记录福州的道路特点，采访市民，了解道路的历史文化。

活动二：完成研学单

研学单能让学生更直观地了解活动探究的步骤，拓宽研究的宽度和深度。学生从最熟悉的上学路入手，搜集有关路名，深入了解其历史文化、时代风貌，发现福州道路名称的规律。

表 7-38 “趣识家乡路名”研学单

探究任务	第　研学小组
我来搜集路名	
我发现道路名称规律 ［以历史事件命名、以名人名字命名、以环境特征（山、水）命名、以数字命名……］	
我感兴趣的问题	

活动三：手绘道路小报

1. 在研学中，同学们发现了不同道路的命名规律，例如以历史事件命名：八一七路、国货路等；以名人名字命名：审知路、天演路、乃裳路等；以环境特征（山、水）命名：乌山路、白马路等；以数字命名：五一路、六一路、五四路等；富有生活气息的街巷：达明路、上下杭路等。

2. 课堂分享交流“我的上学路”，将路名归类，感受家乡道路的文化特色和历史故事。

3. 小组合作手绘道路小报，研究的路线一目了然，做到图文并茂。

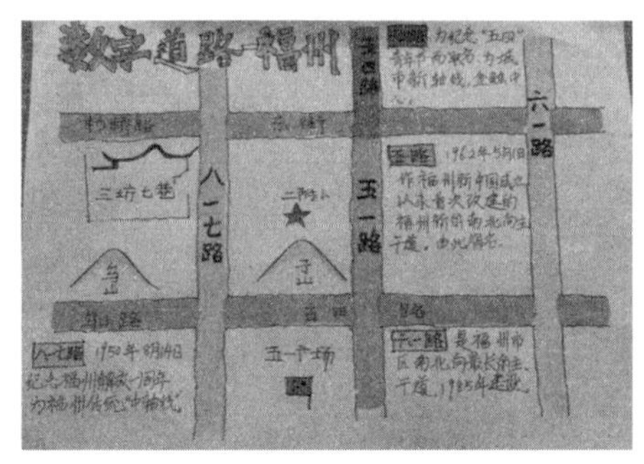

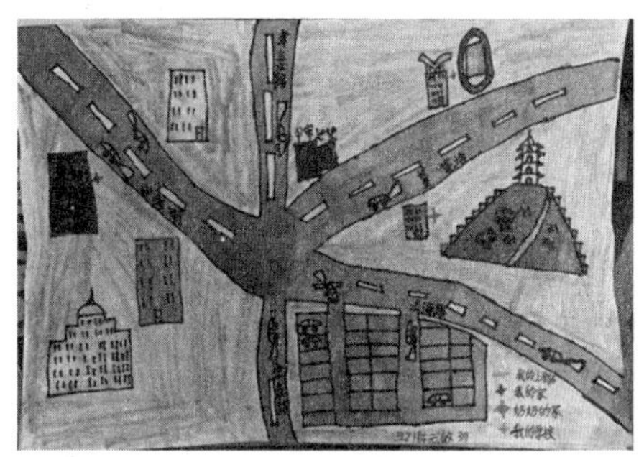

图 7-39　手绘道路小报

第二模块：深度建构——讲述道路背后的故事。包含课外学习一周，课堂学习 2 课时。主要任务为：小组选择要探究的道路，理解路牌是如何体现道路特点和历史文化的。采访专业人士，研究路牌的设计要素和方法，阅读优秀路牌的设计图片和视频资料，小组尝试创意设计。

活动一：溯路名之源

1. 阅读福州路名的图片、文字资料，搜寻道路的特点以及路名的历史文化。

2. 走访福州市规划部门，交通、地名管理部门，在访问考察中了解相关知识。

3. 邀请市规划馆的叔叔作“家乡道路知多少”微讲座，深入了解家乡道路的前世今生与发展规划。

4. 写一写自己最喜欢的或最感兴趣的道路的理由，并交流分享。

活动二：定研学计划

1. 学生分成若干个研学小组，讨论确定最感兴趣的一条道路，对道路背后的故事、历史文化进行深度探究，并进行资料的搜集、整理。

2. 教师指导修改完善研学计划，如人员分工、每个时间段的进度安排，可能会遇到的困难和相应的解决办法等。

3. 学生根据研学单的内容分别采用实地考察、访谈等不同方式开展道路研学探究活动。

表 7-40 "一路一牌的闽都文化故事"小组研学计划

<table>
<tr><td>小组名称</td><td>特色道路研究小组</td><td>班级</td><td>四（2）</td><td>小组成员</td><td>张方迪、陈梓源、黄哲钰、邱宏瑞、陈绍晖、王小睿</td></tr>
<tr><td>研究问题</td><td colspan="5">调研市民对乌山路的认知情况，调查乌山道路附近著名景点及其文化内涵，了解福州传统历史文化，认知福州传统地标建筑等。</td></tr>
<tr><td>研究目标</td><td colspan="5">搜集乌山路以及周边的乌山、乌塔、黎明湖、古城墙遗址以及相关的历史文化背景资料，进一步加深对乌山路、乌山、福州传统地标建筑以及福州历史文化的认识。</td></tr>
<tr><td>研究方法</td><td colspan="5">实地调查法、网络查询法、文献搜集法、走访调查法等。</td></tr>
<tr><td>任务单</td><td colspan="5">1. 实地走访考察乌山路及周边特色景点、建筑、古迹
2. 拍摄乌山路以及周边调查目标的照片
3. 网络查找乌山路及其周边景区的相关介绍资料
4. 制作调查问卷、撰写研究报告、制作路牌、制作小报
5. 制作课件并进行讲解演示</td></tr>
<tr><td>小组分工</td><td colspan="5">问卷设计：张方迪　资料查找：黄哲钰、王小睿
路牌设计：陈绍晖　小报制作：邱宏瑞
课件制作：陈梓源　演示讲解：张方迪</td></tr>
</table>

<table>
<tr><td>小组名称</td><td>道路与名人故事研究（天演路）</td><td>班级</td><td>五（2）</td><td>小组成员</td><td>苟正熙、伍妍欣、潘佳其、罗德正、郑如徽（副组长）、那宁（组长）</td></tr>
<tr><td>研究问题</td><td colspan="5">1. 天演路的路名由来是什么？
2. 天演路的道路情况是什么？
3. 天演路的特色美景是什么？</td></tr>
<tr><td>研究目标</td><td colspan="5">1. 搜集整理天演路的资料
2. 了解名人严复
3. 认识天演路</td></tr>
<tr><td>研究方法</td><td colspan="5">1. 实地调查法
2. 网络调查法
3. 文献研究法</td></tr>
<tr><td>任务单</td><td colspan="5">1. 实地走访考察天演路
2. 拍摄搜集天演路的照片
3. 网络查找天演路的路名由来、道路情况等资料
4. 制作问卷调查表
5. 制作小报（包括路牌）
6. 制作 PPT（包括讲解词）</td></tr>
<tr><td>小组分工</td><td colspan="5">1. 搜集文字图片资料：全员参与
2. 实地考察拍照：潘佳其、伍妍欣、那宁
3. 制作问卷调查表：罗德正
4. 制作小报（包括路牌）：郑如徽、那宁
5. 制作 PPT：伍妍欣、那宁
6. PPT 讲解：苟正熙、郑如徽</td></tr>
</table>

活动三：讲道路故事

1. 各小组结合资料袋信息，撰写一份路名解说词。

包含：（1）路名由来，道路背后的历史故事；

（2）道路周边的特色景点，道路的景观（植被、建筑、街头艺术小品等）；

（3）道路周边的本土工艺品、特产、美食；还可以给道路想个更好的路名。

2. 各小组互读解说词，根据评价表进行交流、点评。推选出最优秀的小组。

内容上：道路文化和特点重点介绍，突出有代表性的事物，才是解说亮点。

情感上：可以在解说中加入自己走访道路时的真情实感。

形式上：恰当合理地运用资料，制作成研究报告、视频、多媒体课件、手抄报、演讲稿、绘画作品等多种形式，多方位展示福州路名文化。

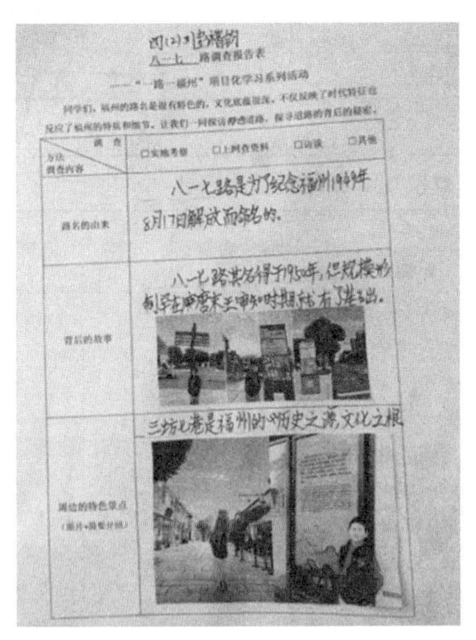

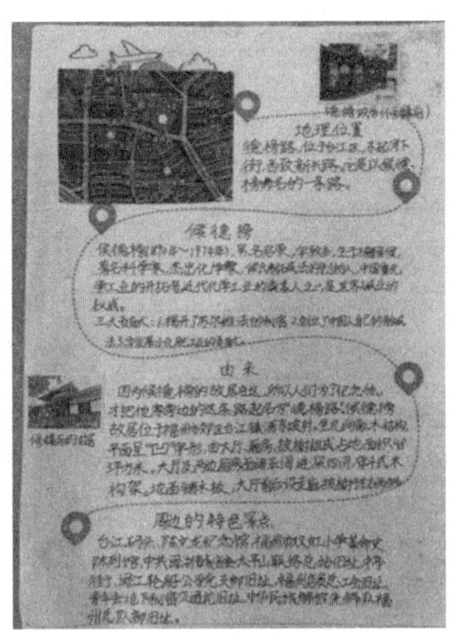

图 7-41　学生制作简单的调查报告

第三模块：实践创作——创意路牌。包含课外学习一周，课堂学习 2 课时。主要任务：完善小组创意，完成详细的路牌解说文稿。在美术教师指导下，完成路牌图画稿，并设计制作特色路牌。小组汇报展示并点评。

1. 阅读优秀路牌的设计图片和视频资料，深化对路牌设计的感知。

2. 小组合作讨论创意设计，在美术教师指导下，用不同的表现形式完成路牌设计稿。

3. 各小组交流展示路名解说和特色路牌设计。根据星级评价表，评选出最佳作品。

（六）《一路一牌的闽都文化故事》活动评价

整个活动的评价包括三个方面，一是研学小组合作学习评价；二是撰写路名解说词的评价；三是对特色路牌创意设计的评价。

表 7-42　研学小组合作学习评价表

评价内容	评价标准	自评	互评	师评
活动参与	人人参与，相互合作，关系融洽	★★★	★★★	★★★
制订计划	计划详实，分工明确，可操作性强	★★★	★★★	★★★
搜集整理资料	搜集的资料内容全面，资料信息整理较为清楚、完善	★★★	★★★	★★★
成果展示	承担展示任务，形式多样，互动效果好	★★★	★★★	★★★
				总评（　　）★

表 7-43　"一路一牌的闽都文化故事"解说词介绍评价表

评价项目	评价等次（1 颗星代表 1 分，以此类推）			自评	互评	师评
	★（合格）	★★（良好）	★★★（优秀）			
"一路一牌的闽都文化故事"解说词介绍	讲解较为清晰，有条理，重点较突出；基本能运用恰当的方法展现家乡道路的文化和特点，并在讲解中融入自己的情感，表达对家乡的热爱与赞美。	讲解清晰，有条理，重点突出；能运用多种方法展现家乡道路的文化和特点，较生动地介绍道路的特色，并在解说词中传递自己的所见所感，表达对家乡的热爱与赞美。	讲解清晰，有条理，重点突出；能运用多种方法展现家乡道路的文化和特点，生动介绍道路的特色，并在解说词中融入自己独到的见解，表达对家乡的热爱与赞美，让人印象深刻。	（　　）★	（　　）★	（　　）★
						总评（　　）★

表 7-44　“一路一牌的闽都文化故事”特色路牌设计、介绍评价表

评价项目	评价等次（1颗星代表1分，以此类推）			自评	互评	师评
	★（待提升）	★★（拟采用）	★★★（很出色）			
特色路牌设计介绍	路牌设计图案规范、色彩较协调；基本能够彰显家乡道路文化特色；路牌介绍条理较清晰，语言较简洁。	路牌设计图案规范大方、色彩协调；能够较为准确地彰显家乡道路文化特色；路牌介绍条理清晰，语言较简洁生动。	路牌设计图案规范美观、色彩协调，有创意、有特色；能够突出彰显家乡道路文化特色；路牌介绍条理清晰、语言简洁生动。	（　）★	（　）★	（　）★
总评（　）★						

（七）《一路一牌的闽都文化故事》活动成效

1. 真实情境，角色体验，语文学习与社会生活紧密联系

“家乡特色路牌设计”情境任务具有一定的挑战性，又真实可行，以问题驱动赋予学生“设计师”的社会角色，学生在体验角色的过程经历中，通过阅读资料、采访调研、参观体验，把学科内容与丰富多彩的生活紧密联系起来，激发深层参与的动机和兴趣。

2. 整体建构，跨学科学习，多领域培养核心素养

跨学科学习突出的是学生的“综合体验”。一是指学科知识的综合。此次活动融合了语文、美术、信息、地理、历史等学科，在真实情境中拓宽了学科视野，培养了语文知识、地理知识、历史知识、美术创意设计、信息搜索、资料整理等方面的能力。二是指多样的学习方式、丰富的学习资源、多元的学习空间、开放的学科活动的融合。学生自发组成研究小组，带着问题去探究，了解家乡路名背后的历史故事，撰写调研报告、分享交流，切实感受到跨学科学习的无穷奥妙，体验到解决真实问题的乐趣。

3. 语言建构，发展思维，语文综合能力提升

本设计为学生的语言表达创设了一个完整的情境，重点活动都是学生去亲身体验、实践，包括采访、调查、说路名故事、写简单的调查报告、汇报展示等，都需要用语言进行描述、用语言进行传递信息、用语言表达真实收获，从而真正发展学生语言表达能力。创意路牌设计中，重视学生的参与、发现、整合，指向学生的整体思维、实践思维和创新思维的发展，提升学生的核心素养。

后　记

语文老师一定要写一本书。

写书，是对教学理念的温故，是对教学目标的重新审视，是对教学实践的梳理总结，是对学科前沿的深度探究，是对教学行为的优化。在写这本书之前，我埋头于一线实践，积累了一些经验，但是这些经验和认知是碎片化的，散落在教学生涯的日常中。因为要写书，必须重整、梳理，把零散的思考变成结构化的经验，叙事化的表达要提升为逻辑性的判断。如何在短时间内实现思想的跃升？唯有读书。我重新翻阅了《中国教育史》（陈青之著）、《中国语文史》和《语文：回望与沉思》（潘新和著）、《什么是我们的母语》（杨斌选编）、《语文随笔》（叶圣陶著）等名家专著，对“活力语文”的内涵特征有了清晰的把握。此外，我又阅读了李吉林、王崧舟、于永正、薛法根、余映潮等名师的教学实践案例，对名师教学主张的表达方式有了深度的了解。同时，我又阅读了定义语文、生命语文、情智语文等教学主张的专著，从不同维度了解了语文教学的本质、学科属性、育人目标。特别是阅读了《站在未来教语文》（林秋雁等著）、《深度学习》（钟启泉著）、《新时代中国课堂教学改革与创新》（余文森著），对语文教学面向新时代应该有的作为和价值追求有了新的认知与责任感。

教学主张是在课题研究中不断生长的。我参加了省课题“增强小学语文课堂教学活力”“阅读教学中培养小学生质疑能力的行动研究”，主持了省课题“基于教师专业发展的活力语文课程建构”“立足绘本阅读提升儿童言语表达能力的策略研究”“指向言语表达的阅读教学策略研究”“语数教学中培养小学生智慧表达交流能力的行动研究”“构建素养为本的语文大单元教学实践与研究”“小学语文‘文学阅读与创意表达’任务群教与学策略的行动研究”等项目探究。参加了福建省学科教学带头人培训（2014—2017）、“十三五”福建省名师培训（2018—2021）、“十四五”福州市教育专家培养对象培训（2023—），从而拓展了视野，提升了理论素养，并在新的教学主张引领下，不断丰富对语文教学实践的认识。研究期间我还得到语文学界潘新和教授、施茂枝教授、鲍道宏教授、陈宝铝老师、刘仁增老师、林学舜师父的指导和帮助，让我站在巨人的肩膀上一路追光而行。

写书的过程，是教学主张向内挖掘，向外延伸的过程。教学主张的道、法、术、器、式等等，要用凝练的表达和结构化的图式，才能体现整体性、系统性。这对于小学老师来说是磨练，更是成长！仔细的想，深入的想，前后左右想，把它想明白，把逻辑关系搞清楚，才能建构起完整的思维体系。

在写书过程中，要感谢省名师班导师余文森教授，2018 年参加省名师培训，在余教授指导下提炼了“活力语文”的教学主张，相关文章发表在核心刊物。这次余教授在百忙之中亲自阅览书稿，亲笔为书作序，让我深受鼓舞！感谢福州市教育专家培养对象班的导师“天团”——马斌、吴康宁、杨九俊、朱爱华、陆志平、陈柏华等教授，对我教学主张的再次梳理给予了具体的建议和指导。感谢导师福建教育学院原副院长黄家骅教授，在写书过程中给予高屋建瓴的指导和帮助。感谢二附小方晓敏校长，对我参加学术培训、著书立说以及名师工作室活动给与鼓励和支持。感谢福建教育出版社编审沈群，为了让书稿尽快面世，每天加班审稿。感谢“活力语文”工作坊的伙伴们——何裕奋、卢熙、陈岚、高香秀、杨柳、张伟、胡媛媛、陈张琦、陈金玲、肖海珍、吴雪悦、魏梦婕，我们一起磨课、送教，一起研究大单元教学设计，每次的研讨都是头脑风暴，课例实践是智慧的结晶，“承优泽己，共同成长”是我们前行的动力，感谢团队的温暖和力量！

写书，是总结，是梳理，是思想的飞跃，是写作能力质的提升。“任何时候开始都为时不晚”，这是我经常对年青教师说的话。写书过程中遇到许多困难，盲点，那又有什么关系呢？案台上高叠的书，就像一匹骏马，能带着你驰骋远方，到达你想去往的目的地。

潘新和教授说：“‘立德、立功、立言’是人生三件大事。立言是语文教师的终极使命。”于是，我写完了这本书。怀着感恩之心，奔赴下一个山海。

高玉

2024 年 4 月 30 日